मानव-समाज

मानव-समाज

राहुल सांकृत्यायन

संशोधनकर्त्ता

महादेव साहा

आधुनिक पुस्तक भवन
३०/३१, कलाकार स्ट्रीट, कलकत्ता की ओर से

लोकभारती प्रकाशन

पहली मंजिल, दरबारी बिल्डिंग, महात्मा गाँधी मार्ग, इलाहाबाद-1

आधुनिक पुस्तक भवन
कलकत्ता की ओर से

लोकभारती प्रकाशन
पहली मंजिल, दरबारी बिल्डिंग, महात्मा गाँधी मार्ग
इलाहाबाद-211 001211 001
वेबसाइट : www.lokbhartiprakashan.com
ईमेल : info@lokbhartiprakashan.com
शाखाएँ : 1-बी, नेताजी सुभाष मार्ग, दरियागंज
नई दिल्ली-110 002
अशोक राजपथ, साइंस कॉलेज के सामने
पटना-800 006 (बिहार)

मूल्य : ₹ 350

संस्करण : 2014

इण्डियन प्रेस प्राइवेट लिमिटेड
इलाहाबाद-211002 द्वारा मुद्रित

MANAV-SAMAJ
by Rahul Sankrityayan

ISBN : 978-81-8031-298-4

प्राक्कथन

'मानव-समाज', 'वैज्ञानिक भौतिकवाद' के परिवार की दूसरी पुस्तक है। समाज का विकास किस तरह हुआ, इसके बारे में साइंस के सहारे जिस निष्कर्ष पर हम पहुँचते हैं, उसे यहाँ दिया गया है। मुझे जिन ग्रन्थों से पुस्तक लिखने में सहायता मिली है, उनका नाम पुस्तक के अन्त में दे दिया गया है और भी पुस्तकों के अवलोकन की जरूरत थी; किन्तु जिस परिस्थिति में देवली-कैम्प (जेल) में पुस्तक लिखी गई, उसमें इसे भी ग़नीमत समझना चाहिये। और कोई ग्रन्थ अन्तिम भी नहीं हो सकता, हर एक ग्रन्थ का काम इतना ही है कि आगे आने वालों के काम को अगली सीढ़ियों पर पहुँचने में सहायक हो; मानव-समाज उतना काम तो जरूर कर सकेगा। मैं समझता हूँ, ऐसी पुस्तकों की उपयोगिता और बढ़ जाये, यदि वह अनेक 'समानधर्मा' लेखकों के सहयोग से लिखी जायें; किन्तु अभी हमारी भाषा में ऐसे विचार के आदमी कम मिलते हैं, और लोग 'अपनी घानी अपना कोल्हू' रखना चाहते हैं।

पुस्तक के कितने ही अंशों को मेरे मित्र बी०पी०एल० बेदी ने बड़े चाव से सुना था और दूसरी परिस्थितियाँ बाधक न हुई होतीं, तो वह सभी सुनते, उनके सुझाव से इस पुस्तक में ज्यादा परिवर्तन नहीं किया जा सका; किन्तु लेखक ने अगली पुस्तकों में उस पर काफी ध्यान दिया है। पुस्तक के कितने ही अंशों को साथी डांगे ने—मेरे ईश्वर के सँवारे अक्षरों की जहमत उठाकर भी—पढ़ा और उनके सुझाव बहुत उपयोगी साबित हुए।

भाषा की सरलता के बारे में डॉक्टर भगवानदास जी (काशी) का वचन मुझे बहुत याद रहता है। वह लिखने में अपनी उसी हिन्दी को ठीक समझते हैं, जिसे कि उनकी धर्मपत्नी समझ लेती हैं। मैं भी चाहता था कि प्रत्येक अध्याय को सुनने वाला कोई केवल हिन्दी जानने वाला (अंग्रेजी के एक शब्द से भी अपरिचित) श्रोता मिलता और मैं उसकी दिक्कतों को सुधारता जाता, तो पुस्तक में भाषा-क्लिष्टता के दोष न आते; किन्तु वैसा कोई मिल न सका। हजारीबाग में आने पर साथी नागेश्वर सेन ने पुस्तक को पढ़ा जरूर, किन्तु उनकी सम्मति से सिर्फ आत्म-सन्तोष भर मैं कर सकता था। इससे इतना तो जरूर पाठकों को विश्वास होना चाहिये कि मैंने भाषा को सुगम करने की पूरी कोशिश की है।

'विश्व की रूपरेखा', 'मानव-समाज', 'दर्शन-दिग्दर्शन' और 'वैज्ञानिक भौतिकवाद'—चारों पुस्तकें मानव-जाति के आज तक के अर्जित ज्ञान को संक्षेप में देने की कोशिश कर रही हैं, किन्तु उनका ज्ञान सिर्फ विश्व को जानने के लिए नहीं है, बल्कि उसे 'बदलने के लिए' है।

सेंट्रल जेल, हजारीबाग

३-४-१९४२ ई०

—राहुल सांकृत्यायन

चतुर्थ संस्करण

इस संस्करण में यद्यपि परिवर्तन नहीं किया गया है, किन्तु संशोधन आद्योपान्त कर दिया गया है। परिवर्द्धन करना इसलिए भी मैंने उचित नहीं समझा, क्योंकि उसे मैंने अपनी पुस्तकों 'भागो नहीं बदलो', 'आज की राजनीति' में कर दिया है।

—राहुल सांकृत्यायन

मसूरी
११-७-५१

दो शब्द

१९४० में राहुल सांकृत्यायन अखिल भारतीय किसान सभा के पलासा अधिवेशन के सभापति चुने गये। इलाहाबाद में डॉ० उदयनारायण तिवारी के यहाँ वे अपना अभिभाषण लिख रहे थे। यहीं वे भारत सुरक्षा कानून में गिरफ्तार कर लिये गये।

१९४०-४२ में उन्हें अधिकांश समय देवली कैम्प जेल में रहना पड़ा। उत्तरी और पश्चिमी भारत के भारत सुरक्षा कानून में गिरफ्तार लोगों को यहीं रखा गया था। इन लोगों के पास भिन्न-भिन्न विषयों की काफी किताबें थीं। राहुलजी ने वहाँ किसके पास क्या साहित्य है, इसका सर्वेक्षण कर डाला, इसके पहले ही उन्होंने समझ लिया था कि लड़ाई के दौरान रिहाई की आशा नहीं है, इसलिये पढ़ने-लिखने की एक योजना भी बना डाली थी। यहीं उन्होंने एक-एक करके 'मानव-समाज', 'दर्शन-दिग्दर्शन', 'वैज्ञानिक भौतिकवाद', 'विश्व की रूप रेखा', 'बोल्गा से गंगा' लिखीं।

१९४२ में हजारीबाग सेन्ट्रल जेल में हमारी भेंट होने पर राहुलजी ने अपनी लिखी किताबों की पांडुलिपियाँ दिखाईं। इनके बारे में हमने बातें भी कीं। इस विशाल साहित्य को देखकर मुझे बड़ी प्रसन्नता हुई। मैंने उन्हें सुझाव दिया कि जेल से छूटने के बाद वे कम से कम दो महीने किसी बड़े पुस्तकालय में बैठ सभी पांडुलिपियों को शोधकर तब प्रकाशित कराने की व्यवस्था करें।

१९४१ के मध्य भाग में जेल से छूटते ही राहुलजी दिलोजान से राजनीति के मैदान में कूद पड़े, पांडुलिपियों का संशोधन आदि करने का अवसर उन्हें नहीं मिला।

पटना में ग्रन्थमाला कार्यालय के मालिक श्री रामदहिन मिश्र से राहुलजी ने अपनी पुस्तकों के प्रकाशन के विषय में बातें कीं। १९४३ में 'मानव-समाज' का प्रकाशन यहीं से हुआ। इसके बाद इलाहाबाद और कलकत्ता से यह उपयोगी पुस्तक कई बार प्रकाशित हुई है। हर बार मुद्रण के पहले राहुलजी पुस्तक में एकाध बातें जोड़ देते, जहाँ-तहाँ नाममात्र संशोधन कर देते थे। इस तरह यह पुस्तक पुनर्मुद्रित ही होती रही है, इसका संस्करण नहीं हुआ।

'मानव-समाज' के वर्तमान मुद्रण को सीमित अर्थ में नया संस्करण कहा जा सकता है, पूरी पुस्तक को पढ़कर इन पंक्तियों के लेखक ने इसकी कई दर्जन तथ्यों, सन्, तारीखों और अन्य प्रकार की अशुद्धियों को दूर कर दिया है, कहीं-कहीं विज्ञान तथा प्रासंगिक विषयों की अधुनातन बातें जोड़ दी हैं। कहाँ क्या किया है, इसे गिनाने की आवश्यकता नहीं। पहले के किसी मुद्रण से मिलाकर पढ़नेवालों को इसका पता चल जायेगा।

१९३३ में मुझसे परिचय से पहले राहुलजी 'साम्यवाद ही क्यों?', 'तुम्हारी क्षय', 'बाईसवीं सदी' आदि लिख चुके थे। वैज्ञानिक समाजवाद अर्थात् मार्क्सवाद से उनका परिचय नहीं था। उपर्युक्त पुस्तकें यूटोपियन और अवैज्ञानिक समाजवादी विचारों से भरी हुई थीं। इन पंक्तियों के लेखक ने उन्हें हिन्दुस्तान की गैर-कानूनी कम्युनिस्ट पार्टी के साहित्य से परिचित

कराया। इसके बाद वे मार्क्सवादी साहित्य से परिचित हुए और इसका एक हिस्सा उन्होंने मेरे साथ ही पढ़ा।

१९३७ में अंतिम बार तिब्बत की यात्रा से लौटकर कलकत्ता पहुँचने पर लेखक ने उनका परिचय कई प्रमुख कम्युनिस्ट नेताओं से कराया और बिहार में रहकर पार्टी का काम करने की व्यवस्था भी यहीं हुई।

१९४४ में जब राहुलजी अपने स्त्री-पुत्र से मिलने सोवियत संघ के लिए रवाना हुए तो 'दर्शन-दिग्दर्शन' की कितनी त्रुटियाँ और अशुद्धियाँ मैंने ही दूर कर दी थीं। प्रकाशक ने इस आशय का नोट अपनी ओर से पुस्तक में जोड़ दिया था। 'मानव-समाज' के बँगला संस्करण का सम्पादन भी उसी ने किया, इसी तरह से 'वोल्गा से गंगा' को भी उसने शोध दिया था।

'मानव-समाज' में दूसरे विश्व युद्ध के प्रारम्भ तक की ही बातें लिखी गयी हैं। पुस्तक का यह अंश काफी पुराना हो गया है, इसके बाद की बातों को मैं एक स्वतन्त्र ग्रन्थ में देना चाहता हूँ।

'मानव-समाज' हिन्दी में अपने ढंग की अकेली पुस्तक है। हिन्दी और बँगला पाठकों के लिए यह बहुत उपयोगी सिद्ध हुई है। नेपाल में भी इसका समादर हुआ है, करीब बीस वर्षों के बाद इसे पाठकों के सामने प्रस्तुत करने के लिये प्रकाशक साधुवाद पाने के अधिकारी हैं।

एशियाटिक सोसाइटी,

—महादेव साहा

कलकत्ता—१६

२४ नवम्बर, १९७६

अनुक्रमणिका

मानव-समाज

प्रथम अध्याय

मानव-समाज का विकास

मानव का विकास

किसी समय पृथ्वी दहकते गैस का गोला थी, जिसमें अणु बिखरे हुए थे। अणु नजदीक आने लगे। अणु-गुच्छक बने। वाइरस[१] और बैक्टीरिया अस्तित्व में आये; फिर हलवे जैसे बिना हड्डी के जन्तु, अमीबा आदि। फिर सीधे प्रकृति से आहार ग्रहण करनेवाले स्थावर वनस्पति, दूसरों पर अवलम्बित रहनेवाले जंगम प्राणी। मछलियों का युग, फिर जल-स्थल प्राणी, जिनमें से कुछ ने हवा और कुछ ने स्थल का रास्ता लिया। फिर वाणी उनके मुँह से फूट निकली। स्तनधारी—वानर, वनमानुष, फिर वनमानुष से आगे आधे मानव द्विपद प्राणियों में किलकिलाने लगे।

इन्हीं में से कुछ जोड़े विकास की उसी अवस्था में पहुँच गये, जहाँ कि जाति-परिवर्तन[२] होता है; और इस प्रकार वह हमारे मानव-वंश के आदिम पूर्वज बने। यह समय बीस लाख साल आँका जाता है। आज से २५ हजार वर्ष पहले मानव हथियार-धारी बनता दिखाई पड़ता है और पाँच लाख वर्ष और बीतने पर तो हम उसे अपने सोचने-विचारने वाले यानी आधुनिक मानव के पूर्वजों (होमोसेपियन) के रूप में देखते हैं।

१. मानव समाज

मानव का आरम्भिक विकास बहुत धीमा था; किन्तु उस वक्त की परिस्थिति में वही विकास बड़ा महत्व रखता था। प्रश्न होता है—क्या बात थी, जो कि मानव का हाथ, मस्तिष्क, वाणी ऐसी दिशा में बढ़ी, जिनको देखने पर हम कह उठते हैं—"मानव पशु नहीं है, वह पशु से बिलकुल अलग प्राणी है।" विकास-सिद्धान्त के जाननेवाले जानते हैं कि चेष्टा—जीने के लिये चेष्टा—प्राणी के विकास में बहुत सहायक हुई। चेष्टा स्वयं एक श्रम है; इसलिये हम कह सकते हैं कि श्रम ने मानव के विकास को सम्पादित किया, यद्यपि इसका अर्थ यह नहीं है कि प्रकृति की सहायता के बिना ही यह काम हो सका।

लाखों वर्ष उस समय को बीते हो गये, जिसे कि भू-गर्भशास्त्री तृतीय काल[३] कहते हैं। इसी युग के अन्तिम काल में वनमानुषों की एक अत्यन्त विकसित जाति पृथ्वी के किसी महाद्वीप—सम्भवत: वह भारतीय महासागर में अब लुप्त है—में रहती थी। ये ही मानव-जाति के पूर्वज थे। इनका सारा बदन बालों से ढँका था; इनके कान नुकीले थे। ये यूथ बाँधकर वृक्षों पर रहते थे। जिस तरह का जीवन वे बिता रहे थे, उसमें हाथों का काम नहीं रह गया

---

१. Virus.

२. Mutation.

३. Tertiary period.

था, जो कि और पिछले दो पैरों का। डालियों को पकड़ने, फलों को तोड़ने तथा ऐसे दूसरे कामों में अधिक और अधिक इस्तेमाल करते हुए, उन्होंने हाथों को पैर के काम से मुक्त कर दिया। जब वे समतल भूमि पर चलते, तो हाथों को उठाकर सिर्फ पिछले पैरों के बल चलते और सँभालने में आसानी के लिये कंधे को और सीधा करके खड़ा होने की चेष्टा करते। वनमानुष से मानुष के रूप में परिवर्तित होने में हाथ की मुक्ति और कन्धा सीधा करके खड़ा होना—यह दोनों बातें जबर्दस्त कारण बनीं।

आज के भी वनमानुष सीधे खड़े हो सकते हैं, और सिर्फ अपने पैरों पर खड़े हो सकते हैं; किन्तु जरूरत होने पर ही, और वह भी मनुष्य जैसे इतमीनान के साथ नहीं। जब हाथ इस तरह शरीर के भार को सँभालने से स्वतन्त्र हो गया, तो उसे दूसरे कामों में लगाया जा सकता था। वनमानुषों में भी पैर से हाथ के काम में भेद देखा जाता है। वृक्ष पर चढ़ते वक्त हाथ और उसकी अँगुलियाँ जिस तरह पकड़ने का काम करती हैं, पिछले पैर उसी तरह नहीं करते। वनमानुष हाथों से फल तोड़ने और जमा करने का काम लेता है, यह काम पिछले पैरों से नहीं लिया जा सकता। कितने ही वानर हाथों से वृक्षों में घोंसला-सा बनाते हैं। चिम्पान्जी (वनमानुष) धूप-वर्षा से बचने के लिये वृक्षों की डालियों पर छत सी तैयार करता है, वह अपने हाथों में डंडा पकड़ कर दुश्मन से मुकाबला करता है; हाथ से फल या पत्थर मारना भी जानता है। वनमानुष से मानुष के हाथ में जो अधिक क्रिया-निपुणता देखी जाती है, वह हजारों वर्षों के परिश्रम का परिणाम है। वनमानुष और मानुष के हाथ की हड्डियों, जोड़ों और नसों की तुलना करने पर मालूम होगा कि दोनों में कोई अन्तर नहीं है; तो भी विकास में सबसे पिछड़ा जंगली मनुष्य भी हाथ से इतने काम ले सकता है, जो कि वनमानुष की शक्ति से बाहर है। आज तक कोई वनमानुष पत्थर का भद्दे से भद्दा चाकू भी नहीं तैयार करते देखा गया।

हमारे पूर्वजों के वनमानुष से मानुष के रूप में परिवर्तित होते वक्त के पहले के लाख वर्षों में प्रगति बहुत मन्द रही, इसमें तो सन्देह नहीं है। जितने समय में मानव के चकमक पत्थर का पहला हथियार तैयार किया होगा, वह हमारे ऐतिहासिक समय से कई गुना ज्यादा रहा होगा। लेकिन एक बार जब हाथ मुक्त हो गया तो रास्ता साफ था, वह हथियारों को बना सकता, मकान तैयार कर सकता और सितार बजा सकता तथा टाइपराइटर चला सकता था।

(१) श्रम ही विधाता—हाथ श्रम का हथियार ही नहीं है; बल्कि वह खुद श्रम की उपज है। हाथ के नये-नये उपयोग से नई नस-नाड़ियों का विकास होता है और उसके द्वारा हड्डियों पर भी प्रभाव, फिर इनका आनुवंशिक होना—एक पीढ़ी से दूसरी पीढ़ी में जाना—और आगे आनुवंशिक साधनों के नये उपयोगों का और भी बढ़ना, इस तरह क्रमशः मनुष्य का हाथ आज हजारों तरह के कामों को सुन्दरता से कर सकता है। इस तरह अजन्ता के चित्रों, गुप्तकाल की मूर्तियों और तानसेन तथा बैजू बावरे के सप्ततंत्री स्वरों को निकालने में उसका हाथ सफल हुआ।

लेकिन, हाथ शरीर से अलग-अलग चीज नहीं है, वह सारे शरीर-यंत्र का एक अवयवमात्र है। हाथ को जो लाभ हुआ, हो नहीं सकता था कि वह हाथ तक ही महदूद रहता। शरीर का एक अवयव दूसरे भाग को प्रभावित रहता है। स्तनधारियों में अंडे को बाहर न निकाल, भीतर ही उसकी वृद्धि और परिपाक के लिये गर्भाशय होता है; साथ ही दूध पिलाने के लिये स्तनों को भी मौजूद देखा जाता है। यदि बिल्ली पूरी सफेद और नीली आँखों

वाली हो, तो वह बराबर बहरी देखी जाती है—अर्थात् उसके कान के विकास में बाधा पड़ जाती है। मनुष्य के हाथ के विकास का भी उसके दूसरे अवयवों पर इसी तरह असर होता है।

समाज—हाथ की श्रम-शक्ति के विकास के साथ मानव का प्रभुत्व प्रकृति पर और बढ़ चला और इस प्रकार उसकी प्रगति का रास्ता खुल गया था। वह लगातार अपने हाथ और उसके श्रम के नये-नये उपयोगों का पता लगाता रहा; साथ ही प्राकृतिक वस्तुओं के नये-नये इस्तेमाल उसे मालूम होते रहे। श्रम के विकास का मतलब था—वस्तुओं का अधिक अर्जन, वस्तुओं का अधिक उपयोग, जिसके लिये अधिक व्यक्तियों का सहयोग और सहभोग लाजिमी था। जिस तरह हाथ के मुक्त होने से श्रमशक्ति बढ़ती देख मानव ने उसके और भी हजारों उपयोग ढूँढ़ निकाले, उसी तरह एक बार जब सहयोग के लाभ को देख लिया, तो उसे स्वीकार कर वह आगे बढ़ने में प्रयत्नशील हुआ। इस प्रकार मनुष्य को पैदा होते ही बना-बनाया समाज नहीं मिल गया; बल्कि प्रकृति को पराजित कर भोग उत्पादन के लिये सहयोगी श्रम और आत्मरक्षा के लिये सहयोगी संग्राम ही थे, जिन्होंने मुक्त हाथ की बढ़ी हुई शक्ति को और बढ़ाकर मनुष्य को समाज बनाने की प्रेरणा दी।

(२) भाषा की उत्पत्ति—समाज में बद्ध हो जाने पर, मनुष्य के पास उसके बढ़े हुए काम, उनके लाभ, शोक, हर्ष आदि कितने ही भाव मन में आते, उन्हें वह अपने सहचर को सुनाता। अब उसकी ध्वनियों की संख्या बढ़ने लगी और ध्वनि-यंत्र में धीरे-धीरे परिवर्तन होने लगा। वायु नाड़ी का शब्द-बक्स पेचीदे छल्लोंवाला बनने लगा, मुख के अवकाश और जिह्वा में तब्दीलियाँ हुईं और धीरे-धीरे ध्वनि ही नहीं, वर्ण के उच्चारण में भी वह समर्थ हुआ। श्रम ने मनुष्य को समाज दिया, समाज ने उसे भाषा दी। पशु हमारी भाषा नहीं बोल सकते; क्योंकि उनके पास विकसित शब्द-यंत्र नहीं हैं। किन्तु, जब वह हमारे समाज में आ जाते हैं, तो वह कितने ही शब्दों को पहचानने लगते हैं। कुत्ते, घोड़े, हाथी को हम रोज इस तरह अपने शब्दों पर काम करते देखते हैं। कुत्ते जिस मुल्कवाले मालिक के पास रहते हैं, उनकी ही भाषा के शब्दों का अनुसरण करते हैं। स्नेह-शक्ति का मान भी मानव समाज में आकर उनका ऊँचा हो जाता है। मालिक को देर से मिलने पर सीखा हुआ कुत्ता जिस प्रयत्न के साथ ध्वनि निकालता है, यदि उसके पास ध्वनि-यंत्र होता, तो इसमें शक नहीं, वह उन्हें और स्पष्ट रूप से प्रकट करता। प्राणियों में मनुष्यों के बाद सबसे ज्यादा विकसित ध्वनि-यंत्र चिड़ियों का है। उनके कलगान मनुष्य के मोद की चीजों में हैं। तोता, मैना जैसे पक्षी तो ऐसा ध्वनि-यंत्र रखते हैं कि वह मनुष्य के बहुत से शब्दों की बड़ी सफलता के साथ आवृत्ति कर सकते हैं। 'तोता रटन की' कहावत मशहूर है, जिससे हम समझते हैं कि तोता बिना अर्थ समझे ही आदमी के मुँह से सुने शब्दों को दोहराता है। यह सच है कि तोता अक्सर मौज में आने पर अपने सभी सीखी शब्दावली, वाक्यावली को घंटों बिना समझे दोहराता है; किन्तु सीखी हुई सारी बातों को वह नहीं समझता, यह बात नहीं है। अपनी क्षमता के भीतर के कितने ही शब्दों का वह अर्थ भी समझता है। किसी तोते को आप गाली इस तरह सिखलाइये, जिसमें उसको पता लगे कि गुस्सा होने के वक्त यह शब्द निकलता है; फिर उसे दिक किया जाए, तो आप देखेंगे कि वह ठीक स्थान पर मुँह से गाली निकालता है। 'खाना दो', 'खाना दो' सिखलाकर, कहते ही खाना देते जाइये, तोता समझ जायेगा कि खाना पाने के लिये वह वाक्य उपयोगी है और वह 'खाना दो' कहकर खाना माँगने भी लगेगा।

(३) मस्तिष्क-विकास—पहले (हस्त) श्रम आया और फिर साथ ही साथ शब्द-ध्वनि। इन दोनों के प्रस्तुत हो जाने के बाद उनका प्रभाव मस्तिष्क के विकास पर पड़ा। मस्तिष्क के एक विशेष भाग का घनिष्ठ सम्बन्ध हाथों से तथा दूसरों का कान और ध्वनि-यंत्र से है। एक भाग के विकास के साथ दूसरे का विकास अवश्यंभावी है। इनके विकास के बाद दूसरी इन्द्रियों का विकास आसानी से समझ में आ सकता है। जिस तरह ध्वनि (वाणी) में होते विकास से श्रवण-यंत्र (कान) में विकास होता है, जिसमें कि ध्वनि की बारीकियों, वर्णों, स्वरों, उनके आरोहावरोहों को समझा जा सके, उसी तरह इन्द्रियों-यंत्रों के विकास के साथ मनुष्य के मस्तिष्क का विकास होना ही था। गिद्ध मनुष्य की अपेक्षा बहुत दूर की चीजें जरूर देखता है; किन्तु देखी जाने वाली चीज के भीतर का जितना रहस्य मनुष्य जान सकता है, उतना गिद्ध नहीं जान सकता। कुत्ते की सूँघने की शक्ति मनुष्य से तीव्र होती है; किन्तु उसके सम्बन्ध का उसका ज्ञान मनुष्य जितना व्यापक नहीं होता। यह सब मनुष्य के मस्तिष्क के भारी विकास के परिचायक हैं।

इस विकास को जरा पीछे मुड़ कर देखिए—वही हाथ का श्रम के लिये मुक्त होना सारी प्रगति की जड़ है—श्रम का प्रभाव भाषा पर, दोनों का मस्तिष्क और तत्सम्बन्धी इन्द्रियों के विकास पर, फिर चेतना की क्षमता तथा कल्पना और निश्चय ही शक्ति में वृद्धि। इन सब सफलताओं के आधार पर फिर श्रम और भाषा की प्रगति। पर आगे की प्रगति वहीं समाप्त नहीं हो गई, जबकि मनुष्य वनमानुष से एक बिलकुल अलग प्राणी हो गया; बल्कि वह आगे भिन्न-भिन्न समय में, भिन्न-भिन्न जातियों में, भिन्न-भिन्न गति और मात्रा में जारी रही। यद्यपि कहीं-कहीं स्थानीय परिस्थितियों और दूसरे कारणों ने प्रगति को कुछ समय के लिये रोकने या हटाने में कुछ सफलता पाई; तो भी सबको देखने पर प्रगति आगे की ओर ही रही। इस प्रगति में ऊपर के कारणों के अतिरिक्त मनुष्य का मनुष्य होना या समाज—भी खास हाथ रखता है।

(४) वनमानुष से मानुष—पृथ्वी की आयु (दो-तीन अरब वर्ष) के सामने मनुष्य के प्रादुर्भाव और प्रगति के कुछ लाख वर्ष वैसे ही हैं, जैसे हमारे लिये एक सेकेंड, किन्तु इतने समय में आखिर वृक्षों पर कूदनेवाले वनमानुषों का एक गिरोह मानव के रूप में आ मौजूद हुआ। वनमानुषों के गिरोह और मानव-समाज में हम जो अन्तर देखते हैं, वह है यही श्रम। वनमानुषों का गिरोह भौगोलिक परिस्थिति तथा पड़ोसियों की प्रतिद्वन्द्विता के अनुसार अपनी चर-भूमि में चर-चुग सकता था, खाद्य के अभाव में वह वहाँ पर प्रवास कर सकता था; किन्तु नई चर-भूमि पर अधिकार जमाने के लिये उसे संघर्ष करना पड़ता था। तो भी वह भूमि से उतना ही खाद्य प्राप्त कर सकता, जितना कि प्रकृति ने वहाँ तैयार किया था, वह भूमि को अधिक खाद्य देने के लिये मजबूर नहीं कर सकता—हाँ, अनजाने उसके मल-मूत्र से कहीं थोड़ी-सी भूमि उर्वर हो जाये, तो वह दूसरी बात है। सभी सुलभ भूमियों के अधिकार में आ जाने पर वानरों की संख्या-वृद्धि नहीं हो सकती थी; क्योंकि वह प्रकृति को भुलावा देकर उससे अधिक खाद्य सामग्री पैदा नहीं कर सकता था और फाजिल व्यक्तियों से किसी-न-किसी तरह पिंड छुड़ाना पड़ता। उर्वरता के बढ़ाने की बात तो अलग, प्राणी तो उसमें और कमी करते हैं, जो खाते वह तो खाते ही हैं, बहुत-से कच्चे दानों, कितने ही उगते अंकुरों और पौधों को नष्ट कर डालते हैं। चतुर शिकारी अपने शिकार-क्षेत्र की हरिणियों को मारने से परहेज करता है, इस ख्याल से कि वह अगले साल बच्चे जनेगी; किन्तु भेड़िया या चीता

उसकी परवाह नहीं करता। किसी समय हरी-भरी यूनान की पहाड़ियाँ, आज नंगी हैं; क्योंकि वहाँ की भेड़-बकरियों ने सदियों तक वहाँ के नवजात पौधों को चरकर आगे बीज या सन्तान को बढ़ाने का मौका नहीं दिया। जब नई परिस्थिति प्राणी के जीवन के प्रतिकूल हो उठती है, तो उस परिस्थिति से मुकाबला करने के लिये जाति-परिवर्तन उसकी अगली पीढ़ी को तैयार कर सकता है, यह हम 'विश्व की रूपरेखा'[१] में तेलचट्टों की नई नसल की घटना के बारे में कहते वक्त बतला आये हैं। यह जाति-परिवर्तन कई परिस्थितियों में, नये रासायनिक तत्वों के मिश्रण और अनुपात के कारण होता है, यह भी वहीं बतला चुके हैं। इसी तरह की परिस्थिति हमारे पूर्वजों के वनमानुष से मानुष रूप में जाति-परिवर्तन करने में सहायक हुई।

परिस्थिति की मजबूरियाँ, आहार में रासायनिक तत्त्वों का परिवर्तन यह मानुष के श्रम से नहीं था। मानुष का श्रम परिवर्तन में जबर्दस्त साधन तब बना, जब कि उसने हथियार बनाया। मानुष के पुराने हथियारों में हम आगे शिकार और मछली मारने के लिये उपयोगी औजार देखते हैं, जिनमें शिकार के हथियार लड़ाई के हथियार के तौर पर भी काम आ सकते थे। ये सर्व पुरातन हथियार बतलाते हैं कि उस समय फलाहारी मानव मांसाहारी बन चुका था। फलाहारी से मांसाहारी होना मानव-विकास में एक जबर्दस्त कदम था। मांस-भोजन शरीर के लिए आवश्यक पदार्थों का बहुत कुछ तैयार स्वरूप है; क्योंकि वह उसी रूप में है, जिसमें कि मनुष्यों का स्वयं आहार के पाचन आदि से उसे परिश्रम के साथ थोड़ी मात्रा में लाना पड़ता है। जहाँ पहले मनुष्य वनस्पतियों का स्वामी हो सकता था, अब मांसाहारी मनुष्य के लिये पशुओं का भी स्वामी बनना जरूरी हो गया। मांसाहार का सबसे ज्यादा प्रभाव मस्तिष्क पर पड़ा; क्योंकि जब उसे बेहतर खाद्य-रस—मोटा केरासिन तेल नहीं, हवाई जहाज का पेट्रोल मिला। मांसाहार ने एक ओर जहाँ पीढ़ी-दर-पीढ़ी मस्तिष्क के विकास में जबर्दस्त सहायता की, वहाँ इसमें शक नहीं, उसने नरभक्षण की भी आदत डाल दी, जो अभी हाल तक कितनी ही जातियों में मौजूद रही है।

लेकिन, मांसाहार ने दो बड़े काम किये—उसने वनमानुष से आगे बढ़े मानुष को अग्नि के पास पहुँचाया और पशुओं का पालन सिखलाया। आग-द्वारा पाचन की कितनी ही क्रियाओं के बाहर हो जाने से पेट को कम श्रम करना पड़ने लगा। पशु-पालन ने शिकारी की अनिश्चित सफलता की जगह आहार का एक निश्चित साधन हाथ में दिया, जिससे उसे मांस ही नहीं बल्कि दूध और उसकी बनी दूसरी चीजें भी प्राप्त हुईं।

एक ओर मनुष्य का हाथ और दिमाग बाहर की परिस्थिति पर नियमन करने का प्रयास कर रहा था और दूसरी ओर परिस्थिति उस पर प्रभाव डाल रही थी। मानव की प्रत्येक अगली मंजिल प्रकृति पर नया अधिकार—नई विजय थी। मनुष्य पैदा तो हुआ था उष्ण प्रदेश में; किन्तु आहार की खोज में उसे शीत प्रदेशों में जाना पड़ा। वहाँ की सर्दी-गर्मी ने उसे शरण (घर) और वसन तैयार करने के लिये मजबूर किया। यह श्रम के नये प्रकार थे, जिन्होंने कदम-कदम आगे बढ़ते हुए मनुष्य को पशुओं से बिलकुल अलग कर दिया।

हाथ, वाणी और मस्तिष्क के सहयोग ने—प्रत्येक व्यक्ति में ही नहीं, बल्कि समाज में भी—मानव को पेचीदा-से-पेचीदा कामों के करने में समर्थ बनाया और उन्हें उच्च-से-उच्चतर

---

१. विश्व की रूपरेखा, पृष्ठ—३१५-१६.

लक्ष्यों को प्राप्त करने में सफलता प्रदान की। पीढ़ियों के गुजरने के साथ श्रम भी भिन्न-भिन्न तथा अधिक पूर्ण होता गया। आगे हम देखेंगे कैसे फल-संचयन के बाद शिकार और पशुपालन; फिर खेती, कातना, बुनना, धातुशिल्प, कुम्हार-शिल्प, मल्लाही, फिर व्यापार, उद्योग-धंधे, कला और अन्त में साइन्स अन उपस्थित हुआ। मानव के दो मुक्त हाथों के श्रम ने देखो उसे कहाँ-से-कहाँ पहुँचा दिया!

वनमानुषों के यूथ से मानव समाज; कबीलों से राष्ट्र और राज्य; फिर कानून और राजनीति का विकास; फिर मानव-मस्तिष्क की खुराफाती कल्पना—धर्म। मन की इस कल्पना के सामने प्रकृति, हाथ, श्रम, समाज सभी पीछे ढकेल दिये गये; और इन सबकी सहायता से अवस्था को पहुँचा मानव-मन अब सर्वेसर्वा रह गया। आज यह समझना भी मुश्किल मालूम होता है कि एक समय मानव-मन को बनाने में हाथों ने भारी भाग लिया था। आज मन पहले से योजना बनाता है और बाकी अंग उसको कार्य-रूप में परिणत करते हैं।

हाँ, तो मानव और पशु में क्या अन्तर है, इसके बारे में हमने कहना शुरू किया था।—पशु प्रकृति का सिर्फ उपयोग मात्र करता है, वह उसमें जो परिवर्तन लाता है, वह अपनी उपस्थिति मात्र से; लेकिन मानव प्रकृति में परिवर्तन लाकर उसे अपना सेवक-कमकर-बनाता है और स्वयं उसका स्वामी बनता है, यह है सबसे बड़ा अन्तर पशु और मानव में; और यह श्रम है; जिसने कि इस अन्तर को पैदा किया है।

मानव के विकास में बाहरी परिस्थिति कितनी निर्णायक होती है, इसे हम विकास में पिछड़े अमेरिका के पुराने बाशिन्दों के उदाहरण से जान सकते हैं। एशिया, यूरोप, अफीका के महाद्वीप आपस में मिले हुए हैं। यहाँ ही मानव को पालतू बन सकने वाले गाय, घोड़े आदि पशु जंगली अवस्था में मिले, जिनसे उसने पशुपालन ही नहीं, कृषि और आगे की अवस्था में प्रगति की; किन्तु अमेरिका में ऐसे जानवर न थे, इसलिये इंडियन उतनी प्रगति नहीं कर सके थे।

२. मानव-जातियाँ

प्राचीन पाषाण-युग का वह समाज जब कि पाषाण-अस्त्र अपेक्षाकृत अधिक शक्तिशाली बनने लगे थे, प्राय: २५ हजार साल पहले गुजरा है। यही नीअंडर्थल मानव का समय था।

ईसा पूर्व २०,००० में हमें औरिग्नाशियन मानवों का पता लगता है। यह अपने से पहले के सभी मानवों से ज्यादा होशियार थे। इसका समय चतुर्थ हिमयुग का था; जब कि सर्दी बहुत पड़ने से सारा यूरोप बर्फ से ढँका पड़ा था। इस हिमयुग का अन्त ८,००० ई०पू० के करीब हुआ। ऐसे हिमयुग से बच निकलना ही इस जाति की क्षमता को बतलाता है। ये लोग चमड़े का कपड़ा पहनते थे; सूई भी इस्तेमाल करते थे। सर्दी से बचने के लिए इन्होंने पर्वतों की कन्दराओं में शरण ली थी। नीअंडर्थल के पास कोई कला न थी, किन्तु औरिग्नेशियन की अपनी कला थी। रहने की गुफाओं में अपनी अँगुलियों से जो चित्र इन्होंने अंकित किये थे, उसमें से कुछ अब भी प्राप्त हुए हैं। छोटे-से आरम्भ से इन्होंने लाल और काले रंगों में जानवरों की तस्वीरें बनानी शुरू कीं। कलाकार पहले रेखा खींचता, फिर उसमें रंग भर देता और अभ्यस्त तथा दिल लग जाने पर उसने पत्थर, हड्डी और शायद लकड़ी पर भी अपना कौशल दिखलाया। हड्डी, हाथी दाँत, पत्थरों पर भी उसने चित्र उत्कीर्ण किये। उनके चित्रों में बाल वाले गैंडे; हिरन और जंगली घोड़ों की तसवीरें मिलती हैं। इसी जाति के अन्तिम

काल में धनुष-बाण के आविष्कार का पता लगता है। उनके रहने की गुहाओं में हड्डियों और दूसरे अवशेषों से पता लगता है कि वह पीढ़ियों तक एक जगह रहते रहे। हो सकता है, हिमालय की मजबूरी के कारण ऐसा हुआ हो।

चतुर्थ हिमयुग की समाप्ति के साथ 'पुराण पाषाण-युग' भी समाप्त होता है और मानव नई आशा के साथ नये युग में पैर रखता है। यूरोप में नये जंगल, नई हरियाली और घास के मैदान पैदा होते हैं। जानवर एक जगह से दूसरी जगह घूमते हैं; मानव भी शिकार और आहार-संचय के लिये उनका अनुगमन करता है। आगे का नव-पाषाण युग वह समय है, जो कि कृषि और धातु के आविष्कार के बीच में गुजरा।

३. पशु और प्रकृति में संघर्ष

सबसे पुराना मनुष्य का अवशेष जो हमें मिला है, वह रोडेशिया का द्विपद है और वह हमें आज से १८ लाख वर्ष पहले ले जाता है। हम अन्यत्र लिख चुके हैं[१] कि जावा द्विपद शरीर में अभी पूरा मानुष नहीं बन पाया था। अभी भी उसकी गर्दन बिल्कुल सीधी नहीं हो पायी थी। इन पाँच लाख वर्षों में मनुष्य पृथ्वी के स्थल भाग पर प्रायः सभी जगह घूमता रहा। जावा, चीन, भारत, अफ्रीका, फ्रांस, जर्मनी, इंग्लैंड आदि देशों में बिखरी हुई उसकी पथराई हड्डियाँ (फासील) इसी बात को सिद्ध करती है। जंगल, पहाड़, नदियाँ, समुद्र, उस अल्प-साधन मनुष्य के मार्ग में भारी बाधक थे; किन्तु वह उसकी गति को रोक नहीं सके। पुराण-पाषाण युग के जो पत्थर के हथियार काश्मीर, मध्य-एशिया और चीन में मिले हैं, उनसे डाक्टर बीरबल साहनी की राय है कि उस वक्त इस मानव-जाति का गमनागमन हिमालय के उस पार के इन स्थानों से था—हिमालय उस वक्त तक आज से आधा ही ऊँचा हो पाया था और इससे गमनागमन की दिक्कत कम थी। आदिम मानव इन अज्ञात जगहों में आज की भाँति पहले ही से प्रबन्ध करके नहीं गया; इसमें उसका बहुत समय लगा, जिसकी उसके पास कमी भी न थी।

उस समय उसके जीवन का प्रायः सारा भाग आहार की खोज में गुजरता था, जैसा कि आज भी वानरों, लंगूरों या पिछड़ी हुई अफीका के बौने (पिग्मी) आदि जातियों का गुजरता है। खाने लायक फल हर जगह पर्याप्त नहीं थे और जो थे भी, वह साल के सभी महीनों में सुलभ न थे। शिकार के मौजूद होने पर भी उसके हथियार—पत्थर के टुकड़े और लकड़ी—ऐसे थे, जिनकी सहायता से अपने लिये खाद्य जमा करना जल्दी नहीं हो सकता था। लेकिन , अभी उसके लिए सारी पृथ्वी पड़ी हुई थी, उस वक्त मनुष्य पृथ्वी की एक दुर्लभ वस्तु थी।

किन्तु मनुष्य की कठिनाइयाँ यहीं खतम नहीं हो जाती थीं। उसके शत्रुओं की संख्या बहुत ज्यादा थी। मध्य-यूरोप के मानव के खाद्य में महागज भी सम्मिलित था। आजकल के हाथियों से कई गुना बड़े उस महागज का शिकार कितना खतरनाक था और खासकर उस अवस्था में, जब कि मनुष्य के पास पत्थर के अनगढ़ टुकड़ों और लकड़ी के सिवाय और कोई हथियार न था। जरूर वह इसके लिए गड़हों या खड्ड की सहायता लेता रहा होगा; तो भी उसकी जान जोखिम में रही थी, इसमें तो सन्देह ही नहीं। सिंह, व्याघ्र, भेड़िया आदि कितने ही हिंस्र पशु उस समय आज से कहीं अधिक थे; इसलिए अपनी जीवन-यात्रा के लिये उसे इन सबसे लड़ना, इन सबसे बचना पड़ता था।

---

१. विश्व की रूपरेखा, पृष्ठ—३३४.

पृथ्वी के जलवायु में परिवर्तन होता रहा है। एक समय था, जब आसनसोल (बंगाल) में बर्फ पड़ा करती थी और वहाँ देवदारु के दरख्तों का जंगल था—पटना म्यूजियम में वहाँ के एक ऐसे पथराये वृक्ष का भाग रखा हुआ है। जिन मुल्कों में हमें मानव-अवशेष मिले हैं, उनकी आज के जलवायु से आदिम मानुष की प्राकृतिक कठिनाइयों का चित्र हम नहीं खींच सकते।[१] भिन्न-भिन्न मानव जातियों के चमड़े और आँख का रंग बतलाता है कि उन्हें भिन्न-भिन्न जलवायु में, सर्दी, गर्मी में अपने जीवन के भारी भाग को बिताना पड़ा। काली पुतलियाँ गरम प्रदेश में सूर्य के प्रखर प्रकाश को कम करने के लिये जरूरी हैं और नीली पुतलियाँ ऐसे प्रदेश के लिये हैं, जहाँ सूर्य की किरणें मन्द होती हैं। इस प्रकार यह भी मालूम हुआ कि सर्द प्रदेशों में रहनेवाले मानव को सर्दी से मुकाबला करना आसान काम न था, खासकर जब कि उसकी खाल पर वनमानुष जैसे बाल न थे। जानवर की खाल को कपड़े के तौर पर इस्तेमाल किया जा सकता है, यह समझ जाने पर उसकी यह कठिनाई दूर हो गई। जंगल में लगी आग में वह समझ पाया होगा कि सर्दी की दवा आग भी है। यह जान लेने पर भी आग का पैदा करना आसान काम न था। लकड़ी (अरणी) रगड़ने से आग पैदा होती है, यह उसके लिये भारी आविष्कार ही नहीं था, बल्कि एक जबर्दस्त देवता का साक्षात्कार भी था। किन्तु इस तरह प्रकट हुई आग को सुरक्षित रखने की तरकीब ढूँढ़कर निकालने में उसे काफी प्रतीक्षा करनी पड़ी होगी। घर्षण करके आग निकालना कितनी आश्चर्य की चीज मालूम होती थी, इसका पता इसी से लग सकता है कि आज से ४००० वर्ष पूर्व के वैदिक ऋषि उस वक्त गद्गद स्वर से अग्निदेव को प्रकट होने के लिये प्रार्थना करते थे, जिस वक्त कि अरणी के दोनों पल्लों का घर्षण किया जाता था।

समाज—मनुष्य सामाजिक जन्तु है, शुरू से ही नहीं, बल्कि मनुष्य बन जाने पर। विकास में मनुष्य के समीपवर्ती प्राणी—वनमानुष, वानर, लंगूर—सभी यूथ, समाज (पशुओं का समूह) बाँधकर रहते हैं। प्राकृतिक शक्तियों और प्राणधारी शत्रुओं के साथ संघर्ष करने में इस तरह का यूथ ज्यादा सहायक प्रतीत हुआ, इसलिये इसे त्यागने की उसे कभी आवश्यकता नहीं पड़ी और पीछे उसके विकास में तो सबसे बड़ा हाथ समाज का रहा है—व्यक्ति का भी प्रयत्न व्यक्ति के तौर पर नहीं, बल्कि समाज के अंग के तौर पर ही उतना सफल हुआ। समाज कैसे बना यह हम बतला आए हैं। मानव भाषा के विकास में समाज का जबर्दस्त हाथ था, यह भी कह चुके हैं। भाषा-शास्त्री लुडविंग न्वारे[२] के शब्दों में "एक सम्मिलित लक्ष्य की ओर बढ़ने के लिये वंश के वृक्षों का वह अत्यन्त प्राचीन श्रम, सामाजिक प्रयत्न ही था, जिससे भाषा और चिन्तन का आरम्भ हुआ।" भाषा-संबंधी खोजों से पता लगता है कि सबसे पुराने जो शब्द बने वह क्रिया के द्योतक थे और क्रिया में भी उन्होंने अधिकतर ध्वनित (पत-गिरता) का अनुकरण किया। इन्हीं क्रियावाचक शब्दों—धातुओं—से पीछे कितने ही नाम भी बने।

मानव मनुष्य-समाज से अलग नहीं रह सकता था, अलग रहने पर उसे भाषा से ही नहीं चिन्तन से भी नाता तोड़ना होता, क्योंकि चिन्तन ध्वनिरहित शब्द है। मनुष्य की हर एक गति पर समाज की छाप है। बचपन से ही समाज के विधि-निषेधों को हम माँ के दूध के साथ पीते

---

१. चार हिमयुगों में सबसे पिछला दस हजार वर्ष पूर्व खत्म हुआ.

२. Ludwing Noire.

हैं, इसलिये हम उनमें से अधिकांश को बंधन नहीं भूषण के तौर पर ग्रहण करते हैं; किन्तु, वह हमारे कायिक, वाचिक कर्मों पर पग-पग पर अपनी व्यवस्था देते हैं, यह उस वक्त मालूम हो जाता है, जब हम किसी को उनका उल्लंघन करते देख उसे अ-सभ्य (अ-सामाजिक) कह उठते हैं। सीप में जैसे सीप प्राणी का विकास होता है उसी प्रकार हर एक व्यक्ति का विकास उसके सामाजिक वातावरण में होता है। मनुष्य की शिक्षा-दीक्षा अपने परिवार, हाट-बाट, पाठशाला, क्रीड़ा तथा क्रिया के क्षेत्र में और समाज द्वारा विकसित भाषा को लेकर होती है।

लेकिन इसका यह मतलब नहीं कि समाज एक अछूती परिवर्तनशील लौह-प्राचीर है, वह व्यक्ति को अपने विशेष ढाँचे में ढालता है, और स्वयं एक-रस बना रहता है। समाज भी लगातार बदल रहा है। यह परिवर्तन क्रमशः विकास के तौर पर भी होता है और कहीं-कहीं क्रांति के तौर पर भी—कहीं परिवर्तन को हम तरंग-प्रवाह की भाँति देखते हैं और कहीं छलांग मारते प्रपात की भाँति। समाज का ढाँचा, उसके भीतर की चीजें—वस्तु, व्यक्ति, विचार—सभी बदलती रहती हैं।

आदिम मानव को आपस में भी झगड़ना पड़ा होगा, किन्तु उसे यह समझने में बहुत समय नहीं लगा कि अपने सम्मिलित शत्रु का मुकाबला हम तभी कर सकते हैं, जब कि उसके मुकाबले में हम एक होकर लड़ें। प्रकृति और पशु-जगत के साथ असंख्य संघर्ष करके उसने इस गुरु को सीखा।

पशु भी विरोधी प्राकृतिक शक्तियों का मुकाबला करते हैं; जब जानते हैं कि जीवन का रास्ता उधर से ही जा रहा है; किन्तु मनुष्य और पशु के इस प्रकार के व्यवहार में अन्तर है। पशु प्राकृतिक बाधाओं से बच निकलना चाहते हैं। मनुष्य बच निकलना ही नहीं चाहता, बल्कि कोशिश इस बात की भी करता है कि प्रकृति की उस बाधक शक्ति पर अधिकार प्राप्त करे। पशु आग से भागना ही जानता है, मनुष्य ने बहुत पहले ही उसे ध्वंसक ही नहीं, रक्षक के रूप में स्वीकार किया। रात में उसने उसे अपना पहरेदार बनाया और उसे जलाकर हिंस्र जन्तुओं को अपने पास आने से रोक दिया। जाड़ों में उसने उसे जलाकर सर्दी दूर की और जब भुने मांस, भुने फल-मूल का स्वाद मालूम हो गया; तो उसने उसे पकाने का साधन बना पेट के श्रम को कम किया।

४. मानव की पशु से विशेषता

हम कह आये हैं[१] कि वनमानुष और कुत्ते जैसे समझदार प्राणी भी सामने की वस्तु के प्रतिबिंब को लेकर मस्तिष्क से कुछ सोचने की क्षमता रखते हैं, किन्तु, उनका सोचना सिर्फ वर्तमान के प्रकाश में होता है। मनुष्य-अग्रसोची होता है, वह भविष्य की सुरक्षा का पहले से ख्याल करता है और आगे के सुख के लिये वर्तमान में दुख झेलने को तैयार होता है। तुच्छ लाभ यदि हाथ में आ गया हो, तो भी वह उसे छोड़ सकता है, यदि मालूम हो कि उसके द्वारा वह बड़े लाभ का अधिकारी बन सकता है उसके सामाजिक सदाचार इसी दिशा में किये गये प्रयत्नों के फल हैं, यद्यपि उन्हें खास स्थिति में खास प्रयोजन के लिये स्वीकार किया गया था और उस विशेष परिस्थिति तथा प्रयोजन के बदल जाने पर उन्हें भी बदलने की

---

१. देखिये, विश्व की रूपरेखा, पृष्ठ—३२८-३२.

जरूरत है। पशु प्रकृति के साथ संघर्ष अपने वर्तमान के अस्तित्व—केवल अस्तित्व—को कायम रखने के लिये करता है; और उसके लिये सहज-जन्मजात—साधनों को इस्तेमाल करता है; लेकिन मनुष्य अपने वर्तमान के अस्तित्व के लिये ही नहीं प्रयत्न करता, सहज साधनों से ही मुकाबला नहीं करता, बल्कि भविष्य में भी अपने और अपने सम्बन्धियों तथा समाज का अस्तित्व रखने के लिये नये साधनों—हथियारों का आविष्कार करता है। इसीलिये मनुष्य सामाजिक पशु होने के साथ-साथ हथियार धारी पशु है।

५. मानव की विशेषता

मनुष्य के मस्तिष्क की बनावट ऐसी है, उसका सेरेब्रम् इतना विकसित है—आज के मनुष्य का ही नहीं क्रोमेग्नन् और नीअन्डर्थल का भी-कि वह सोच सकता है, विश्लेषण कर सकता है, नवीन रास्ता निकाल सकता है, अनुभवों से शिक्षा ग्रहण कर सकता है; तजुरबों के आधार पर भविष्य की झाँकी को पहले से मस्तिष्क में देख, पहले से आहार अर्जन की योजना बना सकता है, सर्दी-गर्मी के प्रतिकार का उपाय सोच सकता है। भविष्य को अनिश्चित छोड़ना अपने उसी मस्तिष्क की बनावट के कारण, उनके लिये मुश्किल है; क्योंकि वैसा करने पर उसका हृदय उत्सुकता और भय का हर वक्त शिकार रहने लगता है। जहाँ मस्तिष्क ने उसे इस दिशा में इतना बढ़ने का सुभीता दिया, वहाँ शरीर के दूसरे अंगों ने भी उसकी पूरी सहायता की। मनुष्य के पंजे—नाखून—उतने तीखे और मजबूत नहीं हैं, और न शेर-भेड़िये की तरह वह अपने दाँतों को ही इस्तेमाल कर सकता है; किन्तु इसकी जगह उसके पैर ऐसे हैं, जिन्होंने सारे शरीर के बोझ को सँभालने का भार अपने ऊपर ले लिया है, जिससे हाथ बिल्कुल मुक्त है—पशुओं की भाँति उसका हाथ शरीर के सँभालने के लिये फँसा हुआ नहीं है। यदि ऐसा होता, तो दिमाग सोचने की ताकत रखते हुए भी हाथ से हथियारों को उठवा न सकता, न उनमें सुधारकर अनगढ़ पत्थरों से आज के अणु-बम तक पहुँच सकता। मस्तिष्क और मुक्त हाथ मिलकर मनुष्य को मनुष्य बनाने में सफल हुए हैं। इनमें मस्तिष्क का सीखना-सोचना तथा भाषा द्वारा अपनी कार्यक्षमता को अधिक बढ़ाना बहुत हद तक समाज की सहायता से हुआ है, यह हम पहले बता चुके हैं।

मनुष्य प्रकृति से भिन्न नहीं है, वह उसी का अंश है, यद्यपि वह विकास के उच्चतम शिखर पर पहुँचा हुआ अंश है। प्रकृति के निम्न और उच्च अंशों में होना लाजिमी है और वह मनुष्य में भी पाया जाता है। मनुष्य प्रकृति का वयस्क—बालिग—पुत्र है, इसलिये वह 'ननु' 'नच' करता है, किसी चीज को प्रकृति जैसा उसे देती है, उसे आँख मूँदकर उसी तौर पर उसे स्वीकार नहीं करता। वह उसमें सुधार करता है, उसे अधिक उपयोगी बनाता है। रास्ते में पड़े पत्थरों को फोड़, छीलकर तेज किये कड़े पत्थरों को लिये वह इसी वास्ते घूमता था।

(१) मानव मस्तिष्क की करामात—आदिम मानुष या तीन लाख वर्ष पूर्व के हैडलवर्गीय मनुष्य से लेकर चंद हजार वर्ष पहले के हमारी ही जाति के मनुष्यों तक उन्हीं छिले हुए चकमक तथा दूसरे सख्त पत्थर के हथियारों का बना रहना बतलाता है कि आरंभ में एक अवस्था से दूसरी अवस्था पार करने के लिये ज्यादा समय लगता रहा; लेकिन इसका मतलब यह नहीं कि इस सारे समय में मनुष्य का मस्तिष्क बेकार रहा। मनुष्य के मस्तिष्क ने और भी कितनी ही चीजें निकाली होंगी, जो कि आज की तुलना में नगण्य भले ही हों, किन्तु उस वक्त वह बहुत महत्त्व रखती थी। यह सभी चीजें वह चकमक पत्थर से बना सकता था,

इसलिये वर्षों को पार कर वह हम तक नहीं पहुँच सकीं। हम अन्यत्र[1] बतला चुके हैं कि नवपाषाण-युग से पहले ही मनुष्य पत्थर, लकड़ी, हड्डी के हथियारों के अतिरिक्त सीना-पिरोना, जाल-कपड़ा बुनना जानता था। मकान बनाना तथा आग का उपयोग भी उसे मालूम था। इनसे हम कितनी और बातों का भी अनुमान कर सकते हैं, जो मनुष्य के मस्तिष्क से इन हजारों शताब्दियों में निकली होंगी। तो भी जितना ही हम भूत में जायें आविष्कारों की गति, उतनी ही धीमी होती जाती है। अठारहवीं सदी के अन्त में शक्ति-संचालित यंत्रों का खयाल अभी दिमाग में आने ही लगा था, उसका पूरा उपयोग १९वीं सदी से शुरू हुआ। १९वीं सदी के अन्त में बिजली का श्रीगणेश हुआ था और आज उसका भारी विकास हो चुका है। एक्स-रे,' हवाई जहाज, रेडियो, बोलते फिल्म वर्तमान शताब्दी की करामातें हैं। अणुबम को तो मुश्किल से ३१ वर्ष हुए हैं।

समाज—समाज का लक्षण करते हुए एक लेखक ने लिखा है—"समाज क्रिया द्वारा एक दूसरे पर प्रभाव डालनेवाले व्यक्तियों का एक विस्तृत संगठन है। अपने व्यक्तियों की परस्पर प्रभाव डालने वाली सभी स्थायी क्रियाएँ समाज के अन्तर्गत होती हैं और वह खुद व्यक्तियों के परिश्रम (क्रिया) के पारस्परिक सम्बन्ध पर आश्रित है।" मनुष्य को प्रकृति ने बाध्य किया सम्मिलित और संगठित होने के लिए, क्योंकि उसके बिना वह अपने अस्तित्व को मनुष्य के तौर पर नहीं कायम रख सकता था; और यह सम्मिलन, संगठन वस्तुओं के उत्पादन के सम्बन्ध में हुआ।

समाज वास्तविक इकाइयों-व्यक्तियों से बना है, यह स्पष्ट है। व्यक्ति निरन्तर एक-दूसरे से प्रभावित हो रहे हैं। आजकल का उदाहरण ले लीजिए। एक आदमी बाजार जाता है, चीज खरीदता है। वहाँ वह बाजार की दर पर प्रभाव डालता है—खरीदारों की ज्यादा संख्या का एक भाग होने से खरीदारों की अधिकता और विक्रेय चीजों के कमी के कारण भाव को महँगा करता है। यह प्रभाव अत्यल्प भले ही हो—और इकाई भी अत्यल्प होती है—किन्तु वह वहाँ मौजूद है, इसमें संदेह नहीं। फिर तालाब में डली फेंकने से उठी लहर की भाँति यह प्रभाव सिर्फ एक बाजार पर ही नहीं, राष्ट्र और अन्तर्राष्ट्रीय जगत तक फैल जाता है। लगन के दिन हैं, आदमी बाजार में जेवर-कपड़ा खरीदता है, उससे बाजार पर असर पड़ता है। ब्याह कराने के लिए पुरोहित को बुलाता है, इसका प्रभाव पास-पड़ोस पर धर्म के अनुकूल पड़ता है, और वह फिर अपने सादृश प्रभावों से मिल कर जगत में धर्म की जड़ों को मजबूत करता है। पुरोहित को दक्षिणा दी जाती है, वह फिर बाजार में जाकर व्यापार पर प्रभाव डालता है। समाज के प्रवाह में जल-बिन्दुओं की भाँति करोड़ों व्यक्ति एकत्रित हुए हैं।

समाज व्यक्तियों के योग से बना है, किन्तु वह व्यक्तियों का योग मात्र नहीं है। परिमाण या मात्रा गुण में भी परिवर्तन करती है, इसका जिक्र अन्यत्र[2] हो चुका है। व्यक्तियों के योग से मिलकर बने समाज में भी इसी तरह का गुणात्मक परिवर्तन पाया जाता है। व्यक्ति अलग-अलग रहकर जैसे सोचता, जैसी हरकत करता है; समाज के रूप में उसके वातावरण में—आने पर उसमें अन्तर पड़ता है। क्यों? अब वह समाज से प्रभावित हो रहा है। जुलूस; सभा, बड़े मजमे में व्यक्ति प्रवाह में बह चलते हैं या कम-से-कम उससे प्रभावित जरूर होते हैं—इसी

१. देखिये, विश्व की रूपरेखा, पृष्ठ—३३५.
२. वही, पृष्ठ—३२५ और वैज्ञानिक भौतिकवाद, पृष्ठ—१७०-७५.

से मालूम होता है कि समाज व्यक्तियों के समूह से बढ़कर है और उसी तरह जैसे पुर्जों के ढेर से घड़ी बढ़कर है—इस तरह समाज मनुष्य+मनुष्य नहीं है, बल्कि समाज मनुष्य×मनुष्य है।

व्यक्तियों की हर एक हरकत का प्रभाव समाज पर पड़ता है, किन्तु परिवर्तित रूप में। समाज जितना ही छोटा होता है, यह प्रभाव उतना ही अधिक या कम समय में असर करते देखा जाता है। कारण?—ऐसे समाज या यूथ में व्यक्ति एक-दूसरे के बहुत नजदीक आ सकते हैं और विचार-विनिमय का उन्हें अधिक मौका मिलता है। वस्तुतः व्यक्ति समाज पर प्रभाव डालता है, अपने यूथ के द्वारा ही।

भाषा, राजनीतिक ढाँचा, विज्ञान, कला, दर्शन और अधिकांश फैशन, रीति-रिवाज, शिष्ट व्यवहार आदि सामाजिक जीवन की ही उपज है और व्यक्तियों के पारस्परिक सम्बन्ध, एक दूसरे पर डाले जाते प्रभाव तथा निरन्तर संगति के परिणाम हैं।

समाज का मानसिक जीवन भी उसके व्यक्तियों के विचारों और भावनाओं का योग मात्र नहीं है, वह भी व्यक्तियों के पारस्परिक सम्मिलन की उपज है, और कितनी ही हद तक नई चीज है।

■

द्वितीय अध्याय

जंगली मानव-समाज

मानव-समाज को एन्गेल्स ने तीन युगों में बाँटा है—जंगली, बर्बर और सभ्य। इनमें मनुष्य के इतिहास का सबसे बड़ा भाग जंगली मानव-समाज का इतिहास है। नीअन्डर्थल, ग्रिमाल्दी, क्रोमेग्नन् मानव जातियों का सारा जीवन इसी युग में बीता। विशेष प्राकृतिक परिवर्तनों के कारण पृथ्वी पर चार हिमयुगों के आने का पता लगता है, जिनमें सबसे पिछला दस हजार वर्ष पहले समाप्त हुआ। दूसरी मानव-जातियाँ इन हिमयुगों के बीच के समय में ही खतम हो गईं। यह हमारी सपिसन मानव-जाति ही है, जिसका अस्तित्व चतुर्थ हिमयुग के बाद से लगातार चला आ रहा है। हमारी जाति का भी बहुत-सा समय जंगली अवस्था में बीता। पहले वाली जातियों की भाँति इसे भी पत्थर के अनगढ़ हथियारों द्वारा मारे शिकार और सूखे-ताजे फलों पर अपना गुजारा करना पड़ा था।

(क) आदिम साम्यवाद

जांगल मानव के पास साधन कम थे, इसलिए उसे अपनी बढ़ती हुई आवश्यकताओं की पूर्ति के लिए व्यक्ति से अधिक समाज पर भरोसा रखना पड़ता था और इसीलिए जो कुछ भी थोड़ी-बहुत सम्पत्ति थी, वह सामूहिक थी। 'कुछ' इसलिए कहना पड़ रहा है कि उसके उपयोग की चीजों में जल्द खराब होनेवाली चीजें ज्यादा थीं। फल संचय से आगे बढ़कर जब मृगया (शिकार) के जीवन में दाखिल हुआ, तो मारे हुए शिकार के मांस को वह देर तक नहीं रख सकता था। वह 'करतल-भिक्षा तरुतल-वास:' जैसा जमाना था, इसलिए संग्रह कम था, सम्पत्ति कम थी। जो भी सम्पत्ति थी, वह सम्मिलित थी, क्योंकि वह सम्मिलित श्रम से प्राप्त होती थी। इस अवस्था को आदिम साम्यवाद कहते हैं। इस आदिम साम्यवादी काल में उच्च-नीच वर्ग नहीं थे, धर्म नहीं; यहाँ तक कि यूथ से व्यक्ति के अलग अस्तित्व का खयाल भी नहीं था।[१] सभी मिलकर एक दूसरे की रक्षा करते थे, साथ मिलकर खाद्य संग्रह करते थे, साथ उसे भोजन करते थे, साथ ही बल परिश्रम करते थे। आवश्यक वस्तुओं का उत्पादन चूँकि वैयक्तिक नहीं, सामूहिक था, इसलिए 'सम्पत्ति' का होना जरूरी था। किन्तु इस आदिम साम्यवादी समाज के अन्तिम भाग में अवस्था में परिवर्तन होने लगा और सम्पत्ति तथा असमानता आने लगी थी।

१. मातृसत्ता और ब्याह

उस वक्त की एक और विशेषता थी, समाज में स्त्री का बोलबाला होना, जिसे मातृसत्ता या मातृशाही कहते हैं। वानरों, लंगूरों, वनमानुषों में यूथ का स्वामी नर होता है, किन्तु मनुष्य

---

१. भाषा में से 'मैं' पहले बहुवचन 'हम' का स्थान है, यह भाषा-शास्त्रियों की खोजों से मालूम पड़ता है.

के आदिम काल की यूथप स्त्री होती थी, यह आश्चर्य की बात मालूम होगी; किन्तु आश्चर्य क़ी जरूरत नहीं। इस अवस्था में रहती प्राचीन या आधुनिक जातियों के बारे में अन्वेषण करते हुए वैज्ञानिक इसी नतीजे पर पहुँचे हैं और यह बुद्धि के विरुद्ध भी नहीं है। लंगूर में क्यों एक जबर्दस्त नर (खेखर) को स्वामित्व का अधिकार होता है—क्योंकि वही यूथ में सबसे बलवान होता है। यद्यपि उससे प्राण बचाकर बाहर रहने वाले, 'छुटभइयों' की संख्या काफी होती है; किन्तु उन्हें संघशक्ति का पता नहीं; एका करके यूथपति का मुकाबला करने की उनमें शक्ति नहीं। मनुष्य की संघशक्ति का पता बहुत पहले लग गया था, इसलिए वहाँ आदिम अवस्था में यूथप नहीं देखा जाता। उसकी जगह जहाँ परिवार था और हर परिवार की अध्यक्ष एक स्त्री थी, क्योंकि विवाहहीन समाज में माता ही परिवार का मूल थी।

फलसंचय मनुष्य की पहली अवस्था थी, दूसरी अवस्था में मछली और जानवर का शिकार उसकी जीविका के प्रधान साधन थे। इन दोनों अवस्थाओं में मानव-समाज पर माता का ही नेतृत्व था। वह निश्चित विवाह और नियमित पति-पत्नी का समय न था। अपनी माता के परिवार के किसी पुरुष से गर्भिणी हो स्त्री माता बन सकती थी, यद्यपि इसमें माता के कोप का भाजन होने का खतरा भी काफी था। हर माँ एक समय अपने परिवार की स्वामिनी बनने की आशा रख सकती थी। निश्चय ही उस समय का परिवार बड़ा नहीं हो सकता था, क्योंकि प्रायः वह एक जीवित माता की सन्तान पर अवलम्बित होता था। एंगेल्स ने इस युग के स्त्री-पुरुष के सम्बन्ध-विवाह को यूथ विवाह[१] कहा है, अर्थात् ब्याह में व्यक्ति का नहीं यूथ का प्राधान्य था। मातृसत्ता के परिवार को नर-मादा दो अलग वर्गों में बाँटने पर गोया एक वर्ग दूसरे वर्ग से पति-पत्नी का सम्बन्ध रखता था—एक परिवार में स्त्री का मतलब था पत्नी और पुरुष का मतलब था पति। आदिम काल में मातृसत्ता के परिवार को मानते हुए भी कितने ही आजकल के वैज्ञानिक यूथ-विवाह को नहीं मानते। लेकिन सभी भाइयों की एक पत्नी होना अब भी तिब्बती तथा कितनी ही और जातियों में पाया जाता है, जो एक वर्ग—पुरुष वर्ग—के लिए एक तरह का यूथ विवाह ही है।

आगे हम बतलायेंगे कि स्त्री के अधिकार का ह्रास उस वक्त होने लगा, जब कि जीविका के अर्जन में पुरुष अपने को प्रधान साबित करने लगा, साथ ही वह समाज में अपनी वैयक्तिक विशेषता दिखाने में सफल हुआ। फलसंचय और शिकार में स्त्री पुरुष से पीछे न थी, अभी उसके लिये घर और बाहर, चूल्हे और हलके काम का बँटवारा नहीं हुआ था। ऊपर से परिवार के सभी व्यक्ति जानते थे, कि उनकी वही एक माता है। यही बात पुरुषों के बारे में नहीं कही जा सकती थी; क्योंकि उन पुरुषों का पिता होना उतना निश्चित नहीं हो सकता था, जिससे कि सारे परिवार के साथ उनकी माता-जैसी घनिष्ठता हो। उस समय स्त्री-पुरुष-सम्बन्ध परिवार के भीतर ही होना जरूरी था, क्योंकि सारे परिवार को एक साथ मिलकर जीविकार्जन और शत्रुओं से मुकाबला करना पड़ता था।

जीविकार्जन के लिये परिवार को एक स्थान से दूसरे स्थान पर घूमते ही नहीं रहना पड़ता था, बल्कि आजकल के खानाबदोशों की भाँति अर्जन-क्षेत्र के लिए दो परिवारों में झगड़ा होने का भी डर था। ऐसी अवस्था में परिवार से बाहर स्त्री-पुरुष का सम्बन्ध अपवाद रूप से ही हो सकता था। फिर इस निकट सम्बन्ध में मामा, भाई, बेटे का ख्याल कहाँ से हो सकता

---

१. Group marrige.

था? मनुष्य ऐसे सम्बन्धों से होकर तो अभी हाल में—ऐतिहासिक युग में—गुजरा है और कुछ बातें तो अभी भी मौजूद हैं। दक्षिण भारत में—ब्राह्मणों में भी-अब भी मामा की लड़की के साथ भांजे का ही नहीं, बल्कि खुद मामा के साथ भांजी का ब्याह साधारण रिवाज-सा है। मिस्र और ईरान के शासकों—फराऊन और शाहंशाहों—में बहिन-भाई की शादी के कितने ही दृष्टांत मिलते हैं। इन्का (अमेरिका) के राजवंश में, बहिन के साथ शादी रक्त की पवित्रता के लिये बहुत ही जरूरी समझी जाती थी। ईरान में एक समय मातृ-विवाह की प्रथा इतनी जारी थी कि ईसा के पाँचवीं-छठीं सदी के भारतीय ग्रन्थकार 'पारसीक मातृ विवाह' को लोकरूढ़ि के तौर पर अपने ग्रन्थों में उद्धृत करते हैं। प्राचीन भारतीय साहित्य में भी सहोदर बहिन-भाई के प्रमाण मिलते हैं।[१]

२. हथियार और उत्पादन के साधन

मातृसत्ताक आदिम साम्यवादी परिवार में चिकने या अनगढ़ पत्थरों तथा लकड़ी हड्डी के हथियार होते थे, यह जिक्र हम कर आये हैं। जाड़ों के लिये चमड़े की पोशाक को भी मनुष्य तैयार करता था। स्विट्जरलैंड में ९०% भालू, मोराविया में ९०% महागज और डेनमार्क में ९०% घोंघा, सीप, मछली उसकी खाद्य थी।

३. सम्पत्ति

इस युग की संपत्ति के बारे में एंगेल्स ने लिखा है कि इन आदिम साम्यवादी समाजों के भीतर भी सम्पत्ति का विकास हुआ था, पहले बाहरी आदमियों से बदलैन के द्वारा, फिर धीरे-धीरे वह विक्रेय (पण्य) वस्तु का रूप लेने लगा। क्रमशः कितनी ही वस्तुएँ अपने उपयोग के लिये ही नहीं, बल्कि बदला करके दूसरे के उपयोग के वास्ते तैयार की जाने लगीं और इसी के अनुसार असमानता बढ़ी और कम्यून[२]—परिवारों के समूह—के सदस्यों में सम्पत्ति का तारतम्य बढ़ने लगा। लेकिन यह अवस्था अन्तिम समय की समझनी चाहिए; साथ ही यह भी ध्यान रखना चाहिये कि समाज से इन ऐतिहासिक युगों की सीमाएँ बिल्कुल स्पष्ट नही थीं—देश और काल दोनों में कहीं एक अवस्था को बीते दस हजार वर्ष हो चुके, तो कहीं हाल तक वही चली आ रही है। आज पूँजीवादी युग में भी भारत में सामन्तशाही चली जा रही है। दासप्रथा दुनिया के बहुत से भागों से बहुत पहले ख़त्म हो चुकी, किन्तु नेपाल में १९२५ ई० तक वह कानूनी तौर से जारी थी। तो भी विकास का क्रम निम्न क्रम से ही देखा गया—आदिम साम्यवादी समाज (आदिम कम्यून), जनसत्ता (कबीलाशाही) इन दोनों में ही मातृसत्ता की प्रधानता थी और दोनों ही में वैयक्तिक सम्पत्ति के लिये कम स्थान था। जनसत्ता के बाद पितृसत्ता, फिर क्रमशः दासता, सामन्तवाद और पूँजीवाद का जमाना आया। आदिम कम्यून में वर्ग-भेद न था, वहाँ कमकर और काम चोर श्रेणियाँ न थीं, इसलिये न शोषण था और न उसे कायम रखने के लिये किसी एक वर्ग—शोषक वर्ग—का शासन था। ■

---

१. देखिए, टिप्पणी, पृष्ठ—८९-९०.

२. Commune.

तृतीय अध्याय

बर्बर मानव-समाज

आदिम कम्यून की आगे की सीढ़ी बर्बर समाज है। इसकी पहली अवस्था में अब भी मातृसत्ता कायम रहती है। परिवार और उससे बने परिमित कम्यून से समाज आगे बढ़ता है, इसे ही जनसत्ता (कबीलाशाही) कहते हैं। जनसत्ता के साथ मातृसत्ता ख़त्म हो पितृसत्ता स्थापित होती है, जिसके साथ यही नहीं कि स्त्री का स्थान समाज में हीन हो जाता है, बल्कि वर्गहीन मानव-समाज में वर्ग-भेद आरम्भ हो जाता है।

(क) जनयुग

१. जन क्या है?

जंगली अवस्था से आगे की स्थिति को एंगेल्स ने जन कहकर लिखा है। जन प्राचीन हिन्दी (इन्दो)—यूरोपीय शब्द है, जिसका अर्थ मनुष्य या मनुष्य-जाति होता है। किन्तु एंगेल्स ने उसे मनुष्यों के एक वंशज समुदाय (कबीले) के अर्थ में प्रयुक्त किया है—भारत में भी जन शब्द का प्रयोग एक-वंशज मनुष्य-समुदाय के अर्थ में होता था, यद्यपि वह विकास की उसी अवस्था का द्योतक नहीं था। हिन्दी-आर्य जिस वक्त अफगानिस्तान और सिन्धु तट पर पहुँचे, तो वह अलग-अलग जनों (कबीलों), में विभक्त थे और जिस प्रदेश में वह जाकर बस गये, वह उन्हीं जनों के नाम से प्रसिद्ध हो गया। शिवि जन (लोग) जहाँ जाकर बस गया, उसका नाम शिवि-जनपद (देश) पड़ गया, पक्थ जहाँ बसा उसका नाम पक्थ (पठान) जनपद हुआ, मद्रों का वास मद्र-जनपद, मल्लों का मल्ल-जनपद। यह सिलसिला पंजाब ही तक सीमित नहीं रहा, बल्कि उत्तर-प्रदेश, बिहार, मध्य प्रदेश, राजस्थान आदि में भी जनों के नाम पर जनपदों का नामकरण हुआ। संस्कृत में जनपद और जन दोनों का प्रयोग अभिन्नता के साथ होता था। बहुसंख्यक व्यक्तियों का होने से जन के लिये शब्द का प्रयोग बहुवचन में (मद्रा:, मल्ला:) होता था और वहीं बहुवचनान्त शब्द जनपद के लिये भी ले लिया गया था—मद्रा:=मद्र लोग, मद्र जनपद। इस प्रकार भारतीय जन शब्द हिन्दी-यूरोपीय जन के नजदीक जरूर है, किन्तु समाज के विकास में वैज्ञानिक उस अवस्था को जन कहते हैं, जब कि समाज में मातृसत्ता की प्रधानता है, वर्गभेद स्पष्ट नहीं हुआ है और आदिम कम्यून से समाज बहुत दूर नहीं हटा है। पंजाब या अफगानिस्तान में आने के समय हिन्दी-आर्यों के समाज में मातृसत्ता नहीं पितृसत्ता थी, आदिम कम्यून नहीं वैयक्तिक सम्पत्ति थी, यद्यपि जहाँ तक आर्यों का अपने भीतर का सम्बन्ध था, सप्त-सिन्धु (पंजाब) के निवास के वक्त उनमें उतनी विषमता न थी, जितनी की गंगा की उपत्यका में। कुरु-पंचाल में बसने के साथ ही उनमें ब्राह्मण, क्षत्रिय आदि के रूप में आर्थिक और जातीय वर्गभेद—वर्णभेद—आ उपस्थित हुआ।

जन की अपेक्षा गोत्र शब्द ज्यादा जन-अवस्था के नजदीक है। गोत्र का वैसे अर्थ भी है, गौओं की रक्षा का साधन, स्थान या रक्षक-समुदाय। गौ, एक समय हिन्दी आर्यों का प्रधान धन था, इसलिये एक-वंशज जन समुदाय या वंश को ही गोत्र (गाय रखने वाला) कहा गया। जन-अवस्था में जहाँ यूरोपीय समाज पशु-पालन आरम्भ करता है, हमारे यहाँ वह गोपालन की समृद्धि का समय (अर्थात् एंगेल्स की परिभाषा में पितृसत्ता का जमाना) था। गोत्र-काल का ज्ञान हमारे पास बहुत अल्प है। वशिष्ठ, विश्वामित्र, भरद्वाज आदि जितने गोत्र प्रसिद्ध हैं, वह वस्तुत: गोत्र-काल और पितृसत्ता काल के भी नहीं हैं। ये सारे गोत्रकर ऋषि गंगा के आस-पासवाले प्रदेश में १५०० ई०पू० के आसपास दासता और सामन्तवादी युग में हुए थे। संभव है, कुभा (काबुल) और सुवास्तु (स्वात) की उपत्यका में रहते वक्त सभी गोत्रसत्ता उनमें मौजूद रही हो और जनसत्ता पितृसत्ता की मध्यवर्ती अवस्था को जतलाती हो।

जनसत्ता का आरम्भ बर्बर युग के साथ आरम्भ हुआ। अन्त में जब वह समृद्धि के शिखर पर पहुँची, तो साथ ही पितृसत्ता के रूप में बदलकर अपने गर्भ से उसने अपने बैरी पितृसत्ता को पैदाकर नाश की ओर कदम बढ़ाया। जनसत्ता की अवस्था में मनुष्य ने लिपि का आविष्कार नहीं किया था और न छन्द तथा गीत ही में उसे इतना कमाल हासिल था कि उसकी कितनी ही बातें हमारे पास तक पहुँचतीं। हजारों वर्ष पहले जन-अवस्था पारकर गई जातियों से इस सम्बन्ध की सामग्री बहुत कम मिली है। लेकिन सारे मानव-समाज का विकास एक समान नहीं हुआ है, अभी हाल तक कितनी ही जातियाँ जनसत्ता और पितृसत्ता की अवस्थाओं में पाई गई हैं, इनके समाज के अध्ययन से हमारी उस गुजरी अवस्था पर बहुत प्रकाश पड़ता है। मार्गन ने अमेरिका के आदिम निवासियों—लाल इंडियनों—के जीवन, रीति-रिवाज पर काफी खोज की थी, उसको लेकर एंगेल्स ने बर्बर मानव-युग के पिछले भाग की जनसत्ता का जिक्र करते हुए लिखा है—

"अमेरिका के लाल इंडियन उस अवस्था के एक अच्छे उदाहरण हैं, जब कि जन-समाज[१] पूर्णतया विकसित था। एक कबीला कई भिन्न-भिन्न भागों, किन्तु आम तौर पर से दो भागों—जनतों[२]—में बँटा हुआ है। जनसंख्या बढ़ने के साथ एक ज़नत और कितने ही जनतों में बँटता है। इस जनत से प्रथम जनत का सम्बन्ध बिरादरी[३] के तौर पर है। स्वयं पुराना कबीला[४] अब कितने ही छोटे कबीलों में बँट गया है—और ऐसे कबीलों में बँटा है, जिनमें से प्रत्येक में पुराना ज़नत मौजूद है। कुछ जगहों पर सम्बन्धी कबीले एक तरह के संघ द्वारा एक-दूसरे के साथ सम्बद्ध पाये जाते हैं। संगठन का यह ढाँचा, उनके इस वक्त में विकसित समाज के काम चलाने के लिये पर्याप्त है। इस सामाजिक अवस्था के लिये जो संगठन उपयोगी हो सकता है, बस वही संगठन इस रूप में हमें मिल रहा है। इस तरह के संगठित समाज के भीतर जो भी झगड़े--मतभेद उठ सकते हैं, उनके निबटारे के लिए यह संगठन काफी है। बाहरी झगड़ों का निबटारा वे युद्ध द्वारा करते हैं, जो एक कबीले के सर्वनाश के साथ भले ही समाप्त हो सकता है, किन्तु वहाँ किसी को परतन्त्र बनाया जाना कभी नहीं देखा जाता। जनसत्ता का यह भव्य,

---

१. Genes.

२. Gentes.

३. Phratry.

४. Tribe.

किन्तु सीमित स्वरूप है; जहाँ परतन्त्रता और दासता का सर्वथा अभाव मिलता है। जन समाज के भीतर अधिकार और कर्तव्य में कोई भेद नहीं है। लाल-एंडियन के लिये यह प्रश्न कोई अर्थ नहीं रखता कि सार्वजनिक काम में भाग लेना, वंश की हत्या का बदला लेना या कोई दूसरा शान्ति और सुलह का काम व्यक्ति के कर्तव्य में सम्मिलित है या अधिकार में । यह प्रश्न उनके लिये उसी तरह है, जैसे यह पूछना कि खाना-सोना, शिकार करना कर्तव्य है या अधिकार।

''जन-संख्या बहुत कम है, इसलिये आबादी बहुत ही विरल है और जहाँ उसकी आबादी का केन्द्र है, सिर्फ वहीं वह घनी है। आबादी के चारों ओर जन के शिकार क़रने की विस्तृत भूमि है, इसके बाहर जंगल का एक भारी घेरा है, जो कि जहाँ दूसरे कबीले के साथ सीमान्त का काम करता है, वहाँ साथ ही वह जन-आवास की रक्षा-प्राचीर-सा भी है। श्रम-विभाग बिलकुल स्वाभाविक है और वह सिर्फ स्त्री-पुरुष के काम के सम्बन्ध में है। पुरुष लड़ाई करते हैं, मछली और जानवर का शिकार करने जाते हैं, खाद्य-सामग्री और अपेक्षित हथियार प्रस्तुत करते हैं। स्त्रियाँ घर का काम-काज देखती हैं—खाना-कपड़े का इन्तजाम रसोई, बुनाई, सिलाई का काम करती हैं। अपने-अपने कार्यक्षेत्र में स्त्री-पुरुष का पूरा आधिपत्य है—जंगल का स्वामी पुरुष है, घर के भीतर स्त्री का राज्य है। अपने बनाये या इस्तेमाल किये जानेवाले हथियार पर अपना-अपना अधिकार है। पुरुष मछली और जानवर के शिकार में काम आनेवाले हथियारों का स्वामी है और स्त्री घर के सामान की मालकिन। घर कई परिवारों के लिए एक ही होता है। कभी-कभी वह इतना बड़ा होता है, जिसमें ७०० व्यक्ति एक साथ रहते हैं। यह बात अमेरिका के उत्तर-पश्चिमी तट के इंडियनों, रानी चार्लट द्वीप के हइदों और नूत्का कबीलों में अक्सर पाई जाती है। जिस चीज को सब मिलकर बनाते हैं या इस्तेमाल करते हैं, वह सांघिक सम्पत्ति है—घर, बाग, नाव ऐसी ही सम्पत्ति है।''

२. ब्याह

जनसत्ता के काल में—विशेषत: उसके शुरू के अधिक भाग में अभी माता का ही राज्य था। अधिकतर सम्पत्ति सांघिक होती थी, किन्तु जो थोड़ी-बहुत परिवार की संपत्ति थी, उसका उत्तराधिकारी पुत्र नहीं पुत्रियाँ होती थीं। बाहरी परिस्थिति में जब जबर्दस्त विरोध खड़ा करती है, तभी पुराने रिवाज टूटते हैं। केरल के नायरों में अभी वर्तमान शताब्दी के प्रथम पाद तक सम्पत्ति पर पुत्रों का नहीं, पुत्रियों का अधिकार माना जाता रहा। अब्राह्मण नेता डॉक्टर टी०एम० नायर ने भारी प्रयत्न करके कानून बदलवाने में सफलता पाई, जिससे कि जायदाद पर पुत्रों का भी अधिकार स्वीकार किया गया। लेकिन जांगल और जनसमाज की व्यवस्था को आज तक केरल में जारी रखना, ब्राह्मणों की स्वार्थपूर्ण नीति और समाज पर एकाधिपत्य का परिणाम था, केरल के नाम्बूदरी ब्राह्मणों में—जिनमें अधिकांश जमींदार, जागीरदार, शत-प्रतिशत शिक्षित, खेती और शारीरिक श्रम से कोई सम्बन्ध न रखने वाले होते हैं—सम्पत्ति का उत्तराधिकार सिर्फ बड़े लड़के को मिलता था। छोटे लड़के बड़े भाई के आश्रित रह सकते थे, या घर-जमाई बन दूसरे किसी एकमात्र कन्यावाले परिवार के स्वामी बन सकते थे, अथवा अपनी विद्या बुद्धि से नई जायदाद बना सकते थे—जो कि सभी के लिये आसान काम नहीं था। छोटे भाई अग्रज के एकमात्र उत्तराधिकारी बनने को आसानी से कबूल न कर सकते थे, खास करके जब कि आस-पास की सारी दुनिया अग्रज उत्तराधिकारी को त्याग चुकी हो। ब्राह्मणों के लिए इसका रास्ता निकालना मुश्किल न था, क्योंकि धर्मशास्त्र या कानून बनाना भी

उनके हाथ में था। नायरों में पुत्री का उत्तराधिकार हो सकता है, पहले से चला आता रहा हो, किन्तु उसे हजारों वर्षों तक चिरायु करने का काम ब्राह्मणों का जरूर था और यह काम उन्होंने बिलकुल नि:स्वार्थ भाव से नहीं किया! ब्राह्मणों में जिस तरह सम्पत्ति का उत्तराधिकारी ज्येष्ठ पुत्र होता था, उसी तरह ब्राह्मण-कन्या से शादी करने का अधिकार भी ज्येष्ठ पुत्र ही को था। यह जरूरी भी था, क्योंकि बिना घरबार के बिना सम्पत्ति वाले आदमी को कौन अपनी कन्या देगा? इस तरह कितनी ही ब्राह्मण कन्याएँ चिरकुमारी ही रहने लगीं। खैर, ब्राह्मण-चिरकुमारी का सवाल तो नहीं हल हुआ, और शायद ब्राह्मण उसे हल करना भी नहीं चाहते थे; किन्तु कनिष्ठ पुत्रों की समस्या दूसरे तौर पर हल की गई—ब्राह्मणकुमार नायर-कन्या से यौन-सम्बन्ध स्थापित कर सकता था, इस शर्त के साथ कि नायर-कन्या अपने को ब्राह्मणकुमार की परिणिता स्वीकार करे; किंतु ब्राह्मण कुमार वैसा मानने के लिये बाध्य नहीं था। वह अपनी 'स्त्री' के हाथ का छुआ न पानी पी सकता, न खाना खा सकता। स्त्री और सन्तान के भरण-पोषण का उस पर कोई भार नहीं; क्योंकि इसके लिए नायरों में उत्तराधिकार कन्या को पहले ही से दे रखा गया था। सारी सामाजिक व्यवस्था को देखने पर मालूम होता है कि केरल में कन्या-उत्तराधिकार एक वर्ग के आर्थिक स्वार्थ के लिए कायम रखा गया, उसमें स्त्री के अधिकार का ख्याल काम नहीं कर रहा था।

केरल के राजवंश में राजा की स्त्री का सिर्फ 'स्त्री', पुत्रों का सिर्फ 'पुत्र' रह जाना, उन्हें रानी और राजकुमार का अधिकार न मिलना भी उपरोक्त अभिप्राय ही को लेकर है।—केरल में राजा का उत्तराधिकारी उसका ज्येष्ठ भांजा होता है। रानी कहलाने का उत्तराधिकार उसकी बहनों या माँ-मौसी को होता है। राजपुत्रियों में कितनों ही के 'पति' ब्राह्मणकुमार हों, यह प्रचलित प्रथा के बिल्कुल अनुकूल था।

जन-समाज में ब्याह-सम्बन्ध में परिवर्तन हुआ सगोत्र—एक जन के भीतर—विवाह निषिद्ध माना जाने लगा। भाई-बहिन, पिता-पुत्री, माँ-बेटे ही नहीं, एक खून वाले बहुत से और संबंधियों से यौन-सम्बन्ध का निषेध इसी अवस्था में आरम्भ हुआ; लेकिन इसके अपवाद भी मौजूद थे और आज भी मिल सकते हैं, जो कि समाज के विकास की विषम गति के कारण है। जन समाज की विवाह-प्रथा को मिथुन-विवाह कहा जाता है।[१] यह एक प्रकार का शिथिल एक पत्नी-विवाह था, जिसमें एक स्त्री एक पुरुष की ही पत्नी होती थी, किन्तु उसमें कालिक परिवर्तन हो सकता था। इस तरह के ब्याह के उदाहरण हमें महाभारत की श्वेतकेतुवाली कथा में मिलता है।[२] श्वेतकेतु की माँ को एक ऋषि अपने साथ यौन-क्रिया के लिये ले जाना चाहता था। श्वेतकेतु ने इसका विरोध किया। सारी घटना उसके पिता के सामने हो रही थी। पिता ने कहा—इसमें कोई हर्ज नहीं, यही धर्म (समाज अनुमोदित कर्म) है। कहते हैं, इस पर श्वेतकेतु ने इस प्रथा को हटा देने की प्रतिज्ञा की और ऋषि होकर उसने स्थायी विवाह की प्रथा जारी की।

३. हथियार और औजार

जन-युग में मानव पुराने पाषाण के हथियारों को और परिष्कृत करने में सफल हुआ। छील कर तेज किये पत्थर के हथियारों की जगह अब उसने सख्त पत्थरों को घिसकर

१. Pariring marriage.
२. महाभारत, आदि पर्व, २८ अध्याय.

हथियार बनाने शुरू किये। इनमें फेंककर मारनेवाले ही पत्थर नहीं थे, बल्कि लकड़ी के डंडे लगाकर पत्थर के कुल्हाड़े भी शामिल थे। इन कुल्हाड़ों को अपने सस्तेपन और उपयोग के कारण ताम्र, पित्तल ही नहीं लौह युग में प्रविष्ट जातियाँ भी कितनी ही बार इस्तेमाल करती देखी गई हैं—इंग्लैण्ड में १०६६ ई० में हेस्टिंग्स के युद्ध में पत्थर के कुल्हाड़े इस्तेमाल किये गये थे।

धनुष-बाण का आविष्कार सभी नहीं, किन्तु कुछ जातियों में पहले हुआ था, तो भी हिन्दी-यूरोपियनों में धनुष का उपयोग बहुत पीछे होता दिखलाई पड़ता है, क्योंकि धनुष-बाण के लिये एक शब्द हिन्दुओं, ईरानियों, स्लावों, पश्चिमी यूरोपियनों और रोमक-यूनानियों की पुरानी भाषा में नहीं मिलता। साथ ही ईरानियों और हिन्दुओं की भाषा में खेती के कितने ही शब्दों—यव=जौ, व्रीहि=विरंज (चावल) के होने से पता लगता है कि दोनों जातियाँ जब एक दूसरे से अलग हुईं, तो वह कृषक अवस्था में पहुँच चुकी थीं। हिन्दी आर्यों में कृषि के बाद तीर-कमान का आना यही साबित करता है कि विकास की गति सभी जगह एक-सी नहीं होती।

दूसरे हथियार खोदने-काटने के थे, जो हड्डी, पत्थर या लकड़ी के होते थे। उस वक्त वस्त्र बुनने और सिलाई के भी हथियार इस्तेमाल होते थे।

४. सम्पत्ति

मछली, जानवर के शिकार से मिलनेवाला मांस स्थायी सम्पत्ति नहीं हो सकता। चमड़ा, सींग, हड्डी, सूखे फल देर तक रखे जा सकते हैं और इनसे उपयोग को दूसरी चीजें बदली जा सकती हैं जिन्हें हम जन की सम्पत्ति कह सकते हैं। धनुष-बाण के आविष्कार से मनुष्य की शक्ति शिकार, स्वरक्षा और शत्रु पर प्रहार के लिये बहुत बढ़ गई, इसमें शक नहीं; तो भी तीर के फल अभी नोकदार या हड्डी के ही हो सकते थे।

शिकार जीविका का ऐसा साधन था, जिसका रोज मिलना आसान न था, खासकर जनसंख्या बढ़ने पर। फल भी बारहों मास सुलभ न थे। मनुष्य को इसके लिए कोई तदबीर सोचनी जरूरी थी। पहले सोचने पर मालूम हुआ कि चारे के कम होने पर शिकार उस प्रदेश को छोड़ जाते हैं। उन्होंने इसके लिये घास जमा करने तथा घास बढ़ाने की तरकीब सोची। शिकारियों को आज की भाँति उस वक्त भी वन पशुओं के सद्योजात बच्चे कभी-कभी मिल जाया करते थे। कभी-कभी मनुष्य ने मनोरंजन के लिए घोड़े, गाय, भेड़, बकरी के बच्चों को भी पाला था; किन्तु अब उसे पशु-पालन के आर्थिक लाभ मालूम होने लगे और इस प्रकार जीविका का एक नया साधन मनुष्य के हाथ में आया। पशु उसका धन हुआ। यह धन भी जन की सांघिक सम्पत्ति थी, घर और चरागाह की भाँति उस पर भी व्यक्ति का अधिकार नहीं स्वीकार किया गया। मनुष्य के लिये उस वक्त व्यक्ति के तौर पर सोचना उतना ही मुश्किल था, जितना कि आज संघ के तौर पर सोचना कठिन मालूम होता है।

५. शिल्प और व्यवसाय

संक्षेप में जन-काल में जो घर, घास की खेती, शिकारगाह और पशु थे, सभी सांघिक धन थे। मनुष्य पहले कच्चा मांस खाता था, किन्तु जन-अवस्था में पहुँचने से पहले ही भुने मांस का स्वाद उसे मालूम हो गया था। कच्चे से आग का भुना मांस विशेष स्वाद रखता है, इसे किसी जंगल की आग में जल मरे जानवर को खाकर उसने जाना होगा। पानी में पकाकर मांस

को खाने के लिये बर्तन के आविष्कार होने तक की प्रतीक्षा करनी थी। आरम्भ में पशुपालन शिकार के परिष्कृत रूप के तौर पर मांस और चमड़े के लिये स्वीकार किया गया था। दूध-मक्खन का उपयोग बहुत पीछे किया जाने लगा।

जन समाज के शिल्प में पहले से कोई भारी परिवर्तन हुआ हो, इसका पता नहीं, किन्तु शिकार के अतिरिक्त पशुपालन का व्यवसाय, खुल जाने पर धीरे-धीरे व्यवसायी श्रेणियों की सृष्टि हुई। दोनों एक-दूसरे की चीजों को लेने के लिए निश्चय ही विनिमय की चीजों को तैयार करने लगे होंगे और इससे गृहशिल्प में तरक्की—यदि संख्या में नहीं तो विशेषता में—हुई होगी। चिर-अभ्यास से पोस्तीन पहले से बेहतर बनने लगी होगी, जूते और दूसरी चीजों की बनावट में भी निपुणता बढ़ी होगी।

क्रोमेग्नन् मानव की चित्रकला का हम जिक्र कर आये हैं। इस काल में भी वर्णचित्र और रेखाचित्र भी बने जरूर होंगे, गंगपुर (छत्तीसगढ़) में पत्थर पर उत्कीर्ण कुछ चित्र मिले हैं, जिनमें शिकार के दृश्य दिखलाये गये हैं। ऐसे उत्कीर्ण चित्र दुनिया के और देशों में भी मिले हैं। इन चित्रों में देव, भूत तथा दूसरे धर्म-सम्बन्धी विश्वासों की गंध नहीं दीख पड़ती। यह चित्र सिर्फ खाली मनोरंजन की चीज हो सकते थे वह व्यवसाय का रूप नहीं ले सकते थे। व्यवसाय या पेशे तो कपड़े, पोस्तीन, जूते के भी अभी नहीं हो पाये थे। यह सभी चीजें अपने-अपने घरों में बनती थीं, तो भी विनिमय में चतुर हाथों की चीजों की माँग ज्यादा होती थी; इसलिये शिल्प-चातुरी को प्रोत्साहन मिलना जरूरी था।

६. शासन

जन एक वंश के लोगों का समाज था। वह जंगलों या पहाड़ियों की प्राकृतिक सीमा के भीतर एक स्थान पर रहता था—स्थिर वास न रहने पर भी अपनी-अपनी विचरण भूमि हर एक जन की निश्चित थी। भीतरी झगड़े का फैसला जन की पंचायत करती और यदि दूसरे जन से खून का बदला लेना होता या अपनी चिर-भूमि की रक्षा की जरूरत पड़ती, तो सारे वयस्क पुरुष अपने पत्थर, लकड़ी, हड्डी के हथियारों या तीर-कमान को लेकर लड़ने जाते। जन के शासन तंत्र में सिर्फ आन्तरिक न्याय और बाह्य युद्ध का ही काम नहीं था, बल्कि सारे जन की आर्थिक योजना का संचालन भी उसी को करना पड़ता था। जाड़ों के लिये पोस्तीन, ईंधन, आहार का कैसे इन्तजाम करना चाहिये? हिमपात और भूखे भेड़ियों से बचने के लिये जन को क्या तदबीर करनी चाहिये? बरसात की वर्षा बाढ़ और गर्मी की धूप, आँधी, खान-पान सभी का इंतजाम जन संघ को करना था। इस प्रकार जन-शासन की जिम्मेवारियाँ ज्यादा थीं, तो भी बिना पुलिस, बिना जेल, बिना दूसरे आधुनिक साधनों के वह बहुत उत्तमता से अपने कर्त्तव्य को पूरा करता था। एंगेल्स ने एक मानव-तत्त्ववेत्ता के शब्दों में जन-समाज का इस प्रकार वर्णन किया है—

"अपनी स्वाभाविक सादगी में यह जन-संस्था कितनी आश्चर्यजनक थी! वहाँ न सैनिक थे, न सिपाही, न पुलिस। न वहाँ सरदार थे, न राजा, न उपराजा, न मजिस्ट्रेट या जज। न जेल था, न दीवानी मुकदमे। इस पर भी सारा काम बड़ी सुगमता से चल रहा था। जन, जनत या कबीला अपने झगड़ों का स्वयं फैसला करता था। खून का बदला लेने की बहुत ही कम जरूरत पड़ती थी—आजकल की फाँसी, मृत्युदण्ड उसी का अवशेष है, यद्यपि वह उतना विरल नहीं हैं। आज के हमारे शासन-विभाग की पेचीदगियों और कितनी ही बेकार की रीति-भाँति की वहाँ आवश्यकता न थी, यद्यपि वहाँ के शासन-विभाग में आज से अधिक

काम रहते थे। सांघिक घर कितने ही परिवारों के व्यक्तियों के उपयोग की चीज थी। भूमि सारे कबीले की थी, सिर्फ बाग की थोड़ी-सी भूमि परिवार के सुपुर्द थी।

"जन, कबीला और उनसे सम्बन्ध रखने वाली संस्थाएँ हर एक व्यक्ति के लिए पवित्र और अनुल्लंघनीय चीजें थीं। वह (जन) प्रकृति की तरफ से बनी लोकोत्तर संस्था भी समझी जाती थी। मानव का चिन्तन, वेदन, क्रिया सभी बिना किसी शर्त के उसके मातहत थीं।"

७. धर्म[१]

प्राकृतिक शक्तियों—बिजली, बादल, आग, सूर्य, बहती धारा क्या सभी हिलने-डोलने वाली चीजों से मानव के हृदय में भय का संचार तो आदिम युग से ही हुआ होगा। निअंडर्थल मानब का मुर्दों को बड़ी तैयारी के साथ दफनाना यह बतलाता है कि मृत्यु उसके मन में एक खास तरह का भाव पैदा करती थी। रात, विशेष कर अंधेरी रात तो काल्पनिक नहीं वास्तविक शत्रुओं का भय हर वक्त सामने उपस्थित किये रहती थी। किन्तु, इन भय के कारणों—और हर्ष के कारणों को भी ले लीजिये—को इस युग के मानव ने धार्मिक भाव से ग्रहण किया हो, इसका कोई प्रमाण नहीं मिलता। धार्मिक भाव लाने का मतलब है आत्म समर्पण करना, इन अज्ञात या अवास्तविक शत्रुओं को खुश करने के लिये हीनता प्रकट करना। उस वक्त मानव इन अज्ञात शत्रुओं से भय भले ही खाता हो, किन्तु अभी उसने उनके सामने हथियार डालना नहीं सीखा था। वह उन्हें कल-बल-छल से जरूर अपने वश में करना चाहता था। इस प्रकार धर्म से जो अर्थ आज का सभ्य असभ्य समाज लेता है, वह एक प्रकार से उस वक्त मौजूद न था फिर भी धर्म के लिये आवश्यक भूमि-अज्ञान तथा भय वहाँ मौजूद थे। सिर्फ उसी से जीविका कमाने वाले एक स्वार्थी और चालाक पुरोहित वर्ग की जरूरत थी, जिसे कि अगले समाज ने प्रस्तुत किया।

जन-समाज का आधार या सदाचार बहुत सीधा-सादा था। वैयक्तिक सम्पत्ति न होने से चोरी का वहाँ सवाल नहीं था। सांघिक जीवन लोगों के नस-नस में भरा हुआ था, जिससे कितने ही समाज-विरोधी कामों को न करना आदत में शामिल था। झूठ तो अब भी पिछली जातियों में हम बहुत कम पाते हैं, उसका तो सभ्यता-वैयक्तिक सम्पत्तिवाली सभ्यता से—चोली-दामन का सम्बन्ध है। आचार वस्तुतः समाज को एक खास अवस्था में रखने के लिये होता है और वह अधिक अस्वाभाविक रूप उस वक्त ले लेता है, जब कि किसी वर्ग के विशेष स्वार्थ को अक्षुण्ण रखने के लिए बाँध के तौर पर इस्तेमाल किया जाता है। जन समाज का आचार-शास्त्र बहुत सीधा-सादा था। जन-जीवन—सांघिक जीवन—के विरोधी सभी काम वहाँ दुराचार समझे जाते थे। चोरी, दुराचार और भारी अपराध बताने की जरूरत तो उस वक्त पड़ी, जब कि सांघिक अधिकार हटाकर सम्पत्ति पर वैयक्तिक अधिकार कबूल किया गया।

८. संक्रान्ति-काल

प्रकृति के राज्य में वस्तुओं की सीमाएँ निश्चित करना सबसे मुश्किल है, वस्तुतः नपी-तुली सीमा प्रकृति को पसंद नहीं है। जन-समाज की साम्यवादी दुनिया कब और कैसे पितृसत्ता—पुरुष-प्रधानता—वाले युग में परिणत हो गई, यह भी उसी तरह की बात है।

---

१. माता देवी की पूजा दुनिया की सभी पुरानी जातियों में देखी जाती है। हो सकता है, वह इसी युग में प्रचलित हुई हो.

बल्कि, एक तरह से देखने पर पितृसत्ता युग ही जन-सत्ता और सभ्यता का संक्रान्ति-काल है। पितृसत्ता कायम होने पर जन-शासन के जन-तांत्रिक और साम्यवादी रूप को धक्का जरूर लगा; किन्तु उसका असर तभी नष्ट हुआ, जब कि व्यक्तिगत संपत्ति का पूरा दौर-दौरा हो गया और जन-समाज एक खून से सम्बन्ध रखने वाले व्यक्तियों का समाज न रहा। यह अवस्था पितृसत्ताक समाज में बिलकुल ख़त्म नहीं हो सकी थी; इसीलिए पितृसत्ताक समाज को जन-समाज से अलग वर्णन करने का मतलब यह नहीं समझना चाहिए कि उसका इससे कोई सम्बन्ध न था।

जन-युग के समाप्त न होने पर भी, जब कि हम यहाँ उसके इस प्रकार विशेष प्रकरण को समाप्त कर रहे हैं, उनके अन्तिम दिनों के बारे में भी कह देना जरूरी समझते हैं। एंगेल्स ने इसका वर्णन करते हुए लिखा है—

आइये, हम देखें कि सामाजिक क्रान्तियों के मध्य में जन का क्या हुआ? जिस नये समाज ने उनका स्थान ग्रहण किया, वह उसकी बिना सहायता के आ मौजूद हुआ था और उस पर जनसंख्या का बस न था। उसके लिये जरूरी था कि वह एक या अनेक जनों से कबीला बना हो और बिना दूसरे के दखल के एक ही प्रदेश में रहे तथा उस पर एकाधिपत्य रखे। लेकिन; समय बीतने पर यह असंभव हो गया। सभी जगह उनकी भूमि के भीतर दूसरे जनों, कबीलों के लोग आकर मिलने लगे। अब तक युद्ध होने पर एक ज़न दूसरे जन को बिलकुल नाश भले ही कर दे, और नर-भक्षक होने पर मनुष्यों को चाहे खा भी जायें; किन्तु परतंत्र करना, बंदी बनाना जन-समाज का काम न था। आगे दासता-युग में दासता का सूत्रपात पितृसत्ताक समाज में हो गया था, जब कि मारने की अपेक्षा शत्रु को दास बनाकर काम लेने में ज्यादा लाभ समझा गया। लेकिन, इससे जन की एक वंशिकता नष्ट होने लगी।

(ख) पितृसत्ता

पहले से भी पुरुष का काम था, जीविका के साधन और हथियार प्रस्तुत करना और इसीलिये इन चीजों पर उसका अधिकार होना स्वाभाविक था। पाले हुए पशु, जीविका के अब नये साधन हाथ लगे थे। इन पशुओं को पालतू बनाना तथा चराना पुरुष का काम था, इसलिये पशु पुरुष की चीज थे। पशुओं के विनिमय में मिले सामान या दास भी पुरुष की चीजें थीं। जीविका के साधनों से पैदा किये तथा खर्च करके बच रहे सामान पुरुष की सम्पत्ति थी। स्त्री का इन अतिरिक्त वस्तुओं में सहभोग था; किन्तु उससे वह उसकी स्वामिनी नहीं हो सकती थी—जैसा कि आज भी है। जंगली मानव योद्धा और शिकारी होते हुए भी स्त्री के नीचे रहने में सन्तुष्ट थे, यद्यपि वह ज्यादा क्रूर और साहसी थे; किन्तु अपेक्षाकृत नरम स्वभाव वाला पशु-पालक मानव अब अपनी स्थिति को जानता था कि वह काफी स्थायी धन—पशुओं का स्वामी है, इसलिए उसने धीरे से स्त्री को सिंहासन से खिसका दिया और खुद समाज का नेता बन बैठा। स्त्री का स्थान अब पुरुष से निम्न हो गया, किन्तु वह उसके लिये शिकायत नहीं कर सकती थी। स्त्री-पुरुष में श्रम का जो विभाग हुआ था, उसने उनके भीतर सम्पत्ति का भी विभाग कर दिया था—उपभोग के तौर पर नहीं वास्तविक उपार्जन और स्वामी के तौर पर। यह स्वामित्व अब तक इसी तरह चला आया, किन्तु अब उसने बिलकुल उलटा रूप लिया; क्योंकि परिवार से बाहर श्रम-विभाग का वह रूप नहीं रह गया था। घर के भीतर के काम की जिम्मेदारी पहले भी स्त्री पर थी; किन्तु अब उसका महत्व उतना न था, जिसके कारण

स्त्री को प्रधानता मिली थी। अब भी उसकी वही घर के भीतरी काम की जिम्मेदारी थी; किन्तु अब वही उसको अपनी प्रधानता से च्युत करने का कारण बनी। यह क्यों?—इसीलिये कि स्त्री का काम पुरुष के जीविकार्जन के नये काम—पशु-पालन—और उसके उपयोग के सामने नगण्य-सा था। पशु-पालन मुख्यता रखता था; अपने परिमाण और उपयोगिता के अधिक होने से; जबकि घर के भीतर का काम उसका परिशिष्ट मात्र था। यह भाव तब से आज तक एक-सा चला आ रहा है। किसी बात पर पुरुष ताना दे बैठता था—तुम तो घर के भीतर 'आराम' से बैठी हो, तुम्हें क्या मालूम कितना खून-पसीना एक करके रोजी कमाई जाती है। हालाँकि श्रम के घंटों और चिन्ता को देखने पर स्त्री को कम काम नहीं करना पड़ता, ऊपर के कामचोर वर्ग की स्त्रियाँ इसका अपवाद जरूर हैं। यह साफ है कि स्त्री की स्वतन्त्रता और समाज में उसका समान स्थान तब तक कोरी कल्पना ही रहेगी, जब तक कि समाज के लिए जीविका-उत्पादन से उसे अलग रखा जायेगा और उसे घर की चहारदीवारी की 'रानी' बनाकर रखा जायेगा। स्त्री की स्वतंत्रता सम्भव तभी होगी, जब कि वह बिना रोक-टोक जीविका-उत्पादन के काम में पूर्णतया भाग लेने लगेगी और घर के काम का बोझ उसके ऊपर नाम मात्र रह जायेगा।

पुरुष ने उत्पादन में प्रधान स्थान ग्रहण किया, उसके साथ परिवार में पुरुष के एकाधिपत्य होने की सारी रुकावटें दूर हो गईं। स्त्री की प्रधानता—मातृसत्ता—समाप्त हुई; और पुरुष की प्रधानता—पितृसत्ता—का निष्कंटक राज्य कायम हुआ। जिस पशुधन ने उसके उत्पादक पुरुष को समाज का प्रधान बनाया, उसी ने समाज पर व्यक्ति के प्रभुत्व को बहुत बढ़ा दिया और साथ ही वैयक्तिक सम्पत्ति का रास्ता खोल दिया। इस प्रकार पितृसत्ता की स्थापना के साथ आदिम साम्यवाद का रहा-सहा प्रभाव भी जाता रहा।

१. भिन्न-भिन्न देशों में पितृसत्ता

१. भारत में—दुनिया की प्राचीन जातियों के इतिहास का यही समय—पितृसत्ता सबसे पुराना-काल है, जिसके बारे में पहले-पहल हमें कुछ क्षीण-सा प्रकाश मिलता है। वैदिक आर्य यद्यपि पितृसत्ता से बहुत आगे बढ़ चुके थे, खासकर उस वक्त जब कि गंगा की उपत्यका में १५०० ई० पू० के करीब वेद रचे जा रहे थे, तो भी पितृसत्ता-काल की स्मृतियाँ अभी बनी हुई थीं, इसीलिए वेद-मंत्रों में पितरों—मृतों ही नहीं, जीवितों—की प्रशंसा सत्कार की बातें देखी जाती हैं। यह संभव है कि मध्य-एशिया में रहते वक्त आर्यों का समाज पितृसत्ताक रहा हो, पंजाब में पराजित आर्य भिन्न जातियों के सम्पर्क में आकर वह दासता-काल में प्रविष्ट हुए, किन्तु उनकी अपनी भीतरी व्यवस्था पितृसत्ताक ही रही—परिवार में पितृसत्ताक, जनपद में प्रजातांत्रिक : पंजाब में वस्तुत: शुरू से सिकन्दर के समय (३२२ ई०पू०) तक राजतन्त्र का कोई महत्त्व नहीं देखा जाता। पितृसत्ता ही आगे राजतंत्र और गणतंत्र (प्रजातंत्र) दो धाराओं में बही। सप्तसिन्धु (पंजाब)—जहाँ आर्य सदा बहुसंख्यक रहे—गणतंत्र का हामी रहा। भारतीय आर्यों के सबसे पुराने ग्रन्थ ऋग्वेद में पंजाब की नदियों का जिक्र है; किन्तु शुद्ध पंजाबी राजा का वहाँ कोई जिक्र नहीं है। हाँ, गंगा-उपत्यका से एकाध राधा जरूर वहाँ शरणार्थी के तौर पर पहुँचे और किसी समय उन्होंने उससे नाजायज फायदा उठाया भी; किन्तु पाँचों दरियाओं की भूमि को वह राजतंत्रवादी बनाने में सफल नहीं हुए। सिकन्दर के हमले के वक्त अम्भी, पुरु (पोरस) जैसे दो-एक राजाओं का जिक्र आता है, किन्तु उनके बारे में पक्की तौर से नहीं कहा जा सकता कि वह राजा थे या गणनायक। शाक्यों के गणनायक शुद्धोदन को

भी 'राजा' कहा जाता था, भट्टिय, दण्डपाणि जैसे कुछ और व्यक्तियों को भी उसी समय शक्यों का 'राजा' कहा गया है, यद्यपि इसमें संदेश की गुंजाइश नहीं है कि शाक्यों का गण (प्रजातंत्र) था (राजतंत्र) नहीं। वैशाली (वज्जी) का भी गुण था, किन्तु वहाँ भी गण की शासन-संस्था के सदस्यों को राजा कहा जाता था। जो भी हो, अम्भी और पुरु को वास्तविक राजा मानने पर भी अधिकांश पंजाब में प्रजातंत्र का होना बतला रहा है कि वहाँ वही व्यवस्था अधिक मान्य थी।

गंगा-उपत्यका में इतिहास के आरम्भ से ही हम कुरु, पंचाल, काशी और कोशल के राज्यों को स्थापित देखते हैं। वेद के कवि या ऋषि विश्वामित्र, वशिष्ठ, भरद्वाज आदि इन्हीं राजाओं के कृपापात्र थे उन्होंने दान-स्तुतियों में इनमें से कितनों की प्रशंसा की है। गंगा-उपत्यका में जब आर्य जन गये, तो अपने साथ राजतंत्र लेकर गये इसका प्रमाण नहीं मिलता, क्योंकि आरम्भिक काल के बारे में वेद चुप हैं। वह उस वक्त पर प्रकाश डालते हैं, जब कि कुरु और पंचाल में दो शक्तिशाली राजतंत्र कायम थे और इन राजाओं के वशिष्ठ तथा विश्वामित्र जैसे जबर्दस्त ऋषि पोषक, पुरोहित और राजकवि थे। निश्चय ही यह इन जनपदों पर आर्यों के आधिपत्य का आरम्भिक, अविकसित समय नहीं था। आरम्भिक समय का पता हमें सिर्फ इन जनपदों के नामों से मिलता है, जो कि सदा वहाँ गये कबीले (जन) के नाम और वह भी बहुवचन में देखे जाते हैं—"पंचाल देश में गये" के स्थान पर 'पंचालों में गये' (पंचालेषु गताः) इससे पता यही लगता है कि वहाँ पहुँचते वक्त आर्यों में व्यक्ति या राज की प्रधानता न थी, बल्कि जन या कबीला ही प्रधान था। मातृसत्ता और सांघिक सम्पत्ति का हमें वहाँ कोई पता नहीं मिलता और मालूम होता है कि जैसे वैयक्तिक सम्पत्ति अनादि काल से चली आयी हो। इससे उनका समाज पितृसत्ताक ही सिद्ध होता है। पितृसत्ता से कुरु-पंचाल वालों ने एक तरफ आर्य-भिन्नों से लड़ने वाले अपने सेनानायकों को राजा होने दिया और दूसरी ओर बढ़ती धार्मिक व्यवस्था तथा धार्मिक कृत्यकलापों का संचालन करने के लिए एक अलग ब्राह्मण वर्ग कायम किया। ऐतिहासिक-काल (ऋग्वेद आरम्भिक समय) में भी पंचाल के राजा विश्वामित्र और कुरु के राज्याधिकारी देवापि को क्षत्रिय से ब्राह्मण होते देखते हैं। पितृसत्ता के आरम्भिक समय में धार्मिक और शासनकृत्य पितर ही करते थे, यह इब्रानी और दूसरी जातियों के इतिहास से सिद्ध है। गंगा-उपत्यका में इन दो कृत्यों को दो भागों में बाँटकर राजा और पुरोहित (ब्राह्मण) के अलग वर्ग कायम किये गये। आरम्भ में राजा और पुरोहित वरण (चुने) जाते थे, किन्तु अधिकार को वरण से जन्मगत बना देने के उदाहरण इतिहास में भरे पड़े हैं।[१]

सारा ब्राह्मण या वैदिक साहित्य राजतंत्र की जितनी पुष्टि और गणतंत्र की उपेक्षा करता है, उससे मालूम पड़ता है कि पितृसत्ता जब गणतंत्र और राजतंत्र (ब्राह्मणतंत्र) में विकसित हो रही थी, उसी समय समझ लिया गया था कि ब्राह्मण-वर्ग का मेल सिर्फ राजतंत्र से ही हो सकता है। राजतंत्र-सफल क्यों हुआ? इसका कारण जनपद की जनता की बनावट थी, जिनमें आर्यों के अतिरिक्त पराजित अनार्य भी काफी संख्या में और पर्याप्त संस्कृत भी मौजूद थे। पितृसत्ताक तथा गणसत्ताक दोनों ही समाज पूर्वजों के खून के जबर्दस्त पक्षपाती थे, गुणों में जनसत्ता जरूर थी; किन्तु वह सिर्फ सफेद आर्यों के लिए, उसके उसी जन के लिये जिसने उस जनपद को 'बसाया'। वहाँ आर्य जनों का अनार्य जनों से द्वन्द्व था और दोनों को दबाने के लिए

---

१. ऋग्वेद की खास-खास ऋचाएँ जिनमें दाता राजा की स्तुति (प्रशंसा) की गई है.

सिवाय शासक और शासित बनने के लिए दूसरा रास्ता न था। इसके विरुद्ध राजतंत्र इस द्वंद्व को 'हटाने के लिए' दो प्रतिद्वंद्वी वर्गों के ऊपर अपने को दोनों को एक दृष्टि से देखने वाला—घोषित करता था। अनार्य जनों को उतना अधिकार न मिला, किंतु गणतंत्र की अपेक्षा राजतंत्र से वह इसलिए सन्तुष्ट थे, कि जनसत्ता चाहे उन्हें नहीं मिली, किन्तु आर्यजन भी तो उससे वंचित किये गये।

२. फिलस्तीन में—इब्रानी (यहूदी) जातियों की पितृसत्ता बाइबल के पढ़नेवाले अच्छी तरह जानते हैं। बल्कि, पितृसत्ता को उनके ही मूसा, दाऊद, इब्राहीम आदि महान् पितरों से लिया गया है। जब तब यहूदी कबीले बढ़कर दूसरे स्थानों में फैलने तथा भिन्न जातियों या कबीलों में मिश्रित होने नहीं लगे, तब तक उनका यह पितृसत्ताक समाज अक्षुण्ण रहा। बाइबल के यह महापितर शासक और पुरोहित दोनों थे। उनके यहाँ धर्म और शासन का बँटवारा नहीं हो पाया था। मिस्र, असुर, पारसी, यूनानी या रोमक राजशक्ति द्वारा पराजित होने पर यहूदी महापितर सिर्फ प्रधान पुरोहित रह गये। यहूदियों ने पुरानी पितृसत्ता को जागृत करने की बहुत बार कोशिश की; किन्तु उन्हें कभी स्थायी सफलता नहीं मिली—घड़ी की सूइयों की गति पीछे की ओर करना संभव नहीं है।

३. ईरान में—ईरानियों का प्रथम राजा देवक मद्र (मिडिया) के राजवंश का संस्थापक (मृत्यु ६५५ ई०पू०) था। इसके बारे में कहा जाता है—"न्याय के लिए उसकी कीर्ति अपने गाँव से निकलकर आसपास के गाँवों तक फैल गई और लोग अपने झगड़ों को निबटवाने के लिये उसके पास पहुँचने लगे। उसमें उसका समय चला जाता था कि उसने इस काम को छोड़ दिया। न्याय की व्यवस्था न होने से गाँवों में अशांति फैल गई। इस पर लोगों ने सोचा, अगर इसी तरह से अव्यवस्था रही, तो देश में हमारा रहना मुश्किल हो जायेगा। आओ, हम लोग अपना एक राजा बनायें, जो राज्य की व्यवस्था देखेगा और हम लोग शांतिपूर्वक अपने घर-बार का काम देखेंगे। उन्होंने दयउक्कू (देवक) को अपना राजा चुना और हम्मतन (हमदान) को राजधानी बनाया।"

इससे यह तो साफ है कि मद्र-जाति ने देवक को राजा बना पितृसत्ता के स्थान पर राजसत्ता कायम की; किन्तु इस कथा में सैनिक पहलू को छोड़कर सिर्फ राजनीतिक या शासन के पहलू पर ही सारा जोर दिया गया। इतिहास हमें बतलाता है कि मद्र-प्रदेश असुर साम्राज्य के प्रभाव क्षेत्र में था। स्वतंत्रता-प्रेमी मद्र परतंत्र नहीं बनना चाहते थे, इसीलिए उन्हें दबाने के लिए असुर राजाओं को कई बार वहाँ मुहिम भेजनी पड़ी थी। सबसे अन्तिम चढ़ाई, असुर हद्दन ने ६७४ ई०पू० में की थी। बात असल यह मालूम होती है, कि ईरानी[१] अलग-अलग कबीलों के महापितरों के नेतृत्व में असुर साम्राज्य में संघर्ष करने में असफल हुए थे। सारे कबीलों को संगठित कर असुर-सेना का मुकाबला करने ही पर वह सफल हो सकते थे। इस तरह के संयुक्त मुकाबले के लिए एक सेना-संचालक की जरूरत थी। देवक में नेतृत्व के स्वाभाविक गुण थे। वही सेनानायक बना और पीछे उसके पद को स्थायी करके वह राजा बना दिया गया। यह निश्चित ही है कि बिना इस तरह के राजतंत्र के मद्र लोग सफल नहीं हो सकते थे। पितृसत्ता की बिखरी शक्ति को राजसत्ता की संगठित शक्ति दबाने में हमेशा सफल होती रही है; इसीलिये हम पितृसत्ता के बाद राजसत्ता को आते देखते हैं; बल्कि कहना चाहिए,

१. ईरान, पृष्ठ—५.

पितृसत्ता ने सामन्त-सत्ता का रूप लिया, सामन्त-सत्ता का ही अधिक विकसित और शक्तिशाली रूप राजसत्ता है।

श्रम के उत्पादन की उन्नति, आर्थिक शक्तियों का विकास और केन्द्रीयकरण तो मूल भित्ति है ही, साथ ही प्रबल शत्रुओं के मुकाबले में उसी भित्ति के आधार पर राजनीतिक और सामरिक शक्तियों का केन्द्रीयकरण उसके बाद सबसे आवश्यक चीज है; यह बात मनुष्य को साम्राज्यवाद और फासिज्म के आने से बहुत पहले मालूम हो गई थी। आदिम साम्यवादी समाज (कम्यून) से जन-समाज इस विषय में बढ़ा था; इसीलिये वह उसका स्थान ले सका। पितृसत्ता ने चाहे विस्तार में न सही, किन्तु गम्भीरता में, इस संगठन को और मजबूत किया। जनतंत्र की स्वतंत्रता-प्रियता को कम करने के साथ उसने स्वेच्छाचारिता को हटाया और एक प्रकार का सामरिक अनुशासन लाकर जन की संस्था को तो नहीं, किन्तु उनकी शक्ति को मजबूत किया। इसलिए पितृसत्ता आर्थिक शोषण पर अवलम्बित अपनी ऊँच-नीच श्रेणी, वैयक्तिक स्वार्थ आदि दोषों के रहते भी कामयाब हुई। सामंत-सत्ता पितृसत्ता से भी अधिक विस्तृत शक्ति को केन्द्रित कर सबल बनाने में सफल हुई। केन्द्रीकरण से उत्पन्न इस प्रबल राज्य (दबाव) के शक्ति के महत्व ही को देखकर पुराने भारतीय समाज में चक्रवर्ती की कल्पना चली। सामन्त राजा ही नहीं, चक्रवर्ती (सारी पृथ्वी या उसके एक महाद्वीप का राजा) बनना चाहते थे, स्वयं लोगों में भी इसके लिये प्रशंसा के शब्द सुने जाते थे। केन्द्रीयकरण से क्या फायदा था, यह तो हमने बतलाया; किन्तु उससे इस प्रश्न का उत्तर नहीं मिलता कि उसे सफलता प्राप्त क्यों हुई। इसके बारे में हम आगे कहेंगे। यहाँ इतना ही स्मरण रखना चाहिये कि सबकी जड़ में उत्पादन की प्रक्रिया का विकास काम कर रहा था। पशु-पालन द्वारा उत्पादन शक्ति बढ़ाई, इससे पुरुष को स्त्री से आगे बढ़कर समाज का नेतृत्व छीन लेने में सफलता हुई। आगे कृषि, शिल्प, तांबे, पीतल, लोहे के हथियार—उत्पादन और लड़ाई दोनों में काम करने वाले—आविष्कृत हुए, जिससे वैयक्तिक सम्पत्ति द्वारा व्यक्ति का प्रभाव अधिक बढ़ा और उसने समाज को अपने गिर्द जमाकर उसकी शक्तियों का केन्द्रीकरण किया।

४. मिस्र में—मानव-समाज के विकास में मिस्र का जबर्दस्त हाथ है। जहाँ तक ऐतिहासिक खोजों से मालूम हुआ है, मिस्र ही वह देश है, जहाँ मानव-संस्कृति का सबसे पहले विकास हुआ। मेसोपोटामिया (बाबुल और असुर) की संस्कृति मिस्री है, सिन्धु-उपत्यका (मोहनजोदड़ो, हड़प्पा) की संस्कृति मेसोपोटामीय संस्कृति की समकालीन तथा दोनों परस्पर प्रभावित थीं। सिन्धु संस्कृति की जो सामग्री अभी तक हाथ आई है, उसमें रहस्य खोलने की कुंजी हमें नहीं मिल सकी है, तो भी ऐसा मानने के लिये कोई कारण नहीं है कि वह मिस्री संस्कृति से पुरानी है—संभावना तो यही है अपनी भगिनी मेसोपोटामीय संस्कृति की भाँति यह भी नील-उपत्यका की ऋणी है। किन्तु, इसका यह अर्थ नहीं कि सारी मानव प्रगतियों का एकमात्र उद्‌गम स्थान मिस्र ही है।

मानव संस्कृति के मिस्र में विकसित होने में कितनी ही सुविधाएँ थीं। दक्खिन से उत्तर की ओर बहनेवाली नील नदी जिस भूमि को सिंचित करती है, वह खाना़बदोशों के बस जाने के लिये बहुत अनुकूल थी। अन्तिम हिमयुग के समाप्त होते समय सहारा की मरुभूमि घास का मैदान था, वहाँ ऋतु की कठोरता कम तथा फल-फूल की इफरात थी। मालूम होता है, मनुष्य फल-फूल-संचय और शिकार की अवस्था यहाँ बिताकर नील-उपत्यका में सबसे पहले आबाद हो गया। उस वक्त सहारा से नील-उपत्यका में सबसे पहले आबाद हो गया।

उस वक्त सहारा से नील-उपत्यका में आना आज की भाँति कठिन न था; क्योंकि निर्मल रेत का अभी वहाँ प्राबल्य न था। इन खानाबदोशों का पशु-पालन आरम्भ करने के लिये जहाँ चरागाह का सुभीता था, वहाँ कृषि के लिये पहले-पहल जिस जौ की ओर उनका ध्यान गया, वह यहाँ जंगली जौ के रूप में मौजूद था। यही जौ पशु के चारे के बाद मनुष्य के भोजन में परिणत हो गया। पशु-पालन अवस्था में—खासकर जब चारे को वह रोपने लगा—मनुष्य का घुमन्तूपन कम हुआ, खेती के बाद तो वह स्थायी घर बनाकर बसने लगा। हाँ, तो नील-उपत्यका की विशेषता यह थी कि नील का जल भूमध्य-रेखा के पासवाले पहाड़ों और झीलों से आता था। भूमध्य-रेखा पर जिस तरह रात-दिन समान होते हैं, उसी तरह ऋतु भी एकरस, तथा वर्षा भी एक-सी होती है। नील की बाढ़ उस युग में भी वहाँ के कृषकों की जान थी। मनुष्य को ऋतु तथा बाढ़ के इस नियमित आगमन से पूरे विश्वास के साथ कृषि-सम्बन्धी नये प्रयोग के करने का मौका मिला। जौ के खेतों के बढ़ाने के साथ उसने पानी की छोटी-छोटी नहरें निकालकर सिंचाई शुरू की। नीलवासी इस प्रकार कृषि के ही नहीं सिंचाई के भी आदिम आविष्कारक हुए। मालूम होता है, नीलवासी ही सबसे पहले घुमन्तूपन को छोड़ स्थायी वासवाले मनुष्य हुए। बस जाने पर अब एक जगह से देखे जानेवाले प्राकृतिक परिवर्तनों को समझने का उन्हें अच्छा मौका मिला। उन्होंने देखा की नील की बाढ़ एक निश्चित समय के बाद लगातार आती रहती है, उन्होंने यह भी देखा की बाढ़ हमेशा उस समय आती है जब कि लुब्धक (लोधवा) तारा कितने ही मासों तक अस्त रहने के बाद फिर उगने लगता है। उसने लुब्धक के अस्त होने और उगे रहने के दिन को गिनकर वर्ष का परिमाण जान लिया। अब बाढ़ के आने के पहले से भविष्यद्वाणी की जा सकती थी। जिस मनुष्य ने पहले-पहल इस सिंचाई को खोज निकाला, उसका सम्मान बढ़ना जरूरी था। वह महापितर, सामन्त और राजा बन सकता था, लोग उसे 'सर्वज्ञ' और 'सर्वशक्तिमान्' समझने की भूल आसानी से कर सकते थे। मिस्र के आदिम फरऊन इसी तरह के 'सर्वज्ञ', 'सर्वशक्तिमान्' रहे होंगे, जो पीछे मनुष्य के अधिक समझदार होने पर भी उसी तरह कहे जाते रहे, जैसे कि आज के भी समझदार भारतीय शिक्षित झूम-झूमकर 'राम-राम', 'कृष्ण-कृष्ण' कह नाचते देखे जाते हैं।

मानव तत्वज्ञों का कहना है कि वर्ष-गणना तथा कितनी ही और विद्याओं का आविष्कार पहले-पहल नील-तट पर हुआ। पीछे वह दजला-फरात की उपत्यका (मेसोपोटामिया) में ही, फैल गई। सिन्धु-उपत्यका, कृषि, सिंचाई आदि का आविष्कार स्वतन्त्र रूप से अन्यत्र भी हुआ।

पितृसत्ता-काल में वैयक्तिक सम्पत्ति की पूरी स्थापना हो गई थी। पशुपालन और कृषि के आविष्कार इसके बड़े सहायक थे। कितने ही पंडितों का कहना है कि वैयक्तिक सम्पत्ति से पहले मानव-जाति के आपस में झगड़ने के उतने कारण न थे, वह साथ रहकर फल-मूल जमाकर शिकार खेल अर्जित वस्तु को बाँट कर गुजारा कर सकती थी या भोजन के अभाव में साथ ही भूखी रह सकती थी। वैयक्तिक सम्पत्ति ने मनुष्य में लोभ—स्वार्थपरता की वृद्धि की; और तब से समाज में भारी कलह का सूत्रपात हुआ।

२. परिवार और विवाह

जन-समाज में एक ढीला सा मिथुन-ब्याह शुरू हो गया था। उनमें पति-पत्नी का भाव होने पर भी पत्नी के लिये कठोर नियम नहीं था कि वह दूसरे पुरुष के पास न जाये, खासकर जब कि स्त्री की प्रधानता—मातृसत्ता—का युग था। किन्तु समाज में जब पुरुष प्रधान हो गया,

सम्पत्ति का उत्पादन और स्वामित्व उसके हाथ में चला गया, तो स्त्री की वह स्वतन्त्रता उसे कहाँ पसन्द हो सकती थी? फलतः स्त्री को पुरुष की वशवर्तिता स्वीकार करनी पड़ी और एक विवाह की प्रथा जारी हुई—एक स्त्री का एक ही पति और वह भी नियत होगा। पति के मरने पर दूसरे ब्याह की कोई रुकावट नहीं थी। एक विवाह स्त्री के लिये तो बिल्कुल कड़ाई के साथ मान लिया गया, किन्तु पुरुष पर वह नियम उतना लागू नहीं था। एशिया में तो खुल्लमखुल्ला एक पुरुष कई स्त्रियों से शादी कर सकता था और भारत तथा कितने ही और देशों में भी यह शर्म की बात नहीं समझी जाती। यूरोप में ब्याह में एक पत्नीत्व बहुत बर्ता जाता था। ऐतिहासिक समय में यूनान, रोम और यूरोप के आजकल के देशों में भी एक से अधिक स्त्री के साथ ब्याह करने को समाज क्षम्य नहीं समझता रहा, जिससे कम से कम इस बात में यूरोपीय समाज एशिया से (और हमारे देश से भी) जरूर आगे बड़ा हुआ था। लेकिन इसका मतलब यह नहीं कि यौन-सम्बन्ध में यूरोप ने स्त्री को पुरुष-जैसी समानता दी थी। ब्याह एक स्त्री से ही जायज होने पर भी रखेलियों और वेश्यागमन के लिए पुरुष को एक तरह से खुला अधिकार था। उसके लिए उसके साथ वह कड़ाई नहीं बर्ती जाती थी, जो कि स्त्री के वैसा करने पर। स्त्री के ऐसी स्वेच्छाचारिता करने पर समाज उसके जीवन को दूभर कर देता था। यहाँ भी पुरुष का पलड़ा इसीलिए भारी समझा गया कि वह अपनी उत्पादित सम्पत्ति के कारण समाज का चौधरी बन गया है। स्त्री-पुरुष के सम्बन्ध के ही बारे में नहीं और भी कितने ही सामाजिक सम्बन्धों में यह पितृसत्ता का युग बिल्कुल नया परिवर्तन उपस्थित करता है। जन के समाज में आदिम साम्यवाद कुछ निर्बल जरूर पड़ा था, किन्तु वह बिल्कुल नष्ट नहीं हो गया था; लेकिन, पितृसत्ता के स्थापित होने के साथ वह समाप्त होता है और हम वर्गभेदवाले समाज में प्रवेश करते हैं।

३. हथियार और औजार

पितृसत्ता के स्थापित होने के साथ हम बर्बर-संस्कृति के उच्चतम शिखर पर पहुँचते हैं। पत्थर, हड्डी, सींग, लकड़ी के हथियारों को आदमी बहुत दिनों से इस्तेमाल कर रहा था, अब उसने ताँबा खोज निकाला, जिससे मानव की शक्ति में क्रान्तिकारी परिवर्तन हुआ। अब वह उस ताँबे के कुल्हाड़े, तलवार, भाले और तीर के फल इस्तेमाल कर सकता था। जिस जाति ने पहले-पहल इस अज्ञात धातु को ढूँढ़ निकाला होगा, उसने, पाषाण-अस्त्रधारियों को वैसे ही दबाया होगा, जिस तरह अस्त्रों में अधिक शक्तिशाली यूरोपीय जातियों ने एशिया, अफ्रीका की पिछड़ी हुई जातियों को आक्रान्त किया। इसके कहने की आवश्यकता नहीं कि प्रथम धातु बर्तनेवाली जाति मिस्त्री थे। मिस्त्र का सबसे पुराना पिरामिड चियोफ ईसा से चार हजार वर्ष पूर्व बनाया गया। उसमें चिने विशाल पाषाणखंड ताँबे की छिन्नियों के सहारे ही फाड़े गये थे। इसके बारे में हम अन्यत्र कह आये हैं कि उन्होंने छिन्नी से सिर्फ लकड़ी के पच्चर डालने भर के लिये अवकाश बनाया था, बाकी पत्थर फाड़ने का काम लकड़ी के भीगने-फूलने से उत्पन्न अणु-गुच्छों की शक्ति का था।

सम्भव है, इसी काल में मनुष्य ने जस्ता-ताँबे से मिश्रित धातु पीतल का भी पता लगाया हो।

ताँबे के मिलने से जहाँ मनुष्य अपने मानव और पशु शत्रुओं के मुकाबले में अधिक मजबूत हो पाया था, वहाँ अब उससे शिल्प-सम्बन्धी हथियारों, हल के फालों तथा दूसरे सामान को अधिक मजबूत बना सकता था। मिट्टी के बर्तनों को आरम्भ कर अब वह उन्हें

ताँबे को बनाने लगा था। इससे अब वह भुने ही नहीं, पके मांस और अनाज को खा सकता था। अपने तेज हथियारों से जंगल को साफ कर अब मानव खेती को ज्यादा बढ़ा सकता था।

४. सम्पत्ति

पशुपालन ने पितृसत्ता को स्थापित किया और पुरुष की प्रधानता के साथ वैयक्तिक सम्पत्ति का रास्ता खोल दिया। कृषि ने आदमी को घुमन्तू से स्थिर बनाया, यद्यपि भूमि को अब भी वैयक्तिक नहीं सांघिक सम्पत्ति माना जाता था, किन्तु उपयोग और उपज वैयक्तिक बन गये थे—भूमि का सांघिक होना तो पिछली शताब्दी तक भारत और रूस में रहा है। आम्दो (कान्सू, चीन) के कितने ही तिब्बतीय कबीलों में अब भी भूमि पर परिवार का नहीं सारे गाँव का अधिकार होता रहा। तीसरे साल खेत को परती छोड़ दिया जाता, उसके बाद उसे जोतने के लिये हर परिवार में बाँटा जाता। दो साल की जुताई के बाद फिर एक साल के लिये खेत को परती छोड़ दिया जाता। सिक्खों के शासन काल तक (उन्नीसवीं सदी के पूर्वार्द्ध में) पंजाब के बहुत से भागों की जमीन पर सारे गाँव का स्वामित्व माना जाता था। परिवार को जोतने के लिये जमीन मिलती थी, किन्तु वह उसे रेहन या बै नहीं कर सकता था। जारशाही के अन्तिम दिनों (१९१७ ई०) तक रूस में बहुत-सी जगहों में यही प्रथा जारी थी, जिसे अक्टूबर-क्रान्ति ने साम्यवादी सम्पत्ति को और व्यापक बनाकर हटाया।

लेकिन उस युग में जब एक बार वैयक्तिक सम्पत्ति का दौर हो गया और लोगों में उसका लालच फैल गया; तो कितनी ही जातियों में भूमि का वैयक्तिक होना जरूरी हो गया। भूमि पर वैयक्तिक स्वत्व स्थापित होने पर उसका विनिमय—रेहन या बेची के रूप में—भी होने लगा। इस प्रकार वैयक्तिक सम्पत्ति ने, किसी परिवार को अधिक पशु-खेत वाला, किसी को कम या पशु-खेत से वंचित बना समाज में विषमता स्थापित की। नई व्यवस्था, इसमें शक नहीं, किसी उच्च भावना या आदर्श से प्रेरित होकर अस्तित्व में नहीं आई। इसकी जड़ में जुगुप्सित लोभ, निर्दय मनस्विता, नीच प्रतियोगिता और सार्वजनिक सम्पत्ति की स्वार्थपूर्ण लूट काम कर रही थी।

बुद्ध और वैयक्तिक सम्पत्ति—सांघिक सम्पत्ति को उठे हुए पीढ़ियाँ गुजर गईं, तो उसके भी प्रशंसक तथा वैयक्तिक संपत्ति के निन्दक होते रहे। नवीं शताब्दी के तिब्बतीय सम्राट् मुने-चेन्पो (८४६-४७ ई०) ने तो इस विषमता से उत्पन्न बहुसंख्यक जनता के असन्तोष और असह्य दारिद्र्य को दूर करने के लिये सम्पत्ति को सांघिक नहीं, बल्कि उसका समान वितरण किया। मुने-चेन्पो के इस अनोखे साम्यवाद में बुद्ध के उपदेशों में प्रोत्साहन मिला था, यद्यपि बुद्ध सम्पत्ति के व्यक्ति के वितरण करने के नहीं, संघीकरण के पक्षपाती थे। इस विषय में उनके विचार अग्गञ्ञसुत्त (दीर्घनिकाय २७[१]) के उपदेश में आये हैं। लोक और मानव समाज के प्रारम्भ की बात कहते हुए बुद्ध ने कहा—

"(लोक) के विवर्त्त (प्रकट) होने पर......सभी जगह पानी ही पानी होता है। बहुत अन्धकार फैला रहता है। न चाँद और न सूर्य दिखाई देते हैं। न नक्षत्र और न तारे दिखाई देते हैं। न रात और न दिन मालूम पड़ते हैं। न मास और न पक्ष मालूम पड़ते हैं। न ऋतु और न वर्ष। न स्त्री और न पुरुष....।"

---

१. देखो, 'दीर्घनिकाय' (मेरा अनुवाद) पृष्ठ—२४२-४४.

"....तब गरम दूध के ठंढा होने पर ऊपर मलाई के जमने की भाँति रसा पृथ्वी फैली। ...चाँद और सूरज प्रकट हुए....मास और पक्ष...ऋतु वर्ष मालूम पड़ने लगे। (फिर) नागफनी-सी भूमि की पपड़ी प्रकट हुई।....(फिर) भद्रलता को खाने लगे।...(फिर) बिना बोया-जोता चावल प्रादुर्भूत हुआ।...उस बिना बोये-जोते चावल को बहुत दिनों तक खाते रहे। परस्पर आँख लगा कर देखने से (स्त्री-पुरुष में) राग उत्पन्न हो गया...। उन्होंने मैथुन कर्म किया। ..उस समय लोग जिन्हें मैथुन करते देखते तो उन पर कोई धूलि फेंकता, कोई कीचड़ फेंकता और कोई गोबर फेंकता था—'हट जा वृषली (शूद्री)! हट जा वृषली! कैसे एक सत्त्व दूसरे सत्त्व को ऐसा करेगा!! सो आज भी किन्हीं-किन्हीं देशों में (नवोढ़ा) वधू को ले जाते समय धूलि फेंकते हैं...। यह उसी पुरानी बात का स्मरण कर; किन्तु उसका अर्थ नहीं जानते।....उस समय जो अधर्म समझा जाता था, वही अब धर्म समझा जाता है।...(फिर) घर बनाना आरम्भ किया।

"तब किसी आसली के मन में यह आया—'शाम-सुबह, दोनों समय चावल लाने के लिये जाने का कष्ट क्यों उठावें? क्यों न एक ही शाम-सुबह दोनों समय के लिए शालि (चावल) ले आयें। तब वह प्राणी एक ही बार...ले आया। तब कोई दूसरा प्राणी उस प्राणी के पास गया, जाकर बोला—'आओ, हम लोग शालि लाने के लिये चलें।' 'हे सत्त्व! हम ले आये हैं।'

"तब वह सत्त्व भी उस सत्त्व की देखा-देखी एक बार शालि ले आया।...(तीसरा) सत्त्व भी उसकी देखा-देखी एक ही बार चार दिनों के लिये शालि ले आया...।"

"तब के प्राणी (अपने-अपने लिये) शालि को एक जगह जमा करके खाते। (उनके इस पाप से) चावल के ऊपर भूसी भी होने लगी। एक बार उखाड़ लेने पर फिर नहीं जमने के कारण स्थान खाली मालूम होने लगा और शालि (का खेत) खंड-खंड दिखलाई देने लगा।"

"तब वे सब इकट्ठे होकर चिल्लाने लगे—"हम प्राणियों में पाप प्रकट हो रहे हैं।" उन्होंने शालि (का खेत) बाँट लिया और (खेतों में) मेड़ बाँध दी।

"तब कोई लालची सत्त्व अपने भाग की रक्षा करता, दूसरे के भाग को चुराकर खा गया। उसे लोगों ने पकड़ कर कहा—"हे सत्त्व! तुम यह पाप कर्म कर रहे हो।...मत फिर ऐसा करना।...दूसरी बार भी लोगों ने...पकड़ कर कहा—"हे सत्त्व! तुम यह पाप कर्म कर रहे हो।" फिर (कोई उसे) हाथ से मारने लगा; कोई ढेले से, कोई लाठी से। उसी के बाद से चोरी, निन्दा, मिथ्या भाषण और दंड कर्म होने लगे।

"तब वे प्राणी इकट्ठे हो कहने लगे—'प्राणियों में पाप प्रकट हुए हैं।...अतः (आओ) हम लोग एक ऐसे प्राणी को निर्वाचित करें; जो हम लोगों के निन्दनीय कर्मों की निन्दा करे, उचित कर्मों को बतलाये, निकालने योग्य को निकाल दे। हम लोग उसे अपनी शालि (धन) में से भाग दें।

"तब वे अपने में (सबसे अधिक) वर्णवान् (सु-रंग), दर्शनीय और महाशक्तिशाली के पास जाकर बोले—'हे सत्त्व! (तुम) उचित-अनुचित को ठीक से अनुशासन करो। निन्दनीय कर्मों की निन्दा करो, उचित कर्मों को बतलाओ, निकालने योग्य को निकाल दो; हम लोग तुम्हें शालि का भाग देंगे।' उसने 'बहुत अच्छा' कहकर स्वीकार कर लिया। महान् जन (महाजन) द्वारा सम्मत होने से 'महासम्मत' (यही) उसका पहला नाम पड़ा। क्षेत्रों (खेतों)

का अधिपति होने से 'क्षत्रिय' दूसरा नाम पड़ा। धर्म से सबका रंजन करता था, अतः 'राजा' तीसरा नाम पड़ा।''

बुद्ध के इस भाषण से साफ मालूम होता है कि उनके मत में सांघिक सम्पत्ति को वैयक्तिक बनाना और भूमि को बाँटना पाप और अधोगति था। समय के फेर से अयुक्त बात युक्त मानी जाने लगती है। वैयक्तिक सम्पत्ति ने उन्हें अपने ऊपर राजा ला रखने के लिये मजबूर किया।

बुद्ध संघ को व्यक्ति से ऊपर मानते थे, संघ का स्वार्थ—कम से कम भोग-सामग्री के बारे में—उनकी दृष्टि में व्यक्ति के स्वार्थ से बढ़कर है। एक बार बुद्ध की सौतेली माँ प्रजापति गौतमी ने एक धुस्सा-जोड़ा देते हुए कहा[१]—''अपना ही काता, अपना ही बुना मेरा यह नया धुस्सा-जोड़ा है—इसे स्वीकार करें।'' बुद्ध ने जवाब में कहा—''गौतमी, इसे संघ को दे दे। संघ को देने से मैं भी सम्मानित हूँगा और संघ भी।'' और आग्रह करने पर बुद्ध ने कहा—''किसी तरह भी मैं वैयक्तिक दान को संघ-विषयक, दान से अधिक नहीं मानता।''[२] बुद्ध ने यहाँ अपने को एक व्यक्ति मानते हुए व्यक्ति से ऊपर संघ को कह वह कपड़ा दिलवाया।

संघ का महत्त्व उनकी दृष्टि में कितना था, इसे भिक्षुओं के लिये बनाये नियम (विनय) भी बतलाते हैं। उनके कुछ उदाहरण लीजिये—

''जो कोई भिक्षु संघ के मंच, पीढ़ी, बिस्तरा और गद्दे को खुली जगह बिछा या बिछवाकर वहाँ से जाते वक्त न उठाया है, न उठवाता है, या बिना पूछे ही चला जाता है; उसे प्रायश्चित लगेगा।''[३]

''जो कोई भिक्षु जानते हुए संघ के लाभ को (एक) व्यक्ति के लाभ के रूप में परिणत कराये, उसे प्रायश्चित लगेगा।''[४]

बुद्ध ने जिस आर्थिक साम्यवाद को स्वीकार किया था, उसे सारी जनता में फैलाने की कोशिश नहीं की, उसे उन्होंने केवल अपने भिक्षुओं के संघ के लिये अनिवार्य कर दिया था। भिक्षु सिर्फ आठ चीजें वैयक्तिक सम्पत्ति के तौर पर रख सकते थे, वह थीं—

भिक्षापात्र	१
पहनने के वस्त्र (चीवर)	३
सूई	१
अस्तुरा	१
कमरबंद	१
जलछक्का	१

इन आठ चीजों के अतिरिक्त सारी चीजें संघ की होती थीं, व्यक्ति उन्हें सुरक्षित रखते हुए इस्तेमाल कर सकता था। कीटागिरि (काशी) में संघ का एक आवास (विहार) था, वहाँ के

---

१. दक्खिना-विभंग सुत्त (मज्झिम निकाय १४२, मेरा अनुवाद पृष्ठ—५७९).

२. वही.

३. भिक्षु-प्रातिमोक्ष ५।१४ (विनयपिटक, पृष्ठ—२४).

४. वही, ५।८२ (पृष्ठ—३०).

भिक्षुओं ने विहार और उसकी चीजों को आपस में बाँट लिया। बुद्ध ने सुनने पर उन्हें फटकारा—[१]"कैसे वह नालायक सांघिक शयन-आसन को बाँट डालेंगे।" फिर घोषित किया—"वह पाँच अविभाज्य हैं, विभाजित नहीं करने योग्य हैं। विभक्त कर डालने पर भी यह बिना विभक्त किये जैसे होते हैं—(१) आराम (बाग) और आराम के मकान; (२) विहार और विहार का मकान; (३) चारपाई-चौकी, गद्दा, तकिया; (४) लोहे (तांबे) का घड़ा, लोहे का भांडा, लोहे का वारक, लोहे की कड़ाही, बसूला, फरसा, कुदाल, खननी; (५) बल्ली, बाँस, मूँज,, भाभड़, तृण, मिट्टी; लकड़ी का बर्तन, मिट्टी का बर्तन।"

भिक्षु के मरने पर उसकी जो आठ वैयक्तिक चीजें हैं, उन पर उसके शिष्य का नहीं, संघ का अधिकार माना जाता था। हाँ, यदि रोगी-अवस्था में किसी ने अच्छी तरह सेवा की हो; तो नियम था—[२]

"मरे भिक्षु के पात्र-चीवर का स्वामी संघ है; यदि रोगी-परिचारक ने बहुत काम किया हो, तो...संघ तीन चीवर और पात्र रोगी-परिचारक को दे दे।"

देने की कार्रवाई के बारे में कहा—"...वह रोगी-परिचारक, भिक्षु-संघ के पास जाकर ऐसा कहे—"भन्ते! (माननीय!) अमुक नामवाला भिक्षु मर गया है। यह उसका त्रिचीवर और पात्र है।' फिर (कोई) चतुर समर्थ भिक्षु संघ को सूचित करे—'पूज्य संघ, मेरी सुने। अमुक-नाम का भिक्षु मर गया। यह उसका त्रिचीवर और पात्र हैं। यदि संघ उचित समझे, तो त्रिचीवर और पात्र को इस रोगी-परिचारक को दे दे। यह सूचना (ज्ञप्ति) है।'

इसके बाद मूल प्रस्ताव को रखा जाता था, जिसको अनुश्रावण कहते थे—

"भन्ते संघ! मेरी सुनें—अमुक नामवाला भिक्षु मर गया है। यह उसका त्रिचीवर और पात्र है, संघ इस त्रिचीवर और पोत्र को इस रोगी-परिचारक को देता है। जिस आयुष्मान को...(यह) स्वीकार हो, वह चुप रहे, जिसको स्वीकार न हो, वह बोले।"

संघ के सामने इन्हीं शब्दों में तीन-बार प्रस्ताव दुहराया जाता था। तीसरी बार तक यदि किसी को एतराज हुआ तो वह बोल सकता था। मतभेद होने पर 'हाँ' 'नहीं' की परिचारक लकड़ी की दो भिन्न-भिन्न रंगवाली शलाकाओं से वोट (छन्द) लिया जाता था। यदि तीसरी बार तक भी सारा संघ चुप रहता था, तो वक्ता धारणा—प्रस्ताव के स्वीकृत हो जाने की—सूचना निम्न शब्दों में घोषित करता—"(यह प्रस्ताव) स्वीकृत है, इसीलिये चुप है—ऐसा मैं समझता हूँ।

रोगी-परिचारक इन तीनों चीवरों और पात्र को ले अपनी वैयक्तिक संपत्ति को बढ़ाता नहीं था; क्योंकि आठ चीजों की गिनती को वह बढ़ा नहीं सकता था। नई चीजों को स्वीकार करने पर उसे पहले की चीजें संघ के भंडार में जमा कर देनी पड़ती थीं।

बुद्ध ने इस प्रकार का साम्यवाद एक परिमित क्षेत्र—भिक्षु-संघ—में चलाना चाहा, किन्तु वह चल नहीं सका। शताब्दी भी नहीं बीतने पाई कि वैयक्तिक सम्पत्ति भिक्षुओं में बढ़ने लगी और आज तो सांघिक सम्पत्ति का नाम भर है। इस साम्यवाद के असफल होने के कारण थे—एक तो आर्थिक परिस्थितियाँ उस समय के दासतायुक्त सामन्तवादी समाज को जिस ओर

---

१. भिक्षु प्रातिमोक्ष ५।८२ पृष्ठ—२९२ (महावग्ग ८।७।६).
२. वही, पृष्ठ—४७१ (चुल्लवग्ग ५।३).

विकसित कर रही थीं, बुद्ध का साम्यवाद—जो उत्पादन का नहीं सिर्फ वितरण का साम्यवाद था—उसके अनुकूल न था। बाकी सारे समाज के व्यतिवादी होने पर उसके एक छोटे-से भाग में संघवाद का चलन सम्भव न था।

५. शिल्प और व्यवसाय

इस युग में गृह-शिल्प, पशुपालन, विनिमय और कृषि के अतिरिक्त धातु-शिल्प भी आरम्भ होकर बढ़ने लगा था। शिकार और फल-संचयन अब पिछड़ी जातियों की जीविका रह गये थे और ऐसी जातियाँ आज भी मिलती हैं, जो जंगली-अवस्था से आगे नहीं बढ़ पाईं।

(१) पशुपालक—भेड़, बकरी, गाय, भैंसें, घोड़े, गधे सभी देशानुसार पशुपालन में शामिल थे। यदि जन-युग में मनुष्य ने मांस-चमड़े के अतिरिक्त दूध, घी या सवारी का उपयोग नहीं जान पाया था, तो इस युग में उन्होंने सीखा। इन जानवरों में घोड़ा छोड़ बाकी सभी अफ्रीका में पाये जाते हैं, इसलिए कोई आश्चर्य नहीं, यदि इनके पालतू बनाने का काम मिस्त्रियों ने शुरू किया हो।

(२) कृषि—जंगली जौ से मिस्त्रियों ने कैसे जौ की खेती शुरू की इसका जिक्र कर आये हैं। आर्य तो भारत में बहुत पीछे—२००० ई०पू० के करीब—पहुँचे, किंतु उससे पहले (३००० ई०पू०) में दासता—सामन्तशाही सभ्यता—सिन्धु-उपत्यका में विद्यमान थी और लोग चावल की खेती करते थे। बागवानी यद्यपि भारतीय आर्यों को १५०० ई० पू० तक अज्ञात-सी थी, किन्तु दूसरी जातियों में इसका प्रचार था और एंगेल्स के कथनानुसार अनाज से पहले मनुष्य ने फलदार वृक्षों को लगाना शुरू किया।

(३) विनिमय—जन-युग में अतिरिक्त तथा उपयोगी वस्तुओं का विनिमय होने लगा था, किन्तु अब तो सांघिक स्वार्थ की जगह वैयक्तिक स्वार्थ स्थापित हो गया था, इसीलिये हर एक की इच्छा होती थी कि जल्द नष्ट होने वाली चीजों को देकर चिर-स्थायी चीजें तथा थोड़े दाम से तैयार हुई चीजों को देकर ज्यादा अच्छी चीजें खरीदी जायें, ऐसी चीजें ली जावें, जो देर तक सुरक्षित रखी जा सकें तथा आवश्यकता पड़ने पर जिन्हें भोग-सामग्री से बदला जा सके। पहले पशु—आर्यों में गौ—ने मुख्य स्थान ग्रहण किया था, अब ताँबा भी मालूम हो गया था, इसलिये भिन्न-भिन्न वजन के डलों को आज की मुद्रा की भाँति व्यवहार किया जाने लगा। विनियम का काफी प्रचार हो जाने पर भी एक उत्पादक अपनी चीज को सीधे दूसरे उत्पादक से बदलता था—अभी बीच के बनियावर्ग की सृष्टि नही हुई थी।

(४) धातु-शिल्प—कड़े पत्थरों की तलाश करते मनुष्य को ताँबे के प्रायः शुद्ध टुकड़े मिले। पत्थर से बढ़-चढ़कर इसकी तेज और मजबूत धार की उपयोगिता को समझने में उसे देर न लगी। प्राचीन मिस्त्र, मेसोपोटामिया और सिन्धु-उपत्यका के लोग लोहे से बिल्कुल अपरिचित थे। खुदाई से जितने धातु के सामान वहाँ मिले हैं, वह ताँबे के हैं। ई०पू० २००० में जब हिन्दी आर्य सिन्धु तट पर पहुँचे, तो उन्हें लोहा मालूम न था। लोहा शब्द तो संस्कृति में ई०पू० चौथी-तीसरी शताब्दी में भी ताँबे के लिये इस्तेमाल होता था। लंका में एक बहुत बड़ा मठ था, जिसे लौहमहाप्रासाद इसलिये कहते थे, कि उसकी छत ताँबे (लोह) की थी। अयस् शब्द आजकल लोहे के लिए संस्कृत में ही नहीं पश्चिमी यूरोप की भाषाओं में भी (आइजन, आइरन) प्रयुक्त होता है; किन्तु वैदिक काल में, उसे भी ताँबे के ही अर्थ में प्रयुक्त किया जाता है। जब लोहा निकल आया, तो ताँबे के लिये इस्तेमाल होने वाले इस शब्द को लोहे में रूढ़

करने की चेष्टा की गई। पहले ताँबे को ताम्र-अयस् कह लोहे के लिये कृष्ण-अयस् (काला-अयस्) का प्रयोग आरम्भ हुआ, फिर धीरे-धीरे ताम्र ताँबे के लिये और अयस् सिर्फ लोहे के लिये रह गया। लोहा लोहा—लाल रंग वाली—धातु का नाम था, जो ताँबे पर ही ज्यादा घटता है, किन्तु उसे भी रूढ़ करके लोहा-वाचक बना लिया गया।

पीतल का आविष्कार १५०० ई०पू० और लोहा का १४०० ई०पू० कहा जाता है; यदि यह ठीक है; तो यह दोनों धातु जरूर सभ्यतायुग के सामन्तवादी काल की देन हैं।

ताँबे के आविष्कार ने भी समाज में परिवर्तन किया। पचासों तरह के हथियार बर्तन और मिस्र में रंग भी इससे बनने लगे। इससे बनी चीजों की बढ़ती संख्या और तरह-तरह के लाभ इसके लिये काफी थे, कि धातु-शिल्प एक अलग उद्योग का रूप ले लें और दासता युग में पहुँचते-पहुँचते वैसा भी। ताँबे का काम करने वाले ही पीछे लोहे का काम भी करने लगे। तिब्बत, हिमालय तथा भारत में कितने ही प्रान्तों में लोहार आदिम जातियों में गिने जाते हैं और उनमें कितने ही अब भी घुमन्तू हैं; जो बतलाता है कि इन्होंने इस शिल्प को बहुत पहले सीख लिया था। छोटा नागपुर और मध्यप्रदेश में आदिम जातियों की बस्तियों के पास पाये जाने वाले इन धातुओं के कूट या झावें भी इसी बात की पुष्टि करते हैं।

धातु के आविष्कार के बाद भी पत्थर के हथियार बहुत पीछे तक चलते रहे, यह हम बतला आये हैं। आज अच्छी-अच्छी बन्दूकें एक ओर तैयार होकर बिक रही हैं; दूसरी ओर हमारे और दूसरों मुल्कों से आदिम निवासी तीर-कमान ही चला रहे हैं। सवाल यहाँ कीमत और पैसे का भी आ जाता है। भारत में पुरानी जगहों की खुदाइयों में ई० पू० चौथी-पाँचवीं सदी तक पाषाण के हथियार घरों में पाये गये हैं; जैसे भीटा (इलाहाबाद) की खुदाई में। यदि उस वक्त तक पाषाण-हथियार का इस्तेमाल कहीं-कहीं कोई कर रहा हो तो आश्चर्य की बात नहीं। इंग्लैण्ड में हेस्टिंग्स की लड़ाई (१०६६ ई०) में पत्थर के कुल्हाड़े इस्तेमाल हुए थे, यह हम कह आये हैं।

ताँबे के बर्तनों के बनाने से पहले मिट्टी के बर्तन इसी युग में बनने लगे हैं और आगे चलकर यह एक स्वतन्त्र पेशा बना—यद्यपि तिब्बत जैसी जगहों में वह अब भी साधारण गृहस्थों के घरों में बनते देखा जाता है।

६. वर्ग-भेद का आरम्भ

आदिम कम्यून (साम्यवादी समाज) के काल में वैयक्तिक सम्पत्ति क्या, संघ से अपने अलग अस्तित्व का व्यक्ति को खयाल भी न था। वहाँ ऊँच-नीच, धनी-गरीब का भेद न था। उत्पादन सामूहिक था और भोग भी सामूहिक। वहाँ न वर्ग था, न वर्ग-शासन। किन्तु अब हम दूसरी दुनिया में पहुँच चुके हैं। जन-सत्ता की जगह एक व्यक्ति-पितर—का नेतृत्व और साथ ही कितनी ही सम्पत्ति पर वैयक्तिक स्वामित्व स्वीकार कर लिया गया था। फल-संचय तथा शिकार की अनिश्चित जीवन वृत्ति की जगह अब पशुपालन और कृषि जैसे जीविका के साधन हाथ में आ गये थे, जिससे कि शायद ही कभी मानव अकाल और महामारी के शिकार होते थे। ऊपर से विनिमय, गृह-शिल्प और धातु-शिल्प के वैयक्तिक सम्पत्ति को बढ़ाने का रास्ता भी खुल गया था। आदिम साम्यवाद और जन-समाज में उत्पादन की गति धीमी थी, किन्तु अब नये शिल्प, नये हथियार, नयी धातुएँ आदमी के हाथ में आ गई थीं, जिनसे उत्पादन को कई गुना बढ़ाया तथा जीवन को अधिक समृद्ध बनाया जा सकता था। आदिम साम्यवाद और

जन-समाज के बहुत छोटे-छोटे गिरोह थे, जनसंख्या तथा जीवनोपयोगी सामग्री की वृद्धि के कारण भिन्न-भिन्न गिरोहों में जो प्रलोभन तथा पर-धन-अपहरण की प्रवृत्ति उत्पन्न हुई और उससे जो द्वन्द्व बढ़ा, उसमें वही सफल हो सकता था; जो संख्या और संगठन में ज्यादा बढ़ा हुआ हो; इसी वजह से पितृसत्ता का जन्म हुआ, हम यह बतला आये हैं। वैयक्तिक सम्पत्ति के बढ़ाने की घुड़दौड़ में महापितरों का सबसे ज्यादा सुभीता था। वह पशु, खेती, सम्पत्ति-अर्जन के सभी साधनों को अधिक रखते थे। जिसके पास पशु न थे, जिनके पास खेत न थे, उन्हें खाना-कपड़ा दे अपने काम में लगा सकते थे और उनके श्रम का फल भी अपने लिये उपयुक्त कर सकते थे। विनिमय की चीजों की माँग बढ़ने से चीजों के पैदा करने तथा उसके लिये श्रम की भी अधिक माँग थी; तो भी इन चाकरों के साथ उतनी समानता का बर्ताव नहीं हो सकता था। उस काल में नये खेत के बनाने के लिये जंगल पड़ा हुआ था, शिकार और जंगली कंद-मूल का रास्ता भी बन्द न था, इसलिये चाकर मिलना आसान न था।

इस श्रम की माँग से एक और भारी परिवर्तन हुआ, अभी तक अपने पराजित शत्रुओं को या तो मारकर खा जाया जाता था या मार डाला जाता था, युद्ध बन्दी बनाने का रिवाज न था। कौन उनको अपने यहाँ लाकर खिलाता—खासकर जब कि सांघिक सम्बन्ध इतना दृढ़ था कि आदमी हर वक्त अपने जन और अपने निहतों के बदले की बात ही सोचा करता था। लेकिन अब अवस्था बदल गई थी। खेती, पशु-पालन, हस्तशिल्प, धातु-शिल्प सभी जगह अधिक हाथों की जरूरत थी। जिस तरह कुछ ही वर्षों तक इंग्लैण्ड तथा दूसरे मुल्कों में खरगोश और बड़ी जाति के चूहों को सिर्फ खाने के लिये पाला जाता था, किन्तु अब जबकि उसकी खाल मांस से ज्यादा महँगी हो गई, तो उनको बढ़ाने की ओर लोगों का ध्यान गया; उसी तरह युद्ध में शत्रुओं को मार डालने से उसे बन्दी बना कर उससे काम लेने में ज्यादा फायदा था। इस प्रकार पितृसत्ता-काल में दासता का प्रारम्भ हुआ और आगे चलकर अब दास और स्वामी के दो वर्ग कायम हो गये।

इस तरह उपज को बढ़ा नई सम्पत्ति जमाकर अमीरों का एक वर्ग कायम हो गया, जो अपने आर्थिक प्रभाव के बल पर राजनीतिक शक्ति को खानदानी रूप देने के लिए प्रयत्नशील होने लगा। अब एक जन में एक गोत्र के होने से वह पुरानी समानता, वह पुराना बन्धुत्व नहीं रह सकता था। अब एक ओर अमीर शासक वर्ग और दूसरा निर्धन शासित वर्ग बनता जा रहा था। पहले कोई शासक वर्ग नहीं था, सही, किन्तु सामूहिक सम्पत्ति के स्वामी—सारा जन—सशस्त्र था, वह अपने स्वतत्वों को व्यक्तियों के हाथ में दे खुशी से आर्थिक पराधीनता स्वीकार करने के लिए तैयार नहीं हो सकता था, इसलिये नये शासक वर्ग को कितने ही खूनी संघर्ष करने पड़े, तब यह प्रथम वर्ग-राज्य कायम हो सका।

अभी तक भिन्न-भिन्न शिल्प व्यवसाय घरों के भीतर उन्हें आदमियों द्वारा चल रहे थे, किन्तु अब वह संख्या और कौशल में भी बढ़ चुके थे। हर परिवार अच्छे-अच्छे कपड़े, लकड़ी, धातु के सामान, मिट्टी के बर्तन आदि हजारों तरह की चीज बना सकता था। अब शिल्प से हस्त्रधारा बन रहा था, इसलिये वह उन्हीं व्यक्तियों के मान का न था इसके लिये श्रम का स्थायी विभाजन जरूरी हो पड़ा। इस प्रकार हस्त-शिल्प को कृषि से अलग कर दिया गया और धीरे-धीरे शिल्पियों का एक स्वतन्त्र गिरोह बन गया। इस श्रम-विभाग से जहाँ उत्पादन परिमाण में अधिक बढ़ने लगा, वहाँ चीजें भी अच्छी तैयार होने लगीं और लोगों के लिये चीजें और सुलभ हो गईं, शिल्पकारों को निश्चित जीविका का सहारा मिला, किन्तु उत्पादन

का फल सबको एक-सा नहीं मिल रहा था, इसलिये वर्ग-भेद, वर्ग-द्वेष दिन-पर-दिन बढ़ता ही गया।

७. शासन

समाज की बनावट की उसके शासन-यन्त्र पर छाप होती है। पितृसत्ताक समाज में जो वर्ग-भेद बढ़ रहा था, उसका प्रभाव उस पर पड़ता ही था। सांघिक सम्पत्ति की जगह वैयक्तिक सम्पत्ति बहुत धीरे-धीरे और छोटे रूप में आरम्भ हुई थी। यह भी हम बतला आये हैं कि उसके पीछे नये हथियार और नये उत्पादन के तरीके जबर्दस्त काम कर रहे थे। इसी से सांघिक जीवन की आदत होने पर भी उसके साथ एक प्रकार का स्वाभाविक प्रेम तथा आसक्ति होते हुए भी, वस्तु-स्थिति के सामने भावुकता जैसे निर्बल सिद्ध होती है, वह निर्बल सिद्ध हुई और इसी वजह से मातृसत्ता भी समाज से उठ गई। अभी तक शासन-यन्त्र जनता के जीवन के हर एक क्षेत्र का ऐसा अभिन्न अंग था कि वह उसने अलग नहीं किया जा सकता था; लेंकिन अब वह अलग हो पितर में केन्द्रित हो गया। वैयक्तिक सम्पत्ति के कारण उत्पादन का सम्बन्ध व्यक्तियों कें साथ रह गया, सारे समाज में उससे कोई वास्ता न था। शासन-यंत्र का काम सिर्फ शासन करना था। पहले जहाँ जीविका-साधनों के सांघिक होने से उसकी सुरक्षा के लिये जन को अपने भीतर दंड और शिक्षा द्वारा, बाहर के शत्रु से युद्ध या सन्धि द्वारा, अपना-अपना काम पूरा कराना पड़ता था; अब जीविका के साधन वैयक्तिक थे, इसलिये उसे इस रूप में सुरक्षित रखने के लिये शासन-यंत्र को भीतर और पड़ोसी के साथ व्यवहार करना पड़ता था। इस प्रकार जनता से अलग और उससे ऊपर शासन-यंत्र कायम हुआ, यह भी राज्य की प्रथम उत्पत्ति, जिसका कि श्रीगणेश वर्गभेद के साथ हुआ। इससे यह भी मालूम हो जायेगा कि राज्य अनादि काल से नहीं चला आया है, बल्कि वह बहुत पीछे अस्तित्व में आया।

उत्पादन-श्रम और आवश्यकताएँ जितनी ही बहुमुखी होती गईं, अत्यन्त दरिद्र तथा आश्रयहीन होने की सम्भावना कम रहते अपने लिए धन-उपार्जन की प्रतियोगिता जैसे-जैसे बढ़ती गई, उसी चाल से यह वर्ग-राज्य स्पष्ट होता गया; इसीलिये मनुष्य पहले यह जान न सका कि उसकी गति किधर रही है। पहले संघ जन की शक्ति प्रबल थी, उसमें व्यक्ति को यदि कुछ महत्त्व मिलता था, तो जन सेवा के लिये और जन के एक अभिन्न अंग के रूप में उसकी योग्यता—बुद्धि, पौरुष और वीरता—के कारण; किन्तु अब व्यक्ति, व्यक्ति के तौर पर समाज से ऊपर रहकर बढ़ने लगा था, उसकी योग्यता सिर्फ उसके शरीर और मन की शक्ति तथा निपुणता पर ही निर्भर नहीं थी; बल्कि वैयक्तिक धन उसका खास अंग बन गया था। अब शासक के पास अपना अनुयायी बनाने के लिए खिलाने-पिलाने का काम तथा उपहार देने के भौतिक साधन मौजूद थे। निर्धन वर्ग का वह इस हथियार से हथियाता जा रहा था। धनी वर्ग में प्रतिद्वन्द्विता होने पर भी सबके आर्थिक स्वार्थ-संघ की सम्पत्ति को व्यक्ति के तौर पर हड़पने की प्रवृत्ति—एक होने से वह वर्ग-स्वार्थ बन्न एक तरह से समझौते का रूप धारण कर रहा था—किसी शासक को वह काम न करना चाहिये, जिससे वैयक्तिक धन-स्वामित्व पर चोट पहुँचे; इस बात पर सभी स्वार्थी वर्ग अपनी सारी दुश्मनियों को भूलकर एकत्र होने के लिये तैयार थे।

इस नये शासक वर्ग को एक और भी सुभीता था। पहले जन-कर्मियों को जन के संचालन का काम करते हुए ही अपनी जीविका अपने शारीरिक परिश्रम से उपार्जित करनी पड़ती थी। उनके पास इतना समय और बच रही शारीरिक शक्ति तथा सम्पत्ति न थी कि वह चिन्तन,

कला तथा ऐसी दूसरी बातों में अपने को लगाते। ईरान के देवक और बुद्ध की कहानी के राजा की भाँति अब पितर की रोजी की चिन्ता का भार समाज कें ऊपर पड़ रहा था। बेचारे मजदूरी पानेवाले मजदूर-रूप में अथवा मुक्त मिले तथा पालतू पशु की तरह काम करनेवाले युद्ध-बन्दी दास के रूप में दूसरे लोग इस वर्ग का काम करने को तैयार थे। अब शासन के कुछ समय को छोड़ वह बाकी समय को 'संगीत-साहित्य-कला' तथा दूसरी दिमागी उड़ानों में लगा सकता था। वह खुद और दूसरों को प्रकृति के गर्भ में छिपी शक्ति के प्राप्त करने के तरीकों के निकालने में नियुक्त कर सकता था। जिन हथियारों, धातुओं के आविष्कार में पहले हजारों हजार वर्ष लगे थे और जो मनुष्य के पहले से निश्चय करके सोचने के परिणाम नहीं, बल्कि बहुत कुछ आकस्मिक घटना की तरह मिले थे, अब उन पर सोचने तथा प्रयोग करने के लिये इस वर्ग के पास काफी समय और साधन थे। इसी से आगे नये-नये तरीकों, नई-नई चीजों के आविष्कार से समाज की प्रगति को हम बहुत तेजी से होते देखते हैं; साथ ही जैसे ही जैसे उत्पादक श्रम से मुक्त व्यक्तियों की संख्या बढ़ती गई, उतनी ही इन नव-आविष्कारों की चाल (परिमाण) में तेजी होती गई। इसका यह मतलब नहीं कि उत्पादन-सम्बन्धी शारीरिक श्रम से मुक्त सभी व्यक्ति नये-नये भौतिक आविष्कारों में लगे थे। सच तो यह है कि समय बीतने का साथ निठल्ले काम-चोरों की संख्या ही अधिक बढ़ती गई।

८. धर्म

मनुष्य का ध्यान सबसे पहले रुधिर और यौन-सम्बन्ध की ओर आकर्षित हुआ था। रुधिर जीवन है, इसे उसने खून के निकलने से बेहोश होते, मरते हुए घायलों को देखकर जाना था। यौन-सम्बन्ध द्वारा अपने जैसे नये व्यक्ति के प्रकट होने को भी वह आश्चर्य की दृष्टि से देखे बिना नहीं रह सकता था। भय मिटाने और भला होने के लिये उसने रुधिर-दान को सबसे पहले दैवी साधन के तौर पर स्वीकार किया। खून के ह्रास से किसी को मरते देख उसने रुधिर देने की कोशिश की, किन्तु एक शरीर के खून को दूसरे शरीर में कैसे और किन नियमों के साथ डाला जा सकता है, इसका ज्ञान तो मनुष्य को अभी बीसवीं सदी में और उसका पूरा उपयोग १९१४-१८ ई० के महायुद्ध के बाद हुआ है। हाँ, यदि संयोगवश कोई मूर्च्छित जी उठा, तो यह इस बात के सिद्ध करने के लिये काफी समझा गया, कि रुधिर-दान द्वारा मुर्दा जिलाया जा सकता है। पीछे जब मरों के प्रेत होने की कल्पना जारी हो गई, तब तो बस रुधिर-दान का माहात्म्य और बढ़ गया। यौन-सम्बन्ध के चमत्कार ने यह भी बतलाया कि शरीर के भीतर सबसे रहस्यमयी शक्ति स्त्री-पुरुष की जनन-इन्द्रिय में है। खतना या जनन-इन्द्रिय का रुधिर दान इसी अभिप्राय-से—देवता को खुश करने के लिये—शुरू हुआ था, जो अब कितने ही लोगों में बहुत पवित्र धार्मिक कृत्य के तौर पर प्रचलित है। मनुष्य और पशु की बलि उस वक्त दूसरे दर्जे का रुधिर-दान समझा जाता था। रुधिर के इस महत्त्व ने उसके रंग—लाल रंग—को भी चमत्कारिक शक्ति का धनी बना दिया। गेरू और लाल मिट्टी आदि इसीलिये आदिम जातियों के शवों के साथ पाये जाते हैं। मूँगे, घोंघची (गुंजा) की मालाओं और आभूषणों का प्रचार भी शुरू-शुरू में लाल रंग की इसी दिव्य शक्ति के खयाल से हुआ।

यौन-चिह्न—स्त्री-पुरुष के जननेन्द्रिय—की क्रिया की दिव्य-शक्तिमत्ता के खयाल ने धर्म के विकास में काफी सहायता की। आज से पाँच हजार वर्ष पूर्व सिन्धु-उपत्यकावासी लिंग और भग की पूजा को अपने धर्म का अंग समझते थे। मोहनजोदड़ो और हड़प्पा की खुदाइयों में इनकी पत्थर-प्रतिमाएँ मिली हैं। लिंग-पूजा करने से इन्हें—जिन्हें वैदिक साहित्य

में असुर कहा गया है—वैदिक आर्य शिश्नदेव (लिंग जिसका देवता हो) कहकर उपहास करते थे। दक्षिणी भारत में जो सबसे पुरानी लिंग-प्रतिमा मिली है, उसकी आकृति हूबहू पुरुष के लिंग-सी है। कौड़ी की आकृति भग से मिलती है, जिसके लिये उसे चमत्कारी माना गया और आदिम जातियों में ही नहीं, भारत के सभ्य कहलाने वाले हिन्दू भी बच्चों को भूत-प्रेत या कुदृष्टि से बचने के लिये कौड़ी पहनाते हैं; चोट या फोड़ा निकलने पर काले धागे से कौड़ी बाँधना तो चिकित्सा का अंग-सा बन गया है। शिव लिंग हमारे आज के बड़े-बड़े दार्शनिकों—जिनमें पुराने ढंग के संस्कृत पंडित ही नहीं, बल्कि आधुनिक ढंग के धुरंधर विद्वान् भी शामिल हैं—की श्रद्धा और पूजा का अब भी भाजन है। वह क्या है? नीचे का अर्घा बिल्कुल स्त्री की जनन-इन्द्रिय की नकल है और उसके बीच में पुरुष का लिंग गाड़ा हुआ है। आजकल के हिन्दू जब इतने गद्गद हो झूम-झूमकर इस लिंग-भग की पूजा करते हैं, तो धर्म का क-ख शुरू करनेवाले उन पर बर्बर मानवों के बारे में क्या कहना है?

खून और जनन-इन्द्रिय के अतिरिक्त मृतात्माओं और भूत-प्रेत का भय भी अब बढ़ चुका था और उसके लिये भी मनुष्यों को कोई तदबीर करनी थी। इस प्रकार प्राकृतिक शक्तियाँ—सूर्य, चाँद आदि मृत-प्राणियों की आत्माओं (भूत-प्रेतों) को क्रुद्ध न होने देना या उनकी कृपा का भाजन बनना मनुष्य के आवश्यक कर्तव्यों में बन गया। कबीलों के शासक या पितर अब धर्म-पुरोहित का भी काम करने लगे थे। अपने खाली समय और दिमाग को और कामों के साथ जमा होती, वैयक्तिक सम्पत्ति की रक्षा के लिये इस्तेमाल करने का यह अच्छा मौका था। पितर पुरोहित बन साधारण जनता और देवता के बीच 'बिचवई' बना। देवता अक्सर उसके सिर पर आकर भी बोलने लगा था और इस प्रकार वह देव-संदेशवाहक बन चुका था। अब उसके पद के पीछे देवशक्ति सहारा देने लगी थी। वैयक्तिक सम्पत्ति और प्रभुत्व देवता का वरदान था। भला मरण-धर्मा मनुष्य देव-आत्मा के खिलाफ जाने की हिम्मत कैसे करता?

इस प्रकार वर्ग-शासन को पीठ पर लिये उत्पादन-साधन तथा शिल्प की उन्नति में देवता और धर्म भी सहायक थे। 'राजा विष्णु का अंश है'—इस कल्पना का प्रथम सूत्रपात यहीं आरम्भ हुआ। शताब्दियों—सहस्राब्दियों के जबर्दस्त देववाद और धर्मप्रचार के अनन्तर आज जो वैयक्तिक सम्पत्ति के औचित्य को साबित करने के लिए वातावरण तैयार हुआ है, वह स्वाभाविक ही था।

कुछ विद्वानों का खयाल है कि मनुष्य का ध्यान खेती के विकास के साथ हरियाली और जीवन से उसके संबंध की ओर आकर्षित हुआ। बढ़ते हुए तरुण जीवन को खेत की हरियाली के रूप में उन्होंने देखा, इससे हरे लेप और हरे चूर्ण उसके लिये जीवन के प्रतिनिधि बन गये, जो सौंदर्य के बढ़ानेवाले द्रव्य के तौर पर भी इस्तेमाल किये जाने लगे। इसके लिये तूतिया को दूसरे मसाले और तेल के साथ पीसकर रंग तैयार किया जाने लगा। मिस्र की प्राचीनतम मोमियाई[१] (मृत शव) इसी रंग से रँगी मिलती हैं। शताब्दियों तक इस्तेमाल करते हुए मिस्रियों को यह जानने में दिक्कत नहीं हुई, कि तूतिया को गरम करने पर एक चमकीला भूरा रंग तैयार हो जाता है। इसी प्रक्रिया से मिस्रियों को संयोगवश ही ताँबे का पता लग गया। शवों को हरे रंग से रंगना उन्हें अमर जीवन देने के लिए एक धार्मिक कृत्य था। ताँबे का आविष्कार उसी क्रिया का फल था, इसलिये मनुष्य ने उसे साधारण आविष्कार के तौर पर नहीं लिया।

---

१. Mummies.

ताँबे को गरम करके पीटने पर तेज धार निकल आती है, यह तूतिया को गरम कूटनेवाले के लिये जानना मुश्किल न था।

लाल, हरे के अतिरिक्त पीले रंग को भीं जीवनदाता रंग माना जाने लगा, क्योंकि सबेरे के सूर्य का रंग सुनहला था। स्थायी वास स्वीकार करने के पहले ही मनुष्य चन्द्रमा को अपने शिकार तथा दुश्मन से निर्भयता प्रदान करने में सहायक देवता के तौर पर ही नहीं मानने लगा था, बल्कि उसने यह भी देखा था, कि स्त्रियों का मासिक धर्म चन्द्रमा के मास के हिसाब से होता है, इस प्रकार वह नव-जीवन के उत्पादन में सहायक देवता है। नील-उपत्यका में बस जाने पर उन्होंने बाढ़ और ऋतु के सहायक लुब्धक और सूर्य को जीवन दाताओं में सम्मिलित कर लिया। पीछे समय बीतने के साथ पितरों, सामन्तों और राजाओं को अमरत्व प्रदान करते हुए उन्हें उन्होंने आकाश के तारों में स्थान दिया, जैसा कि भारत में भी सप्तर्षि सात तारों, अगस्त्य, प्रजापति तथा दूसरे तारों को अमर पितरों का अमर-निवास प्रसिद्ध किया गया। यही श्रद्धा और कल्पना आगे फलित ज्योतिष की बुनियाद बनी और ज्योतिषियों की दैवज्ञता का जादू व्यक्ति और समाज पर चलने लगा।

मिस्र में गाय को पवित्र मानने का खयाल सबसे पहले आया, यद्यपि उसे अवध्य बनाने के लिये नहीं; बल्किं देवताओं के उपभोग की चीज के तौर पर। वह प्रारम्भिक आर्यों के यज्ञीय पशु की भाँति मिस्री देवताओं की पवित्र बलि थी। गाय के प्रति यह दिव्य और पवित्र भावना उस वक्त अस्तित्व में आई, जब कि आदमी ने देखा कि मनुष्य सिर्फ गाय के दूध को पीकर भी जीवित रह सकता है। मिस्त्रियों ने गाय का संबंध चन्द्रमा के साथ, आकाश को गाय के साथ तथा दिव्य माता (मातादेवी) को आकाश के साथ जोड़ एक देव-परंपरा—देववाद—खड़ा किया। गाय के स्तन के नीचे बैठकर दूध पीते मानव के लिये, उसके सिर पर छाया हुआ गाय का शरीर आकाशीय गोलार्द्ध-सा था, जैसा कि बाहर भी आकाश उसे मालूम होता था। इस प्रकार गो-माता, आकाश-माता और 'देवी-माता' का संबंध स्थापित हुआ।

■

चतुर्थ अध्याय

सभ्य मानव-समाज (१)

सभ्य मानव-समाज से हमारा मतलब एक आदर्शवादी स्वार्थत्याग-परायण उच्च मानव-समाज से यहाँ नहीं है। जैसा कि हम देख चुके हैं, पितृसत्ताक समाज की स्थापना ही स्वार्थान्धता पर हुई थी। तब से आगे सामाजिक स्वार्थ की अवहेलना और लूट, वैयक्तिक स्वार्थ को पूरा करने का लक्ष्य घटने की जगह और बढ़ता ही गया है। इस सभ्य-समाज को तीन अवस्थाओं में बाँटा जा सकता है—(१) दासता-युग, (२) सामन्तवादी युग और (३) पूँजीवादी युग।

सभ्यता का विश्लेषण करके एंगेल्स ने लिखा है—"सभ्यता समाज के विकास की वह अवस्था है जिसमें श्रम-विभाग, व्यक्तियों के भीतर श्रम से उत्पन्न (वस्तुओं) का विनिमय, विनिमय और श्रम के विभाग से सम्बन्ध रखने वाले सौदे (वस्तु) का उत्पादन पूर्ण विकास को प्राप्त होता है और पूर्ववाले समाज में क्रान्तिकारी परिवर्तन उपस्थित करता है।"

सौदे की चीजों के उत्पादन की जिस अवस्था में सभ्यता का आरम्भ होता है; उसके बारे में एंगेल्स का कहना है—"आर्थिक दृष्टि से इसकी विशेषताएँ—(१) धातु-धन के साथ-साथ मुद्रा, पूँजी और सूद के व्यवसाय का आरम्भ; (२) उत्पादक व्यक्तियों के बीच 'बनियों का एक 'बिचवई' वर्ग के रूप में आना; (३) भूमि पर व्यक्ति का स्वामित्व तथा उसके रेहन-बेची का अधिकार; (४) उत्पादन के ढंग में दासों के श्रम का अधिक प्रचार। सभ्यता-युग में परिवार का जो रूप है, उसमें एक विवाह, स्त्री पर पुरुष का शासन और समाज की आर्थिक इकाई का स्थान अलग-अलग परिवार का यह मुख्य बातें हैं। सभ्यता-युग के समाज में दूसरे के साथ सम्बन्ध कराने का जरिया राज्य है, जो कि बिना अपवाद हर एक काल में धनिक वर्ग का राज्य है, और सभी अवस्थाओं में वह पीड़ित और शोषित वर्ग को दबा रखने के लिए एक यंत्र के सिवा और कुछ नहीं है। सभ्यता की एक और विशेषता है—एक ओर सारे सामाजिक श्रम-विभाग के आधार पर नगर और देहात के विरोध को स्थापित करना; और, दूसरी ओर सारी सम्पत्ति को हस्तान्तरित होने देने का आरम्भ, जिसके अनुसार सम्पत्ति का मौलिक—मरने के बाद के लिए भी—अपनी सम्पत्ति को दूसरे के अधिकार में दे सकता है। इस अधिकार ने जन-संस्था के ऊपर सीधा और जबर्दस्त प्रहार किया। एथेन्स (यूनान) में यह अधिकार सीलोन के समय (६ठी सदी ई०पू०) तक अज्ञात था। रोम में इससे पहले ही इसका रिवाज हो चुका था···जर्मनों में इसका आरम्भ (ईसाई) पुरोहितों ने इस मतलब से किया कि भक्त-जर्मन बिना रोक-टोक के अपनी सम्पत्ति मठों को दान दे सकें।"

हिन्दी-यूरोपीय जातियाँ—यूनानी, ईरानी, भारतीय—यद्यपि पीछे ईसा पूर्व छठी सदी से सभ्यता में संसार का नेतृत्व करने लगीं और आधुनिक वैज्ञानिक युग के निर्माण में तो यूरोपीय जातियों का ही प्रायः सारा हाथ है, किन्तु जिस वक्त मिस्री, मेसोपोटामियन और सिन्धुवासी पितृसत्ता-दासता से पार हो सामन्तवाद में दाखिल हो गये थे, उस वक्त अभी

हिन्दी-यूरोपीय जाति उराल और बाल्टिक के बीच **जांगल** और **जन** (प्राथमिक बर्बर) अवस्था से मुश्किल से पशु-पालन अवस्था तक पहुँची थीं। भाषातत्त्व हमें बतलाता है कि यूनानी और भारतीय आर्य देवताओं के लिये **पितरे** विशेषण देते थे और कभी-कभी वह देवजाति या किसी खास देवता (ज्यूपिटर-द्यौस्पिटर) के नाम के तौर पर भी इस्तेमाल होता था जिससे यह साफ है कि यह दोनों जातियाँ—जिसका मतलब है सारा शतम् (हिन्दू), ईरानी (स्लाव) और केन्टम् (यूनानी, लातिनी, जर्मानिक आदि) परिवार **पितृसत्ता-युग** में पहुँच चुका था। गाय के लिये साधारण शब्द (गौ, कौ, गव्याध्न्या में गव्, गाव) बतलाता है कि वह गाय से सुपरिचित थे। भेड़ के लिये **अवि** (संस्कृत) और **इविस** (रूसी), कुत्ते के लिए **श्वक**(संस्कृत, **सोबाक** (रूसी) शब्द बतलाते हैं कि कम-से-कम हिन्दी-स्लाव (शतम् आर्य-शक) परिवार उस समय पशु-पालन अवस्था में पहुँच गया था, जब कि इसकी दो शाखाएँ—हिन्दी, ईरानी और स्लावविलथुवन हुईं। लेकिन, कृषि और अनाज के लिए एक से शब्द न केंटम् भाषा में और न हिन्दी-स्लाव भाषा में मिलते हैं, जिससे पता लगता है कि इनके एक परिवार (जाति) के तौर पर रहते वक्त वह कृषि की अवस्था में नहीं पहुँचे थे; लेकिन नील-उपत्यका मेसोपोटामिया, सूसा में ९००० ई०पू० से पहले हम कृषि होते देखते हैं। संस्कृत (हिन्दी) और ईरानी भाषाओं में कृषि-सम्बन्धी शब्द (गंदुम् गोधूम, यव=जौ) एक होने से मालूम होता है कि इस काल (२००० ई०पू०) में वह कृषि करने लगे थे। यहाँ पर मालूम होगा कि सेमेटिक (मेसोपोटामिया, मूसा), हेमेटिक, (मिस्र) जातियों—और सिन्धु की पुरानी जाति को भी ले लीजिये—की अपेक्षा हिन्दी-यूरोपीय बहुत पीछे शिकार, पशु-पालन से अगली अवस्थाओं में पहुँचे। यूनान और मेसोपोटामिया दोनों की ओर हिन्दी यूरोपियों का बढ़ाव घोड़े के साथ होता है, जिससे यह पता लगता है कि सभ्य जातियों के सम्पर्क में आने से पहले वह घोड़ों को स्वादिष्ट भोजन के तौर पर ही इस्तेमाल नहीं करते थे, बल्कि वह घोड़ों को इतना सिखला चुके थे कि वह आदमी को अपनी पीठ पर लिये दौड़ता था। ऐतिहासिकों का मत है कि जैसे चंगेज मंगोलों को अपने दिग्विजय में घोड़े के साथ बारूद के इस्तेमाल में भारी सहायता की, उसी तरह हिन्दी-यूरोपियों को उस समय की सभ्य जातियों पर विजय प्राप्त करने में घोड़े ने भारी मदद की। शतम्-केंटम-संयुक्त काल में-जिसमें सारी हिंदी-यूरोपीय जातियाँ (आज के हिंदी, ईरानी, यूरोपीय जातियों के पूर्वज) एक भू-प्रदेश में जन के अंतिम, पशु-पालन प्रारंभिक काल **(पितृसत्ता काल)** में थी—उसकी भाषा में घोड़े का एक-सा शब्द नहीं मिलता, इससे यह मालूम होता है कि वह अभी घोड़े को पालतू नहीं बना सके थे। ईरानी अस्प और संस्कृत अश्व बतलाते हैं कि एक परिवार के रूप में एक जगह रहते वक्त यह अवश्य पालने लगे थे और सिर्फ खाने और दूध पीने के लिए ही नहीं, बल्कि सवारी के लिए भी, अश्व=आशु (तेज) चलनेवाला।

हिन्दी-यूरोपीय जातियों के विकास पर विचार करने से यह भी मालूम होता है कि वह दासता-युग में तब तक प्रविष्ट नहीं हुई, जब तक कि अपने से भिन्न जातियों को पराजित करके उनके देशों में जाकर विजयी शासक के तौर पर बस नहीं गई। हिन्दी यूरोपीय तीन जातियों—हिन्दी आर्य (भारतीय), ईरानी आर्य (ईरानी) और यूनानियों को ऐसा करने का मौका मिला। बर्बर हिन्दी-आर्यों को स्वात से सिंधु-उपत्यका में (१८०० ई०पू० में) दाखिल होते ही वहाँ की सभ्य जाति से मुकाबला करना पड़ा और पराजितों को अपना 'दास' (गुलाम)

बनाकर वह स्वयं दासता-युग में प्रविष्ट हुए। ईरानियों का भी मिडिया (मद्र, वर्तमान हम्दान के पास का प्रदेश) में पहुँचने पर मेसोपोटामिया की सभ्य (असुर) जाति से मुकाबला हुआ; किन्तु उसे अंतिम विजय प्राप्त करने के लिए ६०७ ई०पू० तक इन्तजार करना पड़ा, जब कि **हुअक्षत्र** (मृत्यु ५८५ ई०पू०) ने असुर राजधानी निनेवे पर अधिकार किया। लेकिन तब ईरानी दासता-युग नहीं, सामन्त-युग में पहुँच गये थे। पश्चिमी एशिया में मितन्नी आर्यों का सबके पहले १५०० ई०पू० में मेसोपोटामिया की सभ्य जाति से मुकाबला हुआ था, वह बोगज्कुई में प्राप्त शिलालेख से मालूम होता है। शिलालेख में वैदिक आर्यों के देवताओं का नाम आने से कितने ही विद्वान् मितन्नी को ईरानियों की नहीं, बल्कि हिन्दी-आर्यों की शाखा मानते हैं; किन्तु बीच में ईरानी आर्यों की भूमि को लाँघकर पितृ-सत्ताक अवस्था के एक हिन्दी-आर्य कबीले का वहाँ पहुँचना उतना आसान नहीं था। जरथुस्त्र के सुधार के बाद कुछ वैदिक देवता ईरानियों में घृणा के भाजन माने जाने लगे, इसमें सन्देह नहीं; किन्तु जरथुस्त्र के पूर्व भी ऐसी बात रही हो, इसका कोई प्रमाण नहीं। बल्कि ईरानी प्रथम राजा दैअक्कु (देवक मृत्यु ६५५ ई०पू०) का नाम बतलाता है कि उस वक्त तक देव शब्द उसी अर्थ में लिया जाता था, जिसमें हिन्दी आर्य उसे लेते थे। इसलिये, संभव यही मालूम होता है कि मितन्नी जरथुस्त्र के सुधार के बहुत पहले के ईरानी आये थे।

इसका सबका विश्लेषण करते हुए हम इस परिणाम पर पहुँचते हैं—

परिवार	निवास-प्रदेश	सन् (ईसा पूर्व)	अवस्था	व्यवसाय
(१)	(२)	(३)	(४)	(५)
हिन्दी-यूरोपीय	यूरोप	४०००	जनसत्ता	शिकार
आर्य-शक	दक्षिणी-रूस	३००० (?)	जन पितृसत्ता	पशुपालन
आर्य	कस्पियन-पामीर	२५०० (?)	जन पितृसत्ता	पशुपालन
हिन्दी-इरानी	कस्पियन	२२०० (?)	पितृसत्ता	कृषि
हिन्दी-आर्य	स्वात	२०००	पितृसत्ता	कृषि
” ”	सप्तसिन्धु (पंजाब)	१८००	दासता	वाणिज्य, कृषि
” ”	गंगा-उपत्यका	१५००	दासता सामन्तवाद	गोरक्षा, वाणिज्य

अस्तु असुरों और मेसोपोटामिया की दूसरी आर्य-भिन्न जातियों के साथ संघर्ष होने पर ईरानी-आर्य दासता-युग में प्रविष्ट हुए।

यूनान में भी पहले मिस्री सभ्यता की प्रतिनिधि क्रेत-सभ्यता से संबंध रखनेवाली कोई भूमध्यदेशीय जाति .ास करती थी, जब कि यूनानी घोड़ेवाले यहाँ पहुँचे और उन्हें पराजित कर दासता-युग में दाखिल हुए। यहाँ एक बात यह भी मालूम होती है कि हिन्दी-यूरोपीय जातियों के दासता-युग में प्रवेश करने का समय २००० से १५०० ईसा पूर्व तक है और वही इसके सभ्यता में प्रविष्ट होने का भी समय है।

सभ्यता के गुण-दोषों के बारे में एन्गेल्स ने लिखा है—"उसके संगठन के यही आधार थे, जिनके द्वारा सभ्यता ने वह काम कर दिखाया, जिन्हें पूरा करने की पुराने जन-समाज में क्षमता न थी। लेकिन, ऐसा करने में उसने मनुष्य की सबसे नीच आकांक्षाओं तथा प्रवृत्तियों को इस्तेमाल किया और वह भी मनुष्य की दूसरी उच्च वृत्तियों को खून करके। प्रथम दिन से आज तक, सोलहो आना लोभ सभ्यता का साथी रहा। धन और अधिक धन, फिर और धन—धन समाज का नहीं, बल्कि महानीच व्यक्ति का धन, सिर्फ यही एकमात्र उसका निश्चित लक्ष्य रहा। यदि इस (नीच) लक्ष्य की ओर बढ़ने से साइंस और समय-समय पर कला के उच्च विकास के बीच-बीच में आने वाले काल उसकी झोली में आ पड़े, तो भी यह सिर्फ इसीलिये कि उसके बिना जो आज सामने धन है, उसका पूरा अधिकार करना संभव नहीं था।"

सभ्यता के रूप को और नग्न करते हुए एंगेल्स ने लिखा—चूँकि सभ्यता का आधार ही है एक वर्ग का दूसरे वर्ग द्वारा शोषण; इसीलिए इसका सारा विकास एक स्थायी विरोध के बीच चक्कर काटता रहा। उत्पादन में हर एक कदम जो आगे बढ़ा, वह साथ ही शोषित वर्ग—जनता की सबसे भारी संख्या—की अवस्था को एक कदम पीछे खींचता रहा। कुछ व्यक्तियों के लिये जो लाभ की बात हुई, वही बाकी के लिये हानि का अनिवार्य कारण बनी। एक वर्ग की हर एक नई स्वतन्त्रता, दूसरे वर्ग के लिए उत्पीड़न है। यन्त्रों का उपयोग उसका सबसे ज्वलन्त उदाहरण है। इसका जो प्रभाव (हस्त-शिल्पियों और मिल-मालिकों के ऊपर) पड़ा है, उसे सारी दुनिया जानती है। बर्बर समाज में—जैसा कि हमने देखा, अधिकार और कर्तव्य में भेद मुश्किल से किया जा सकता था; किन्तु सभ्यता उनके भीतर भेद तथा तुलनात्मक अन्तर इतना स्पष्ट कर देती है कि अत्यन्त मूर्ख भी समझ सकता है। वह एक वर्ग को अपने सारे प्रयोजनों की सिद्धि के लिये सारे अधिकार दे देती है; और इसके विरुद्ध दूसरे वर्ग के सिर पर सारे कर्त्तव्यों को लाद देती है।

"सभ्यता जितना ही आगे बढ़ती है उतना ही नियमित रूप से अपने द्वारा उत्पन्न दुरवस्थाओं (दरिद्रता आदि) को दान-पुण्य से ढाँककर उन्हें सह्य बनाना चाहती है या उनके अस्तित्व से ही इनकार करती है। संक्षेप में, वह ऐसा खासा ढोंग रचती है, जिसका पहले वाले समाज को क्या, खुद सभ्यता के आरम्भिक समय को भी पता न था। अन्त में तो वह यहाँ तक दावा करने की धृष्टता करती है कि शोषितवर्ग का शोषण सिर्फ उसी शोषित वर्ग के एकमात्र हित के लिये किया जाता है और यदि शोषित वर्ग इसे नहीं समझता या विद्रोही बनता है तो यह अपने हितकारी—शोषक—के प्रति बहुत ही निचले दर्जे की कृतघ्नता है।"

मानवतत्त्ववेत्ता **मार्गन**—जिसकी पुस्तक 'प्राचीन समाज'[१] (१८७७ ई०) की जिसकी विवेचना में एन्गेल्स ने अपना ग्रन्थ 'परिवार की उत्पत्ति' लिखा— ने अपनी गवेषणापूर्ण पुस्तक में सभ्यता पर अपनी सम्मति देते हुए लिखा—

"सभ्यता के आगमन के बाद से धन की वृद्धि इतने भारी परिमाण में हुई, इसके रूप इतने प्रकार के हुए, इसका उपयोग इतना विस्तृत और अपने मालिक के फायदे के लिये इसका प्रबन्ध इतना बुद्धिपूर्वक है कि जनता के लिये यह नियन्त्रण में न आने वाली शक्ति बन गया। मनुष्य का मस्तिष्क (आज) अपनी ही कृति को देख आश्चर्य चकित हो रहा है। तो भी, वह

१. Ancient Society.

समय जरूर आयेगा; जब कि मानव-बुद्धि सम्पत्ति पर अधिकार की व्याख्या करने के लिये ऊपर उठेगी, राज्य तथा उसकी रक्षा में रहनेवाली सम्पत्ति के सम्बन्धों की व्याख्या करेगी और सम्पत्ति के स्वामियों के अधिकारों की सीमा तथा कर्त्तव्य को निर्धारित करेगी। समाज के स्वार्थ व्यक्ति के स्वार्थों से ऊपर हैं, इन दोनों को न्यायोचित तथा एक दूसरे के अनुकूल सम्बन्धों से सम्बद्ध करना होगा। सिर्फ सम्पत्ति (संचित करना) मनुष्य-जाति का अन्तिम उद्देश्य नहीं है। इसकी उन्नति के लिये उसी तरह भविष्य के लिये विधान बनाना है, जैसे कि वह अतीत के लिये एक समय बना था। सभ्यता के आरम्भ से जितना समय अभी तक बीता है, वह आनेवाले काल के सामने एक नगण्य-सा टुकड़ा है। समाज का ध्वंस होना एक ऐसे पेंशे का चरम उद्देश्य बनता जा रहा है, जिसका कि सम्पत्ति अन्त और लक्ष्य है। किन्तु, इस तरह का पेशा अपने ही भीतर अपने ध्वंस के बीज लिये हुए है। राज्य-शासन में प्रजा-सत्ता, समाज में भ्रातृ भाव, अधिकारों और लाभों में समानता और सार्वजनिक (अनिवार्य) शिक्षा समाज के उस अगले उच्च तल की सूचना दे रहे हैं, जिसकी ओर कि अनुभव, प्रतिभा और ज्ञान आदमी को दृढ़तापूर्वक लिये जाते मालूम होते हैं। यह प्राचीन जन-समाज की स्वतन्त्रता, समानता और भ्रातृभाव का एक ऊँचे रूप में पुनरुज्जीवन होगा।''

स्मरण रहे कि मार्गन न उग्र-पन्थी राजनीतिज्ञ था और न समाजवादी। उसने यहाँ जो अपने खयाल प्रकट किये हैं, वह जन तथा दूसरी आरम्भिक अवस्था में पाई जानेवाली लाल-इंडियन जातियों के समीप से अध्ययन के फल हैं।

वेरियर एलविन को मध्य-प्रदेश की कुछ गोंड जातियों का नजदीक से अध्ययन करने का मौका मिला है और वह अब भी उन्हीं में काम कर रहे हैं। स्टेट्समैन[१] ने एलविन् के बारे में लिखा—''उन्हें आदिमवासियों की समस्या के राजनीतिक पहलू से कोई मतलब नहीं है।'' एलविन ने एक रेडियो-भाषण में कहा[२]—''असली आदिवासी खून के अपराध को प्राय: सदा स्वीकार कर लेता है और कह देता है कि उसने क्यों वैसा किया।'' उनमें व्यक्तिवाद नहीं है। वह अपने समाज, कबीले, गाँव को सबसे पहले रखते हैं। हर एक झोपड़ी अपने पड़ोसी से मिली रहती है और वहाँ अलग आँगन नहीं होते। उनमें साम्प्रदायिकता नहीं है। अपने (समाज) के लिये जिस शब्द को वे इस्तेमाल करते हैं, उसका अर्थ 'मनुष्य' के सिवा कुछ नहीं। यह एक शोकजनक और विचित्र बात है कि जैसे ही ये लोग शिक्षित जातियों के सम्पर्क में आते हैं, वैसे ही उनमें व्यक्तिवाद के भाव जाग उठते हैं। वे अपने गाँवों की व्यवस्था को बदल देते हैं; और छोटी-छोटी टुकड़ियों में बँट जाते हैं। जैसे ही वह स्वयं शिक्षित हो जाते हैं, वैसे ही वे मुकदमेबाज तथा आपसी वैमनस्य और साम्प्रदायिकता के अगुआ बन जाते हैं।''

सभ्यता ने मनुष्य को धन, ज्ञान बल में समृद्ध किया; किन्तु जिस व्यक्तिगत स्वार्थ की नींव पर उसने अपनी इमारत बनाई, उसने मानव को मानवोचित गुणों से वंचित कर दिया।

(क) दासता का युग

पितृसत्ता-काल में युद्ध-बंदियों को मार डालने की जगह दास बनाना (दास-प्रथा) आरम्भ हो गया था, यह हम बतला आये हैं। यह भी बतला चुके हैं कि उस युग में कृषि, गृह-शिल्प सभी में काम करने वाले आदमियों की माँग थी। सम्पत्ति के उत्पादन के लिये

१-२. 'स्टेट्समैन' दिल्ली, ९ सितम्बर, १९४१ ई०.

साधन मौजूद थे, हाथों की जरूरत थी। ऐसी अवस्था में दास-प्रथा का आविष्कार हुआ। "थोड़े ही समय में उन सभी जातियों में वस्तु के उत्पादन का यह बहु-प्रचलित तरीका बन गया, जो कि विकास में आदिम साम्यवादी अवस्था से आगे बढ़ चुकी थी; किन्तु अन्त में यही इस व्यवस्था के नाश का प्रधान कारण भी हुई। "दासता ने ही पहले-पहल कृषि और शिल्प-उद्योग में काफी मात्रा में श्रम-विभाग किया और इसी के साथ यूनान (और भारत) जैसे पुराने जगत की समृद्धि थी। दासता के बिना न यूनान का साम्राज्य सम्भव था, न रोमन का (और न ही भारत के चक्रवर्ती राज्य या ईरान के शाहंशाह का होना)। साथ ही यूनान और रोमन साम्राज्य के आधार के बिना आधुनिक यूरोप भी सम्भव न था।

"हमें यह भूलना न चाहिए कि हमारा सारा आर्थिक, राजनीतिक और बौद्धिक विकास एक ऐसी अवस्था से आगे बढ़ा है, जिसमें दासता आवश्यक और सर्व-स्वीकृत बात थी। इस अर्थ में हम कह सकते हैं कि प्राचीन जगत की दासता के बिना आधुनिक साम्राज्यवाद[१] सम्भव न था।"

"इसमें शक नहीं कि उस समय की जो अवस्था थी, उसमें शत्रुओं का कत्ले आम न कर दास बनाना समाज के आर्थिक, राजनीतिक, बौद्धिक विकास को आगे ले जाने वाला कदम था। (उपनिषद् या बुद्धकालीन भारत को ले लीजिये) उस वक्त का समाज परस्पर-विरोधी स्वार्थों के ऊपर आधारित था और उसकी प्रतियोगिता के साथ दासता द्वारा अधिक उत्पादन से ही उसकी प्रगति हो सकती थी। नाक-कान काट, कलेजा निकाल तथा दूसरी क्रूर यातनाओं के साथ जिस प्रकार उस वक्त युद्ध पराजित मारे जाते थे, उसके स्थान पर दास बन जाने तथा स्वस्थ और तन्दरुस्त रहने का अधिकार महँगा सौदा दासों के लिये भी न था।"[२]

"बिना दासता के (अमेरिका आदि का) कपास सम्भव न था और कपास के बिना आधुनिक उद्योग-धंधा अस्तित्व में न आता। यह दासता ही थी, जिसने उपनिवेशों (पराजित देशों) का मूल्य बढ़ाया—उपनिवेशों के बिना पृथ्वी-व्यापी व्यापार नहीं कायम हो सकता था। बड़े पैमाने के उद्योग-धंधों के स्थापित होने के लिये पहले पृथ्वी-व्यापी व्यापार का होना जरूरी था। इस प्रकार दासता अत्यन्त महत्वपूर्ण आर्थिक हथियार थी। दासता के बिना (दुनिया का) सबसे अधिक प्रगतिशील देश—उत्तरी अमेरिका—एक पितृसत्ताक देश के रूप में परिणत देखा जाता, यदि दासता को बन्द कर पाते तो भूगोल की जातियों की सूची से अमेरिका लुप्त हो गया होता।"

१८७४ ई० में जब इन पंक्तियों को मार्क्स ने लिखा था, उस वक्त की अवस्था के लिये यह बात बिल्कुल ठीक थी।

१. परिवार और ब्याह

यौन-सम्बन्ध में स्त्री की स्वच्छन्दता जो पहले थी, उसे कम करने के लिये पितृ सत्ताक-काल में ही यूथ-मैथुन से त्रस्त स्त्री और पुत्र के दाय भाग के खयाल से एक-विवाह की प्रथा आरम्भ हुई। लेकिन, जैसा कि पहले बतला चुके हैं, यह एक-विवाह का नियम सिर्फ स्त्री पर कड़ाई से लागू किया गया था। दासता-युग में एक-विवाह का प्रचार बहुत-सी जातियों में

---

१. Socialism.

२. आर्यभट्ट (४७६ ई०) ने हिसाब के उदाहरण में दिया है—"एक सोलह वर्ष की दासी ३२ निष्क में मिलती है, तो २० वर्ष की दासी का दाम क्या होगा?"

रहा और यूरोप की जातियों में तो वह बराबर माना जाता रहा; किन्तु यह नियम पुरुषों की रखेली, वेश्या आदि रखने में कोई बाधा नहीं डालता था। दासता-युग में तो दासियों का सर्वस्व मालिकों पर न्योछावर था; इसलिये विवाह न स्वीकार करने पर भी उनके साथ यौन-सम्बन्ध खुला था। एशिया की जातियों में कभी एक-विवाह को जबर्दस्त सामाजिक नियम को तौर पर माना गया हो, इसका पता नहीं। यहाँ इतिहास के आरम्भ से ही बहुपत्निता देखी जाती है। हिन्दुओं, ईरानियों या चीनियों के पुराने ग्रंथों, पुरानी कहानियों में एक से अधिक स्त्री के साथ ब्याह दुराचार है, इसका खयाल ही नहीं मिलता। इस्लाम ने विवाह की एक साथ चार संख्या नियत करके भारी संख्या को घटाने का प्रयत्न जरूर किया, किन्तु दासियों के साथ के सम्बन्ध में उसने भी कोई नियम बनाना तो दूर, उसकी सूची को बिल्कुल खुला रखा। हिन्दुओं ने विवाहिता और दासों की संख्या नियत करने की कभी तकलीफ गवारा न की; बल्कि कृष्ण, दशरथ आदि सभी 'आदर्श' पुरुषों के लिये सोलह हजार पटरानियों की बात कहकर उसने बहुपत्निता को धर्मानुमोदित कह उत्साह देने की कोशिश की। आदर्श राजाओं में राम की ही कथा आती है, जिसमें एकपत्निता की प्रशंसा मिलती है। किन्तु, कौन जानता है, शुंग-काल (ईसा-पूर्व दूसरी शताब्दी) में रचित वाल्मीकि रामायण पर उस वक्त भारत के पश्चिम भाग पर शासन करने वाले यूनानियों का कितना प्रभाव पड़ा था। बहु पत्निता का मतलब यह नहीं था कि सभी या पुरुषों की बड़ी संख्या बहुत-सी स्त्रियों से ब्याह करती थी। आखिर बहुब्याह में सम्पत्ति कारण थी। सम्पत्तिशाली शोषक वर्ग के पास ही इस शौक को पूरा करने के लिये साधन मौजूद थे।

परिवार का प्रधान पितृसत्ता के स्थापन होने के साथ ही पुरुष होने लगा था और अब तो उसका अधिकार सम्पत्ति का उत्पादक होने के कारण और बढ़ गया था। सम्पत्ति जितना ही पुरुष का अधिकार बढ़ाती जा रही थी, स्त्री उतनी ही पुरुष के साथ की जंगम सम्पत्ति-सी बनती जा रही थी। स्त्री के प्रति प्रेम या आदर जो दिखलाया भी जाता था, वह इसीलिये नहीं कि वह मनुष्य है; बल्कि इसलिये कि वह उसकी भोग-सामग्री है। उपनिषद् के शब्दों में "भार्या की चाह के लिये भार्या प्रिय नहीं होती; बल्कि अपनी चाह के लिये भार्या प्रिया" ("न वै भार्याया कामाय भार्या प्रिया भवति, आत्मनस्तु कामाय भार्या प्रिय भवति")। पुरुषों की प्रधानता के कारण परिवार में लड़के का मान बढ़ गया, लड़की के बेकदरी होने लगी और वह आज तक हो रही है—लड़के के पैदा होने में जहाँ गाना-बजाना या उत्सव मनाया जाता है, वहाँ लड़की के पैदा होने पर सारे संसार में मनहूसी छा जाती है; स्वयं माँ भी इस मनोभाव से बची नहीं रहती। दासता और सामन्तशाही युग में कन्या के जन्म पर पिता का क्या मनोभाव होता था, वह बुद्ध (ई०पू० ५६३-४८३) के सम-सामयिक राजा प्रसेनजित् की कथा[१] से मालूम होता है। राजा उस वक्त बुद्ध के पास बैठा हुआ था। "एक पुरुष ने आकर राजा प्रसेनजित् कोसल के कान में कहा—"देव! मल्लिका देवी ने कन्या का प्रसव किया। राजा प्रसेनजित् कोसल खिन्न हुआ।" बुद्ध ने राजा प्रसेनजित् के खेद को हटाने की कोशिश करते हुए कहा—

—"...कोई-कोई स्त्री भी पुरुष से श्रेष्ठ, मेधाविनी, शीलवती, ससुर का मान करनेवाली पतिव्रता होती है।..."

---

१. संयुक्तनिकाय ३।२।६ (मल्लिकासुत्त, देखो मेरी, 'बुद्धचर्या' पृष्ठ—३९३).

कन्या के उत्पन्न होने पर प्रसेनजित् तो खिन्न ही होकर रह गया; किन्तु पीछे तो यह रोग इतना बढ़ा कि भारतीयों में—खासकर राजपूतों में—कितनी ही जगह कन्या के पैदा होते ही नमक चटाकर या नाल को मुँह-नाक पर रखकर मार दिया जाता था—अब भी कितनी ही जगहों में कन्या-वध रुक नहीं सका है।

उस वक्त परिवार में पुरुष का, और अनेक होने पर उनमें भी कुल-ज्येष्ठ का शासन चलता था। संयुक्त परिवार को चलाने के लिये यह जरूरी था कि परिवार के सभी व्यक्तियों के साथ एक तरह का बर्ताव किया जाये और यह बहुत हद तक होता भी रहा। किन्तु पूँजीवाद के जोर पकड़ने के साथ ही भारतीय संयुक्त-परिवार का वह समान बर्ताव भी हटता चला गया और आज तो जिस जाति में नई शिक्षा का जितना ही अधिक प्रचार है, उसमें उतना ही वैयक्तिक स्वार्थ अधिक तथा संयुक्त परिवार का चलाना असंभव हो गया है।

प्राचीन भारत में ब्याह

ब्याह-शादी स्त्री-पुरुष-संबंध के बारे में जिन रीति-रिवाजों को हम आज देख रहे हैं, उनसे कितने ही भारतीय शिक्षित भी इस गलती में पड़ जाते हैं कि यह बातें 'अनादि' काल से चली आती हैं। किन्तु यह बात गलत है, यह हमारे यहाँ के पुराने ग्रंथों को देखने से यह स्पष्ट हो जाता है। महाभारत ने घोषित किया है कि युग के अनुसार धर्म में परिवर्तन होता है। सतयुग में धर्म चारों पैरों से पूर्ण था। त्रेता में यज्ञ आरम्भ हुआ। द्वापर में तप और कलियुग में भक्ति। विवाह के बारे में भी इसी तरह के परिवर्तन हुए हैं, इसके प्रमाण हमारे पुराने ग्रंथों में भरे पड़े हैं।

(क) मैथुन स्वातंत्र्य—एक समय था, जब कि मनुष्य का मैथुन भी आहार निद्रा के समान पशुवत् था। आज भी कितनी ही पिछड़ी (जन-युगीन) जातियों में मैथुन की निस्संकोचता देखी जाती है। कैलिफोर्निया के आदि-निवासी (इंडियन) पिछली शताब्दी तक इसी अवस्था में थे।[१] अमेरिका के दूसरे आदिवासी चिप्पवे[२] मैथुन में बहन ही नहीं, बेटी

---

१. The indigenous Indians of California, couple after the manner of inferior mammals, without the least formality, 'and according to the caprice of the moment." Evolution of Marriage by Letourneau. 3rd edition, P. 43.

२. "The Chippeways frequently co-habit with either mothers and oftner still with their sisters and daughters...Kadiaks unite indiscriminately, brothers with sisters and parents with children. The Caribs married at the same time a mother and daughter. The ancient Irish married, without distinction, their mother, and sisters."—ibid pp. 65, 66.

"Yazidies a Sect of Arabs unite in the darkness without heed as to adultry of incest."—ibld p. 44.

"Justin and Tertullien tell that the Parthians and Persians married their own mothers. In ancient Persia religion sanctified the unions of a son with his mother."—ibid.

ईरानियों के मातृविवाह की प्रसिद्धि भारत के छठी-सातवीं सदी ईसवी के ग्रन्थकारों में भी थी—"मातृ-विवाहो...खर्जूरस्य देशान्तरेषु मातृविवाहाभावेऽभाववत्।"—वादन्याय, पृष्ठ—१६ (धर्मकीर्ति ६०० ई०)। "मातृविवाह...पारसीकदेश..." वादन्याय टीका, पृष्ठ—१६ (शान्तरक्षित ७४०-८४० ई०).

और माँ का भी विचार नहीं रखते। इसी तरह का यौन-स्वातंत्र्य कादिअक, यजीदी आदि आधुनिक तथा आइरिश और पारसीक जैसी पुरानी जातियों में पाया जाता रहा। कितने ही देशों में कम्मी (रिआया) की नववधू को सर्व-प्रथम अपने सामन्त को अर्पण करने की प्रथा अभी हाल तक रही है। १५०७ ई० के लिखे एक दस्तावेज में[१] फ्रांस के एक कौंट को अपनी जमींदारी में यह अधिकार था, इसका जिक्र आया है। ऐसे अधिकार और सामन्तों को भी मध्ययुगीन यूरोप में प्राप्त थे तथा सामन्त होने के नाते कितने ही ईसाई मठों के महन्त भी इससे लाभ उठाते थे।

यौन-सम्बन्ध की इस स्वतन्त्रता पर हमें आश्चर्य नहीं होना चाहिये। हमारे देश में भी किसी समय इस तरह की बातें पाई जाती थीं, यद्यपि उनके अधिक उदाहरणों की हमें आशा नहीं रखनी चाहिए, क्योंकि पीछे के हिन्दू इन बातों को प्रकाशित करना पसन्द नहीं करते थे। नदी पार होते-होते पराशर का सत्यवती (मल्लाह पुत्री) के साथ समागम प्रसिद्ध है।[२] यद्यपि यहाँ ग्रन्थकार ने पराशर की दिव्य शक्ति से कुहरा पैदाकर लज्जा ढाँकने की कोशिश की है; किन्तु उत्तथ्य पुत्र[३] दीर्घतमा—ऋग्वेद के कितने ही सूत्रों के कर्त्ता तथा पीछे गौतम नाम से प्रसिद्ध गौतम-गोत्रियों के प्रथम पूर्वज—ने लोगों के सामने ही स्त्री-समागम किया।

उस पुराने युग में ऋतुकाल के अवसर पर स्त्री किसी पुरुष से रति की भिक्षा माँग सकती थी। शर्मिष्ठा ने इसी तरह ययाति से रति भिक्षा माँगी थी।[४] यही नहीं, ऐसी भिक्षा का न देना न स्वीकार करने पर गर्भपात के समान पाप होता है, इसे भी वहीं[५] बतलाया गया है—शायद जनसंख्या बढ़ाना उस वक्त बहुत जरूरी समझा जाता था। उलूपी ने भी अर्जुन से रति-भिक्षा माँगते हुए कहा था कि स्त्री की प्रार्थना पर एक रात का समागम अधर्म नहीं।[६] गुरुभार्या-गमन और मातृ-गमन पिछले काल में बराबर का महापाप समझा जाता रहा है, किन्तु उत्तंक ने ऋतुशान्ति के लिये अपनी गुरु-स्त्री के साथ गमन किया और उसे बुरा नहीं समझा गया।[७] चन्द्रमा ने अपने गुरु बृहस्पति की भार्या तारा के साथ रति की, जिससे बुध पुत्र हुआ। बाप बनने के लिये गुरु-शिष्य का झगड़ा-सा खड़ा हो गया; जिसका कि निबटारा तारा की गवाही से हुआ। गौतम की पत्नी अहल्या का इन्द्र के साथ सम्बन्ध प्रसिद्ध है; किन्तु गौतम ने अपनी पत्नी को सदा के लिये त्याज्य (तलाक के योग्य) नहीं बनाया।

(ख) विवाह-संस्था सनातन नहीं—आज विवाह-प्रथा एक पवित्र धार्मिक संस्था मानी जाती है—भारत में ही नहीं, भारत से बाहर भी। किन्तु भारत के पुराने ग्रंथों के देखने से मालूम होता है कि यह बात सदा नहीं थी। हमने आगे पंचशिला गन्धर्व का देवकन्या के साथ अस्थायी विवाह का जिक्र किया है। पुराणों से देखने से कितने ही उदाहरण ऐसे मिलते हैं, जिनमें अप्सराएँ या देवकन्याएँ सदा के लिए किसी को पति नहीं बनाती देखी जातीं।

---

१. In a French title deed of 1507 we read that the Count d' Eu has the right of prelibation in the said place when anyone marries."—Letourneau.

२. महाभारत, आदिपर्व (६३).

३. वही, आदिपर्व (१०).

४. वही, आदिपर्व (८२).

५. वही, आदिपर्व (८३).

६. वही, आदिपर्व (२१४).

७. वही आदिपर्व (३).

महाभारत[१] से पता लगता है कि उत्तर-कुरु में विवाह-प्रथा न थी। उत्तर-कुरु यद्यपि पिछले ग्रन्थ में एक कल्पित देश-सा बन जाता है; किन्तु उसके माहात्म्य तथा भारत में एक प्रदेश का वैसा नाम पड़ते देख जान पड़ता है कि भारत में दाखिल होने से पहले जहाँ आर्य रहते थे, उसका नाम उत्तर-कुरु था—जो सम्भवत: मध्य्र एशिया सप्तसिंधु था, जहाँ कि आर्य लोग जन-अवस्था में रहते थे। उत्तर-कुरु में स्त्रियाँ स्वच्छन्द थीं; वहाँ विवाह का कोई बन्धन न था।[२] वहीं महाभारत में यह भी जिक्र आता है कि पहले विवाह-संस्था न थी। एक की स्त्री को दूसरा व्यक्ति प्रसंग के लिये ले सकता था। उद्दालक ऋषि की स्त्री को पति के सामने ही दूसरा ऋषि ले जाने लगा था। उस समय उद्दालक के पुत्र श्वेतकेतु ने इसका विरोध किया, जिस पर पिता ने उसे धर्म-अनुकूल बतलाया। श्वेतकेतु ने उसी समय इस प्रथा के उठाने की प्रतिज्ञा की। महाभारत की कथा के अनुसार श्वेतकेतु ने ही स्थायी विवाह की प्रथा को स्थापित किया। उद्दालक और श्वेतकेतु उपनिषद् के ऋषि हैं और सातवीं सदी ईसा पूर्व में रहे।[३] इस उदाहरण का हम सिर्फ यही अर्थ ले सकते हैं कि तब तक विवाह-बन्धन शिथिल था।

(ग) विवाह-बन्धन शिथिल—महाभारत-काल में विवाह-बन्धन कितना शिथिल था, इसके कितने ही उदाहरण तो कुमारी कन्याओं के प्रतिष्ठित पुत्र (कानीन) हैं। पाण्डवों की माँ कुन्ती जब कुमारी थी, तभी उसके कर्ण पैदा हुआ था। कुमारी गंगा से शान्तनु ने भीष्म को पैदा किया। पराशर ने कुमारी सत्यवती (मल्लाह-पुत्री) से व्यास को पैदा किया; पीछे यही सत्यवती शान्तनु की रानी बनी।[४] कुन्ती की सौत माद्री की जन्म भूमि मद्र देश—वर्तमान स्यालकोट के आस-पास के जिले—के उन्मुक्त स्त्री-पुरुष सम्बन्ध की कर्ण ने बड़ी-बड़ी आलोचना की है।[५] गन्धार (मद्र से पश्चिम का पड़ोसी प्रदेश) के राजा शल्य ने कर्ण का उपहास किया, जिस पर कर्ण ने मद्र गंधार के उन स्त्रैण रीति-रिवाजों को कहकर ताना दिया, जो कि गंगा की उपत्यका से बहुत पहले उठ चुके थे। उनके इस कथन से मालूम होता है कि मद्र देश में पिता, पुत्र, माता, सास, ससुर, मामा, जमाई, बेटी, भाई, पाहुना, दास, दासी का यौन-सम्मिश्रण बहुत ज्यादा था। वहाँ की स्त्रियाँ स्वेच्छापूर्वक पुरुष-सहवास करतीं, अपरिचित के साथ भी प्रेम के गीत गातीं। गांधारियों की भाँति माद्रियाँ भी शराब पीतीं, नाचतीं। वहाँ वैवाहिक सम्बन्ध नियत न था, स्त्रियाँ मनमाना पति करतीं। मद्र कुमारियाँ निर्लज्ज और अनाचारी होती थीं।

एक स्त्री के कई पति का उदाहरण प्रात: स्मरणीय पंच कन्याओं में एक द्रौपदी हमारे सामने मौजूद है।

बहन, बेटी, पोती के साथ ब्याह के कितने ही उदाहरण हमें इन पुराने ग्रन्थों में मिलते हैं। इक्ष्वाकु के निर्वासित कुमारों ने अपनी बहिनों से ब्याहकर शाक्य-वंश की नींव डाली।[६]

---

१. महाभारत, आदिपर्व (१२२).
२. वही, अनुशासनपर्व (१०२).
३. देखो मेरा 'दर्शनदिग्दर्शन.'
४. महाभारत, आदिपर्व (६२); वनपर्व (३०६).
५. अनुशासनपर्व (१०२).
६. देखो मेरी, 'बुद्ध-चर्या' पृष्ठ १९८.

इस तरह का ब्याह स्याम के राजवंश में अब भी मौजूद है। दशरथ-जातक[१] के अनुसार सीता राम की बहिन और भार्या दोनों थीं। ब्रह्मा की अपनी पुत्री सरस्वती पर आसक्ति पुराण-प्रसिद्ध है। ब्रह्मा के पुत्र दक्ष की कन्या ने अपने दादा (ब्रह्मा) से ब्याह किया था। बिना ब्याह के स्त्री-पुरुष के संबंध की बातें बहुत देखी जाती हैं—

(१) हिडिंबा से भीम का संबंध बिलकुल अस्थायी था, जिससे घटोत्कच उत्पन्न हुआ।[२]

(२) मणिपुर की राजकुमारी चित्रांगदा से अर्जुन का संबंध सिर्फ तीन वर्ष के लिये था।[३]

(३) गौतम ऋषि—जानपदी (अप्सरा) से कृपै, कृपी (आदिपर्व १३०)

(४) भरद्वाज—घृताची (अप्सरा) से द्रोणाचार्य (आदिपर्व १२०)

(५) व्यास—घृताची (अप्सरा) से शुक (शान्तिपर्व ३२४)

(६) विश्वामित्र—मेनका (अप्सरा) से शकुन्तला

(७) पुरूरवा—उर्वशी (अप्सरा) से सात पुत्र (हरिवंश २५)

(८) अर्जुन—उर्वशी (अप्सरा) अर्जुन ने प्रार्थना अस्वीकार की जिस पर उर्वशी ने शाप दिया और अर्जुन को एक वर्ष तक नपुंसक रहना पड़ा। (वनपर्व ४६)।

इसके अतिरिक्त पांडव काल तक एक और प्रथा थी। नियोग या देवर-धर्म की, जिसके अनुसार मृत या जीवित पति के नाम पर स्त्री दूसरे पुरुष से वीर्यदान ले सन्तान उत्पन्न करती थीं। धृतराष्ट्र और पांडु को व्यास ने इसी प्रकार उत्पन्न किया था। बलि राजा के सन्तान न थी जिस पर उसने दीर्घतम—(गौतम) ऋषि से अपनी स्त्री सुदेष्णा का नियोग कराया, जिसके अंग, वंग, कलिंग, सुह्म पुत्र उत्पन्न हुए।[४] शारदंडायन राजा ने रास्ते से ब्राह्मण को बुलाकर अपनी पत्नी से सन्तान पैदा कराई। सौदास राजा के कोई सन्तान न थी, जिस पर उसने अपनी स्त्री मदयन्ती का वशिष्ठ ऋषि से नियोग कर पुत्रोत्पादन कराया।[५]

देवर बहुत पुराना शब्द है, जो रूसी में (देवृ) पति के छोटे भाई के लिये आता है। यास्क ने अपने निरुक्त[६] में 'देवर कस्माद् द्वितीयो वर उच्यते' (देवर क्यों?—क्योंकि वह दूसरा पति है) कहा है, जिससे पति की अनुपस्थिति में देवर का भाभी पर अधिकार साबित होता है। वाल्मीकि रामायण में मारीच वध के समय राम के पास जाने के लिये कहने पर जब सीता ने लक्ष्मण को जाते नहीं देखा; तो आक्षेप किया कि तुम राम के मरने पर मुझे पाना चाहते हो, इसलिये नहीं जा रहे हो। वहीं रामायण में बालि की स्त्री तारा का देवर सुग्रीव और रावण की पत्नी मन्दोदरी का विभीषण की पत्नी बना—पहली का पति के जीवित रहते ही—देखा जाता है।

पत्नी दान—यूनानी इतिहास में प्रिय मित्र के सत्कार में पत्नी को अर्पण करने के बहुत-से उदाहरण मिलते हैं। सुकरात ने अल्किबियादिस को अपनी स्त्री जन्तिप[७] संभोग के लिये

---

१. जातक.

२. आदिपर्व १५५.

३. आदिपर्व १२५.

४. आदिपर्व १०४.

५. आदिपर्व १२२.

६. निरुक्त···

७. Zantip.

दी। वहाँ ऐसे और भी प्रमाण हैं। ऐसे उदाहरण हमारे पुराने ग्रन्थों में भी मिलते हैं और ये दान धर्म के लिये किये जाते थे—

(१) युवनाश्व राजा ने अपनी प्रिय स्त्री को दान दे स्वर्ग प्राप्त किया।[१]

(२) मित्रसह ने अपनी स्त्री मदयन्ती वशिष्ठ को दे स्वर्ग प्राप्त किया।[२]

(३) सुदर्शन ने अतिथि-सेवार्थ अपनी भार्या दे अमर-कीर्ति प्राप्त की।[३]

इससे मालूम होगा कि भारत में उस प्रकार की स्त्री-पुरुष सम्बन्धी कितनी ही प्रथाएँ मौजूद थीं, जिन्हें हम भिन्न सामाजिक अवस्थाओं वाले देशों और जातियों में पाते हैं।

२. हथियार और औजार

४००० ई०पू० में, जब कि मिस्र का सबसे पुराना पिरामिड बना, ताँबा मिस्रियों को मालूम था। इससे हम यह तो साफ कह सकते हैं कि दुनिया उस समय तक ताँबे का इस्तेमाल करने लगी थी; कम से कम एक देश में। किन्तु ताँबे के आविष्कार के समय को ठीक-ठीक बतलाना हमारे लिये संभव नहीं है। ज्यादा से ज्यादा हम यही कह सकते हैं कि ईसा-पूर्व चौथी सहस्राब्दी में वह मालूम था। किन्तु साथ ही यह भी याद रखना चाहिये कि दुनिया के सभी भागों और सभी जातियों में ताम्रयुग एक ही समय आरम्भ नहीं हुआ। अमेरिका की सभ्य जातियाँ इनका, अजेतक और मय १६वीं सदी ईसवी ताम्र और पित्तल युग में थीं। पिछली शताब्दी तक आदिम आस्ट्रेलियन धातु का प्रयोग नहीं जानते थे। उनके डेरों के आसपास सोने के डले पड़े रहते थे, किन्तु वह उनको छूते भी न थे। पीतल का आविष्कार १५०० ई०पू० में हुआ, किन्तु उसी वक्त सारी दुनिया उसका इस्तेमाल नहीं करने लगी। यह बात ६०० ई०पू० के आसपास आविष्कृत लोहे के बारे में जाननी चाहिये।

दासता-युग में पीतल और लोहे का आविष्कार नहीं हुआ था, जहाँ तक कि सभ्यता में आगे बढ़ी मिस्र, मेसोपोटामिया और सिन्धु की जातियों का सम्बन्ध है। इसलिये इस युग में हथियारों की धातु में कोई खास परिवर्तन नहीं मालूम होता; हाँ, धातु की कारीगरी, तीक्ष्णता आदि में परिवर्तन जरूर हुआ होगा।

३. सम्पत्ति

दासता-युग वस्तुतः पितृसत्ता और सामन्तवादी युग की संधि है, पहले के बारे में ऐतिहासिक सामग्री का इतना अभाव है कि उसे थोड़ी-सी कहावतों—खास-कर—यहूदियों की—तथा उसी स्थिति में मौजूद कुछ आधुनिक पिछड़ी जातियों के जीवन के सहारे चित्रित करने की कोशिश की गई है। किन्तु सामन्ती युग में पहुँचते ही हम अंधकार से प्रकाश में—मध्याह्न में नहीं अरुणोदयकाल में—आ जाते हैं। दासता-युग में सम्पत्ति के उत्पादन और उत्पादन के साधन पर एक वर्ग के स्वामित्व के बारे में कोई भारी परिवर्तन नहीं हुआ। पितृसत्ता-काल की भाँति अब भी सम्पत्ति पर पुरुष का अधिकार और उत्तराधिकार जारी रहा। पशु-पालन, कृषि, शिल्प, विनिमय धनागम के रास्ते रहे। सम्पत्ति वैयक्तिक थी और स्वामी उसका दान या विक्रय कर सकता था।

---

१. महाभारत, शान्तिपर्व २३४.

२. वही.

३. महाभारत, अनुशासनपर्व २.

४. शिल्प और व्यवसाय

वैसे खेती के लिये भी अधिक हाथों की जरूरत थी, लेकिन शिल्प को बढ़ाकर धन-अर्जन करने का खास उद्देश्य था जिसके लिये दास-प्रथा का प्रचार सबसे ज्यादा हुआ।

(क) हस्त-शिल्प—दासता-युग में कृषि और शिल्प, नगर और देहात का विभाग हुआ, यह हम कह आये हैं। सभी पुराने शिल्प पहले ही घर के लोग कर लिया करते थे, जैसा कि अब भी कितनी ही पिछड़ी जातियों में होता है; किन्तु अच्छी क़िस्म की वस्तुओं की ज्यादा माँग थी, इसलिये अंगूर से शराब जो पहले हर घर में बनती थी, अब उसके लिये विशेषज्ञ की जरूरत पड़ी। इन विशेषज्ञों की पूर्ति इस युग में कुछ तो पराजित या क्रीत दासों या उनकी संकर सन्तानों द्वारा पूरी की जाने लगी और कुछ स्वयं स्वामिवर्ग के लोग भी सीखकर करने लगे। यह बात भारत में खासकर पाई जाती है, जहाँ सामन्तवादी युग में शिल्पी जातियाँ आमतौर से पराजित दासों में से ज्यादा बनीं। आर्य यदि शुरू में कपड़ा सीने-बुनने तथा दूसरे पुरातन शिल्पों को करते भी थे, तो पीछे उन्हें छोड़ बैठे।

पितृसत्ता-युग के अन्त में जब पहले-पहल दास प्रथा का आरम्भ हुआ, उसी समय स्वामी और दास के अलग वर्ग बने, जिसके साथ पहला श्रम-विभाग हुआ—दास काम करने के लिये शोषित किये जाने के लिये था स्वामी शासन तथा शोषण करने के लिये। समाज में और आर्थिक प्रगति हुई, शिल्प बढ़े। अब दासता-युग में दूसरा श्रम विभाग हुआ, जिसमें खेती से शिल्प अलग कर दिया गया—कुछ लोग सिर्फ शिल्प को ही अपना व्यवसाय बनाने पर मजबूर हुए; यद्यपि गाँव में बसने पर कभी-कभी तो थोड़ी-बहुत खेती भी कर लेते थे। भारत की बढ़ई, लुहार, कुम्हार, धोबी, हज्जाम आदि जातियाँ इसी श्रम-विभाग से अलग हुई थीं, जिन्होंने पीछे ब्याह शादी को भी एक पेशेवालों में ही सीमित करके अपने को एक अलग जाति में परिणत कर दिया। **तीसरा-महान्-श्रम-विभाग,** उत्पादन-कर्ता और उपभोग-कर्ता के बीच एक तीसरे बनिया वर्ग का काम यद्यपि इसी समय से शुरू हुआ था; किन्तु उसका अलग होकर एक खास पेशे वाले वर्ग के रूप में परिणत होना अगले सामन्तशाही युग में हुआ। यद्यपि दासता-युग में चीजों को खरीदने और बेचने की सारी जिम्मेवारी लेकर बैठा बनिया मौजूद न था, तो भी विनिमय जिस हद तक बढ़ चुका था, उससे शिल्प को बहुत प्रोत्साहन मिल रहा था।

(ख) वाणिज्य—जैसा कि हमने कहा, वाणिज्य अभी एक अलग वर्ग का पेशा नहीं बना था, बल्कि हर एक शिल्पी स्वयं अपने सौदे को फेरी करके या हाट-मेले के स्थान पर दूसरी आवश्यक चीजों को कच्चे माल या मुद्रा की भाँति काम करनेवाली धातुओं से बदलता था। इस वाणिज्य में निर्जीव पदार्थ तथा विक्रेय पशु ही नहीं, बल्कि दास-दासी भी शामिल थे। चाहे मुद्रा न भी हो, तो भी वस्तुएँ सूद पर दी जाती थीं और सूद मुद्रा की जगह वस्तु की दर पर निर्धारित होता था—अनाज को सवाये-डेढ़े पर छः महीने के लिये देना अभी भी भारत के बहुत-से हिस्सों में प्रचलित है।

५. वर्ग और वर्ग संघर्ष

दासता और शोषण के स्थापित हो जाने के साथ शोषण, शोषित वर्ग स्थापित हो गये, यह बतला चुके हैं और यह भी कि पितृसत्ता के स्थापित होने के बाद पुराना वर्गहीन समाज खत्म हो गया और उसकी जगह वर्ग-युक्त समाज स्थापित हो गया। सामाजिक वर्ग क्या है?—

"कितने ही ऐसे व्यक्तियों का समुदाय, जो कि उत्पादन में एक ही जैसा काम करते हैं, उत्पादन-क्रिया में दूसरे व्यक्तियों के साथ एक तरह का सम्बन्ध रखते हैं। इन सम्बन्धों को वस्तु (मेहनत के उपकरण) के रूप में भी व्यक्त किया जा सकता है।"

धनी-दरिद्र, दास-स्वामी, शासक-शासित ये वर्ग अलग-अलग थे, इनके स्वार्थ अलग-अलग थे, इसीलिये इनमें संघर्ष होना जरूरी था, यद्यपि वह संघर्ष सदा उग्र रूप धारण किये नहीं होता था, क्योंकि वैयक्तिक सम्पत्ति ने दरिद्रों, शासितों और शोषितों में भी तारतम्य पैदा कर उन्हें अपने सम्मिलित शत्रु से मुकाबला करने के योग्य नहीं रहने दिया था। दास के प्रति तो दूसरों की सहानुभूति ही नहीं थी, क्योंकि वह पराई—अधिकांशतः शत्रु-जाति के आदमी होते थे। यद्यपि सभी शोषित, शासित, दरिद्र एक राय होकर विरोधी वर्ग से मुकाबला नहीं करते थे, किन्तु जुल्म की सीमा पार कर जाने पर वह अलग-अलग युद्ध जरूर छेड़ते थे और राज्य-शक्ति की ओर से उन्हें इस अपराध के लिए कड़े दंड भी दिये जाते थे।

वर्गों की सीमा उस समय सीधी नहीं, बहुत ही टेढ़ी थी, जिसके कारण सारी जनता फिर शोषक और शोषित इन्हीं दो वर्गों में होकर नहीं लड़ सकती थी। इसलिए अपने श्रम से यद्यपि वर्ग समाज को समृद्ध बनाता जा रहा था, किन्तु उसकी अपनी दशा अधिक बिगड़ती तथा संख्या अधिक बढ़ती ही जाती थी।

दासता-युग और सामन्तशाही-युग के दासों और स्वामियों के बीच के वर्ग-संघर्ष एक तरह के थे, जिसके बारे में हम अगले प्रकरण में कहेंगे।

६. राज्य शासन

इस युग के राज्य-शासन के मुख्य कर्तव्यों में था, दासों को नियन्त्रण में रखना; क्योंकि वहाँ राजसत्ता दासी के मालिकों के हाथ में थी। दासों और स्वामियों के अतिरिक्त 'स्वतन्त्र' व्यक्तियों की संख्या भी काफी थी, जिनका प्रभाव भी कम नहीं होता था; किन्तु वैयक्तिक सम्पत्ति ने धनियों की शक्ति इतना बढ़ा दी थी कि उनके यह 'छुटभैये' अमीरों को अपने ऊपर वैसे ही मानने लगे थे, जैसे कि समाज में उन्हें दासों से ऊपर माना जाता था। जिस तरह दासता-युग पितृसत्ताक युग का विकसित रूप था, उसी तरह दासता-युग की सरकार भी पितृसत्ताक सरकार के ही ढाँचे पर आगे बढ़ी थी। अभी तक व्यक्ति का पूर्णरूपेण एकाधिपत्य नहीं कायम हुआ था और शासन उच्च-वर्ग के हित के लिए हुए छुटभैयों की बिल्कुल उपेक्षा नहीं करता था, बल्कि प्रभु-वर्ग धार्मिक, सामाजिक सम्मेलनों में उनको सम्मानित करके उनके अभिमान को बढ़ा दासों से उन्हें अलग रखने का प्रयत्न करता था।

७. धर्म

दासता-युग से धर्म में सामन्त-युग से कोई खास अन्तर नहीं पड़ा, इसलिए इसके बारे में भी आगे कहेंगे। यहाँ यही समझ लेना चाहिए कि 'धारणाद् धर्ममित्याहुः' (धारण करने से उसे धर्म कहा!) यह बिलकुल ठीक है। धर्म चलायमान, प्रगतिशील समाज को धर (पकड़) कर रखना चाहता है। दासतायुग में उसकी कोशिश यही रही कि प्रभुता शाही वर्ग के स्वार्थ को चलायमान समाज कहीं रौंद न दे, स्वामियों के 'अधिकार' पर दास कहीं लालच-भरी निगाह न दौड़ायें।

■

पंचम अध्याय

सभ्य मानव-समाज (२)

(ख) सामन्तवादी युग

जब समाज परस्पर-विरोधी स्वार्थोंवाले वर्गों में विभक्त हो गया और समाज के शासन की बागडोर या राज्य धनिक वर्ग के हाथ में चला गया, तो दीन-हीन दासों और निर्धनों को काबू में रखने का प्रबन्ध तो हो गया, किन्तु सभी धनी जमातों का स्वार्थ भी एक-सा नहीं था। वे अलग-अलग भौगोलिक प्रदेशों में बँटे हुए थे, जिनमें विजय और पर-धन अपहरण के लिये युद्ध बराबर चलता रहा था। लड़नेवाले गिरोह अब जन-युग की छोटी-छोटी टुकड़ियाँ न थीं, बल्कि पड़ोसी शत्रु के सैन्यदल के अनुसार हर एक राज्य को अपनी लड़ने की शक्ति बढ़ानी पड़ती थी। पहले जहाँ हर एक सिपाही अपना सेनानायक था, अपने साधारण हथियारों से स्वयं अपने दाव-पेंच चला सकता था, वैसे ही जैसे एक सेलवाले प्राणी के शरीर को हर तरह की हरकत की सुविधा होती है। किन्तु अब जब कि सेना की संख्या सैकड़ों नहीं हजारों पहुँच गई, हथियार भी ज्यादा शक्तिशाली और ज्यादा महँगे इस्तेमाल होने लगे; ऐसी हालत में सैनिकों में ज्यादा संगठन, हथियार इस्तेमाल करने की ज्यादा शिक्षा और सामूहिक की आवश्यकता थी। ज्यादा समझदार, ज्यादा बहादुर, ज्यादा तजरबेकार आदमी ही इस काम को कर सकता था। पितृ-सत्ता ने ऐसे नेताओं की शिक्षा की पाठशाला का काम किया। पितरों में से जो इन गुणों को प्रदर्शित करते, उनके लिये आगे बढ़ने का पूरा मौका था, क्योंकि 'जिमि प्रतिलाभ लोभ अधिकाई' नये-नये युद्धों का हरवक्त अवसर दे रही थी। उस वक्त भी इस मनोवृत्ति का उदाहरण बुद्ध के सम-सामयिक एक राजा की कहानी से मालूम होता है। बुद्ध के शिष्य राष्ट्रपाल ने कुरु (मेरठ कमिश्नरी) के राजा कौरव्य से पूछा—[१]

"तुम्हारा एक श्रद्धेय विश्वासपात्र पुरुष पूर्व दिशा से आकर कहे—'महाराज, मैं पूर्व दिशा से आया हूँ। वहाँ मैंने बहुत समृद्ध, बहुत जनोंवाला, मनुष्यों से भरा देश देखा। वहाँ ढेर-के-ढेर हाथी, घोड़े, रथ, पैदल (सैनिक) हैं। वहाँ बहुत (हाथी के) दाँत और मृग के (कीमती) चमड़े हैं, वहाँ बहुत-सा प्राकृतिक और बना हुआ सोना है। वहाँ स्त्रियाँ बहुत सुलभ हैं। वह (देश आपकी) इतनी सेना से जीता जा सकता है। जीतिये महाराज! तो क्या करोगे?

"—उसे भी जीतकर मैं राज्य करूँगा।"

राजा कौरव्य का यह वचन सामन्त-युग के तृप्त होनेवाले लोभ का एक अच्छा उदाहरण है। चाहे किसी देश के साथ दुश्मनी भी न हो, चाहे वहाँ के लोगों ने कोई अनहित न किया हो, किन्तु यदि उसके पास धन है, सोना है, स्त्रियाँ हैं तो देश में दुश्मन को बुलाने के लिए काफी हैं।

---

१. रट्ठपाल-सुत्त (मज्झिमनिकाय, पृष्ठ—२४२).

जन-युग में भी लड़ाइयाँ होती थीं, किन्तु वह प्राय: सारे समाज के लाभ के लिये, स्वरक्षा या बदला लेने के लिये होती थीं। उसमें वैयक्तिक लोभ की गंध न होती थी। वह राजा कौरव्य की भाँति सिर्फ पराये धन और स्त्री के लालच से नहीं होती थी। वैयक्तिक सम्पत्ति ने पीढ़ियों तक जो स्वार्थ का पाठ पढ़ाया, उसके कारण अब लोकनायक लोभान्ध हो गये थे। लोभ की पूर्ति जिससे हो, वही उनके लिए न्याय था। इन युद्धों में विजय प्राप्त करने वाले सेनानायकों की ख्याति भी नहीं बढ़ती थी; बल्कि अपनी वैयक्तिक सम्पत्ति, अपने शासन अधिकार को बढ़ाने का उन्हें बहुत मौका मिलता था। यही सेनानायक सामन्त अब शासन-सूत्र के कर्णधार बनते थे। यही आगे चलकर अपने जीवन भर के लिये या संतान के लिये भी शासन-दंड को हाथ में लेकर राजतन्त्र कायम करने में सफल हुए। पुराने मिस्र, मेसोपोटामिया और सिन्धु की सभ्यताओं में पितृसत्ता, दासता के वक्त के नायकों को हम राजतन्त्र स्थापित करते देखते हैं। किन्तु पीछे की भारतीय, यूनानी (और शायद ईरानी) सभ्यताओं में उसे कभी राजतन्त्र और कभी प्रजातन्त्र में भी विकसित होते पाते हैं। भारत में पंजाब और उत्तर-प्रदेश तथा बिहार के सीमान्त के प्रजातन्त्रों (गणों) का हम जिक्र कर चुके हैं। यदि भारत में पुरानी और लगातार आती रहने वाली जातियों के मिश्रण से, वर्ग भेद की गुत्थी ज्यादा पेचीदा न हो गई होती, तो गणों की परम्परा इतनी विस्मृत न हो जाती, जितनी की आज हम उसे देख रहे हैं।

सामन्तवाद यहाँ विस्तृत अर्थ में लिया गया है और इसमें पूँजीवाद युग के पहले के वे प्रजातन्त्र दोनों शामिल हैं जो धनिक शोषण-वर्ग के हित के लिये देश की राजनीतिक और सैनिक शक्ति को राज्य के नाम से इस्तेमाल करते थे।

इसी सामन्तशाही युग की प्रशंसा करने में प्रतिगामी लेखक विशेषकर धर्मानुयायी लोग थकते नहीं। यही उनके लिये सतयुग और सुवर्ण-युग था। आज भी इसका स्मरण करके वे लम्बी साँस लेते हैं—"हाय वह हमारा सतयुग! हाय वह हमारा सुवर्ण युग!"

इस युग में संस्कृति का विकास हुआ और पिछले युगों की तुलना करने पर विकास की गति भी बहुत तीव्र रही। ऐसा क्यों होता है? जीवन अब सिर्फ अपनी आवश्यकताओं के जमा करने में ही खर्च नहीं होता था। अब इन कामों के करने के लिये दासों और कमकरों की फौज मजबूत थी। सामन्त-युग ने ही बल्कि यह प्रथा चलाई कि भद्र जन के लिये अपने हाथ से काम करना अच्छा नहीं। जीवन की आवश्यकताओं की चिन्ता दूर होने से, अब कितने ही मनुष्य साहित्य, कला और दर्शन के विकास में अपने समय और श्रम को लगा सकते थे। स्वयं भूखे या नारकीय यातनाओं को सह, जनता के अधिकांश भाग—लाखों दासों और कमकरों—द्वारा उत्पादित धन का उपयोग करते हुए ही श्रम-मुक्त व्यक्तियों ने साहित्य, कला और दर्शन का निर्माण किया। किन्तु उन्होंने अपनी कृतियों में प्राय: उन्हें भुलाया और सामन्तों तथा प्रभुओं को प्रसन्न और अमर करने की ओर ही सबसे अधिक ध्यान दिया। मिस्र की कला का आरम्भ वहाँ के शासकों की आत्मा और शरीर को अमर करने के लिये हुआ। यही सामन्त जब कालान्तर में देवता बन गये, तो उनके लिये धार्मिक कला का विस्तृत निर्माण हुआ। सामन्तवादी काल की सर्वोच्च कलाओं के नमूने वास्तविकता को दिखलाने तथा समाज को प्रगतिशील बनाने के लिये नहीं थे, उनका प्रयोजन था समाज की समस्याओं को भुलवाने, समाज के भीतर वर्ग-स्वार्थ के कारण होते सामाजिक अन्यायों और अत्याचारों की ओर से आँख मुँदवाने तथा वास्तविकता से ध्यान को हटा काल्पनिक लोक में विचरण करने के लिये।

यदि कोई कलाकार, कोई साहित्य-निर्माता, कोई दार्शनिक इससे उलटा गया, तो वह अपवाद था और ऐसों की कृतियाँ बहुत कुछ लुप्त और विस्मृत कर दी गईं। सच तो यह है कि सामन्त-युग की कला का नायक सामन्त और उसका वर्ग था और उसके पीछे सामन्तशाही स्वार्थ की रक्षा का ख्याल काम करता रहा।

(१) भिन्न-भिन्न देशों में सामन्तवाद

(१) **मिस्त्र**—मिस्त्र के इतिहास को देखने से पता लगता है, पहले कबीलों के **पितर** अपने अधिकारों को बढ़ा शक्तिशाली **सामन्त** शासक बन बैठे। इसके बाद धर्म के द्वारा लोगों का ध्यान इस लोक से हटा परलोक की ओर, स्वामियों और सामन्तों के शोषण तथा अन्याय से हटा देवताओं के न्याय और वरदानों की ओर लगाया जाने लगा। इस काल (२५०० ई०पू०) में थेबिस के पुरोहित-राजाओं का प्रभाव बहुत बढ़ा। इसके बाद देश के भीतर और बाहर की अवस्था, बढ़ती हुई जनसंख्या और लोभ ने युद्ध और विजय की ओर ध्यान खींचा। थेबिस के पुरोहित सेना संचालन नहीं कर सकते थे, इसलिए उनकी प्रभुता को हटाकर सेना-संचालक प्रधान और राजा बन बैठे।

आरम्भिक मिस्त्री समाज में देव-मानुष तथा बुद्धि के चमत्कार का मिश्रण पाया जाता है। समाज पर राजा का प्राधान्य था, जिसे देवता का अंश, देव-सन्तान माना जाता था। राजा और कुछ थोड़े से सरदार सारी भूमि के स्वामी थे। अधिकांश जनता दास और कमिया [१] (कम्मी या कमीन) थी। दोनों के बीचवाला मध्यम-वर्ग शक्ति और संख्या दोनों में नगण्य-सा था। इससे पहले पुरोहितों के शासन में पुरोहितों और उनके सहायक शस्त्रधारी योद्धाओं का बोलबाला था। साधारण जनता—किसान, मल्लाह, लुहार-बढ़ई, बनिया और दास—की अवस्था बेहतर न थी। 'पीड़ित जनता अत्याचार सहते-सहते आजिज आ जाती है, तो विद्रोह कर बैठती है।' कभी-कभी कोई धार्मिक नेता भविष्यवक्ता पीड़ितों के पक्ष में हल्की-सी आवाज उठाता। कभी-कभी कोई धर्मात्मा कहलानेवाला राजा भी ऐसा पाया जाता, जो पिता-पुत्र के भावों को प्रजा के सम्बन्ध में प्रकट करता है। स्नेफ्रू मिस्त्र का एक ऐसा ही राजा था, जो २७२०-२५६० ई०पू० के आसपास मौजूद था। वह भूखों में रोटी, नंगों में कपड़ा बाँटता था। कमियों (कमीनों) को उसने राज्य के अफसर बनाये। पुराना लेख कहता है कि उसने दुर्बल को नहीं सताया और अनाथों को अपने से भय खाने नहीं दिया। ग्रामीण जनता का वह हितैषी था।

इतना होने पर भी स्नेफ्रू के समय वैयक्तिक सम्पत्ति को जैसे-तैसे बढ़ाने का लोभ कितना बढ़ा हुआ था, यह उसके इन शब्दों से मालूम होता है—"(उनके) हृदय निर्लज्ज हैं, हर एक अपने पड़ोसी की चीज को लूटना चाहता है······सत्कर्मी आदमी बच नहीं रहे हैं, संसार में वही अधिक हैं, जो बुराई करते हैं।"

इस युग में मिस्त्र की प्राय: सारी जनता गाँवों में बसती थी। व्यापार बहुत थोड़ा था। नील की बाढ़ और खेतों के कर तथा बँटवारे के लिये मिस्त्रियों को अंकगणित और रेखागणित की जरूरत पड़ी और 'जरूरत आविष्कार की माँ होती है।' जिस तरह दुनिया की दूसरी सभ्य जातियाँ और कितनी ही बातों के लिए मिस्त्र सभ्यता की ऋणी हैं, उसी तरह अंकगणित के लिये भी उसके आभारी हैं। मिस्त्र ने ही पहले-पहल अक्षरों—चित्र-लिपि—का आविष्कार

---

१. Serf.

किया। देवताओं और धर्म के निर्माण में भी वह पहले थी। पहली अवस्था में मनुष्य के लिये माँ-बाप तथा समाज की संगति से, उनसे सुनकर उनकी क्रियाओं को देखकर शिक्षा प्राप्त करना पर्याप्त था। किन्तु ज़ब ज्ञान-भंडार ज्यादा बढ़ा और वह सभी एक व्यक्ति के बस की बात न रही, तो सुन-सुनाकर शिक्षा प्राप्त करके विकसित होते समाज की जरूरतें पूरी न हो सकती थीं। इसलिये शिक्षा का बाकायदा प्रबन्ध करना पड़ा था और चलने, खाने, पकड़ने के लिये जो संकेत उन अंगों के हिलाने से हो सकते थे, उन्हें लेकर चित्र-कला के विकास से फायदा उठा, अपने भाव को प्रकट करने के लिए चित्र-लिपि का आविष्कार किया गया। चीनी-लिपि भी चित्र-लिपि से ही प्रारम्भ हुई थी, किन्तु आगे उसके रूप में इतना परिवर्तन होता गया कि चीन की वर्तमान लिपि में—जो अब भी वर्ण-लिपि या ध्वनि-अनुकरण की लिपि न होकर संकेत लिपि ही बनी हुई है—उन चित्रों को पहचानना मुश्किल है। मिस्र में शिक्षा का जो प्रबन्ध था, उससे शासक और पुरोहित वर्ग ही फायदा उठा सकता था। मुमकिन है चित्र-लिपि के होने से, आरम्भ में काफी लोग उसे समझ लेते हों, किन्तु समय बीतने के साथ प्रकट किये जाने वाले भावों की संख्या बढ़ी, जिसके कारण लिपि और जटिल होती गई; और जिसके ही कारण उसका समझना सर्व साधारण के लिये सरल न रह गया। मिस्री पुरोहित भी अपने आजकल के सवर्गियों की भाँति अपनी शिक्षा या ज्ञान को लोगों में प्रकाश के लिये नहीं, बल्कि अकसर अन्धकार, अज्ञान और मिथ्याविश्वास फैलाने के लिये इस्तेमाल करते थे; जिसमें कि समाज पर उनका पूरा काबू रहे, उनके हलवे-मांडे में कोई टोटा न पड़े।

प्राचीन मिस्री सामन्तवादी समाज भौतिक सुख को ठोस और वास्तविक सुख मानता था, इसलिये यद्यपि पुरोहित वर्ग अपने दिमाग की उड़ान से लोगों को हैरान करने तथा संसार के अन्यायों को नजर से ओझल करने के लिये भविष्य-जीवन का सब्ज-बाग दिखलाता था, तो भी फैसला अभी एकतरफा नहीं होता था। शायद एकतरफा फैसले—सिर्फ परलोक के लिए जीने, परलोक ही के लिये मरने—की बात को सुनने के लिये अभी समाज तैयार भी न था। मिस्री धर्म में आमोद-प्रमोद का प्रबन्ध होता था, नशा और शराब खूब पी जाती थी, संगीत और नृत्य की ओर बहुत शौक। समय बिताने के लिये गोटी या मुहरे से खेले जानेवाले कुछ साधारण खेल भी लोग खूब खेलते थे। नील की उपत्यका में अतिवृष्टि और अनावृष्टि का बहुत कम डर था। जनता के भरण-पोषण के लिये खेती, पशु-पालन काफी था। दलितों और शोषितों को दबा रखने के लिये सिपाहियों की जरूरत थी, किन्तु ऊपर का वर्ग धीरे-धीरे सुख का इतना आदी हो गया था कि सैनिकों के मार-काटवाले जीवन को पसन्द न करता था जिसके लिये शासकों ने भाड़े पर—वैतनिक—सैनिक नौकर रखे थे और वह पीछे इतने शक्तिशाली हो गये कि उन्होंने थेबा (थेबिस) वाले पुरोहितों के शासन का अन्त कर दिया।

मिस्री समाज में वर्ग-संस्था का आपस में जो टक्कर थी, उसका समय-समय पर विस्फोट होना स्वाभाविक था। डेलब्रुईक[१] ने एक पुराने मिस्री लेख को उद्धृत किया है, जिससे मालूम होता है कि एक बार दासों ने तंग आकर बगावत कर दी और उन्होंने शासन-यन्त्र पर अधिकार कर लिया। उसके बाद तीन सदियों तक शासक-वर्ग अपने 'दैवी-अधिकार' से वंचित रहा। जनता की ओर से इस तरह के प्रयत्न अतीत काल में जब-जब हुए, तब-तब उन्हें सत्ताधारियों और पुरोहित वर्ग ने धर्म-विरोधी, ईश्वराज्ञा-विरोधी, नीच कर्म कहकर

---

१. Delbuich.

बदनाम किया और तलवार के बल पर दबाया। तारीफ यह कि समाज में परिवर्तन चाहनेवाले भी अकसर धर्म-ईश्वर के नाम पर ही वैसा करना चाहते थे। लोदी और सूर शासनकाल (पंद्रहवीं-सोलहवीं सदी) में जौनपुर के मेहदी ने उस समय की शहंशाहत और सामन्तशाही के खिलाफ एक तरह के साम्यवाद का प्रचार करना शुरू किया। दबे-कुचले हुए वर्ग में उसका असर बढ़ने लगा। जब शाही फौज के हजारों सिपाही भी मेहदी के असर में आ गये, तो बादशाह को घबराहट हुई। जिसे वह एक छोटा-सा मजहबी फिर्का समझ रहा था, उसमें उसे खतरे की बू आने लगी। उसने मेहदी को बुलवाया। चालीस कदम दूर से ही जमीन पर दुहरा झुककर सिज्दा या कोरनिश बजाने की जगह मेहदी सीधा बादशाह के पास चला और हाथ मिलाने (मुसाफा) के लिये उसने शाह के हाथ में अपना हाथ दे दिया। मेहदी आखिर मनुष्य-मनुष्य को बराबर समझता था और उन्हें आर्थिक तौर से भी बराबर करना चाहता था। मजहबवालों के ही हथियार को इस्तेमाल करते हुए उसने घोषणा की थी कि मैं अन्तिम पैगम्बर मेहदी हूँ; खुदा की तरफ से भेजा गया हूँ कि झूठ को हटाकर दुनिया में सच—समानता—का राज्य कायम करूँ। बादशाह ने मेहदी के खिलाफ कुफ्र का फतवा लेने की बड़ी कोशिश की, किन्तु मेहदी की धार्मिक मोर्चाबन्दी तथा शाही दरबार के मुल्लों के साथ जिस तरह टुकड़े-खोर जैसा बर्ताव होता था, उसे कुफ्र का फतवा तो नहीं मिल सका; किन्तु शोषक-शासक वर्ग एक हद तक ही दिखावे की कोशिश करता है, जब पर्दा करने का मौका नहीं रहता, तो उसे नंगा होते भी देर नहीं लगती। मेहदी और उसके अनुयायियों को किस तरह निर्दयता से कत्ल किया गया, इस पर यहाँ अधिक लिखने की जरूरत नहीं। शायद मेहदी के कुछ अनुयायियों (मेहदियाई) अब भी भारत में हैं, किन्तु इस तरह के दूसरे प्रयत्नों तथा कुर्बानियों को जैसे दूसरी जगह इस्तेमाल किया गया, उसी तरह वे भी मेहदी की करामातों को फिर्का चलाने में इस्तेमाल करते हैं।

मिस्री समाज में उस वक्त आन्तरिक विरोध थे, जिन्हें पाँच किस्मों में बाँटा जा सकता है—(१) उच्च वर्ग का कर्तव्य क्या है और उसे कैसा पूरा करना चाहिये, इसे बतलाकर जनता को अधीन होने से रोका जाता था; (२) समाज के भीतरी असन्तोष और विद्रोह की गूँज मिस्री लेखों से स्पष्ट देखी जाती है। (३) शासकों, अधिकारियों के लिये नियमों की पाबन्दी पर जोर उनकी लूट-खसोट को जाहिर करती है। (४) आदर्श राजा और शासक के लिए की गई भविष्यद्वाणियाँ तत्कालीन शासकों की निन्दा और सतर्क करने के लिये की जाती थीं। (५) समाज को परिवर्तन से बचाने के लिए जो धर्म-आचार बनाये और प्रचार किये जाते थे, उसका मतलब था वर्ग-स्वार्थ को अक्षुण्ण रखना तथा बढ़ते हुए वर्ग-विद्वेष की रोक-थाम करना।

(२) भारत—हिन्दी भारत के सामन्तकाल पर भी यदि हम नजर डालें तो यही बातें यहाँ भी पाई जायेंगी। यहाँ भी मन और दूसरे धर्म शास्त्रकारों ने राजा-प्रजा के कर्तव्य पर खूब कलम दौड़ाई है और गौर से देखने पर वहाँ राजा और शासन-वर्ग के अधिकारों को पूरा करने के लिए अपने श्रम और जीवन का सबसे बड़ा भाग देना जहाँ साधारण जनता का कर्तव्य था, वहाँ उनके अधिकारों की तालिका में परजन्म और परलोक में पाई जाने वाली चीजें ही ज्यादा हैं। समाज की असमानता को लीपा-पोती और आकर्षक व्याख्या से ढाँकने की कोशिश की गई है। समाज को शरीर और भिन्न-भिन्न वर्गों को उसका अंग बतलाकर इस वर्ग-विद्वेष को नरम करने की कोशिश में ही वेदों का पुरुष सूक्त लिखा गया—"ब्राह्मण (पुरोहित) इस (समाज-शरीर) का मुख है, राजन्य (शासक या सामन्त वर्ग) भुजाएँ हैं; व्यापारी उसकी जाँघें हैं और

शूद्र उसके पैर।"[१] जैसे पीछे के ग्रंथों ने 'स्वधर्म में मरना ठीक' कहकर इसी ढाँचे को मजबूत करना चाहा।

आर्यों और अनार्यों में, कौन शासक हो इसका फैसला पंजाब में ही कर डाला गया था। गंगा-तट पर पहुँचते-पहुँचते आर्य भिन्न जातियाँ लड़ाई को फजूल समझ हथियार प्राय: रख चुकी थीं और विजेता के स्वार्थ और आदेश के अनुसार जीवन बिताने के लिये मजबूत हुई थीं। गंगा-उपत्यका के समृद्ध जीवन से साधारण जनता को उतना लाभ नहीं था; उससे सबसे अधिक लाभ सांसारिक शासकों (क्षत्रियों) और दैविक शासकों (ब्राह्मणों) को था। दैविक शासक या पुरोहित (ब्राह्मण) वर्ग तो बल्कि गंगा की उर्वर भूमि की उपज थी। यहाँ आर्यों के दो भागों—ब्राह्मण-क्षत्रियों—का विभाग हुआ और यही ब्रह्म और क्षत्र शक्तियों के विरोधों स्वार्थों में स्थायी सुलह कराने का प्रयत्न (और तीन साढ़े तीन हजार वर्षों के लिये) सफल हुआ। भारतीय पुरोहित (ब्राह्मण) वर्ग भोग-शून्य जीवन बिताता था, वह बिल्कुल गलत बात है। वेद, उपनिषद् और बुद्ध के कालों में से किसी साहित्य को उठाकर देखिये, कहीं वशिष्ठ और विश्वामित्र को राज सेवाओं के उपलक्ष्य में भारी-भारी दक्षिणाएँ या परिवार सहित सुखमय जीवन बिताते देखेंगे, कहीं याज्ञवल्क्य को जनक की हजार-हजार सुनहले रुपहले खुरोंवाली गायों की दक्षिणा में हँकवा ले जाने तथा अपनी सम्पत्ति को अपनी दोनों स्त्रियों में बाँटने का ख्याल जाहिर करते देखेंगे बुद्ध के वक्त ब्राह्मण कितने 'भोग-लेन्य' जीवन बिता रहे थे, इसके लिये त्रिपटिक में आये आप[२] चूँकि, सोणदंठ, कुटदन्त की धन सम्पत्ति को पढ़कर देखें। ब्राह्मणों के तत्कालीन और पुराने स्वार्थ के बारे में बुद्ध ने एक जगह कहा है[३]—

"राजा की सम्पत्ति—अलंकृत स्त्रियों, उत्तम घोड़े-जुते सुन्दर चित्र विचित्र सूई के कामवाले रथों, अनेक खंड कोठोंवाले मकानों को देखकर उन (ब्राह्मणों) के झुंड में पानी भर आया। ब्राह्मणों का लोभ हुआ कि उनके पास भी गायों का झुंड हो, सुन्दर स्त्रियों का समूह और मानुष भोग हों, वेद-मंत्र रचकर ईक्ष्वाकु राजा के पास गये—'तू बहुत धन धान्यवाला है, तेरे पास बहुत वित्त है, यज्ञ कर।'····राजा ने ····अश्वमेध, पुरुषमेध,[४] वाजपेय, निरर्गल (सर्वमेध) में से एक-एक यज्ञ करके ब्राह्मणों को धन दिया, उत्तम घोड़े जुते सुन्दर, रथों, अनेक खंड और कोठेवाले मकानों को नाना धन-धान्य से भरकर दान किया···। ब्राह्मणों की तृष्णा और बढ़ी। वह मंच रचकर इक्ष्वाकु के पास गये—'जैसे पानी, पृथ्वी, हिरण्य, धन, धान्य हैं ऐसे ही गायें मनुष्य के लिये हैं, उपभोग वस्तु है···यज्ञ कर।' तब ब्राह्मणों से प्रेरित होकर राजा ने अनेक सौ हजार गायें यज्ञ में मारीं।"

दूसरे देशों में भी शासक-वर्ग ने पुरोहित-वर्ग से समझौता कर अपने भोगों का कुछ भाग उन्हें दान-दक्षिणा के तौर पर दिया और यह वस्तुत: शोषकों को निर्विरोध तथा धर्मानुमोदित तौर पर जारी रखने के लिये रिश्वत से बढ़कर कोई चीज न थी; लेकिन भारत का समझौता बहुत गहरा था। यहाँ पुरोहित को भोग-सम्पत्ति ही उदारता-पूर्वक नहीं दी गई; बल्कि समाज

---

१. "स्वधर्मे निधनं श्रेय: परधर्मो भयावह:"

२. देखो मेरी 'बुद्धचर्या' पृष्ठ—२२२, २३२, २४१, ब्राह्मण धम्मियसुत्त (सुत्त निपात २।७).

३. देखो 'बुद्धचर्या' पृष्ठ—३६५.

४. मनुष्य की बलिवाला यज्ञ.

में राजा तथा शासक-सैनिक (क्षत्रिय), वर्ग ने अपने को ब्राह्मणों से नीचे रख उन्हें भारी सम्मान दिया।

(३) बाबुल—बाबुल के शासकों में सबसे पुराना, जिसका नाम मालूम हो सका है, वह हम्मूराबी (लगभग १९०० ई०पू०) या 'बड़ा चाचा' है। हम्मूराबी का धर्म-शास्त्र शायद दुनिया का सबसे पुराना धर्मशास्त्र है। इसकी एक प्रति १९०२ ई० में सूसा (ईरान) की खुदाई में मिली। जिस पत्थर के चारों ओर ३६०० पंक्तियों में लेख खुदा हुआ है, वह आठ फीट ऊँचा है पत्थर का घेरा नीचे सात फीट है, किन्तु ऊपर इससे कुछ कम। यह लेख आज कल लूभ्र (पेरिस) के संग्रहालय में रखा हुआ है। लेख का कुछ भाग घिस गया है, किंतु उसका कुछ हिस्सा निनेवे की प्रतिलिपि में मिला है।

हम्बूराबी जानता था कि दलित-शोषित वर्ग की सहिष्णुता भी एक सीमा रखती है और शोषक-वर्ग का हित इसी में है कि वह उस सीमा का उल्लंघन न करे। बाबुल के शोषक, शोषित दोनों करीब-करीब एक ही जाति, धर्म और रंग के थे, इसलिये इन सवालों को उठाकर वर्ग-विद्वेष के असली कारण को छिपाना आसान था। इसलिये हम्मूराबी ने व्यवस्था दी[१]—"यदि किसी आदमी ने एक उच्चवर्गीय व्यक्ति की आँख फोड़ी है, तो उसकी भी आँख निकलवानी होगी।"

लेकिन न्याय सबके लिये एक न था। "यदि एक आदमी ने एक गरीब आदमी की आँख फोड़ी हो तो उसे चाँदी का एक मीना दंड देना होगा।" "यदि एक राजगीर ने एक आदमी के लिये मकान बनाया, लेकिन उसे मजबूत नहीं बनाया और उसके गिर जाने से घर के मालिक की मौत हो गई, तो राजगीर को मृत्यु-दंड होना चाहिये।" लेकिन यदि घर के गिरने से एक दास मरा है, तो राजगीर मालिक को एक दास लाकर दे। यदि घर के गिरने से बेटा मरा हो, तो राजगीर के एक बेटे को प्राण-दंड होगा।

हम्मूराबी के विधान में वर्गहित का बहुत ध्यान रखा गया है। दास-दासी उस वक्त जंगम सम्पत्ति थे; इसलिये विधान ने भागे हुए दास को शरण देने के लिये भारी दंड की व्यवस्था की थी। हम्मूराबी के सामने सम्पत्ति पहले और मानवता पीछे आती थी।

(४) चीन—(क) कन्फ्यूशियस (५५१-४७८ ई० पू०) चीनी सामन्तवाद का सबसे जबर्दस्त पोषक था, इसीलिये चीन, कोरिया, जापान तीनों मुल्कों के पोषक-शासक-वर्ग ने उसकी शिक्षाओं को आज तक बहुत ऊँचा स्थान दे रखा है। कन्फ्यूशियस समाज में व्यवस्था का जबर्दस्त हिमायती था; और उसकी व्यवस्था ऐसी है, जिसमें प्रगति के लिये गुंजाइश नहीं। कन्फ्यूशियस के समय के चीन के शासक (अमीर), शिक्षित और किसान तीन वर्ग थे, जिनमें आज की अपेक्षा भी किसानों की संख्या सबसे अधिक थी। कन्फ्यूशियस ने किसानों को अज्ञान में रख उन्हें स्वार्थी और लोभी मालिकों का अन्धानुसरण करने के लिये अपनी शिक्षा से प्रोत्साहित किया। पूर्वजों की पूजा पर कन्फ्यूशियस की शिक्षा बहुत जोर देती है, जिसका मतलब यह है, कि आदमी भविष्य की ओर से आँख मूँदकर भूतकाल का मुँह देखता रहे।

(ख) मो-ती (४८०-४०० ई० पू०) कन्फ्यूशियस का ज्येष्ठ समकालीन चीनी विचारक था। उसने समाज के पारम्परिक विरोध को साफ देखा और उसके लिये हल भी पेश किया;

---

१. The Code of Hammurabi, Section 196 F.R. Harder, Chicago University Press. 1904.

किन्तु वह सामन्तवादी वर्ग-स्वार्थ के खिलाफ था, इसलिये मो-ती की शिक्षा को देश में ही भुला देने की कोशिश की गई; फिर बाहरी दुनिया तक उसके पहुँचने की तो बात दूर ठहरी। मो-ती समाज के आंतरिक विरोध को कन्फ्यूशियस की तरह स्वाभाविक मानकर लीपा-पोती करना नहीं चाहता था और लाउ-त्जू (६०० ई०पू०) की भाँति सामन्तवाद से पीछे लौटकर फिर प्राकृतिक उसके आन्तरिक जीवन में जाने की शिक्षा देता था। उसने मानव समाज के दुःखों और उसके आंतरिक विरोधों के कारण को जानना चाहा। वह युद्ध, लोभ और दुराचार का विरोधी था, जो कि उस समय के सामन्तवादी समाज में पीछे के सामन्तवादी चीन से कम न थे। सामाजिक व्यवस्थाओं के बारे में मो-ती का कहना था, कि वह मनुष्य की आवश्यकताओं के लिए है। वह कंफ्यूशियस की भाँति हर व्यवस्था को पूजा की चीज मानता था।

(५) यूनान—सामन्तवादी युग में लिपि भाषा, साहित्य, कला सबका विकास हुआ; किन्तु उनसे उस वक्त के समाज की अधिकांश जनता की वास्तविक अवस्था पर सीधे तौर से बहुत कम प्रकाश पड़ता है। शासक-वर्ग सर्वशक्तिमान् था और वह नहीं चाहता था कि उसके अन्याय का नग्न-चित्र खींचा जाये। लेकिन अप्रत्यक्ष रूप से हम उस वक्त की अवस्था के बारे में काफी जान सकते हैं। इस विषय में खासकर उनकी कृतियाँ हमारे लिये ज्यादा सहायक होती हैं, जिन्होंने शासक-समाज के स्वार्थ को, देश-काल दोनों में दूर तक सोचकर, क्रांति और विद्रोह से बचाने के लिये सुधार करने की कोशिश की।

सभी हिन्दी-यूरोपीय भाषाभाषी जातियों की भाँति यूनानी कबीले और जनों को स्वतन्त्रता के बहुत पक्षपाती थे। इसलिये पितृसत्ता की अवस्था से आगे बढ़ने पर उन्होंने पंजाब और बिहार के गणतंत्रों की भाँति, अपने-अपने प्रदेश में एक-एक कबीले के प्रजातंत्र कायम किये; हेल्ला (यूनानी जाति) के लिये कुछ जनतंत्रता जरूर थी। कृषि और व्यापार के कारण यूनानी प्रजातंत्री नगर बहुत समृद्ध थे; किन्तु समृद्धि से मतलब सारे समाज की समृद्धि न थी धनी-गरीब, दास-स्वामी का भेद वहाँ जबर्दस्त था और वस्तुतः व्यक्तियों की समृद्धि उन्हीं दासों और दरिद्रों के श्रम की उपज थी। इस दरिद्रता इस असमानता से हेल्लों से जो असंतोष बढ़ रहा था, उसके दूर करने के लिये लाईमर्गस (९वीं सदी ई० पू०) ने सलाह दी कि सभी बच्चे एक समान राज्य के अधिकार में होने चाहिये। उनकी शिक्षा-दीक्षा का भार व्यक्ति पर नहीं राज्य पर होना चाहिये। दार्शनिक अनाक्सिमान्दर[१], कवि थेवजनिस ने भी लाईकर्गस के इन विचारों का पिछली शताब्दियों में समर्थन किया, किन्तु जहाँ, वैयक्तिक सम्पत्ति ने समाज के ढाँचे को अपनी मुट्ठी में कर लिया हो, वहाँ बच्चों की शिक्षा-दीक्षा और परवरिश में साम्यवाद चल कैसे सकता था।

(क) सोलोन—सोलोन के समय (मृत्यु ५५९ ई०पू०) तक समाज के आन्तरिक विरोध इतने बढ़ गये थे कि उस स्वतन्त्र-चेता हेल्लों से सामाजिक विद्रोह का भय होने लगा। हरिश्चन्द्र की कथा में हम सुनते हैं कि कर्ज देने वाले के हाथ वह स्वयं बिक गये थे। सोलोन के समय में भी अपने ऋण को न दे सकता था, उसे महाजन ऋण में अपना दास बना सकता था। सोलोन ने इस प्रथा का अन्त किया। वैयक्तिक सम्पत्ति की वृद्धि के साथ दरिद्रों की संख्या बढ़ती जा रही थी और लोगों के खेत महाजनों के हाथ में बिकते जा रहे थे। सोलोन ने देखा, यदि यह अवस्था जारी रही और दीन-निराश्रितों की संख्या इतनी ही तेजी से बढ़ती गई तो

---

१. Anaximander, Theognes.

"मरता क्या न करता" की कहावत जरूर चरितार्थ होगी। सोलोन ने कानून बनाया कि एक व्यक्ति के पास इतने से अधिक भूमि नहीं हो सकती। सोलोन ने ढाई हजार वर्ष पहले जो विधान बनाया था, वह यद्यपि सुधार के लिये—क्रांति को रोकने के वास्ते—था, तो भी आज के कितने ही तथाकथित जनतन्त्रवादी देशों के शासकों के लिये वह खासा क्रांतिकारी जान पड़ेगा। इससे यह भी सिद्ध होता है कि ढाई हजार वर्ष पहले के एथेन्स में राज्य शक्ति ने जनता पर इतना काबू नहीं कर पाया था, जितना की आज के इंग्लैण्ड, संयुक्तराष्ट्र अमरीका जैसे देशों की पूँजीवादी सरकारों ने कर पाया है।

(ख) सुकरात (४६९-३९९ ई०पू०)—सोलोन के सुधारों का कुछ असर जनता पर जरूर पड़ा होगा, किन्तु वह स्थायी नहीं हो सका, क्योंकि वैयक्तिक सम्पत्ति सारी कठिनाइयों की जड़ थी। लेकिन वह (वैयक्तिक संपत्ति) उस वक्त के सामाजिक उत्पादन के बढ़ाने के लिये—समाज को अगली अवस्था तक ले जाने के लिये—जरूरी थी। सोलोन के सुधार सामाजिक व्याधि को जड़मूल से दूर करने के लिये तो थे नहीं, इसलिये वह रोग फिर जोर पकड़ता जा रहा था। सुकरात के विचार दर्शन में ही नहीं सामाजिक व्यवस्था के सम्बन्ध में भी कुछ इतने आगे बढ़े हुए थे कि शासन वर्ग उसे सह नहीं सकता था। उसको सुकरात के विचारों में सामाजिक क्रान्ति की गंध मालूम होती थी, जो यदि उसके शिष्य अफलातून के लेखों के आस-पास ही थे, तो वस्तुतः उतनी दूर नहीं जाते थे; तो भी शासकवर्ग उसके विचारों से कितना भयभीत था, यह तो उसे विष देकर मारने से ही मालूम हो जाता है। सुकरात पर दोष लगाया गया था, कि वह तरुणों को बिगाड़ता है और देवताओं (धर्म) के विरुद्ध प्रचार करता है। आज भी सामाजिक विषमता को हटाकर, सुखी-समृद्ध समाज बनाने के लिये जो लोग कुछ कहते-लिखते हैं, उनके साथ शासक वर्ग का बर्ताव सभी जगह एथेन्स के शासकों से बेहतर नहीं होता—खासकर फासिस्ट पूँजीवादी शासकों ने तो इस विषय में नरभक्षक समाज की क्रूरता को भी मात कर दिया था।

(ग) अफलातून (४२७-३४७ ई०पू०) का काल्पनिक प्रजातंत्र—अफलातून पर अपने गुरु सुकरात की दार्शनिक शिक्षा का नहीं, उसके सामाजिक विचारों तथा शासकवर्ग के सुकरात के प्रति किये गये व्यवहार का भी भारी असर हुआ था। सुकरात ने स्वयं कोई पुस्तक नहीं लिख छोड़ी। उसके विचार दूसरों के ग्रन्थों—खासकर अफलातून के ग्रन्थों—से लिये गये हैं। अफलातून ने देखा कि एथेन्स का शासन भीतर से सड़ा और अन्यायपूर्ण है; साथ ही उसने यह भी देखा कि एथेन्स के शासक जनता के वोट से चुने जाते हैं। उसने शासक-वर्ग के साथ ही जनसत्ताक प्रणाली को भी निन्दनीय ठहराया। अफलातून को पृथ्वी के प्रजातंत्र और उसके शासन से कोई आशा न थी, इसके लिये धरती पर पैर रखे हुए किसी न्याय-शासन की योजना के बनाने की जगह उसने अपने दर्शन की ही भाँति आकाश में उड़ना चाहा। अफलातून के दर्शन में दो दुनियाएँ थीं—एक क्षण-क्षण परिवर्तनशील भौतिक दुनिया, दूसरी नित्य एकरस दुनिया, जो कि भौतिक दुनिया के परे है। ऐसी दुनिया सिर्फ खयाल की ही दुनिया हो सकती है और इसीलिये अफलातून ने उसे विज्ञानमय दुनिया कहा भी।

अफलातून ने सामाजिक आदर्श रखते वक्त भी अपनी उसी खयाली नित्य दुनिया की ओर ध्यान रखा, इसीलिये समाज की बुराइयों के कारण और समाज के भीतर उसकी दवा ढूँढ़ने की जगह उसने उन्हें खयाल में ढूँढ़ना शुरू किया। उसने लौकिक समाज को हटाकर एक आदर्श समाज कायम करने की योजना पेश की। उसके आदर्श-समाज में तीन वर्ग थे,

शासक या सच्चे संरक्षक, योद्धा या शासन सहायक और शिल्पी—कृषि और हस्त-शिल्प के क़र्मी। अफलातून ने तीनों वर्गों को ब्राह्मणों के पुरुष सूक्त की भाँति शरीर के अंग के तौर पर पेश किया और बतलाया कि हर एक वर्ग को अपने-अपने कर्त्तव्य पर कायम रहना चाहिये। (१) साधारण जनता—शिल्पी वर्ग—को अपनी खेती और पेशे के काम रखना चाहिये। उसे बहुत पढ़ने-लिखने की जरूरत नहीं और न वोट तथा शासन-यन्त्र से कोई वास्ता। (२) योद्धाओं का कर्तव्य है, देश में शांति और व्यवस्था कायम रखना तथा विदेशी आक्रमणों का मुकाबला करना। जन-संख्या बढ़ने पर और भूमि की आवश्यकता होगी, इसके लिए आक्रमणात्मक और रक्षात्मक दोनों तरह के युद्ध आवश्यक हैं। योद्धा जिसमें अपने कर्तव्य को अच्छी तरह पूरा कर सकें, इसके लिये उनको अच्छी शिक्षा मिलनी चाहिये। किन्तु, शिक्षा वैसी हो जो उनके हाथों को हथियार उठाने में चतुर और मजबूत बनाये; उसके दिल को निर्भय और कितनी ही हद तक निर्दय बनाये। योद्धा को न शिल्प से कोई सरोकार होना चाहिये और न शासन से ही। अफलातून की व्यवस्था के अनुसार यह वर्ग समय-समय पर बदलते नहीं, बल्कि स्थिर होने चाहिये। तीसरी वर्ग में ऐसे खास व्यक्ति होंगे, जो अपने जन्म और शिक्षा के कारण ऐसी योग्यता रखें कि वह सभी के सच्चे संरक्षक और शासक हो सकें। वे कला और दर्शन के प्रेमी हों। स्वार्थी, शराबी, विलासी होना उनके लिये अयुक्त है। अहम्मन्यता का जीवन उनके लिये निषिद्ध है। अफलातून के मत के अनुसार यह संरक्ष-वर्ग ऐसा होना चाहिये, जो कि अपने देश की भलाई के लिये सदा तत्पर हो। राज्य के सुहित के विरुद्ध जो भी बात हो, वह उनके लिए घृणा की चीज हो।

जिन्हें संरक्षक बनना है, उनकी शिक्षा के लिये अफलातून ने एक खास योजना बनाई। पहले उन्हें साधारण शिक्षा मिलनी चाहिये। बीस साल की उम्र में, उन्हें एक साधारण शिक्षा की परीक्षा पास करनी होगी, जिसके बाद उन्हें विशेष शिक्षा में लगना होगा। विशेष शिक्षा में उनको और विषयों के अतिरिक्त अंकगणित, रेखागणित और ज्योतिषशास्त्र भी पढ़ने होंगे। १० वर्ष बाद ३० वर्ष की उम्र फिर एक परीक्षा देनी होगी; जिसमें उत्तीर्ण होने पर उन्हें पाँच साल तक पढ़ना होगा दर्शन—और दर्शन से मतलब अफलातून का अपने दर्शन का खास तौर से होगा; जिसमें कि भौतिक जगत को हेतु कह उससे परे खयाली (विज्ञानमय) जगत को ही सबसे अधिक प्रधानता दी गई है।

पैंतीस साल की उम्र में सार्वजनिक जीवन में दाखिल हो, उन्हें साधारण अधिकारी का दर्जा मिलेगा। वहाँ वह अपनी सैद्धांतिक शिखा के सम्बन्ध में तजरबे हासिल करेंगे और तरह-तरह के प्रलोभनों की कसौटी पर ठीक उतरने का अभ्यास करेंगे।

फिर नागरिक—अधिकारी होने की कई परीक्षाएँ उन्हें लगातार कई सालों तक देनी होंगी। अन्त में तीन तरह की अन्तिम परीक्षाएँ होंगी। पहली परीक्षा तर्क सम्बन्धी—उन्हें युक्तियों से सिद्ध करना होगा कि समाज की सेवा व्यक्ति—खासकर संरक्षक—के लिए सर्वश्रेष्ठ कर्तव्य है। दूसरी परीक्षा निर्भयता के सम्बन्ध में देनी होगी। वह इसलिये जरूरी है कि बिना पक्षपात के अपने सिद्धान्त को मजबूती से पकड़े जो अपने कर्त्तव्य को पालन करते हैं, उन्हें शक्तिशाली धनिक-उच्चवर्ग के हितों और अभिलाषाओं से सख्त मुकाबला करना पड़ता है। तीसरी परीक्षा शारीरिक सुख को लेकर होगी—शारीरिक सुखों की परवाह न कर कहाँ तक वह अपने कर्त्तव्यपथ पर डटे रहेंगे।

संरक्षक के पद पर पहुँच जाने के बाद भी "प्रभुता पाई काहि मद नाहीं" के अनुसार आदमी प्रलोभन का शिकार हो सकता है। इसके लिए अफलातून ने विधान किया कि कुछ मामूली चीजों के अतिरिक्त संरक्षकों के पास कोई वैयक्तिक सम्पत्ति नहीं होनी चाहिए। उनके पास वैयक्तिक घर नहीं होने चाहिए। सभी संरक्षकों को एक जगह रहना और खाना खाना होगा। उनको वेतन में एक निश्चित रकम मिलेगी, जो उससे ज्यादा नहीं, जितनी कि उन्हें अपने आवश्यक व्यय के लिए जरूरी है। उन्हें न सोना-चाँदी छूना होगा न सोने-चाँदी के आभूषण पहनने होंगे।[१] उनको शिक्षा देनी होगी कि वह स्वयं दिव्य सोने-चाँदी के बने हैं इसलिये उन्हें इस तुच्छ संसारी चाँदी-सोने के ठीकरों की जरूरत नहीं। अफलातून ने संरक्षकों के लिए कांचन को ही वर्जित नहीं किया, बल्कि यह भी नियम किया कि संरक्षकों के बच्चे और बीवियाँ भी वैयक्तिक न होंगी—अर्थात् उनके लिये यह यूथ-विवाह चलाना चाहता था। अपने शारीरिक सुख और भोग के लिए, अपने बच्चों, बीवियों, सम्बन्धियों के लिए, धन अर्जन करते हुए अफलातून के समय के प्रजातांत्रिक शासक जिस प्रकार रिश्वत, अन्याय और बेईमानी करते थे, उससे बचाने के लिये ही अफलातून ने यह नियम बनाया था।

अफलातून के सामने सबसे बड़ा सवाल यह था कि शासकों के चुनने और कितनी ही हद तक हटाने का अधिकार रखने वाले एथेन्स जैसे प्रजातन्त्र के नागरिक अपने को उस अधिकार से वंचित कर निम्न वर्गों में खुशी से जाने के लिये कैसे तैयार होंगे? अफलातून का उत्तर था—इसके लिये उन्हें शिक्षा देनी होगी और जनमत को अपने पक्ष में लाना होगा—उन्हें बतलाना होगा कि सारे नागरिक उसी धरती-माता की संतान हैं, इससे वह समझेंगे कि जन्मना सभी लोग साधारण प्राणी हैं। फिर बतलाना होगा कि धरती माता ने भिन्न-भिन्न वर्ग के व्यक्तियों को बनाने में भिन्न-भिन्न धातुओं—उपादानों—को इस्तेमाल किया है। जिन व्यक्तियों के बनाने में धरती माता ने सोना मिश्रित करके मिट्टी को इस्तेमाल किया है, उनमें शासन करने की शक्ति होती है, और इसलिए वह शासक बनते हैं। जिनके उत्पादन में चाँदी मिलाई गई है, यह **सहायक** या योद्धा बनते हैं; लेकिन साधारण जनता के बनाने में धरती माता ने सिर्फ लोहा और पीतल मिलाया है, इसलिये वह शिल्पी भर हो सकते हैं। जनता क्यों इस कहानी पर विश्वास कर निम्नतम-वर्ग में जाने के लिए तैयार होगी? इस प्रश्न के उत्तर में अफलातून का कहना था—बचपन में ही सोना, चाँदी, पीतल, लोहे की कहानी सुनाओ वह उस पर विश्वास करेंगे। अफलातून ने अपने समय के लोगों को धर्म और देवताओं के सम्बन्ध की बहुत-सी कहानियों पर विश्वास करते देखा था। वह समझता था कि वह विश्वास कहानियों के बचपन से सुनते रहने का परिणाम है—भारत में भी हम पंडितों और आधुनिक विज्ञान से परिचितों को भी धर्म के नाम पर गढ़ी गई कहानियों पर विश्वास करते तथा उनकी दार्शनिकता को साबित करते देखते हैं। प्रोपेगेंडा आज के ही युग की विशेषता नहीं है, दार्शनिक अफलातून भी इसकी झूठ को सच करने की ताकत को जानता था और यह जानकारी उसे अपने समय के एथेंन्स के रवैये को देखकर हुई थी।

---

१. संरक्षकों के आर्थिक साम्यवाद की बहुत-सी बातें बुद्ध के भिक्षु नियमों से मिलती हैं। बुद्ध ने भिक्षु के लिए 'सोना-चाँदी छूने का निषेध' किया था और हर तरह के व्यापार और रुपये-पैसे के व्यवहार को वर्जित ठहराया था। देखो मेरा 'विनयपिटक' (पृष्ठ—१९, ५०).

और कामों के साथ संरक्षकों का यह भी काम था, कि बच्चों को उनके धातु के अनुसार वर्गीकरण करें। अफलातून का मत था कि पीतल-लोहावाले माँ-बाप की सन्तानों में प्रतिभाशाली बच्चों के होने की सम्भावना है और सोनेवाले माँ-बाप की सन्तान प्रायः पीतल-लोहावाली होंगी। हिन्दुओं के चार वर्णों—ब्राह्मण, क्षत्रिय, वैश्य और शूद्र—से अफलातून की इस वर्ग-व्यवस्था में कुछ समानता थी, तो भी अफलातून की व्यवस्था अधिक उदार थी; क्योंकि अफलातून की वर्ग-व्यवस्था जन्मना न थी, इसलिये सन्तानों के लिये ऊपर नीचे के वर्ग में जाने का रास्ता था, यदि उनमें वैसी स्वयं जात प्रतिभा हो। अफलातून के संरक्षक ब्राह्मण की जगह थे, योद्धा क्षत्रिय और शिल्पी वैश्य दासों की हालत में परिवर्तन करने की उसने कोई आवश्यकता नहीं समझी, इसलिये वह उसकी वर्ग-व्यवस्था से बाहर सबसे निचले श्रेणी के मानव थे। बुद्धिबलहीन बच्चों को अफलातून फजूल का भार समझता था और मानता था कि योग्य व्यक्तियों की शक्ति और समय को इन भार जैसे व्यक्तियों के भरण-पोषण में लगाना, राष्ट्र की बड़ी हानि है। वह चाहता था कि बिना लोगों का ध्यान आकर्षित किये ऐसे बच्चों से पिंड छुड़ा लिया जाये।

अफलातून ने अत्यन्त दरिद्रता को अत्यन्त धनाढ्यता दोनों को बुरा बतलाया। उसका कहना था कि दरिद्रता आदमी को नीचता और बुराई सिखलाती है तथा धनाढ्यता विलासिता और व्यसन में डालती है। उसने अपने समय के धनिक वर्ग के बारे में लिखा है—"जब राज्य को सम्पत्ति के आधार पर स्थापित किया जाता है, तो अधिकार धनियों के हाथ में चला जाता है और दरिद्र उससे वंचित हो जाते हैं। रोजमर्रा के जीवन में धनी-गरीबों की उसी तरह परवाह नहीं करते, जिस तरह सुकर्म करने की; लेकिन जब संकट का समय आता है, उस वक्त वह गरीबों से घृणा नहीं करते। जब युद्ध आता है, तो धूप से जले उजड्ड गरीबों को धनी की पाँति में खड़ा होने दिया जाता है, और इस प्रकार वहाँ जनसत्ता दिखलाई जाती है। लेकिन युद्ध में गरीब आदमी धनी की अपेक्षा अच्छी तरह और देर तक लड़ सकता है, क्योंकि धनी ने कभी अपने चमड़े को धूप में जलने नहीं दिया और चर्बी को खूब बटोरकर शरीर पर जमाया है।" अफलातून ने यह भी कहा—"कितने ही आदमी इसलिए धनी हो गये हैं, क्योंकि किसी की हिम्मत नहीं कि उनसे धन को छीन ले।" दरिद्रता के कारण हैं—(१) उचित शिक्षा का अभाव, (२) बुरी शिक्षा या संगति और (३) अन्यायपूर्ण-सामाजिक नियम तथा अन्यायपूर्ण राज्य-विधान। उसने अपने आदर्श राज्य में हर एक व्यक्ति के लिये सम्पत्ति का एक कम-से-कम परिमाण नियत किया। व्यक्ति चाहे तो उसे चौगुना तक बढ़ा सके, किन्तु उसने आगे की सम्पत्ति को सौ सैकड़ा कर लगाकर ले लेना चाहिये। दाय-भाग के बारे में उसकी राय थी कि माँ-बाप को अपने बच्चों के लिए सम्पत्ति नहीं सम्मान छोड़ना चाहिए।

अफलातून जनसत्ताक शासन के खिलाफ था, क्योंकि एथेन्स के उसी जनसत्ताक-राज्य में उसने अपने गुरु को मारे जाते देखा था। यद्यपि वह समझता था कि वैयक्तिक सम्पत्ति शासकों को लोभी और न्याय-भ्रष्ट करने में भारी कारण है, किन्तु साथ ही उसको साधारण जनता की शासन-योग्यता पर विश्वास न था। वह समाज को व्यक्तियों का योग भर मानता था, और नहीं समझता था कि व्यक्ति का अकेला व्यवहार और समाज के बीच उसके एक अंग के रूप में किया व्यवहार एक-सा नहीं होता—अर्थात् व्यक्तियों के अलग-अलग निर्णय से उनके सामाजिक निर्णय में अन्तर हो सकता है। इसीलिये जनसत्ताक-शासन की जगह वह पितृसत्ताक-शासन स्थापित करना चाहता था—पितृसत्ताक काल से गुजरे यूनानियों को हजार

वर्ष से ऊपर हो गये थे, किन्तु मालूम होता है, उसकी कुछ स्मृतियाँ उस काल में मौजूद थीं।

(७) मध्यकालीन यूरोप—मध्यकालीन यूरोप में ईसाई पुरोहितों का बोल-बाला था। अब उनकी वह मनोवृत्ति न थी, जो ईसा की मृत्यु के बाद ही रोम में पहुँच गरीबों और उत्पीड़ितों की सहानुभूति के रूप में शुरू-शुरू में देखी जाती थी। तेरहवीं सदी ईसवी में सारे यूरोप में सामन्तवाद का पृष्ठपोषक बन ईसाई-धर्म एक बहुत जबर्दस्त शक्ति बन चुका था। धार्मिक क्षेत्र में गरीबों की पूछ न थी, वहाँ चारों ओर धनिकों का प्रभाव था। रोम के पतन के समय ईसाइयत धन को धिक्कारती थी और गरीबी को हटाने की चीज बतलाती थी; किन्तु आखिर दरिद्रता भी भगवान की देन थी, शायद उसमें भी उसने कोई भलाई सोच रखी हो। गरीबों को भीख देना, सो भी पुण्य के लिये, अब इतना ही भर इस ओर उसका प्रयत्न रह गया था।

इस समय की सामन्तवादी व्यवस्था में समाज का ढाँचा प्रधानतया खेती पर आधारित था। समाज के तीन भाग थे—सामन्त या अमीर, पादरी और किसान। सामन्त शासक और सेनानायक थे तथा भूमि के स्वामी भी अधिकतर यही थे। पुरोहित या तो सामन्तों की प्रजा थे, अथवा मठ की भूमि के स्वामी (महंथ) के तौर पर स्वयं भी सामन्त थे। किसान सबसे निचला वर्ग था जिसका काम था किसी तरह चमड़े-हड्डी को इकट्ठा रख, मर-मर के मेहनत कर सामन्तों और पादरियों को पोसता। उनकी सेवा करता। किसान अमीरों को घृणा की निगाह से देखते थे, किन्तु वह अधिकतर दिल मसोसने ही भर के लिये। शक्तिशाली मनुष्य और देवता दोनों के सम्मिलित बल के विरुद्ध अपनी आवाज उठाने की उनको हिम्मत न होती थी। किसान सामन्तों के अर्द्ध-दास थे। उनकी इज्जत-जानमाल सभी सामन्तों की खुशी पर बचे रह सकते थे। किसानों के अतिरिक्त एक छोटी-सी तादाद बनियों और कारीगरों की थी, जिन्होंने अपने व्यवसाय संबंधी भीतरी और बाहरी झगड़ों के निबटारे के लिये अपनी पंचायतें कायम कर रखी थीं। सामन्तों के अत्याचार से बचने के लिये यह वर्ग एक जगह छोड़ दूसरी जगह जा सकता था; क्योंकि उसके श्रम को हर जगह माँग थी और वह खेतों के साथ बँधे नहीं थे।

एक तरफ भव्य प्रासाद, ऊँचे गिरजों और मठों के भीतर रहनेवाली धनी सामन्त और समृद्ध महन्थ थे, दूसरी ओर काम से पिसे जाते गरीब। यह असमानताएँ और तकलीफें ऐसी न थीं कि सोचनेवालों का ध्यान अपनी ओर न आकर्षित करतीं; खासकर सदा परोपकार और दया की बात करने वाले ईसाई साधुओं में सभी इस गरीबी की आँख बचाकर निकल जाने की कोशिश नहीं कर सकते थे। सन्त फ्रान्सिस असीसी (११८२-१२२६ ई०) जैसे कुछ साधुओं ने मठ के अपेक्षाकृत निश्चित और सुखी जीवन को छोड़ गरीबों जैसी जिन्दगी का व्रत लिया। यद्यपि ऐसों की संख्या अँगुलियों पर गिनने लायक थी, किन्तु इससे ईसाई धर्म को एक फायदा हुआ—साधारण लोग विलासी महन्थों को देखकर, जो धर्म के प्रति उदासीन होते जा रहे थे, उनकी आस्था फिर उस पर जमने लगी।

ग्यारहवीं सदी से आगे की कितनी ही सदियाँ ईसाइयों और मुसलमानों के धार्मिक युद्धों का समय था। इसके लिये ईसाइयों ने अपने पवित्र तीर्थ को मुसलमानों ने छीनने के लिये यूरोप से कितनी ही मुहिमें येरूशलम भेजीं। इन सलेवी युद्धों के कारण ईसाइयों का दूसरे देशों से सम्बन्ध हुआ। उधर मुसलमानों ने भी बगदाद के खलीफा तथा स्पेन-विजय के बाद वहाँ के विश्वविद्यालयों में प्राचीन यूनानी दर्शनों का अनुवाद तथा अध्ययन शुरू किया, जिससे स्वतन्त्र चिन्तन की प्रवृत्ति बढ़ी। ईसाई दार्शनिक टामस अक्विना (१२२५-१२७४ ई०) इसी काल में

हुआ था। उसने यूनानी दार्शनिकों—खासकर अरस्तू के दर्शन—को अपनाकर ईसाइयों में एक नई चिन्तनधारा पैदा की; किन्तु इसका मुख्य प्रयोजन यूनानियों की स्वतंत्र प्रतिभा का प्रचार करना नहीं था, बल्कि यूनानी दर्शन की बारीकियों को ईसाइयत की सेवा में लगा लोगों की श्रद्धा को बढ़ाना। शासकों और शासितों के पारस्परिक विद्वेष की ओर से वह आँख नहीं मूँद सकता था, इसीलिये अक्विना को इस संबंध में कुछ कहना जरूरी था। अरस्तू की भाँति अक्विना का भी कहना था, "मनुष्य स्वभावत: एक सामाजिक पशु है; और उसे भगवान ने समाज में ही रहने के लिये बनाया है, या कम से कम बिना समाज के मनुष्य सुखी जीवन नहीं बिता सकता। समाज सरकार के बिना असम्भव है, इसलिये सरकार (या शासन-तन्त्र) का होना जरूरी है। सिर्फ अपने आराम की जिन्दगी बिताना और धन को बढ़ाने की फिक्र में रहना लोभी और इन्द्रिय-परायण आदमी को ही अच्छा मालूम होता है।"

पन्द्रहवीं और सोलहवीं सदी में इंग्लैण्ड की गरीबी का जो चित्र टामस मोर ने अपनी **उटोपिया (आदर्शवादी स्वप्न)**[१] में दिया है, वह बड़ा ही हृदयद्रावक है। लेकिन उस समय के भारत से यदि उसकी तुलना की जाती, तो भारत उससे कितनी ही बातों में आगे बढ़ा ही मिलता। उस वक्त इंग्लैण्ड की अधिकांश जनता किसान थी, जिसमें बेकारी आम थी। दंड सख्त और भयंकर थे। चोरी के लिये भी मृत्यु दंड दिया जाता था (यह बुद्धकालीन भारत में भी पाया जाता था; यद्यपि मुसलमानी शासन में वह हाथ काटने के रूप में बदला जा चुका था)। उस वक्त के इंग्लैण्ड में यदि कोई एक रोटी चुराते पकड़ा जाता, तो उसे मृत्यु-दंड मिलता। ऐसे चोर के लिये रोटी चुराते वक्त सामने आये मालिक को भी मार देना ज्यादा फायदे की चीज थी, क्योंकि ऐसी हालत में एक खतरनाक गवाह का खात्मा तो हो जाता।

२. विकास-क्रम

भिन्न-भिन्न युगों में सामंतवादी समाज के स्वरूप पर हमने ऊपर कुछ प्रकाश डाला है। उससे पता लगेगा कि सामंतवादी समाज में गरीबों और अमीरों, शोषित और शोषक वर्गों की अवस्था में भारी अन्तर आ गया था। श्रमिक गरीब जनता के श्रम से यद्यपि इतना धन पैदा हो रहा था, जितना कि पहले कभी न हो सका था, किन्तु उनकी हालत और बुरी होती जा रही थी और शायद बर्दाश्त से बाहर हो जाती, यदि शोषक वर्ग ने शासक-यंत्र को (जो कि उनके अपने हित के लिये एक जबर्दस्त साधन था) और मजबूत न किया होता; धर्म ने। ईश्वर और परलोक का भय दिखलाकर गरीबों की हिम्मत को कमजोर न कर दिया होता, साथ ही श्रमिक वर्ग को भी अनेक हिस्सों में बाँट न दिया गया होता।

सामन्त पितृसत्ताक-समाज के शासक पितरों के विकसित रूप थे और पितृसत्ता से ही राजतंत्र तथा प्रजातंत्र दोनों प्रकार के शासकों का विकास हुआ, यह हम कह चुके हैं। वैयक्तिक सम्पत्ति रखने वाले प्रजातंत्रों के नेता धनी खानदान के थे। उनकी नींव जन-काल में पड़ चुकी थी और दासता-काल में उन्हें और शक्तिशाली बनाने का मौका मिला। यही सामंत थे, जो अगले युग के सर्वेसर्वा बने। प्रजातंत्रों में ऐसे खानदानों का पता एथेन्स, वैशाली[२], कपिलवस्तु[३] सभी जगह मिलता है। राजतंत्र का राजा, सभी सामन्तों के ऊपर जरूर है, किन्तु साथ ही वह

---

१. Utopia जिसका अस्तित्व नहीं है। यह पुस्तक १५१६ में प्रकाशित हुई थी.

२. वैशाली, जिला मुजफ्फरपुर.

३. कपिलवस्तु, जिला बस्ती.

खुद भी सबसे बड़ा सामन्त है। जापान का मिकादो अपने मुल्क का सबसे बड़ा जमींदार है। इंग्लैंड के राजा की जमींदारी में इलाके-के-इलाके हैं और पूँजीवाद के विकास से फायदा उठाते हुए बादशाहों ने बड़ी-बड़ी कम्पनियों और कारखानों से शेयर भी खरीद रखे हैं। आज के इन सामन्तवशेषों के देखने से हमें मालूम होता है कि वह अपने यहाँ के दूसरे सामन्त खानदानों या जमींदारों से, जहाँ तक वैयक्तिक सम्पत्ति का संबंध है, कोई अन्तर नहीं रखते। जापान और इंग्लैण्ड में पार्लियामेंट है, किन्तु जहाँ वहाँ के साधारण सभा के सदस्य चुनाव से आते हैं, वहाँ ऊपरी सभा (लार्ड-भवन) के सदस्य जन्मजात हैं और खानदानी हैसियत से शासन में भाग लेते हैं। यह अवस्था इन मुल्कों की अब है, अब कि वहाँ की पूँजीवाद का मध्याह्न है।

सामन्तवादी प्रजातन्त्र और राजतंत्र में अन्तर इतना ही था कि जहाँ प्रजातंत्र के सामन्तों को शासक बनने के लिये धन और खानदान के अतिरिक्त जनता की सम्मति—जो बहुत कुछ उक्त दोनों बातों से मिल सकती थी—की भी जरूरत पड़ती थी और सामन्त-वर्ग में समानता का बर्ताव रखना पड़ता था; वहाँ राजतन्त्र में एक सामन्त खानदान को सर्वोपरि मान लिया जाता था और उसके लिये वोट आदि का झगड़ा न था। चूँकि राजा स्वयं सबसे बड़ा सामन्त था, इसलिये सामन्त-वर्ग के अधिकारों को कोई खतरा न था और आवश्यकता पड़ने पर सभी सामन्तों की सम्मिलित शक्ति उसकी पीठ पर थी।

३. सम्पत्ति

वैयक्तिक सम्पत्ति की पवित्रता का खयाल इस युग में सर्वोच्च शिखर पर पहुँच गया था। यद्यपि वह पितृसत्ता और दासता-युग में आरम्भ हुई थी, किन्तु उस वक्त न वह उतनी प्राचीन हो पाई थी और न उसे धर्म और भगवान का आशीर्वाद मिला था। वैयक्तिक सम्पत्ति को इस पवित्र अधिकार का यह खयाल ही था; जिसके कारण कि चोरी को सबसे भारी (प्राण-दंड तक देने लायक) अपराध समझा गया था; किन्तु जब तक चोरी भी जननी गरीबी मौजूद है, तब तक वह बन्द कैसे हो सकती थी? इस बात को सामन्तवादी काल के विचारक भी अच्छी तरह समझते थे। बुद्ध ने इसके बारे में अपने खयाल को एक धर्मात्मा राजा की कथा में इस प्रकार कहा है—[१]

"...राजा ने...धार्मिक बातों की रक्षा (धर्मानुसार चलने) का प्रबन्ध तो कर दिया, किन्तु निर्धनों को धन नहीं दिया। उससे दरिद्रता और बढ़ गई...जिससे एक मनुष्य दूसरे की चीज चुराने लगा। चोर को पकड़कर लोग राजा के पास ले गये। राजा उस पुरुष से बोला—'क्या सचमुच तुमने दूसरों की चीज चुराई है?'

'हाँ, देव!'

'किस कारण से'

'देव, रोजी नहीं चलती थी।'

"...राजा ने उस पुरुष को धन दिलवाया—'हे पुरुष! इस धन से तुम अपनी रोजी चलाओ, माता-पिता को पालो, पुत्र-दारा को पोसो, अपने कार-बार को चलाओ...।"

---

१. दीर्घनिकाय ३। ३ (पृष्ठ—२३५).

"मनुष्यों ने सुना—'जो दूसरों की चीज चुराता है, उसे राजा धन दिलवाता है।' (यह) सुनकर मन में आया—'चलो , हम लोग भी दूसरों की चीज चुराएँ···।'

"राजा कहाँ तक धन दे। उसने सोचा—'यदि जो-जो चोरी करता जावे, उसे-उसे मैं धन दिलवाता रहूँ, तो चोरी बहुत बढ़ जायेगी। अतः मैं कड़ी चेतावनी देता दूँ और उसकी जड़ काटने के लिए इसके सिर को कटवा दूँ।'.

'राजा के आज्ञानुसार उसका सिर काट दिया गया। चोरों ने सोचा—'जो चोरी करते हैं, राजा···उनका सिर कटवा देता है···(इसलिए आओ) हम लोग भी तेज-तेज हथियार बनावें, (और) जिनकी चोरी करें, उनका सिर काट लें।' उन लोगों ने (इस तरह) तेज-तेज हथियार बनवाये और वह ग्राम-घात, नगर-घात करने लगे—रास्ते में यात्रियों को लूटने लगे। वे जिसकी चोरी करते, उसका सिर काट लेते···।'

यहाँ बुद्ध ने निर्धनता के हटाने का नुस्खा तो नहीं बतलाया; किन्तु उन्होंने यह साफ कह दिया कि कड़ी-से-कड़ी सजा भी निर्धनता के कारण को जानेवाली चोरी को रोक नहीं सकती, बल्कि वह चोरों के साथ हत्या को भी जोड़ देती है।

ई०पू० पाँचवीं-छठी सदी में इस वैयक्तिक सम्पत्ति के कारण जो बुराइयाँ हो गई थीं, उनमें से कुछ को बुद्ध ने इस प्रकार गिनाया है[१]—'तराजू की ठगी, बटखरे की ठगी, नाप की ठगी, रिश्वत, वंचना, कृतघ्नता, कुटिलता, छेदन, बध, बंधन, डाका, लूट और खून।'

४. वाणिज्य

दासता-युग में ही श्रम और औजार में जो विकास हुआ था; उससे बचने की चीजों का उत्पादन और विनिमय बढ़ने लगा था। सामन्त-युग ने जहाँ शासक, सैनिक अधिकारी दिये, वहाँ उत्पादकों और खरीददारों के बीच एक नये वर्ग—बनिया या व्यापारी वर्ग—को पैदा किया। दो उत्पादकों के अपने सौदे के विनिमय में कई दिक्कतें थीं। हर एक उत्पादक अपने सौदे को लेकर हाट में थोड़ी ही देर तक बैठा रह सकता था, आखिर उसे घर के और भी कामों को भी देखना था। हाट में बैठे वह कोई उत्पादन का काम नहीं कर सकता था, उलटे खाने का खर्च जैसे-तैसे चलाना पड़ता था। हाट में उत्पादक जिस चीज को बेचने लाया है, कोई ठीक नहीं है कि उसी दिन वहाँ उसका ग्राहक भी आयें। इसी तरह जिस चीज का ग्राहक आया हो, उसका उत्पादक भी अपना सौदा लेकर आया हो, इसका भी निश्चय नहीं। शायद इसीलिये विनिमय के लिये मनुष्य ने पहले-पहल हाट और मेले का रिवाज़ चलाया। उस वक्त उत्पादक और ग्राहक दोनों अधिक संख्या में तथा अनेक सौदों के साथ आते थे; इसलिये ज्यादा सम्भव था कि आदमी अपनी अपेक्षित चीजों को पायें। इन हाटों में कोई चीज महँगी और कोई चीज सस्ती थी—दो हाथ कपड़े (ऊनी) को देने पर आठ सेर मांस आ सकता था और जरा से ताँबे के डले के बदले में २० हाथ कपड़ा या दो मन मांस आ सकता था, जिसे उठाकर ले जाना आसान न था। इस तरह लोगों को महँगी धातुओं—ताँबा आदि—का हथियार बनाने के उपादान के अतिरिक्त एक और गुण भी मालूम हुआ। अब वह उन्हें सौदा लेने में सिक्के के तौर पर भी इस्तेमाल कर सकते थे। पहले धातु के सिक्के राजमुद्रा में अंकित नहीं

---

१. दीर्घनिकाय ३।७ (पृष्ठ—२६९).

बनते थे; बल्कि धातु के डले का वजन सिक्के का काम करता था। पीछे व्यापारियों और बाद में राज्य ने जनता को धोखे से बचाने तथा अपने भी उसमें से कुछ फायदा उठाने, व्यापार तथा लोगों के आर्थिक जीवन पर काबू रखने के लिये भिन्न-भिन्न वजन और आकार के धातु-खंड़ों को मुद्रा से छाप रुपये आदि के रूप में चलाया।

हाँ, तो जिस युग में बेचनेवाले और खरीदनेवाले—दोनों स्वयं उत्पादक थे और अपनी चीजें बाजार में लाते थे, उस वक्त उनको बहुत देर होती और दिक्कतें उठानी पड़ती थीं। मान लो एक गाँव के कई बेचनेवाले हाट से आये हैं, ग्राहक या विक्रेता नहीं मिल रहा है। सारे गाँव वाले वहाँ कई दिन तक इन्तजार करने की जगह यही पसंद करेंगे कि एक या दो आदमी सौदे की खरीद फरोख्त के लिये रह जाएँ। ऐसे आदमियों को कितने ही दिनों तक सौदा लेकर इन्तजार करने में उज्र न होगा, यदि उन्हें उन दिनों की कमाई का नुकसान न उठाना पड़े। इस तरह बनिया की उत्पत्ति हुई। उसने सभी उत्पादकों को हाट में बैठ कर इन्तजार करने से मुक्त कर दिया और लोगों के सौदे को इस शर्त पर बदल देने का जिम्मा लिया कि उसे अपनी जीविका की फिक्र से मुक्त कर दिया जाये।

बनिया के न होने पर दिक्कतें होती हैं, इसका एक उदाहरण लीजिये। काठमांडो (नेपाल) से ल्हासा (तिब्बत) जाने के रास्ते पर तिब्बती मजिस्ट्रेट के रहने का पहला स्थान जेनम (कुत्ती) है। बरसात शुरू होने से पहले के डेढ़-दो महीनों में कुत्ती की आबादी बहुत बढ़ जाती है। इधर से नेपाली किसान पीठ पर अपनी फसल की उपज—चावल, मक्की—की टोकरियों में लादे पाँच-पाँच, सात-सात दिन की मंजिल मारते कुत्ती पहुँचते हैं। उधर तिब्बती लोग पचासी चँवरी गायों (याकों) और हजारों भेड़ों पर मध्य-तिब्बत की सारी झीलों से नमक और सोडे तथा ऊन आदि लिये दो-दो तीन-तीन सप्ताह की यात्रा के बाद कुत्ती पहुँचते हैं। तिब्बती और नेपाली दोनों स्वयं-उत्पादित चीजों को बदलना चाहते हैं। नेपालियों को नमक, सोडा, ऊन की जरूरत होती है और तिब्बतियों को चावल, मक्की तथा कुछ और चीजों की। वैसे होता तो याकवालों को अपना सौदा लिये कितने दिनों और सप्ताहों बैठे रहना पड़ता और नेपालियों को भी उसी तरह अपने बदलने के चावल मक्की को खाते प्रतीक्षा करनी पड़ती। किन्तु उनकी इस दिक्कत को नेवार सौदागरों ने हल कर दिया है। नेवार तिब्बती नहीं, नेपाली हैं और हजार वर्ष से ऊपर से वह यह काम कर रहे हैं। तिब्बतियों का इस काम को हाथ में न लेना बतलाता है कि इस तदबीर से पहले-पहल फायदा नेवारों ने उठाया। नेवार नेपालियों के अनाज और तिब्बतियों के सौदे को भी ले लेते हैं और हर एक को उसकी आवश्यकता की चीजें दे देते हैं। हर एक चीजों को वह खरीद से अधिक दर से बेंचते हैं और इस प्रकार दोनों तरफ की चीजों पर नफा कमाते हैं। दोनों उत्पादक स्वयं मिलकर अपने चीजों को बदलते तो उन्हें चीजें सस्ती मिलतीं, यदि वह उसी भाव से बेचते जिसमें कि बनिये को उन्होंने दिया, किन्तु यह निश्चित नहीं। बनियों के आने से वहाँ की बाजार की दर—कम-से-कम और ज्यादा-से-ज्यादा—निश्चित है, फिर बनिया खरीदने में कम-से-कम दाम देना चाहता है, किन्तु यही बात किसानों और नमक ढोने वालों के बारे में नहीं कही जा सकती है। कुत्ती के नेवार व्यापारी यदि किसी कारण से हट जायें तो लोगों को अपने सौदे के बदलने में भारी दिक्कत, भारी खर्च और काम करने के दिनों का भारी नुकसान उठाना होगा।

ऊपर के उदाहरण से मालूम हो गया होगा कि सामन्त-युग ने इस बीच की श्रेणी—बनिये—को पैदा कर उत्पादक वर्ग के समय और श्रम की बहुत बचत की। व्यापारियों ने

पहले कुत्ती की भाँति एक स्थान पर बैठे दोनों ओर सौदा खरीदना और बेचना शुरू किया। फ़िर उन्होंने उत्पादकों के घर पहुँचकर घर से दूर जाने की दिक्कत से मुक्त करते हुए उनका सौदा खरीद लिया और उनके लिये आवश्यक सौदे की उन तक आसानी से पहुँचाने के लिये नजदीक से नजदीक जगह पर अपनी दूकानें खोलीं। फिर कारीगरों को उत्साहित करने के लिये पेशगी रुपंये देने शुरू किये और अन्त में उन्होंने अपनी तरफ से छोटे-छोटे कारखाने कायम कर शिल्पियों को वहाँ जमाकर विक्रेय वस्तुएँ भी तैयार करनी शुरू कर दीं।

बनियों ने जहाँ उत्पादकों को विक्रय की चिन्ता से मुक्त कर दिया, वहाँ उन्हें अपने अधीन भी कर लिया। बनिये उत्पादकों से ज्यादा होशियार थे; स्थान और स्वार्थ के एक होने के कारण संगठित रूप से बाजार-भाव, नाप-तोल में अपने इच्छानुसार घटी-बढ़ी कर सकते थे। इन बातों को जब सारा बाजार करता है, तब उसे बाजार-दर कह कर उचित ठहराया जाता है, किन्तु जब एक व्यक्ति करता है, तो उस ठगी का इलजाम लगता है, झगड़े होते हैं। इसी के कारण, राज्य ने नाप-तोल और सिक्कों का नियन्त्रण अपने हाथ में लिया।

बनिया-वर्ग ने जहाँ उत्पादित वस्तुओं को शीघ्रता से वितरण करने का जिम्मा लेकर उनकी उपज को तेजी से बढ़ाया, वहाँ उसने अच्छी चीजों की माँग बढ़ा शिल्प-चतुरी के मूल्य को भी बढ़ाया और साथ ही मनुष्यों की भारी तादाद को उत्पादक कामों में लगाया। यही काम थे, जिनके कारण बनिये ने अपने वर्ग के अस्तित्व को समाज के लिये अनिवार्य बना दिया। बनिया दोनों तरफ के श्रम को चुराता है, सौदे के उत्पादन में—कच्ची वस्तु का पक्की शकल स्वीकार करने में—उसका कोई श्रम नहीं लगता। इस प्रकार उसका पेशा जुआ-चोरी जैसा है, यह लोगों को मालूम था, तभी तो हम लोगों को मालूम था, तभी तो हम लोकोक्तियाँ सुनते हैं—

''जाणनहारा जाणिया बणिया तेरी बाण।
बिनछाणे लोई पिवे पाणी पीवे छाण।''

अथवा,

''उत्तम खेती मद्धिम बान।
अधम चाकरी भीख निदान॥''

इस तरह मालूम हुआ कि उत्पादक वर्ग जहाँ एक ओर बनिये की सहायता का मुहताज था, वहाँ वह उसे खून चूसनेवाला भी समझता था। खासकर बड़े-बड़े सेठों-साहूकारों के राजभवनों जैसे महलों राजभोगों जैसे भोग-ऐश्वर्य को देखकर वह अच्छी तरह समझते थे कि यह चीजें कहाँ से आईं। इस प्रकार उत्पादक वर्ग के दिल में उनके प्रति सहायता के लिये कृतज्ञता की अपेक्षा घृणा की मात्रा ही ज्यादा थी। किन्तु दूसरी ओर शासक सामन्त-वर्ग बनियों का सबसे मित्र था, क्योंकि वह जानता था कि राज्य की उथल-पुथल या क्रान्ति और शोषित वर्ग के शक्तिशाली बनने का उनके बाद सबसे विरोधी यदि कोई है, तो बनिया वर्ग है। बनिया यही नहीं कि खुद लड़ाई-झगड़े से कोसों दूर रहना चाहता है, बल्कि वह यह भी समझता है कि राजविराजी होते रहने पर व्यापार को सबसे ज्यादा धक्का लगता है। बनिया के लिये सामन्त का शासन ही अच्छा है, क्योंकि वह भी उसी की तरह उत्पादक श्रम में बिना हाथ लगाये हराम की कमाई पर मौज उड़ाता है।

छोटे-छोटे सामन्त राज्यों को विशाल राज्यों में परिवर्तित करने में बनियों का भी हाथ रहा है। हम छठी-सातवीं सदी ई०पू० में मगध (दक्षिण-बिहार) के सौदागरों को रावलपिंडी, भड़ोंच, तक्षशिला (रावलपिंडी), ताम्रलिप्ति (तमलुक, मेदिनीपुर) तक अपना सार्थ (कारवाँ) लेकर क्रय-विक्रय करते देखते हैं। बुद्ध के समसामयिक मगध के राजा बिम्बिसार (मृत्यु ४९१ ई०पू०) के समय राजगृह से तक्षशिला जानेवाले सार्थ को साकेत (अयोध्या), अहिच्छत्रा (रामनगर, बरेली), सागल (स्यालकोट) के रास्ते आमतौर से जाना पड़ता था, जिसके लिये मगध राज्य की सीमान्त चौकियों को पार करते ही उसे भल्लों के कितने ही छोटे-छोटे गणतंत्रों की सीमा और चुंगियों से गुजरना पड़ता था। फिर कोसल का बड़ा राज्य पड़ता था, जो शायद रामगंगा या आगे तक चला जाता था। पंचाल और कुरु के राज्यों को पार कर फिर पंजाब के मल्ल (सतलज और घग्घर बीच का प्रदेश), मद्र (रावी, चेनाब के बीच का प्रदेश) तथा दूसरे प्रजातंत्रों को पार करते कारवाँ गन्धारों के राज्य में पहुँचता था। व्यापारी अपने अनुभव से देखते थे कि कोशल के विशाल राज्य में उन्हें प्रवेश करते और निकलते वक्त ही चुंगी और राजनीतिक विभाग की ओर से परेशानी उठानी पड़ती है, किन्तु छोटे-छोटे प्रजातंत्रों और राज्यों में हर बीस-पचीस मील पर उन्हें इन दिक्कतों का सामना करना पड़ता था और हर सरदार तथा उसके अधिकारी को भेंट-पूजा देनी पड़ती। इन दिक्कतों से बचने के लिये व्यापारी यही चाहता था कि राजगृह से तक्षशिला, भड़ोंच तमलुक तक एक ही राज्य होता तो न चुंगी का झगड़ा रहेगा, न सिक्कों के हिसाब की गड़बड़ी। यदि सामन्तवाद खून पर निर्भर रहे-सहे जनसंगठन की जगह अनेक जनों और कबीलों को मिलाकर राज्य कायम भी करता, तो भी सामन्त स्वयं किसी जनके प्रतिनिधि होते थे, इसलिये वह अपने को उस पक्षपात से ऊपर नहीं उठा सकते थे, किन्तु व्यापारी इन सारे पक्षपातों से परे थे, व्यापार अन्तर्राज्यीय था, तो व्यापारियों की दृष्टि अन्तर्राज्यीय होनी ही चाहिए। वाणिज्य ने स्थल की सीमाओं को ही नहीं मिटाया, उसने समुद्र की सीमाओं को भी ढा दिया और सामुद्रिक जल जो पहले यातायात में बाधक था, उसे ही अपना साधक बना बड़े-बड़े जलपोतों द्वारा सस्ते और कम समय में चीजों का दूर-दूर (सुमात्रा, जावा, मेसोपोटामिया आदि) तक पहुँचाना शुरू किया। बौद्धों की जातक कहानियाँ ईसा पूर्व छठी-सातवीं सदी के भारतीय सामुद्रिक वाणिज्य पर काफी प्रकाश डालती हैं।

शासक व्यापारियों को अपना हितू समझते थे, क्योंकि जहाँ वह उनके शासन की चिरस्थिति चाहते थे, वहाँ उनकी आमदनी के जरिये भी थे। उस वक्त हर शासक की कोशिश होती थी कि उसके राज्य और राजधानी में बड़े-बड़े व्यापारी बसें, बाजार और व्यापार खूब बढ़े। बुद्ध का समकालीन कोसल-राजा प्रसेनजित् अपने बहनोई मगध के राजा बिम्बिसार के पास एक बार[१] खास इसी काम के लिये गया था कि वहाँ से एक बड़े व्यापारी को लाये। बिम्बिसार का राज्य (मगध) आगे बढ़ते हुए नन्द और मौर्य के साम्राज्य में परिवर्तित होने वाला था, जिसका ही यह पूर्व लक्षण था जो कि वहाँ जातीय जटिल, मेंडक, पूष्णक और काकबलिये जैसे भारी-भारी व्यापारी रहते थे। प्रसेनजित् के प्रार्थना करने पर राजा ने अपने व्यापारियों से पूछा और अन्त में बड़ी खुशी के साथ प्रसेनजित् को मेंडक श्रेष्ठी के पुत्र धनंजय

१. धट्ठपद-अष्ठकथा ४।८ और अंगुत्तरनिकाय-अट्ठकथा १।७।२ (देखो, 'बुद्धचर्या' पृष्ठ—१५२, ३२५).

श्रेष्ठी को लिये लौटते देखते हैं। साकेत (अयोध्या) पहुँचने पर कुछ सोचकर धनंजय ने राजा से पूछा[१]—

"यह किसका राज्य है?"

"मेरा, श्रेष्ठी।"

"यहाँ से श्रावस्ती कितनी दूर है?"

"यहाँ से सात योजन पर।"

"श्रावस्ती नगर के भीतर बहुत भीड़ होती है, हमारा परिजन (नौकर, चाकर) भारी है, यदि आज्ञा हो तो, देव, यहीं बसें।"

धनंजय व्यापारी था, वह समझता था कि घाघरा (सरयू) जैसी बड़ी नदी के किनारे तथा तक्षशिला के रास्ते पर बसना उसके लिये ज्यादा लाभप्रद होगा। श्रावस्ती राजधानी भी राप्ती नदी के किनारे थी, किन्तु राप्ती उतनी बड़ी और उतने गुंजान इलाके से नहीं जाती थी, दूसरे राजा के सामने भी वह हर वक़्त नहीं रहना चाहता था। व्यापार—उत्पादकों की बनाई वस्तुओं बदलने—से उस वक्त कितना फायदा होता था, यह धनंजय की कन्या विशाखा की शादी निम्न वर्णन से मालूम हो।[२]

"श्रावस्ती में मृगार श्रेष्ठी का पुत्र पूर्णवर्द्धन कुमार जवान था। उसके पिता ने ···समान जाति की कन्या खोजने के लिये···आदमियों को भेजा। वह श्रावस्ती में वैसी कन्या को न देख साकेत गये। उस दिन (धनंजय श्रेष्ठी की लड़की) विशाखा अपनी समवयस्का पाँच सौ सखियों के साथ उत्सव मनाने के लिये एक महावापी पर गई थी। वह पुरुष भी नगर के भीतर अपनी रुचि की कन्या न देख, बाहर नगर-द्वार पर खड़े थे। उसी समय पानी बरसना शुरू हुआ। तब विशाखा के साथ की कन्याएँ भीगने के डर से वेग से दौड़कर शाला में घुस गईं।···विशाखा मेघ बरसने की परवाह न कर, गन्दगति से भीगती हुई शाला में प्रविष्ट हुई···उसके रूप और वय से सन्तुष्ट हो और जानने के लिये उन पुरुषों ने विशाखा से पूछा—

'अम्म! तू बड़ी-बूढ़ी स्त्री की तरह मालूम होती है?'

'तातो! क्या देखकर (ऐसा) कहते हो?'

'तेरे साथ खेलनेवाली दूसरी कुमारियाँ भीगने के भय से जल्दी आकर शाला में घुस गईं और तू बुढ़िया की तरह चलना नहीं छोड़ती, साड़ी भीगने की भी परवाह नहीं करती?···'

'तातो! साड़ियाँ (मेरे लिये) दुर्लभ नहीं हैं, मेरे घर में साड़ियाँ बहुत हैं। तरुण स्त्री बिकाऊ बर्तन की तरह है। हाथ या पैर टूटने पर अंग-भंग स्त्री से लोग घृणा करते हैं!... इसीलिये धीरे-धीरे आई हूँ।'

'...(फिर) दासी-गण सहित घर गई।'

धनंजय के सामने विवाह का प्रस्ताव रखने पर उसने कहा—

'अच्छा, तातो! तुम्हारा श्रेष्ठी धन में हमसे थोड़ा ही असमान है, किन्तु जाति में बराबर है।···जाओ सेठ को हमारी स्वीकृति की बात कहो।'

---

१. बुद्धचर्या १५३.

२. बुद्धचर्या ३२६-३२८.

मृगार सेठ ने राजा प्रसेनजित् से प्रार्थना की—

देव! मेरे यहाँ एक मंगल काम है। आपके दास पुण्ड्रवर्धन के लिये धनंजय श्रेष्ठी की कन्या विशाखा को लाने जाना है, मुझे साकेत नगर जाने की इजाजत दें।

'अच्छा महाश्रेष्ठी! क्या हमें भी चलना है?'

'देव! तुम्हारे जैसों का जाना कहाँ मिल सकता है?'

राजा प्रसेनजित् श्रेष्ठी को खुश करने के लिये बारात में खुद चलने के लिये तैयार हो गया। इस सारी बारात का धनंजय ने स्वागत किया। चंद दिनों बाद राजा ने संदेश भेजा—

'देर तक श्रेष्ठी हमारा खर्च नहीं चला सकता, इसलिये कन्या की विदाई का समय ठीक करें।'

धनंजय को इस भारी 'फौजी' का खर्च चलाने में कोई दिक्कत नहीं हुई। सिर्फ ईंधन की कमी हुई, जिसके लिये उसने अपने हथसार, घोड़सार और गोसार उजड़वा दिये। विशाखा को पिता की ओर से जो चीजें मिली थीं, उनमें एक 'महालता' हार भी था, जिसकी कीमत के बारे में पाली में 'नौ करोड़ मूल्य और सौ हजार बनवाई' लिया है। 'नौ करोड़ ताँबे के पैसों (कार्षापणों) को भी लेने पर बहुत ज्यादा होता है। लेकिन साथ ही उसके दाम से विशाखा के मृगार-माता ने जिस पूर्वाराम मृगार माता-प्रासाद को बनवाया था, उसके दो तल्लों में प्रत्येक में पाँच-पाँच सौ कोठरियाँ थीं।'

इस कथा से सामन्त युग के वणिक-समाज की समृद्धि का पता लगता है और यह भी कि सामन्तों और व्यापारियों की आपस में बहुत घनिष्ठता थी। यह घनिष्ठता आगे भी वैसी ही रहती है, और मध्यकालीन हिन्दू भारत में श्रेष्ठियों और श्रेष्ठकुमार-कुमारियों का राजकुमार-राजकुमारियों की घनिष्ठ मित्रता तथा साथ खेलने आदि का जिक्र आता है।

वणिक्-समाज एक तो चाहता था कि राज्यों की सीमाएँ छोटी-छोटी न होकर बड़ी होवें, जिसमें अव्याहतगति से व्यापार हो सके, दूसरे वह युद्ध और क्रांति को पसन्द न करता था—भीतरी-बाहरी शान्ति उसे परम प्रिय थी। उत्पादन से सीधा सम्बन्ध न होने से प्राकृति शत्रुओं से संघर्ष करने की उसे जरूरत न थी और सब जगह सबसे वास्ता होने से वह झगड़ा नहीं, मधुर वचन और दब्बूपन से काम निकालने के तरीके को सीख गया था। भारत के वैश्य आज भी वैष्णव, जैन जैसे धर्मों में क्यों इतनी आस्था रखते हैं क्योंकि वह अपनी अहिंसा और शांति से उन्हीं के मन की बात करते हैं। बौद्ध धर्म की शांति ही थी, जिससे प्राचीनकाल में भारत के बड़े-बड़े व्यापारियों को अपनी ओर खींचा और चूँकि इनका व्यापार-सम्बन्ध भारत से बाहर भी था, इसलिये बौद्ध धर्म-प्रचारकों को भारत से काम करने का सुभीता दिया। बौद्ध धर्म के अन्तर्राष्ट्रीय प्रचार में सिर्फ यही कारण न था। ईसा-पूर्व पाँचवीं सदी से पहले तक के बौद्ध धर्म के दाताओं की सूची यदि हम त्रिपिटक और साँची, भरहुत, कार्ले, नासिक के शिलालेखों से तैयार करें तो मालूम होगा कि उसमें भारी संख्या व्यापारियों की है।[१]

बुद्धकालीन भारत में व्यापारियों को शासन में प्रत्यक्ष भी भाग लेते देखते हैं, यद्यपि वह प्रधान नहीं थे, हर एक नगर में श्रेष्ठी (नगर-सेठ) का पद था, जो कि शासन में सहायता देने के लिये स्थापित था।

---

१. धम्मपद अट्ठकथा ४-४४.

५. धातु और हथियार

ताँबे के आविष्कार के साथ लाखों वर्षों से चले आते पत्थर के हथियारों का प्रचार कम होने लगा। ईसा से ५०० वर्ष पहले पीतल और ५०० वर्ष पहले लोहे का आविष्कार हुआ, यह हम कह चुके हैं। ताँबे से पीतल अधिक सख्त और मजबूत होता है और लोहा उससे भी ज्यादा। यद्यपि आज लोहा ताँबे से ज्यादा सस्ता है, किंतु कोई समय था, जब लोहा ताँबे और चाँदी से भी महँगा था; क्योंकि उसके पैदा करने में बहुत श्रम लगता था। पत्थर के कोयले और कोक का इस्तेमाल अभी आदमी को मालूम न था, इसलिये लोहे को पिघलाकर मिट्टी और धातु को अलग करना उतना आसान न था। इन नई-नई धातुओं ने हथियारों की शक्ति और संख्या में बहुत वृद्धि की, पत्थर और काठ की कारीगरों को बढ़ाया। अपने युग में लोहे जैसे धातु को पाकर अपनी शोषित-शासित प्रजा पर नियंत्रण करने में सामन्तों को सबसे ज्यादा फायदा हुआ। साधारण जन अपने को उतना हथियार बन्द नहीं कर सकते थे, जितना कि उनके शासन सामन्त; क्योंकि हथियार खर्चीली चीज थी। शोषित जनता और प्रतिद्वन्द्वी सामन्त से इस युग के शासक को जो डर था, जिससे वह मजबूर था कि अपनी शक्तियों को बढ़ाने के लिये नये-से-नये साधनों को इस्तेमाल करे। युद्ध-संबंधी हर नये ज्ञान और नये आविष्कारों का शासक-वर्ग ही सबसे पहले स्वागत करता रहा है, क्योंकि वह जानता है, कि शक्ति के बल पर ही वह बहुसंख्यक जनता पर अल्पसंख्यक वर्ग का शासन शोषण कायम रख सकता है।

जब तक पत्थर लकड़ी के हथियार थे, तब तक संख्या काम करती थी। उस समय साधारण मिट्टी की दीवार भी किले की चहारदीवारी बन सकती थी। फिर धनुष बाण और ताँबे के हथियार आये। उस समय भी थोड़ी संख्या भी पत्थर के हथियारों वाले बहुसंख्यक आदमियों को दबा सकती थी। अब किलाबंदियों को और मजबूत करने की जरूरत पड़ी, क्योंकि प्रतिद्वन्द्वी सामन्तों के पास भी वह हथियार आ गए थे। इस आरम्भिक धातु (ताम्र)-युग के अवशेषों में हमें मिस्र का चेयोप् (ई०पू० २८००) पिरामिड मिलता है, जिसकी विशाल चट्टानों को, हेरोदोतस ई० ५वीं सदी के कथनानुसार, एक लाख आदमी तीन महीने तक ढोते रहे। भारत में भी इस युग के अवशेष मिलते हैं, जिसे आम-तौर से 'असुरों' की कृति कहते हैं। राजगृह के पहाड़ों पर ऐसी ही प्राचीर चारों ओर घूमी हुई हैं, जिसकी विशाल चट्टानों को देखकर ही शायद लोग उन्हें मानव नहीं असुरों की कृति समझते थे। भारत में इन पाषाण-दुर्गों के बाद एक बार हल्के उपकरणों के दुर्ग बनने लगते हैं। बुद्ध (६वीं पाँचवीं सदी ई०पू०) और मौर्य-काल (चौथी-तीसरी सदी ई०पू०) के दुर्ग अधिकतर लकड़ी के बनते थे जिसकी उस समय कमी न थी। पाटलिपुत्र (पटना) की दुर्ग प्राचीन का जो वर्णन यूनानी राजदूत मेगस्थनीज ने किया है, उनमें इसका जिक्र है। पटना में खुदाइयाँ हुई हैं, उसमें भी इस प्राचीर का कुछ भाग मिला है। पहाड़ जहाँ नजदीक था, वहाँ पत्थर की भी चहारदीवारियाँ मिलती हैं। जंगल के कम होने पर पत्थर न मिलने वाली जगहों में ईंट का भी इस्तेमाल किलेबंदियाँ तेरहवीं और चौदहवीं सदी तक चली आईं; किन्तु जब मंगोलों के जरिये दुनिया में और मुगलों (बाबर) के द्वारा भारत में बारूदवाले हथियारों का प्रयोग होने लगा, तो तोप के गोलों के सामने इन दीवारों का ठहरना मुश्किल मालूम होने लगा और तब कितने ही जमीन-दोज किले बनने लगे। नये हथियारों को आविष्कारों के साथ पुरानी किलेबंदियाँ बेकार होती गईं। जब तक वर्ग-शासन है, तब तक अल्प संख्यक वर्ग सारे आर्थिक-राजनीतिक अधिकारों

को अपने हाथों में लिये हुए हैं, जब तक अपने को सशस्त्र—सबलशस्त्र—और बहुसंख्यक जनता को निःशस्त्र करने के सिवा दूसरा चारा ही नहीं। जब तक शोषण जारी तब तक दूसरे देश की समृद्धि को लूटनेवालों की कमी नहीं हो सकती और इस प्रकार युद्ध का रास्ता बन्द नहीं हो सकता। यही वजह है, जो कि वर्ग-राज्य हमेशा तलवार का राज्य रहा है।

६. वर्ग और वर्ग-संघर्ष

सामन्तवादी युग में वर्ग-भेद, आर्थिक और सामाजिक असमानता बहुत बढ़ी, यह ऊपर के वर्णन से हमें मालूम हो गया होगा। सामन्तवादी युग की एक सबसे बड़ी देन है, शारीरिक श्रम के काल को हेय दृष्टि से देखना। दूसरे के श्रम की कमाई पर जीने का यह परिणाम होता ही था। स्त्रियों के लिये तो कवि तुलसी ने सीता का आदर्श पेश किया है—

''पलँग पीठ तजि गोद हिंडोरा।
सिय न दीन्ह पग अवनि कठोरा।''

इसका यदि कोई अपवाद था तो वह थी अस्त्र-शस्त्र चलाने की शिक्षा। युद्ध में वीरता उस समय बड़ी सराहनीय चीज थी। हर एक राजा या सामन्त समझता था; कि उसके सारे भोग और सम्मान तभी तक सुरक्षित हैं, जब तक कि उसकी तलवार में ताकत है। इसलिये शासक-वर्ग युद्ध-सम्बन्धी शारीरिक व्यायाम को करना जरूरी समझता था। बारहवीं और तेरहवीं सदी ईसवी में उत्तरी फ्रांस के साहस-वीरों का समय सुन्दरियों के प्रेम के गीत गाने तथा उनके लिये अस्त्र-शस्त्र की प्रतियोगिता में भाग लेने में बीतता था। उनका आदेश था 'वीरता और प्रेम'। सामन्तों के इन छुटभैयों का समाज-सम्बन्धी काम था, युद्ध और उसका कौशल सीखना तथा उसे इस्तेमाल करना।

भारत का राजपूत-युग (ईसवी आठवीं से बारहवीं सदी) के सामन्तों और सरदारों को भी हम इसी पथ पर चलते देखते हैं। आल्हा-ऊदल की लड़ाइयाँ अधिकांश किसी राजकुमारी को छीन अपनी रानियों की संख्या बढ़ाने के लिये लड़ी गई थीं; और राजपूत का मृत्यु से डरना शर्म की बात समझी जाती थी।

दंडी के 'दशकुमार-चरित' में हमें पाँचवीं सदी के सामन्त-युग की बहुत-सी बातें मालूम होती हैं। वहाँ भी प्रतिद्वन्द्वी के साथ वीरता और सुन्दरी के साथ प्रेम—यही दो बातें शासक-जीवन के लक्ष्य मालूम होते हैं। प्रधान नायक राज-वाहन और उसका साथी कुमार उज्जयिनी में जा अपने वर्ग की दो कुमारियों पर आसक्त होते हैं, कवि उनके प्रेम को कवित्वमय बनाता है। बालचन्द्रिका का प्रेमी अपनी प्रेयसी के लिये दूसरे प्रतिद्वन्द्वी की हत्या करता है। मध्ययुगीन यूरोप के वीरों के दोनों आदर्शों 'वीरता और प्रेम' को ही दशकुमार-चरित ने भारतीय रूप में चित्रित किया है।

पांडवों, राम और सिद्धार्थ गौतम के विवाहों से हम वीरता का टूर्नामेंट होते देखते हैं। स्वयंवर के इन जलसों द्वारा सुन्दर राजकुमारी को इनाम रखकर शस्त्र कौशल-प्रतियोगिता कराई जाती थी। शासक जाति को लड़ाकू बनाये रखने के लिये इससे बढ़िया तरीका और क्या हो सकता था?

शासक-वर्ग के बाद पुरोहितों का नम्बर आता है। इसके बारे में हम कुछ कह चुके हैं और कुछ धर्म के प्रकरण में कहेंगे।

फिर व्यापारी वर्ग, जिसका कि वर्णन अभी किया गया है।

चौथा वर्ग कारीगरों और किसानों का था। इनके सम्बन्ध में हम कह चुके हैं। दासता-युग में किसान अपने जोत की जमीन का स्वामी था, किन्तु सामन्त-युग में सैद्धान्तिक तौर से सामन्त या राजा की भूमि का मालिक बनाने की कोशिश की गई। शासक को उसकी राज्य-सेवाओं के वेतन के तौर पर प्रजा चन्दे या कर के रूप में अपनी आमदनी का कुछ भाग देती है, यह जो पुरानी धारणा थी, उसे हटाकर राजा को भूमि का स्वामी है—यह खयाल फैलाया जाने लगा। यूरोप में इस खयाल को बहुत सफलता मिली और ईसाइयत के जनता के धर्म बनने के साथ सामन्त किसानों को कमीन या अर्द्धदास बनाने में सफल हुए। नये धर्म के साथ पुरानी व्यवस्था तोड़ने का अच्छा मौका मिलता है; क्योंकि वह पुरानी परम्पराओं को काफिरों और अविश्वासियों के झूठे विश्वास कहकर आसानी से छुड़वा सकता है। भारत में सभी युगों की बातें हिन्दुओं में यदि पाई जाती हैं, तो उसका प्रधान कारण यही है कि यहाँ इस तरह के धर्म को सारी या अधिकांश जनता को अपने भीतर लाने में सफलता न हुई और पुरानी परम्पराएँ सर्वथा लोप नहीं होने पाईं। पंजाब में पिछली शताब्दी में सिक्खों के शासन तक गाँव की सारी भूमि पर सारे गाँव की सम्मिलित अधिकार जो देखा जाता है, वह (जन-युग की प्रथा अवशेष था) इन्हीं कारणों से बचा रहा। बाकी भारत में भी अठारहवीं सदी के अन्त तक भूमि पर किसानों का अधिकार अक्षुण्ण रहा और जीतनेवाले तथा सरकार के बीच तीसरा वर्ग—जमींदार—नहीं कायम हो सका; यह काम इंग्लैण्ड के सामन्त-शासकों की प्रभुता कायम होने पर ही भारत में हो सका।

कम्पनी के शासन स्थापित होने तक भारत के गाँवों में पंचायतों का जोर था, जहाँ तक गाँव के भीतर का प्रबंध का संबंध था, राज्य व्यक्ति की अपेक्षा इन पंचायतों पर ज्यादा जिम्मेवारी देता था। गाँवों की यह अवस्था बतला रही थी कि अभी वह जन-युग में विचर रहे हैं। यह हमारे अभिमान की चीज थी या पिछड़ेपन का चिह्न—इस तरह इसका मूल्य आँकना विवादास्पद हो सकता है—पेबन्द लगा-लगाकर पुराने जीर्ण-शीर्ण सामाजिक जामे को ही पहनते रहने की प्रवृत्ति में सफलता और यह सफलता क्यों हुई? (१) आर्थिक वर्ग-संघर्ष के अतिरिक्त भारत में रंग के संघर्ष ने भी जोर पकड़ा, जिससे आर्थिक क्रान्ति के लिये उपयोगी शक्तियाँ संगठित नहीं हो सकीं। (२) गर्म-जलवायु के कारण यहाँ जीवन का मान बहुत नीचे तक गिर सकता था, यूरोप की भाँति यहाँ जाड़े के कपड़े, खाने आदि का निम्नतम मान खास ऊँचाई तक कायम न रखा जा सका था—यूरोप की सर्दी इसके लिये काफी है कि जिनके पास उससे बचने के लिये काफी कपड़े या मकान गरम रखने का सामान नहीं, उसे फरवरी से पहले ही ठंढा कर दिया जाये। भारत में आदमी फटी लंगोटी से गुजारा कर सकता है। (३) जमीन उपजाऊ, साल में तीन फसल देने लायक थी और आबादी घनी न थी। (४) विजेता या दूसरी तरह से नई-नई जातियों के लगातार उठते रहने के कारण जनतांत्रिक भाव से ईसा की तीसरी सदी से पहले ही मिट गये थे और उसकी जगह एकतांत्रिक सामन्तवाद कायम हो गया था। (५) संस्कृति और विचारधारा के उलटने में धर्मों को इसमें काफी सफलता न मिली कि नये धर्म के नीचे या ऊपर के दबाव से सामाजिक रूप में परिवर्तन हो।

राजतंत्र समाजवाद के अन्तर्गत है; यह हम कह आये हैं, किन्तु बाजे वक्त भ्रम होने लगता है कि जहाँ सामन्त और साधारण प्रजा परस्पर विरोधी स्वार्थ रखनेवाले वर्ग हैं वहाँ राजा दोनों वर्गों से ऊपर है। यह वर्ग से ऊपर होने का भ्रम तभी होता है, जब हम सिर्फ, ऊपर-ऊपर देखते हैं। राजा सामन्तपन छोड़कर राजा नहीं बनता—अपनी जागीर में वह वैसा

ही सामन्त है, जैसे कि दूसरे। वही कमीन से आधा पेट खिलाकर काम लेना, वही सामन्तशाही नजर-नजराने, वही सामन्त-परिवार के साथ रोटी-बेटी का घनिष्ठ सम्बन्ध। लेकिन फर्क इतना जरूर है कि राज्य की जनता का एक छोटा-सा भाग उसके इस रूप को देख सकता है, बाकी उसे न्याय का तराजू लिये देखते हैं। दूसरे, जब साधारण जनता और सामन्तवर्ग के बीच व्यापारी वर्ग भी आता है, तो इस वर्ग से राजा को भेंट और नजराने के तौर पर जागीर के अतिरिक्त भी आमदनी का एक अच्छा रास्ता हाथ लगता है, जिससे व्यापारी और साधारण जनता के झगड़ों में वह प्राय: सदा व्यापारियों के स्वार्थ के पक्ष में व्यवस्था देता था; और व्यापारियों तथा सामन्तों के स्वार्थ का जहाँ झगड़ा हो, वहाँ भी कभी-कभी अपना पेट भरा होने से ऊपर उठने की कोशिश करता, जिससे व्यापारी वर्ग राजा की निष्पक्षता का ढिंढोरा पीटता, या कम-से-कम यह कहता फिरता कि आदर्श राजा को ऐसा होना चाहिये। तीसरी बात यह थी कि प्रोपेगंडा की जबर्दस्त साधन राजा के लिए काम कर रही थी। समाज के रूप ही को लेकर देवों और देवियों की कल्पना हुई थीं। लेकिन अब वही देवता मनुष्य के सामाजिक ढाँचे का नियन्त्रण कर रहे थे। राजा को प्राचीन काल में जो 'देव' कहकर संबोधन किया जाता था, वह व्यर्थ न था। वह इसलिये था कि लोग समझें कि वह प्रतिद्वन्द्वी वर्ग से ऊपर है। इस प्रोपेगंडा में समाज में सबसे वाचाल भाग—पुरोहित वर्ग—भारी हिस्सा लेता था। अफलातून ने प्रोपेगंडा के सहारे एक नये राज्य शासन की व्यवस्था डालनी चाही और शासकों को एक अलग-अलग वर्ग कायम करना चाहा था। यद्यपि उसे उसमें सफलता नहीं हुई तो भी प्रोपेगंडा के महत्त्व को वह मानता था, इसमें तो संदेह नहीं। खुद अपने स्वार्थ की रक्षा के लिये राजा के वर्गों से ऊपर होने का जो प्रोपेगंडा ब्राह्मणों, अन्य सामन्तों और व्यापारियों की ओर से हुआ, साधारण जनता उसके धोखे में उसी तरह आ गई, जिस तरह कि धर्म के प्रोपेगंडे से।

७. राज्य और शासन

शासन-शक्ति सदा से आर्थिक और सामाजिक आवश्यक कर्त्तव्यों को पूरा करने ही के लिये रही है, उन्हीं के लिये उसका प्रयोग भी हुआ। जब तक व्यक्ति वैयक्तिक सम्पत्ति के उत्पादन में नहीं लगा था, तब तक आर्थिक समदर्शिता की शासन-यन्त्र में गुंजाइश थी, किन्तु जब वैयक्तिक सम्पत्ति स्थापित हो गई, तब उसकी रक्षा शासन का मुख्य कर्तव्य हो गया और जन-सत्ता वहाँ चल न सकती थी, इसी के लिये राज्य या वर्ग स्वार्थ पर आश्रित शासन का आरम्भ हुआ। एन्गेल्स ने इसीलिये लिखा—"जन का संगठन समाप्त हो गया और वह फटकर समाज के विभाग द्वारा वर्गों के रूप में परिणत हो गया, इस तरह जन-व्यवस्था की जगह राज्य स्थापित हुआ।"

वर्गवाले समाज में जन-व्यवस्था चल नहीं सकती। जर्मनों में जन-व्यवस्था थी, जब कि चौथी सदी ईसवी में उन्होंने रोम-साम्राज्य का ध्वंस कर एक बड़े भू-भाग पर अधिकार जमाया। लेकिन इसका फल यह हुआ कि जर्मनों की अपनी जन-व्यवस्था छोड़नी पड़ी। भारत में जब आर्य पहुँचे तो वह पितृ-सत्ता युग में थे और जन-व्यवस्था को पूर्णतया छोड़ न चुके थे; किन्तु जब सिन्धु उपत्यका की समृद्ध जाति को पराजित कर उनके सामन्तवादी विशाल राज्य पर, वहाँ की प्रजा पर अधिकार जमाया, जो उनके लिये पितृसत्ताक समाज का कायम रखना मुश्किल हुआ और उसकी जगह वर्ग-शासनवाला सामन्तवादी राज्य काम करना पड़ा।

राज्य का खयाल कहीं ऊपर से नहीं टपक पड़ा है। जन-व्यवस्था से आगे बढ़ने पर, समाज के वर्गों में विभक्त होने के बाद ऐसे समाज के ढाँचे को कायम रखने के लिये राज्य कायम करने के सिवा कोई चारा ही न था। इस प्रकार मालूम हुआ कि राज्य भी विकास की एक खास अवस्था में पहुँचे समाज की उपज है। वह इस बात का सबूत है कि समाज परस्पर-विरोधी स्वार्थों के दलदल में इतना फँस चुका है कि उनमें समन्वय नहीं किया जा सकता, विरोधी शक्ति के प्रयोग द्वारा ही समाज के इस नये ढाँचे को कायम रखा जा सकता है। इस प्रकार राज्य-शक्ति पैदा तो हुई समाज से किन्तु वह अपने को उससे ऊपर रखती है और बराबर अलग रहने का दावा करती है।

राज्य के आने से पहले एक जगह रहनेवाले एक वंश के परिवारों का एक सामाजिक, आर्थिक, राजनीतिक संगठन था। वह इस तरह के पड़ोसी संगठन से बिल्कुल स्वतन्त्र था; किन्तु राज्य ने आते ही पहले तो यह काम किया कि एक वंश के परिवार होने का नियम हटाकर एक प्रदेश में रहने वाले अनेक वंश वाले, अनेक रंग तथा संस्कृति के अनेक तल वाले सभी लोगों को एक राजनीतिक संगठन में बाँध एक जैसा नागरिक अधिकार दिया। एंगेल्स ने इस मर टिप्पणी करते हुए लिखा है—कितने चिरव्यासी संघर्ष हुए होंगे, जब कि एथेन्स और रोम में खून पर अवलंबित पुराने संगठन को हटाकर नई व्यवस्था कायम रखने में सफलता हुई होगी।" भारत में आर्य और दास, गोरे और काले का सवाल उठाकर रुधिर-सम्बन्धी संगठन को कायम रखने के लिये बहुत कोशिश की गई; किन्तु कहाँ तक इसमें सफलता हुई, यह तो इसी से मालूम होता है कि जन और **पितृसत्ता** युग के बारे में यहाँ ऐसी ऐतिहासिक सामग्री नहीं मिलती, जिसमें सीधे तौर से उस वक्त का वर्णन हो; इसीलिये हमें उस काल की जहाँ-तहाँ उपलब्ध ध्वनियों से जन और **पितृसत्ताक** समाज का अनुमान करना पड़ता है। यह हम कह चुके हैं कि आर्यों की ऐतिहासिक सामग्री हमारे साहित्य में उस वक्त की मिलती है, जब कि गंगा की उपत्यका में सामन्तवादी शासन और सामाजिक ढाँचा पूर्णतया स्थापित हो जाता है।

राज्य जिन नीच वैयक्तिक स्वार्थों की रक्षा के लिये स्थापित हुआ, उसे पाशविक शक्ति के बल पर ही बनाये रखा जा सकता था। जन-संगठन में जनता से अलग सेना की जरूरत न थी, क्योंकि वह जनमत पर निर्भर था और जरूरत पड़ने पर हर एक हथियार उठाने लायक आदमी योद्धा बन सकता था। किन्तु अपने को जनता से ऊपर, जनता के सम्मिलित स्वार्थ से ऊपर मानने वाले राज्य के लिये वह संभव न था, इसलिये उसे अपने अस्तित्व के साथ सेना के अस्तित्व को भी लाना पड़ा और फिर इसके लिये जनता पर कर का एक भारी बोझ पड़ना अनिवार्य था। यह खर्च हथियारों की कीमत और बाहरी प्रतिद्वन्द्वी शक्ति तथा भीतरी विरोध के साथ-साथ बढ़ता चलता गया और पीछे तो वह यहाँ तक पहुँचा कि विशेष कर लगाने पर भी काम न चल सकने के कारण भविष्य में वसूल किये जाने वाले कर पर भी कर्ज लेने की नौबत आई।

राज्य समाज में उत्पन्न होकर भी अधिकार और दबाव में उससे अलग हैं। जन-समाज की सारी पंचायत का व्यक्ति पर जितना रोब न था, वह राज्य संस्था के मामूली पुलिस के सिपाही का है। क्योंकि सिपाही उस राज्य का पुर्जा है, जो समाज और उस व्यक्ति के ऊपर है। यही बात जन-संस्था के बारे में नहीं कही जा सकती थी। राज्य का बड़े से बड़ा शासक या सेनापति अपना रोब भले ही डाल ले, किन्तु वह जनता के उस असीम सम्मान और प्रेम

का पात्र नहीं बन सकता, जो कि जन के नायकों को प्राप्त था। जन के नायक समाज से ऊपर नहीं, समाज से अभिन्न थे, इसलिये उनके लिये यह सम्मान था।

सामन्तवादी राज्य का कर्त्तव्य है, किसानों, कर्ज-ख्वारों और कर्मियों को दबाकर रखना। वह सम्पत्ति वाले वर्ग का ऐसा संगठन है जो कि सम्पत्ति-रहितों को लोभ भरी दृष्टि से अपने आस-पास देखने से बाज आने के लिये बना है।

अब तक के वर्णन से यह मालूम हो गया होगा कि राज्य अनादि-काल से चली आई चीज नहीं है। मनुष्य समाज ऐसी अवस्थाओं से गुजरा है, जबकि उसमें राज्य-शासन न था। राज्य का आरम्भ वर्ग भेद से हुआ और वर्ग भेद मिटाने पर उसका मिट जाना जरूरी है। राज्य के मिटाने के लिये अराजकवाद के प्रचार की आवश्यकता नहीं, उसके लिये जरूरत है वर्गभेद मिटाने के भारी प्रयत्न की।

८. धर्म, दर्शन और सदाचार

(१) धर्म—पितृसत्ता-युग में भी प्राकृतिक शक्तियों और मृत पितरों से एक तरह के भय का संचार होता था। बुद्ध ने इस तरह के भय के पैदा होने की एक व्याख्या की है[१]—

"अमावस्या, पूर्णमासी और अष्टमी की (रात में)...मेरे पास मृग आता, या मोर काठ गिरा देता या हवा पल्लवों को फरफराती, तो मेरे (मन में) होता—जरूर यह वही भय-भैरव आ रहा है।...कोई-कोई ऐसे श्रमण ब्राह्मण हैं, जो रात होने पर भी उसे दिन अनुभव करते हैं, दिन होने पर भी (उसे) रात अनुभव करते हैं, इसे मैं उन श्रमण-ब्राह्मणों का **संमोह**[२] कहता हूँ।"

वस्तुतः मनुष्य के इस प्रकार के भय का संमोह ही भूतों और देवताओं को सृष्टि का कारण हुआ। प्रारम्भिक अवस्था में मनुष्य इन भय-भैरवों से बचने के लिये कुछ पूजा-बलि देता था। उस वक्त के मानव का धर्म यहीं तक सीमित था। किन्तु, वर्ग समाज कायम हो जाने पर उस सीधे-सादे धर्म में बहुत-सी पेचीदगियाँ उठ खड़ी हुईं। इन पेचीदगियों का कारण मनुष्य का सरल भय न था, बल्कि अब शासक वर्ग ने उस सरल विश्वास को अपने स्वार्थ की रक्षा के लिए इस्तेमाल करना शुरू किया। यदि हम हिन्दी-आर्यों के धर्म और देवावली के विकास पर नजर डालें, तो यह अच्छी तरह समझ में आ जायेगा। हिन्दी-आर्य भाषी जब भारत में आये तो उनका समाज पितृसत्ताक था, जिससे उनकी परंपरा बिल्कुल विस्मृत न हो चुकी थी। उस वक्त के देवता भी उनकी तरह के पितृसत्ताक समाज रखते थे, यद्यपि उनमें पितृसत्ता की अपेक्षा जन-प्रभाव अधिक था। पृथ्वी पर उस वक्त पति-पत्नी संबंध स्थिर हो गया था, किन्तु देवलोक में अब भी वह अनिश्चित था। देवांगनाएँ आम तौर से वादे के अनुसार कुछ समय के लिये ही किसी एक देवता की पत्नी बनती थीं; उसके बाद वह दूसरा पति चुनने के लिये स्वतंत्र थीं। वेद के पुराने मंत्रों में ऋषि किसी एक देवता की स्तुति करते जो सारे गुणों को कह डालता है, उसका कारण यही है कि इन्द्र, वरुण, सोम के अधिकारों के छोटे-बड़े होने की सीमा निर्धारित नहीं की जा सकती थी। जैसे-जैसे पृथ्वी पर समष्टि के स्थान पर व्यक्ति का प्रभुत्व बढ़ता गया, वैसे ही वैसे देवताओं में भी कभी (वैदिक काल में)

---

१. भय भैरव-सुत्त (मज्झिम निकाय, ४, पृष्ठ—१४).

२. Hypnotization.

इन्द्र, कभी (उपनिषद् काल में) ब्रह्मा, कभी (आर्य-अनार्य के धार्मिक समन्वय काल में) शिव या विष्णु को सर्वोपरि बनाया गया। सामन्त युग के मध्याह्न—गुप्तकाल—में तो देव लोक मृत्युलोक का ही एक भव्य काल्पनिक रूप बन गया। इससे दो बातें हुईं, एक मानव के 'देवता' बनने की कोई रुकावट नहीं रही, कृष्ण वासुदेव जैसे सोलह हजार रानियोंवाले उन्मुक्त रासलीला-प्रेमियों को देव नहीं, परमदेव या परमेश्वर बनने में अब कोई रुकावट न थी।

वैदिक काल के वर्ग समाज, उसके भीतरी स्वार्थों की टक्कर तथा ऊँच-नीच के खयाल से जो विद्वेष, खासकर निम्न वर्ग में उठ रहा था, उसे पिछले वेद-मन्त्रों में शरीर और उसके सिर, हाथ, जाँघ तथा पैर के दृष्टान्त से समझाने की कोशिश की गई, किन्तु लोग इतने भोले न थे। तब कहा जाने लगा, छुटाई-बड़ाई ईश्वर की मर्जी और पहले जन्म के कर्मों के कारण है। वेद में परलोक तो है, किन्तु पुनर्जन्म का खयाल न था। आदमी दुनिया में आता है। अच्छा-बुरा काम करता है। मरने पर कर्मानुसार स्वर्ग या नर्क में जाता है। यहूदी, ईसाई और इस्लाम धर्मों में भी इसी तरह मामला खत्म कर दिया जाता है, किन्तु इस दुनिया में आदमी छोटा-बड़ा, धनी-गरीब क्यों है, इस प्रश्न का उत्तर इसमें नहीं होता था। इससे ईश्वर पर मनमाने पक्षपात का दोष लगता था; जिसे दूर करने और समाज की आर्थिक विषमता को जायज साबित करने के लिये उपनिषद् के ऋषियों ने पुनर्जन्म का सिद्धान्त निकाला। धनी क्यों है—क्योंकि पहले जन्म में उसने दान-पुण्य अच्छा काम किया था। कोई गरीब क्यों है—क्योंकि उसने पहले जन्म में बुरा काम किया। राजा क्यों है? क्योंकि उसने पहले जन्म में जबर्दस्त तपस्या की थी। समाज की वर्तमान अवस्था को कायम रखने के लिये पुनर्जन्म के रूप में जितना जबर्दस्त हथियार हिन्दुओं ने निकाला, उतना किसी और ने नहीं निकाल पाया। हिन्दुस्तान में सामाजिक परिवर्तन को रोकने में इस खयाल ने बहुत रुकावट डाली, इसमें सन्देह ही नहीं।

मिस्र के अति प्राचीन धर्म की परलोक-सम्बन्धी शिक्षा के बारे में एक लेखक ने लिखा है[१]—

"हरेक आदमी परलोक में अपने किये कामों का जिम्मेवार ठहराया जायेगा। यह विश्वास एक बहुत जबर्दस्त सामाजिक नियंत्रण था...। (धर्मात्मा होने के लिए) उसे सिद्ध करना होगा कि हमने उन सामाजिक अधिकारों को सदा माना, जो कि सम्पत्ति के सम्बन्ध में माने गये हैं।

आज जितने धर्म विद्यमान हैं—हिन्दू, बौद्ध, जैन, यहूदी, ईसाई, इस्लाम—सभी सामन्तवादी युग की उपज हैं और सामन्तशाही सामाजिक ढाँचे के सदा पोषक रहे हैं। यह भी स्मरण रहना चाहिए कि मुक्ति का निराकार रूप उस वक्त कल्पित किया गया, जब कि भौतिक साकार सत्य अज्ञेय-कल्पता का बाधक होने लगा और दर्शन का विकास आरम्भ हुआ। सभी धर्मों के स्वर्ग एक समृद्धशाली सुखी सामन्त-परिवार की कल्पना है। हिन्दुओं के बैकुण्ठ को ले लीजिए—रनिवास की तरह वहाँ सुर-सुंदरियों का झुंड है। उनके, न मैले होनेवाले सुंदर वस्त्र, बहुमूल्य रत्न-जटित आभूषण, पुष्प और सुगंध से सुवासित शरीर, नृत्य, गान, सुराकी महफिलें, सभी किसी चन्द्रगुप्त विक्रमादित्य के रनिवास के भव्य चित्र हैं। रामानुज के

---

१. The Development of Social Thought by Emory S. Bogardus, p. 30. २. सक्कपञ्ह-सुत्त (दीर्घनिकाय २१८, पृष्ठ—१२२).

'बैकुण्ठ-गद्य' को पढ़िये, वह कुछ संयत भाषा में एक भयभीत दरबारी कवि द्वारा किसी हर्षवर्धन, किसी राजेन्द्र चोल के अन्त:पुर का वर्णन है। पहले आमतौर से देवता एक ही पत्नी पर सन्तुष्ट थे; बल्कि देवांगनाएँ सदा नव-विवाहिता रहने का अधिकार रखती थीं, किन्तु यहाँ रामानुज ने अपने पहले के आर्यों के मतानुसार लक्ष्मी को बिना सपत्नी के रहने नहीं दिया। विष्णु की एक ज़ांघ को सूनी देखना उन्हें पसन्द नहीं आया और नीला देवी को लाकर वहाँ बैठाया।

बौद्ध और जैन देवलोक से इनकार नहीं करते थे, यद्यपि उनका निर्वाण और सिद्ध-शिला उससे कहीं ऊँचा स्थान रखते हैं। इनके देवलोक में ईसा-पूर्व पाँचवीं-छठी सदी के सामन्तों के सुख-विलास का चित्र है। पाली में शक्र (इन्द्र) के बुद्ध के पास आने की एक कथा आई। शक्र अपने दरबार से उठकर अपनी दरबारी उस्ताद संगीताचार्य पंचशिख को साथ लिये बुद्ध के पास गया। बुद्ध किसी पहाड़ी गुफा में बैठे थे। उसने पंचशिख को संगीत द्वारा बुद्ध को प्रसन्न करने के लिये कहा। पंचशिख ने वीणा उठाई और अपने निजी प्रेम के पद्य को गाना शुरू किया—

"भद्रा सूर्यवर्चसा, तेरे पिता तिम्बरू की मैं वंदना करता हूँ, जिससे हे कल्याणि मेरी आनन्दायिनी तू पैदा हुई।"

"जैसे पसीना चूते थके आदमी के लिये वायु, प्यास के लिये पानी, वैसे ही तू मुझे प्रिय है।"

"जैसे रोगी को दवा, भूखे को भोजन, जलते को पानी, वैसे ही भद्रे! मुझे शांति प्रदान कर, कल्याणी। गले मिल, यही मेरी चाह है।..."

बुद्ध के पूछने पर पंचशिख ने कहा—"(एक) समय में तिम्बरू गन्धर्वराज की कन्या भद्रा सूर्यवर्चसा पर आसक्त था, किन्तु वह किसी दूसरे (तरुण) मातलि सारथी के पुत्र शिखंडी को चाहती थी। जब मैं उसे नहीं पा सका, तो किसी बहाने तिम्बरू के घर जा वीणा बजा गाने लगा।" पंचशिख के गाने में बुद्ध की प्रशंसा थी, इसलिए प्रसन्न हो भद्रा ने कहा—"उन भगवान को मैंने प्रत्यक्ष तो नहीं देखा, किन्तु त्रयस्त्रिंश इन्द्रलोक के देवताओं की सभा में जब मैं नाचने गयी थी, तो उन भगवान के विषय में मैंने सुना था। मित्र! तुम उन भगवान का कीर्त्तन करते हो, इसलिए आज (धर्म) दोनों का समागम हो।" पंचशिख ने बात को समाप्त करते हुए कहा—"उसके साथ वही समागम हुआ, उसके बाद फिर कभी नहीं।"

इस उद्धरण से मालूम होगा कि देवलोक के प्रेम, नृत्य आदि वैसे ही हैं, जैसे कि बुद्ध के समकालीन अजातशत्रु या उदयन का राजसी जीवन। हाँ, भद्रा का स्वच्छंद प्रेम तत्कालीन स्त्रियों में गणिकाओं को ही सुलभ था, यदि उसे प्रेम कह सकें।

इस्लाम की जन्नत (स्वर्ग) के अंगूर के बाग, ठंडी छाया, बहती नहरें, सत्तर-सत्तर मोती-की-सी आँखों वाली सुंदर हूरें, गिल्मे, तत्कालीन ईरानीशाह खुसरो पर्वेज (५९०-६२८) या रोम-सम्राट मोरिश (मृत्यु ६०२) के राजमहल में देखी जा सकती थीं। ईसाइयों और यहूदियों को स्वर्ग भी इसी तरह सामन्तों के भोग-विलासपूर्ण जीवन का खाका है।

(२) दर्शक—आदिम मानव-समाज में मानव का जीवन अपनी शरीर-यात्रा जारी रखने के लिए श्रम करने में ही खर्च हो जाता था। उस वक्त मानव श्रम की शक्ति इतनी बढ़ी नहीं थी कि वह एक दिन कमाये और चार दिन खाये; अथवा दो आदमी कमायें और एक

आदमी उनके बचे हुए श्रम-फल से गुजारा कर सके। इसीलिए उस वक्त विचारक वर्ग नहीं था। जब पीछे उत्पादन के साधनों में विकास हुआ, श्रम की उत्पादन-शक्ति बढ़ी, तो ऐसे वर्ग की सृष्टि हुई, जो बहुसंख्यक जांगर चलाने वाली जनता के अतिरिक्त श्रम से अपनी जीविका चला सकता था और उसे इसके लिये खुद शारीरिक श्रम करने की आवश्यकता न थी। इसी शारीरिक-श्रम वियुक्त वर्ग ने श्रम की देखभाल, शासन-संचालन, न्याय, दर्शन, विज्ञान, कला, धर्म आदि की जिम्मेदारी अपने सिर पर ली अथवा खाली वक्त में इन चीजों का संचालन और सृजन शुरू किया, इस तरह दर्शन, कला, विज्ञान श्रम-मुक्त वर्ग की चीज ही नहीं हो गई, बल्कि आगे चलकर यह उन्हीं की बपौती बन गई।

प्राचीन यूनान में, जब हेराक्लितु और अफलातून अपने दर्शन का निर्माण कर रहे थे, उस वक्त सारे समाज का जीवन दासों के श्रम पर निर्भर था। ये दास बड़े-बड़े दासपतियों की चल-सम्पत्ति थे, जिन्हें कि दर्शन के उस भव्य-युग में बैल-घोड़े की भाँति बाजार में बेचा जा सकता था। हेराक्लितु समाज के भीतर के संघर्ष को देख रहा था और यह भी समझ रहा था कि नव-निर्माण में उसका कितना हाथ है, इसीलिए उसने घोषित किया था—"संघर्ष सभी घटनाओं की माँ है।" हेराक्लितु (ई०पू० ५३५-४२५) खानदानी अमीरों के घर में पैदा हुआ था, किन्तु एथेन्स में उस वक्त व्यापारियों का जोर था, इसलिये वह समाज के परिवर्तन को देख-समझ सकता था। शायद वह यह भी चाहता हो कि समाज परिवर्तन उस दिशा में हो, जिससे व्यापारियों की प्रभुता कम हो जाये। अफलातून ऐसे समय में पैदा हुआ था, जब कि दारयोश् (ई०पू० ५२१-४८५) और क्षयार्श (ई०पू० ४८५-६५) की चढ़ाइयों से यूनान की अपार जन-धन की हानि ही नहीं हुई थी, बल्कि उसके बाद एथेन्स के प्रजातन्त्र का वह तरुण और आशापूर्ण जीवन निराशा में बदल गया था। अफलातून इस दुनिया से बेहतरी की आशा खो चुका था, इसलिये उसने अपने दर्शन में एक और दुनिया की कल्पना की। वास्तविक दुनिया ही उसके लिये अ-वास्तविक अनित्य, सारे-दोषों से पूर्ण थी; दूसरी इन्द्रियों से परे की विचारमयी अभौतिक दुनिया वास्तविक, नित्य और पूर्ण थी। अफलातून पर तत्कालीन समाज के द्वन्द्व का असर था। उसने दो प्रतिद्वंद्वी वर्गों के संघर्ष की जड़ में जाकर उनके विश्लेषण या चिकित्सा का दूसरा ही तरीका निकाला। यह द्वन्द्व ही दुनिया की अवास्तविक है, फिर उसको व्याधि की चिकित्सा की जरूरत क्या? उसने इस संघर्ष में आँख मूँदकर अपनी उस काल्पनिक—'सत्यं-शिवं-सुन्दरं' दुनिया की ओर लोगों को ले जाना चाहा। उसके इस दर्शन से फायदा किसको हुआ? सम्पत्ति वाले शोषक वर्ग को। क्योंकि उनके प्रतिद्वन्द्वियों के उत्साह पर यह दर्शन पानी डालने का काम करता था—चंद दिनों की जिन्दगी के लिये क्या जरूरत हैं संघर्ष करने की, हमें शाश्वत जगत की ओर ध्यान देना चाहिये। दर्शन के सम्बन्ध में हमने अलग[१] लिखा है, इसलिये यहाँ ज्यादा कहने की जरूरत नहीं। असल बात तो यह है कि दार्शनिक जिनकी मेहनत की कमाई खाकर जीविका से निश्चिन्त हो अपने विचारों की उड़ाने में सफल होते थे, उसी वर्ग को उनके विचारों ने सबसे ज्यादा नुकसान पहुँचाया—चाहे यह बात जानकर की गई हो या अनजाने, किन्तु हुआ ऐसा ही है; वर्गों के हित की दृष्टि से देखने पर हम यूनानी दार्शनिकों के विचारों का परिणाम यही देखते हैं। शोषक वर्ग ने अपने अनुचित सम्पत्ति और भोगों की देवी-देवताओं की कल्पनाओं और उन पर आश्रित धर्म द्वारा उचित

---

१ देखिये 'दर्शन-दिग्दर्शन'.

साबित करने की कोशिश की। कुछ समय तक वह चला; किन्तु फिर मनुष्य के ज्ञान में और विकास हुआ। वही और धर्म सभी देशों और जातियों में ध्रुव सत्य के तौर पर नहीं स्वीकार किये जाते थे। सन्देह पैदा होना जरूरी था। इस बुद्धिस्वातन्त्र्य को रोकने के लिये किसी उपाय की जरूरत थी और वह यही दर्शन है। धर्म से अपने को जबर्दस्त समझने का जिसे अभिमान था, उस बुद्धि के सामने दर्शन के रूप में ऐसी भूल-भुलैया तैयार की गई जिससे निकलने का उसे रास्ता ही न मिले।

भारतीय दर्शन सारा ही सामन्तवादी युग की देन है और यहाँ भी वह यूनानी-दर्शन की ही भाँति श्रममुक्त, जीविका से निश्चित व्यक्तियों के चिन्तन का फल है। बल्कि यहाँ तो उसके आरम्भिक निर्माण में सामन्तों का अपना सीधा हाथ रहा है—उपनिषद के दर्शन के निर्माण में प्रवाहण, जनक वैदेह, अश्वपति कैकेय आदि राजाओं का जबर्दस्त हाथ ही नहीं रहा है; बल्कि यज्ञ-बलि की दक्षिणाओं के लोभ में अंधे पुरोहित (ब्राह्मण) वर्ग को जब जनता के बढ़ते हुए अनुभव से उत्पन्न विश्वास दिखलाई नहीं पड़ता था, तब कर्मकांड को कमजोर ढोंगी कहकर ब्रह्मज्ञान की भूलभुलैया तैयार करनेवालों में सामन्तों (क्षत्रियों) का प्रधान हाथ था। वैदिक ऋषि यथार्थवादी थे। वह दुनिया को जैसा देखते थे, वैसा मानते थे और उससे अधिक-से-अधिक सुख-आनन्द उठाना चाहते थे। उनका जीवनलक्ष्य घर,बाल-बच्चे छोड़ जंगल की ओर भागने का था, बल्कि ''पुत्रों-नातियों के साथ आनन्द करते हुए अपने घर में रहना''[१] वह अपना ध्येय समझते थे! भंग (सोम) के दूध-मधु मिले प्याले को पीते हुए कहते थे—''सोम पिया और हम अमर हो गये।''[२]

ब्राह्मणों के यागों में होता क्या था? जन-युग में सारा जन-संघ एकत्रित हो खाना-पीना, गाना-नाचना करता था। वह सभी देवताओं को एक ऊँचे दर्जे के मनुष्य-जैसा मानते थे; इसलिये अपने इस आमोद-प्रमोद में देवताओं को भी शामिल कर उनकी प्रसन्नता प्राप्त करना चाहते थे। जन-संघ के लिये तैयार करके रखे हुए भंग (सोम) के प्यालों को दिखलाते हुए वह अपने बड़े देवता इन्द्र को आवाहन करते थे—''इन्द्र, आओ, यह सोम सजाये हुए हैं, इन्हें पियो और (अपनी) तारीफ (के गीत) सुनो।''[३] मालूम होता है, कोई लड़ाकू कबीला इकट्ठा होकर पानगोष्ठी रच रहा है और उसमें अपने विजयी सरदार को आवाहन कर उसकी विजयों के गीत गा रहा है। एक काल था, जब कि यज्ञों में की जानेवाली क्रियाएँ आर्यों के जीवन के सजीव समारोह थे। फिर सोम-रस (भाँग) के साथ भोजन करने से पहले कृतज्ञता में अपने देवताओं—प्राकृतिक शक्तियों का मृत पितरों—को आनन्द में सम्मिलित करते हुए महोत्सव को शुरू करते थे—खान-पान और फिर स्त्री-पुरुषों को मिलकर नृत्य। लेकिन जब आर्य दूसरी जातियों के पड़ोस में अकसर अल्पसंख्या में रहने लगे; उनका पशु-पालन जीवन कृषि तथा दूसरे शिल्पों और व्यवसायों से आकीर्ण हो गया, तो वह बीते दिन नहीं लौट आ सकते थे। इसलिये अब ये महायोग सिर्फ पुराने महोत्सवों को निर्जीव नकल तथा पुरोहितों की आमदनी का एक जरिया मात्र रह गया। इसलिये विकास में आगे बढ़े समाज को वह सन्तोष नहीं दे सकते थे। यह था कारण कर्मकांड-विरोधी उपनिषद् के ब्रह्मवाद के उत्थान का।

---

१. ''क्रीडन्तः पुत्रैर्नप्तृभिर्सोदमानाः स्वे दमे.''

२. ''अपाम सोमममृता भवेम.''

३. ''इन्द्र आयाहि वीयते, इमे सोमा अरंकृताः। एषां पाहि श्रुधी हवम्.''

पुनर्जन्म का सिद्धान्त पहले-पहल हमें उपनिषद् में दिखाई पड़ता है। यह वेद के परलोक में 'अमर' होने की जगह इसी लोक में आवागमन पर जोर देता था। जैसा कि पहले कहा जा चुका है, यह वर्ग-विभक्त समाज के ढाँचे को अक्षुण्ण रखने के लिए जबर्दस्त तरीका था। पुरोहितों को चाँदी नहीं सोने की दक्षिणा[१] दे देकर किये गये बड़े-बड़े यज्ञों का फल यदि सिर्फ देवलोक में ही देखा जा सकता है, तो वह काफी सन्तोष का विषय नहीं था। इसलिये कहा गया कि इस लोक में जो किसी को महाधनी और महाभोगवाला देखते हो, वह पूर्वजन्म की कमाई है। यह एक डले से दो चिड़िया मारना था—ब्राह्मणों की आमदनी के बड़े रास्ते दान और यज्ञ के फल को यहीं समाज में दिखलाना तथा समाज की असमानता को जायज करार देना। पुनर्जन्म के सिद्धान्त द्वारा पीड़ित वर्ग को बतलाया जाता था कि इसी जन्म को सब कुछ मत समझो, इसीलिये सामाजिक विषमता को हटाने, दरिद्रता दूर करने की कोशिश मत करो। दरिद्रता सिर्फ भगवान की मर्जी से ही नहीं है, बल्कि इसके जिम्मेवार तुम्हारे अपने पूर्व कर्म हैं। तुम्हें दूसरे की सम्पत्ति को देखकर डाह नहीं करना चाहिये। समाज में धनी-निर्धन-वर्ग शाश्वत हैं, क्योंकि इसी द्वारा शुभ-अशुभ कर्मों का फल मिलता है। चट्टान से सर टकराने की जगह चाहिये कि तुम भी अच्छे-अच्छे काम करो, दान-पुण्य, यज्ञ-याग करो, जिसमें अगले जन्म में राजा या धनाढ्य कुल में जन्म ले तुम भी इन सारे भोगों के अधिकारी बनो।

पुनर्जन्म के आविष्कार के साथ स्वर्ग-लोक का खयाल छोड़ नहीं दिया गया, तरकस में उस पुराने तीर को भी बना रहने दिया गया। इस प्रकार उपनिषद्-काल के सामंतवाद ने विकसित बुद्धिवालों को तो ब्रह्मवाद, 'नेति नेति' और 'अज्ञेय' के चक्कर में डाल दिया; और वास्तविक जगत के अस्तित्व के साथ उसकी समस्याओं को हमेशा के लिये तुच्छ, निस्सार बतला उनके प्रयत्न को एक दूसरे ही रास्ते में डाल दिया। बाकी साधारण जनता को स्वर्ग और पुनर्जन्म सामाजिक विद्रोह के पथ से हटाने के लिये काफी थे। भिन्न-भिन्न स्वदेशी और विदेशी धर्मों के टक्कर से धर्मों से ही कहीं लोगों की आस्था न हट जाए, इसके लिये 'नदिया एक, घाट बहुतेरे' का नारा बुलन्द किया गया; और हर तरह के धर्मों के प्रति सहिष्णुता तथा देश-काल देखकर उनके औचित्य को सिद्ध किया गया।

भारत में पीछे के धार्मिक विकास पर गौर करने से कुछ और बातों का भी पता लगता है। उपनिषद् का ब्रह्म-ज्ञान आर्यों के दिमाग की उपज थी। अभी उस वक्त तक रंग का प्रश्न—आर्य-अनार्य के ऊँच-नीच होने या आर्थिक स्वार्थों का विरोध—खतम नहीं हुआ था। इसलिये इसका भी हल निकालना जरूरी था। यह काम वाणिज्य के उत्कर्ष ने किया। व्यापारी वर्ग में खुद बहुसंख्यक लोग अनार्य या मिश्रित (संकर) जाति के थे। वाणिज्य-युग के पहले वह या तो कोई शिल्प (तेल, शराब, खान-पान, सोना-चाँदी आदि) का काम करते थे या सीधे-सादे किसान थे। वणिक्‌वर्ग में कितनी ही ऐसी जातियाँ भी शामिल हुईं जो वर्णव्यवस्था-विरोधी व्रात्य-प्रजा-तन्त्रों (गणों) की नागरिक थीं—अग्रवाल, अग्रहरी रोहतगी या रस्तोगी आदि जातियाँ इन्हीं में हैं। वणिक्-वर्ग शान्ति का पुजारी होता है, यह हम बतला आये हैं; इसलिये-संघर्ष के खिलाफ जो भी खयाल पैदा हों, उसका समर्थन करना इसके लिये स्वाभाविक था। इसीलिये वैश्य-वर्ग बौद्ध और जैन धर्मों का पोषक और संरक्षक बना भी है।

---

१. 'बर्हिषि रजतं न देयम्' ('यज्ञ में चाँदी नहीं देनी चाहिये').

बौद्ध, जैन तथा दूसरे धार्मिक सम्प्रदायों ने ईसा-पूर्व छठी सदी से जो रंग-वर्ग-समन्वय का आन्दोलन शुरू किया, वह धीरे-धीरे इतना प्रबल हो गया कि पुराने पुरोहित (ब्राह्मण) वर्ग को अपना अस्तित्व खतरे में दिखाई देने लगा। उन्होंने आर्यों के आगमन-से वेद से उपनिषद्-काल हो—चले आते रंग के प्रश्न को नरम किया, अनार्य देवताओं, अनार्य धार्मिक विचारों और परम्पराओं के वायकाट की नीति को छोड़ा और चौथी सदी ईसवी में गुप्त-साम्राज्य की स्थापना के साथ सर्व-समन्वय का रास्ता अख्तियार किया। पुरुज्जीवित ब्राह्मण या हिन्दू-धर्म की यही नई विशेषता थी, जिसने उसकी हिलती इमारत को बचा लिया। वर्गों में रंग के प्रश्न ही को हटा दिया—पिछले दो-ढाई हजार वर्षों में रक्त-सम्मिश्रण इतना हो चुका था कि गोरा होना सिर्फ ब्राह्मण के ही लिए नहीं रह गया था। जहाँ बुद्ध के समय (५०० ई०पू०) हम सोणदंड ब्राह्मण को ब्राह्मण बनानेवाली बातों में गौर वर्ण होने की प्रधानता स्वीकार करते देखते हैं,[१] वहाँ अब वह गुण, कर्म, स्वभाव पर आश्रित माना जाने लगा और रंग को बिलकुल हटा दिया गया। नये सुधार ने चार वर्णों की संख्या यद्यपि चार ही रखी, किन्तु अब वर्णों का द्वार खोल दिया गया था। पुरोहित-वर्ग जिस किसी आर्य, अनार्य या संकर अथवा प्राचीन या नवागत जातियों को ऊँचे वर्ण में डाल सकता था। यज्ञ-याग की आमदनी तो ब्राह्मणों के लिये अब जरूर कम हो गई थी, किन्तु उसके बदले में जो अधिकार उन्हें मिले, वह उससे कहीं अधिक शक्ति और सम्पत्ति के वाहक थे। अब भिन्न-भिन्न जातियों के ऊँच-नीच होने के झगड़ों—जो कि सिर्फ भावुकतापूर्ण झगड़े मात्र न थे, बल्कि उनके फैसले पर उनका आर्थिक जीवन निर्भर था—अन्तिम निर्णय ब्राह्मणों के हाथ में था। इसी महान् समन्वय के युग में शक, यवन जैसी नवागत शासक-जातियों का बहुत-सा भाग क्षत्रिय और ब्राह्मणों में भी शामिल हुआ। आभीर (अहीर) जट्ट, गुर्जर आदि में जो प्रभुताशाली थे, उन्हें क्षत्रिय-वर्ग में स्थान मिला। स्मरण रखना चाहिये कि जिस पुरानी वर्ण-व्यवस्था पर बौद्धों और जैनों के जबर्दस्त प्रहार शताब्दियों तक होते रहे और उन्होंने क्रियात्मक रूप से वर्ण-भेद को हटा स्वदेशी-विदेशी अ-द्विजों को समाज में समान स्थान दिलाना शुरू किया था, वही ब्राह्मणों के इस परिवर्तन का प्रेरक कारण हुआ। लेकिन यह सारा सुधार इस तरह किया गया कि उनके विचारों का पुराना स्तर बिल्कुल नष्ट न होने पाये, जिससे कि समाज की गहराई तक उसका असर न होने पाये।

सबको मिलाकर देखने पर मालूम होगा कि धर्म ने सभी देशों में सामन्तवादी समाज के ढाँचे को कायम रखने तथा शासक-वर्ग के स्वार्थ की रक्षा के लिये ढाल का काम किया। उसने समय-समय पर नवीनता या नये सुधार स्वीकार किये, किन्तु वह भी इसलिये कि भीतर भड़क रही आग कहीं समाज के ढाँचे के साथ शासक-वर्ग को ही भस्म न कर दे।

सारा भारतीय दर्शन (जो कि उपनिषद् के अज्ञेय रहस्यवाद, बौद्ध क्षणिक विज्ञानवाद और यूनानी परमाणुवाद के समागम से बना है) सामन्तवादी समाज के वर्गहित द्वारा प्रत्यक्ष या अप्रत्यक्ष रूप से प्रेरित हो अस्तित्व में आया। भारतीय दर्शन पर हम 'दर्शन-दिग्दर्शन' कहनेवाले हैं, इसलिए यहाँ इतने पर ही बस करते हैं।

(३) सदाचार—हत्या, चोरी, यौन दुराचार और मिथ्या-भाषण न करना सदाचार है। जिनमें मिथ्या-भाषण पर आदिम मानव जोर ही नहीं देता था, बल्कि उसके लिए मन में

---

१ सोणदंडसुत्त (दीर्घनिकाय १;४, पृष्ठ—४५).

दूसरी बात रखते हुए बाहर दूसरी बात कही जाये, यह अस्वाभाविक चीज थी। चोरी की भाँति मिथ्या-भाषण की कला भी मनुष्य ने बड़े प्रयत्न के साथ पीछे विकसित की। भय या लोभ-वश तुरन्त झूठ मुँह से निकल आना आसान है, किन्तु इतने ही से काम नहीं चल सकता। हर एक झूठ को याद रखने की कोशिश करनी पड़ती है, ताकि पीछे कोई विरुद्ध बात न निकल आवे, जिससे पहले का झूठ पड़ता जावे। इतनी मानसिक दिक्कत उठाना आदिम मानव के लिये उससे कहीं अधिक असह्य था, जितना कि सच बोलने पर उसे दंड सहना पड़ता। आज भी आदिम अवस्था में पाई जाने वाली जातियाँ बहुत कम झूठ बोलती हैं और जो कुछ झूठ उन्होंने सीखा है, वह अधिक सभ्य जातियों के सम्पर्क में आकर ही। वस्तुतः झूठ भी वर्गवादी समाज की उपज है। वह दिखलाने के लिये चाहे जितना ही चिल्ला-चिल्लाकर झूठ के खिलाफ लेक्चर दें, किन्तु जिस वैयक्तिक सम्पत्ति और वर्ग-स्वार्थ पर उनकी नींव है, वह झूठ को अपने हाथ से जाने नहीं दे सकता। शायद झूठ के औचित्य को स्वीकार करनेवाले सबसे पहले बनिये थे, जिन्हें चीज के भाव बतलाने में अधिक लाभ था।

चोरी का आधार ही वैयक्तिक सम्पत्ति है। चोरी की व्याख्या निर्भर करती है, सम्पत्ति के स्वामित्व की व्याख्या पर। किसी के स्वत्त्व का अपहरण चोरी है, यह कह कर छुट्टी नहीं मिल सकती है आखिर किसी चीज पर किसी व्यक्ति का स्वत्त्व क्यों होता है? यदि हम विचारपूर्वक देखें, तो मालूम होगा कि कोई छोटी से छोटी चीज भी नहीं है, जिसके बारे में कहा जा सके कि वह सिर्फ एक आदमी के हाथ या दिमाग के श्रम से बनी है। आदमी से हाथ को उस चीज के बनाने में तथा दिमाग को उसकी तदवीर या योजना सोचने में चतुर बनाने में सबसे बड़ा हाथ समाज का रहा है, इसलिये समाज के स्वत्व को इनकार करना ईमानदारी नहीं हो सकती। यदि कहा जाये कि सामाजिक स्वत्व तो सभी चीजों में समान रूप से है, स्वत्व में जो विशेषता है, वह व्यक्ति की है, तो यह भी ठीक न होगा; क्योंकि सामाजिक स्वत्त्व कह कर उसे छोड़ जाने में समाज को उसका मूल नहीं मिल पाता। दूसरा प्रश्न यह है कि कोई व्यक्ति किसी चीज पर अपना स्वत्व कैसे स्थापित करता है? यदि, निर्माण द्वारा कहा जाये—जो कि है भी दुरुस्त—तो आज के सम्पत्ति के स्वामी प्रायः सारे ही चोर ठहरते हैं, वह पराये स्वत्त्व का अपहरण करते हैं। सामन्तवादी समाज ऐसी व्याख्या कबूल करके अपने पैरों में आप कुल्हाड़ी मारने के लिये क्यों तैयार होने लगा। उसने 'पर स्वत्व-अपहरण' से आगे बढ़ना नहीं चाहा, क्योंकि उसे विश्वास था कि उसी के चिरव्यापी प्रयत्नों से स्वत्व का एक अर्थ साधारण जनता समझ गई है; जिससे उत्पादन में हाथ न लगाने वाले भी सम्पत्ति के स्वामी बन गये हैं। सारांश यह कि चोरी के न करने को सदाचार में इसलिये लिया गया जिसमें बिना काम किये अन्याय से वंचित वैयक्तिक सम्पत्ति की ओर कोई आँख न उठाये।

यौन दुराचार को भी भारी पाप घोषित किया जाता है, किन्तु यौन-दुराचार की सीमा निर्धारित करने में फिर मनमानी की जाती है। यौन-दुराचार एक सापेक्ष चीज है, जिसका मान सभी समाजों, सभी देशों और सभी कालों में एक-सा नहीं होता। यूरोप में सपत्नी-विवाह या विवाहिता स्त्री से यौन-सम्बन्ध दुराचार है, भारतवर्ष में वह कृष्ण, दशरथ जैसे सत्पुरुषों के वक्त से चला आया सदाचार है। यूरोप में, और आज के भारत में भी, एक स्त्री का अनेक पुरुषों के साथ यौन-सम्बन्ध किसी तरह उचित नहीं समझा जाता; किन्तु हम जानते हैं, द्रौपदी के पाँच पति थे, तब भी, वह प्रातःस्मरणीय 'पंच कन्याओं में थी।' तिब्बत और हिमालय की

कुछ जातियों में आज भी एक स्त्री के अनेक पति—सभी भाइयों की एक पत्नी—की प्रथा है, और वहाँ के समाज को स्वप्न में भी खयाल नहीं होता कि यह दुराचार है। वहाँ के संभ्रान्त, शिक्षित समाज भी अपने बापों या माँ के पतियों की संख्या बतलाने में नहीं हिचकिचाते, जैसे कि द्रौपदी के पाँच पुत्र न हिचकिचाते।

कहा जा सकता है कि समाज ने जहाँ जैसा मान लिया, वहाँ वही सदाचार है। फिर तो यौन-दुराचार रही नहीं जायेगा, क्योंकि पुरुष के लिये वेश्यागमन समाज ने मान लिया है, वेश्या का पेशा समाज द्वारा अनुमोदित पेशा है और वेश्यागामी को समाज किसी तरह का दण्ड देने के लिए तैयार नहीं है—वह न उसका सामाजिक बहिष्कार करता है और न उसके लिये कोई राजदण्ड नियम है। ज्यादा-से-ज्यादा वह कह सकता है कि इस दण्ड को परलोक पर खुदा के हाथ में छोड़ रखा गया है। लेकिन चोरी के बारे में समाज ने यह नीति नहीं अख्तियार की! यौन-दुराचार और सम्पत्ति का चोली-दामन का सम्बन्ध है। चाहे कितने भी दुराचारी क्यों न हों, सम्पत्ति के स्वामी ही समाज के चौधरी बनते हैं; इससे साफ है कि यौन-सदाचार सिर्फ धोखे की टट्टी है। सामन्तवादी भला कब उसका पालन कर सकता था, जब कि उसी ने पहले-पहल वेश्यावृत्ति को जन्म दिया—पैसे पर शरीर को बेचना स्त्री के लिए सामन्तवाद ने ही संभव किया। यौन सदाचार का नमूना देखना हो, तो प्राचीन और आज के सामन्तों के रनिवासों को देखिये।

हत्या बड़े दुराचारों में है। कहीं मनुष्य-हत्या तक को ही बुरा कहा गया है और कहीं प्राणिमात्र की हिंसा को निषिद्ध ठहराया गया है। सामन्तवादी शासन ने पहले-पहल सेना का संगठन किया, उसी ने दूसरी जाति की धन-धरती के अपहरण को उचित ठहराया, फिर उसके मुँह से निकला यह हत्या का विरोध एक ढोंग के सिवा और क्या हो सकता है? निरर्थक और सार्थक हत्या कहकर व्याख्या करने की कोशिश की जा सकती है; किन्तु उसका अर्थ यही होगा कि अधिकाररूढ़ वर्ग के स्वार्थों के लिए हत्या—राज्यानुमोदित हत्या—वैध है। सामन्त-युग में एक समय था, जब कि चोरी की सजा मृत्यु-दंड थी—अर्थात् वैयक्तिक सम्पत्ति की रक्षा के लिये मनुष्य-हत्या जायज थी। सच तो यह है कि सारा सामन्तवाद ही अपने समय की प्रसिद्ध कहावत 'मत्स्य-न्याय' (एक मछली दूसरी मछली को खाती है) पर निर्भर था, उसने यदि हत्या का विरोध किया, तो वह सिर्फ दिखलावे के लिये, या वह पहले युगों से चली आती आवाज प्रतिध्वनि मात्र थी।

९. स्त्री और ब्याह

(१) स्त्री—पितृसत्ता के साथ स्त्री का स्थान समाज में नीचा क्यों हो गया, इसे हम बतला आये हैं। सामन्त-युग में स्त्री की अवस्था कितनी और गिरी, यह इसी से साफ है कि उसे पैसे के लिये शरीर बेचने की दूकान तक खोलनी पड़ी। इस युग में उच्च वर्ग तो वस्तुतः स्त्री को विलास-सामग्री से अधिक समझता ही नहीं। सम्पत्ति पर स्त्री का नहीं, पुरुष का अधिकार था। स्त्री भोग में सहगामिनी हो सकती थी; किन्तु पुरुष की मर्जी से सुन्दर वस्त्राभूषण, स्वादिष्ट भोजन और तेल फुलेल हर सामंत अपनी प्रेयसी के लिए अर्पित करता था और शायद इसी के लिये मनु ने 'यत्र नार्यस्तु पूज्यन्ते' (जहाँ स्त्रियों की पूजा होती है) लिखा—पूजा भी तो इसी तरह वर्गस्वार्थ को ढँकने के लिये सामन्तवादी समाज में बहुत दूर तक विकसित की गई थी। किन्तु मनु और उसके सामन्त-समाज की अपेक्षा इस विषय में उपनिषद् के ऋषि ज्यादा स्पष्ट वक्ता निकले; जब कि उन्होंने कहा—"न वै जायायै कामाय

जाया प्रिया भवति, आत्म नस्तु कामाय जाया प्रिया भवति। (भार्या की रुचि के लिए भार्या प्रिय नहीं होती, बल्कि अपनी रुचि के लिए भार्या प्रिय होती है)।

सामन्त-युग में स्त्री की कदर क्या थी, वह मनु के इस नीति-वाक्य से मालूम होता है—

''पिता रक्षसि कौमारे भर्ता रक्षति यौवने।
पुत्रो रक्षति वर्धक्ये न स्त्री स्वातंत्र्यमर्हति॥''

(कुमारी होते वक्त पिता रक्षक होता है, जवानी में पति, बुढ़ापे में पुत्र रक्षक होता है, स्त्री को स्वतन्त्रता नहीं चाहिये।)

भारत में तो बल्कि गुप्त-काल के बाद स्त्रियों पर एक और अजाब नाजिल हुआ और पति के मर जाने पर उसकी लाश के साथ स्त्री का मरना आवश्यक कर्तव्य माना जाने लगा। अभी डेढ़ सौ साल ही बीते हैं, जब कि इस क्रूर प्रथा को बन्द किया गया। इन पन्द्रह सदियों में, जब कि हिन्दुओं में सती-प्रथा का रिवाज रहा, न जाने कितनी करोड़ स्त्रियों का इस प्रकार हनन किया गया होगा। मेरे एक मित्र—जो संस्कृत के भारी विद्वान हैं और आधुनिक जगत की प्रगति से बिलकुल अनभिज्ञ नहीं हैं—कह रहे थे, विधवा-विवाह जब हो ही नहीं रहा है, तो वैसी अवस्था में तो स्त्री का पति के साथ जल मरना समाज-शुद्धि की दृष्टि से अच्छा था और सती-प्रथा का रोकना ठीक नहीं था। स्त्रियों के लिये विधवा-विवाह का निषेध भी सामन्तवादी समाज में स्त्री के जिन धर्मों और जातियों के विधवा-विवाह में आपत्ति नहीं है, वह भी संभ्रान्त-कुलों—सामन्त वंशों में—विधवाएँ सन्तान होने पर अकसर आजन्म विधवा रहती हैं—खुशी से नहीं, सामाजिक बन्धन के कारण। भारत में मुसलमानों की ऊँची जातियों में विधवा विवाह अभी भी वर्जित देखा जाता है। मुगल बादशाहों की कई पीढ़ियों तक राज-कन्याओं के आजन्म कुमारी रहने की प्रथा थी। इस तरह के बहुत से उदाहरण मिल सकते हैं, जिनसे प्रकट होता है कि सामन्तवादी समाज में स्त्रियों का दर्जा विलास सामग्री या नौकरानी-सा ही था उन्हें कभी सिर ऊँचा करके चलने का मौका नहीं मिला। यही क्यों, एशिया के बड़े भाग में तो स्त्रियों का मुँह खोलकर बाहर निकलना भी धर्म-विरुद्ध समझा जाता रहा है।

यूरोपीय स्त्रियों की स्वतन्त्रता—सापेक्ष तौर पर ही कह सकते हैं। भारत या और मुसलमानी देशों की अपेक्षा वह अवश्य ज्यादा प्राप्त थी। उन्हें भारतीय सामन्तों की नारियों की भाँति असूर्यम्पश्या नहीं बनाया जाता था, न शाही हरम की भाँति जनानखाने में बन्द रखा जाता था। एक स्त्री के रहते दूसरा ब्याह करने का अधिकार न था। यद्यपि ईसाई धर्म तलाक को निषिद्ध मानता था और रोमन कैथोलिक ईसाई सम्प्रदाय अब भी उस पर डटा हुआ है तो, भी तलाक का अधिकार स्त्री को मिला क्या, ईसाइयत के पहले से चले आये इस अधिकार को यूरोप में पूरी तौर से छीना नहीं जा सका। किन्तु हम जानते हैं कि वहाँ वोट और पार्लियामेंट में सदस्य होने तथा ऑक्सफोर्ड, कैम्ब्रिज जैसे विश्वविद्यालयों में प्रवृष्ट होने के लिये अभी हमारे सामने तक स्त्रियों को कितनी जद्दोजहद करनी पड़ी!

(२) विवाह—आदिम साम्यवादी युग में यूथ-विवाह जन-युग में अनिश्चित मिथुन-विवाह रहा। इन दोनों अवस्थाओं में स्त्रियों को पुरुष-सम्बन्ध में काफी स्वतन्त्रता थी। किन्तु स्वतन्त्रता का मतलब वहाँ स्वेच्छाचारिता न था; उसका अर्थ इतना ही था कि पत्नी का मतलब अभी तक जंगम सम्पत्ति नहीं हुआ था। विवाह पुरुष-स्त्री के स्वाभाविक प्रेमभोग के लालच की प्रेरणा के बिना उत्पन्न हुए प्रेम—का परिचायक था। हम ऐसे विवाह-संबंध को

हिन्दुओं की पुरानी देवांगनाओं के स्वातन्त्र्य-पूर्ण प्रेम से तुलना कर सकते हैं। पितृसत्ता-युग में स्त्री की वह स्वतन्त्रता अपहृत की गई, पुरुष को धन या प्रभुता के बल पर दासियों के साथ संबंध जोड़ने की ही आजादी नहीं रही, बल्कि दुनिया के बहुत से भागों में थोड़े ही समय बाद वह बहुविवाह करने के लिए स्वतन्त्र हो गया। स्त्री के लिये एक-विवाह की प्रथा जो एक बार आरम्भ हुई, वह सारे सामन्त-काल में उसी तरह चली आई।

प्राचीन मिस्र के सबसे पुराने सामन्तवादी समाज को ले लीजिये, वहाँ बहु-विवाह का खुल्लम-खुल्ला रिवाज था; यद्यपि यह ठीक है, कि उसे धनी लोग ही कर सकते थे। आखिर धनी वैयक्तिक सम्पत्तिवालों की ही तो यह ईजाद भी थी और उन्हीं के पास इतना धन था कि वह नारी रूप में एक से अधिक ज़ंगम सम्पत्ति को खाना कपड़ा दे खरीद सके। प्राचीन मिस्र में सामन्त घरों की औरतें पर्दे में नहीं रहती थीं। उन्हें अपने पतियों के साथ जनता में आने का अधिकार था; यद्यपि इस्लाम के प्रचार के बाद मिस्र की स्त्रियाँ इससे बिल्कुल महरूम हो गईं और तेरह सदियों तक वैसी ही रहीं। प्राचीन मिस्र की औरतें पीछे के सामन्तवादी समाज की औरतों से जरूर बेहतर हालत में थीं। वह सम्पत्ति की स्वामिनी हो सकती थीं और उसे बेच या दान भी दे सकती थीं भारत की स्त्रियों के लिए यह अधिकार अभी तक नहीं मिला है। मिस्री औरतें अपने पतियों को कर्ज देती थीं। उनके इन अधिकारों को जब हम पीछे के समय से तुलना करते हैं, तो मालूम होता है कि स्त्रियाँ दिन-पर-दिन अपने प्राप्त अधिकारों को खोती गईं।

आज से चार हजार वर्ष के बाबुल के सामन्त समाज में—जो कि तत्कालीन सिन्धु उपत्यका के आर्य-भिन्न समाज से बहुत ज्यादा समानता रखता था—स्त्री संबंध के लिए वैध विवाह की जरूरत थी। तलाक अधिकार था। स्त्री-धन या मेहर तै करने का भी हक था। सन्तानवाली स्त्री को यदि तलाक दिया जाता, तो उसको अपने साथ लाये दहेज और पति की सम्पत्ति का कुछ हिस्सा बच्चों की परिवरिश के लिये पाने का अधिकार था। यदि कोई स्त्री आवारागर्दी तथा अपने पति की बदनामी करती, तो उसे पानी में फेंक देने का अधिकार था। किन्तु उसका पति आवारागर्दी और उसकी बेइज्जती करता, तो उससे स्त्री को निर्दोष समझा जाता और 'वह स्त्री धन लेकर अपने बाप के घर लौट जा सकती थी।'[१]

सामन्तवादी युग के एक (विशाखा के) विवाह का वर्णन हम कर चुके हैं। विवाह को उस समय सामाजिक प्रतिज्ञा नहीं, बल्कि धर्म का अंग समझा जाता था, किन्तु यह खयाल एक तरफ था। इसमें जितनी कड़ाई स्त्री के लिए थी, उतनी पुरुष के लिये नहीं। विवाह में प्रेम के लिये बहुत कम स्थान था—खासकर सामन्त-परिवार में। ब्याह पद और धन को देखकर होता था, और पति की पत्नी की हर हरकत पर देख-रेख रखने और सन्देह होने, पर प्राण तक ले लेने का अधिकार था, किन्तु विवाहिता पत्नी को पति के स्वेच्छाचार चुपचाप जहर की घूँट की तरह पी जाना पड़ता था—क्योंकि स्त्री के स्वेच्छाचारी समाज की नाक कटती थी, जब कि पुरुष के लिये वह हँसकर उड़ा देने की बात थी।

■

१. Code of Hammurabi, Section 196.

षष्ठ अध्याय

सभ्य मानव-समाज (३)

(ग) पूँजीवादी युग (१)

अब तक के हर एक युग के बारे में हमने जो खास बात देखी, वह यह थी कि समाज में जब-जब परिवर्तन हुआ, वह सब जीवनोपयोगी उत्पादन शक्तियों की अवस्था पर निर्भर था। उत्पादन की शक्तियाँ वस्तुओं के आदिम साम्यवादी समाज में आरम्भिक अवस्था में थीं। अभी श्रम का विभाग नहीं हुआ था, धातु के हथियार मालूम नहीं थे; इसलिये कम अभ्यस्त हाथों और लकड़ी, पत्थर के हथियारों की सहायता से श्रम अधिक और काम कम हो पाता था। ग्यारहवीं सदी ईसवी में तिब्बत के कितने ही प्रदेशों में पीसने की चक्की न थी और उसकी जगह लोग पत्थर की कुण्डी-लोढ़े का इस्तेमाल करते थे। कुण्डी-लोढ़े से कितना मोटा और कितना कम सत्तू पिसेगा और कितने श्रम के बाद परिमाण में सत्तू तैयार हो सकेगा, इसका अनुमान आप खुद कर सकते हैं। आदिम साम्यवादी समाज के साधन तो इससे भी निर्बल थे, इसलिये उसके श्रम की उत्पादन-शक्ति बहुत कम रही होगी, वह आसानी से समझा जा सकता है।

हर एक नये साधन के आविष्कार से उत्पादन-शक्ति बढ़ती गई। जब-जब उत्पादन-शक्ति में वृद्धि होती है, तब-तब समाज की पूर्व-स्थिति में गड़बड़ी पैदा होती है। मेरे बचपन में पत्थर की कोल्हुओं में ऊख पेरी जाती थी। पत्थर का कोल्हू कई सौ मन का होता था। उसको खींचकर लाने के लिये पचासों आदमी चाहिये थे। चुनार (मिर्जापुर) से महीने-महीने भर के रास्ते को तै कर उन्हें लाया जाता था। रास्ते में कितनी नदियाँ पड़ती थीं। यदि कोल्हू खरीदकर लाने वाले को इन सारे आदमियों को अपने गाँव से जाना पड़ता, तो कोल्हू के मूल्य से कई गुना अधिक खर्च आदमियों के खाने पर लग जाता और कम से कम मेरे नाना जैसे आदमी तो कभी अपने द्वार पर 'पथरिया' (पत्थर का कोल्हू) नहीं गाड़ सकते। किन्तु, लोगों ने इसका हल निकाल लिया था। कोल्हू लानेवाला एक या दो आदमी (जिनमें एक बढ़ई भी होता था) के साथ आटा सत्तू बाँध चुनार पहुँचता था और उन्हीं पत्थरों से काटकर वह अधगढ़ कोल्हू खरीदता था जिनसे सवा दो हजार वर्ष पूर्व अशोक ने अपने स्तम्भ बनवाये थे। कोल्हू के दोनों सिरों की सुराख में लकड़ी गाड़कर घूमनी चरखी और फिर रस्सा बाँध दिया जाता था। जिस गाँव में कोल्हू पहुँचता खबर पाते ही लोगों को सारा काम छोड़ पहले कोल्हू को अपनी सीमा के बाहर करना पड़ता। 'महादेव बाबा' (पत्थर को गाँववाले महादेव बाबा कहकर पूजते थे) को गाँव में पड़ा छोड़ अन्न का एक कण भी मुँह में डालना लोग पाप समझते थे। इस प्रकार कोल्हूवाले को मास भर की मंजिल तक कोल्हू की खिंचाई पर एक पैसा भी खर्च नहीं करना पड़ता था। हाँ, उसे बहुत नियम-व्रत से रहना पड़ता था, जिसमें "महादेव बाबा" नाराज होकर किसी नदी या दलदल में बैठ जाने की न ठान लें।

पत्थर के कोल्हू के लाने में बड़ा तरद्दुद था। कोल्हू को गढ़ कर गाड़ दिया जाता, उसके बाद उससे काम लेना एक परिवार से नहीं हो सकता था, इसीलिये कोल्हू एक सामूहिक संस्था बन जाता था।

लेकिन वर्तमान सदी के आरम्भिक वर्षों में लोहे के कोल्हू गाँव में पहुँचे, जिसका परिणाम यह हुआ कि पत्थर के कोल्हू बन्द हो गये। लोग उन्हें भूलने लगे। ऊख पेरने में सामूहिक काम करने की आदत ख़त्म हो गई। हजारों वर्षों से चले आते 'महादेव बाबा' एक गाँव से दूसरे गाँव में पहुँचाया जाना बंद हो गया। कोल्हू को लेकर समाज का जो एक संगठन था, उसमें गड़बड़ी पड़ गई। कितने ही वर्षों तक लोग कहते रहे—"लोहे के कोल्हू में वह बरक्कत नहीं। पत्थर के कोल्हू में कितने मँगता अभ्यागत पलते थे, कितना पुण्य होता था? लोहे के कोल्हू का रस उतना स्वादिष्ट नहीं होता" और पिछली बात जरूर सच थी। लेकिन आज? शायद बहुत कम आदमी पत्थर के कोल्हू को याद भी करते होंगे। उस वक्त सारी शिकायतों के होते हुए भी क्यों लोहे का कोल्हू पत्थर के कोल्हू को हटाने में सफल हुआ? क्योंकि उसमें थोड़े आदमी भी ज्यादा काम कर सकते थे। बच्चे भी ऊख लगाने या बैल हाँकने का काम कर सकते थे। खेत में भी ले जाकर उसे गाड़ा जा सकता था, जिससे ढोने की मेहनत से बच सकते थे। एक परिवार अपना अलग कोल्हू चला सकता था, क्योंकि धोने-धोने से जाठ को उठाने के लिये यहाँ आधे दर्जन से अधिक मजबूत हाथों की जरूरत न थी। उत्पादन ऊख का मीठा रस इसमें बहुत कम छूटता था। न साधन के आविष्कार द्वारा श्रम की शक्ति बढ़ती है, जिससे उसे अपनाने के लिये लोग मजबूर होते हैं और अपनाने पर समाज की पूर्व-स्थिति में गड़बड़ी होती है, इसका यह एक अच्छा उदाहरण है।

हर एक ऐसी गड़बड़ी के बाद पुरानी स्थिति खत्म होती है, नई स्थिति आ मौजूद होती है और कुछ ही समय में गड़बड़ी का पता नहीं रहता। तालाब में पत्थर फेंका जाता है, लहरें उठती हैं और सारे तालाब की शांति को भंग करती है। लहरें धीमी-धीमी हो जाती हैं और तालाब फिर शांत हो जाता है, इसके बाद फिर पत्थर फेंका जाता है, फिर पहले जैसी गड़बड़ी और शांति की आवृत्ति होती है। समाज में भी उत्पादन-शक्ति की वृद्धि से यही हालत होती हैं, फर्क इतना जरूर है कि यहाँ बाहर से ढेला फेंकने की जरूरत नहीं, हलचल पैदा करने की ताकत स्वयं तालाब के जल में है।

जब उत्पादक शक्तियाँ कुछ हद तक बढ़ गईं तो व्यक्तियों की पहली स्थिति में परिवर्तन करने की जरूरत पड़ी, नहीं तो समाज में गड़बड़ी उत्पन्न हुई, उसको हटाकर उसमें आंतरिक सन्तुलन और शांति को नहीं लाया जा सकता और इससे सारी व्यवस्था के नष्ट हो जाने का डर है। कार्य-सम्बन्धी जमात बन्दी को फिर से नया बनाने पर, समाज के सामाजिक-राजनीतिक ढाँचे में भी व्यक्तियों की नई जमातबन्दी होनी लाजिमी है। इस नई जमातबन्दी के कारण फिर कानूनी, आचार-संबंधी तथा दूसरी धारणाओं में परिवर्तन होता है। भीतरी हलचल—नये उत्पन्न विरोधों से समाज के जीवित रखने के लिए यही तरीका है। उत्पादन-शक्ति जिस तरह सामाजिक-राजनीतिक क्षेत्र में इन परिवर्तनों को लाजिमी बना देती है, उसी तरह समाज के सारे मनोविज्ञान, सारी विचारधारा में भी परिवर्तन उपस्थित करती है।

जाँगल मानव से लेकर सामन्तवाद तक सिंहावलोकन करते हुए हम देखते हैं कि समाज लगातार बदल रहा है। उसके भीतर जमातबंदियाँ नया रूप ले रही हैं। समाज के रूप और गुणों में परिवर्तन न हो रहा है, इत्यादि। यह भी हमने देखा कि समाज के इन परिवर्तनों का

संबंध उत्पादक-शक्तियों के विकास से है—यदि पुरुष पशुपालन के हुनर द्वारा उत्पादन-शक्ति को बढ़ाने में सफल न हुआ होता तो मातृसत्ता की जगह पितृसत्ता और वैयक्तिक सम्पत्ति स्थापित न हुई होती। यदि कृषि और गृहशिल्प के लिए मानवश्रम की माँग न बढ़ी होती तो शत्रु के मारने की जगह दासता न आती। यदि सभी उत्पादन-शक्तियों की वृद्धि द्वारा वैयक्तिक सम्पत्ति और उसके द्वारा वैयक्तिक प्रभाव और लोभ न बढ़ा होता, तो सामन्तवाद न कायम होता। इस तरह मालूम हुआ कि समाज के परिवर्तन का मुख्य कारण उत्पादन शक्तियों का विकास है। इसीलिये मार्क्स ने कहा है[१]—

"विकास होते-होते एक ऐसी अवस्था आती है, जब कि समाज के भीतर उत्पादन की भौतिक शक्तियों का उत्पादन के तत्कालीन संबंध, सम्पत्ति के संबंध जिनके भीतर कि अभी तक काम होता चला आय्या था—के साथ टक्कर होती है। अब तक जो बातें उत्पादन-शक्तियों के विकास का रूप या सहायक थीं, वही अब उसकी बेड़ी बन जाती है। तब सामाजिक क्रान्ति का समय आता है। आर्थिक नींव बदल जाती है, जिसके साथ समाज का सारा ऊपरी विशाल ढाँचा परिवर्तित हो जाता है।"

इस तरह के भारी परिवर्तन को क्रान्ति कहते हैं। सांघिक सम्पत्ति की जगह वैयक्तिक सम्पत्ति आई और मातृसत्ता की जगह पितृसत्ता स्थापित हुई, यह ऐसी ही क्रांति थी। पहले के जन और जनतान्त्रिक समाज के उत्पादन के ढंग और आर्थिक नींव के बदलने पर दासता और सामन्तवाद का दूसरा ढाँचा स्थापित हुआ, यह भी सामाजिक क्रांति है।

मार्क्स ने क्रांति के कारणों पर विचार करते हुए कहा है—"क्रांति के कारण अर्थनीति और नियमों की टक्कर नहीं है, बल्कि वह उस टक्कर का परिणाम है, जो कि उत्पादन शक्तियों और अर्थनीति के दरमियान होती है। और दोनों में फर्क है।" यह स्पष्ट है कि पशुपालन की उत्पादन शक्ति और मातृसत्ताक अर्थनीति दोनों एक साथ नहीं चल सकती थीं। अर्थनीति उत्पादन-सम्बन्ध को बतलाती हैं—मातृसत्ता, पितृसत्ता, सामन्तवाद यह भिन्न-भिन्न अर्थनीतियाँ (आर्थिक ढाँचे) थीं, जिनमें उत्पादन के सम्बन्ध अपने-अपने अलग थे। उत्पादन-शक्ति और उत्पादन-सम्बन्ध (अर्थनीति) की टक्कर क्रान्ति का वाहक होता है। किन्तु, ऐसी हर एक टक्कर क्रान्ति नहीं लाती—कैसे टक्कर होते-होते क्रान्ति को उपस्थित करते हैं, यह ज्यादा पेचीदी घटना है।

"सारे सामाजिक ढाँचे के भीतर छिपी हुई उसकी नींव का पता हमें तब लगता है, जब कि हम सीधे पैदा करनेवालों (श्रमिकों) और उत्पादन की सारी परिस्थिति पर काबू करनेवालों (मिल-मालिकों) के बीच के साक्षात् सम्बन्ध पर विचार करते हैं। इस नींव के पता लग जाने पर हम स्वतन्त्रता और स्वतन्त्रता के बीच से राजनीतिक सम्बन्धों का तत्सम्बन्धी राज्य के प्रचार को जान सकते हैं।"—(कापिटल भाग ३)

राजनीति अर्थनीति से अलग चीज नहीं, बल्कि वह बिखरी हुई अर्थनीति का ही एकत्रित किया हुआ सार है। राजनीति आखिरी वर्ग के उन्हीं आर्थिक स्वार्थों की रक्षा के लिए है। इसलिये कोई क्रांति सिर्फ राजनीतिक क्रांति नहीं हो सकती। हर एक क्रांति सामाजिक क्रांति है और हर एक सामाजिक क्रांति राजनीतिक क्रांति है। सामाजिक क्रांति एक वर्ग के स्थान पर दूसरे वर्ग को अधिकारारूढ़ करती है। उत्पादन-संबंध (उत्पादकों और उत्पादन-

---

१. A Contribution to the Critique of Political Economy.

स्वामियों का संबंध) सबकी जड़ है, जड़ों में तबदीली होते ही सारे ढाँचे में तबदीली आ जाती है—जिससे राजनीतिक ढाँचा भी अलग नहीं है। उत्पादन-संबंधों में भी वही संबंध इन सबका जिम्मेदार है, जिसे हम आर्थिक आधिपत्य कहते हैं और जिसका आधार है, वस्तुओं और उत्पादन के खास संबंध, सम्पत्ति के मौलिक संबंध और उत्पादन के हथियारों पर एक वर्ग के मालिक होने का संबंध। हम आगे बतलायेंगे कि कैसे पूँजीवाद ने यन्त्र के विकास, उपयोग तथा श्रमिकों को एकत्र संगठित करके उत्पादन-शक्ति को बढ़ाया। किन्तु बढ़े हुए उत्पादन के खर्च करने में नफा उठाने के प्रश्न ने मन्दी और बेकारी पैदा की। गोया पूँजीपति का मशीन और उत्पादन का स्वामी होना—यह संबंध अब रुकावट डालने लगा।

सामाजिक क्रांति क्यों हो के रहती है, इसके बारे में एक लेखक ने लिखा है—"उत्पादन-शक्तियों और उत्पादन-सम्बन्धों के बीच की टक्करें—जो कि शासक वर्ग के राजनीतिक संगठन के तौर पर ठोस रूप में अच्छी है—क्रांति के कारण हैं। उत्त्पादन के यह सम्बन्ध उत्पादन-शक्तियों के विकास में इतनी जबर्दस्त बाधाएँ हैं कि यदि समाज को आगे बढ़ना है, तो इनको तोड़ना जरूरी है। यहि इन्हें तोड़ फेंका नहीं गया, तो वह उत्पादन-शक्तियों को आगे बढ़ने से रोक देंगे और सारा समाज बन्द धारा की तरह थमकर सड़ांध पैदा करने या पीछे जाने लगेगा—जिसका अर्थ है पतन की ओर कदम बढ़ना।"

१. पूँजीवाद का प्रारम्भ

पूँजीवाद, यानी पूँजी द्वारा उत्पादक-साधनों—मशीन और मजदूरों पर अधिकार कर सिर्फ नफे के लिये चीजों का उत्पादन और वितरण करना, सबसे पहले इंग्लैंड में उत्पन्न हुआ, इसलिए अच्छा होगा, यदि इसके आरंभिक दिनों के लिए हम इंग्लैंड पर नजर डालें!

१२०० ई० में, जब कि भारत पर विदेशी तुर्क अपना शासन मजबूत कर रहे थे, इंग्लैंड का मानव-समाज कम्मी[१] (बगैर हक के किसान) और सामन्त भूमिपतियों में बँटा हुआ था। सारी सम्पत्ति, जो कि प्रायः सारी की सारी भूमि और कृषि की उपज थी, कानूनन भूमिपतियों की थी। देश में जहाँ-तहाँ इन सामन्तों के गढ़ जो कि आराम और सैनिक दोनों दृष्टि से बनाये गये थे—अपने आस-पास के कम्मियों के झोपड़ों से परिहास कर रहे थे। शान्ति के वक्त में कम्मी का श्रम सामन्त के आराम के लिए इस्तेमाल होता था और प्रतिद्वन्द्वी सामन्त से जब लड़ाई छिड़ जाती तो कम्मी को अपने सामन्त की फौज में सिपाही बन कर लड़ने के लिए जाना पड़ता था। सामंत के लिए कानून दूसरा और कम्मी के लिए दूसरा था। एक अपराध के लिए जहाँ कम्मी को प्राणदंड होता, वहाँ उसी अपराध के लिए सामन्त को मामूली सजा और चेतावनी काफी समझी जाती थी। कम्मी की इज्जत-आबरू सामन्त के हाथों में थी। कम्मियों की तरुण कन्याएँ सामन्त के विलास की चीज समझी जाती थीं। भारत में इनमें से कितनी ही बातें अब तक चली आती हैं। पटियाला, अलवर आदि रियासतें हाल तक सामन्तवाद को भारत में अक्षुण्ण रखने की पूरी कोशिश कर रही थीं। वह पूँजीवादी समुद्र में सामन्तवादी द्वीप थीं। रियासतों में किस तरह प्रजा पर अत्याचार होता, किस तरह न्याय के नाम पर स्वेच्छाचार होता, इसे कहने की जरूरत नहीं। वहाँ कायदा-कानून छोटे-से-छोटे अधिकारी की मौज में था। १९१६ ई० में किस्मत का मारा भूलता-भटकता अचानक मैं निजाम के एक

१. Serf.

गाँव में चला गया और सिर्फ रात गुजारने के लिए। किन्तु वहाँ चौपाल में जिस तरह मेरे ऊपर ज़िरह पर जिरह और सात पुस्त का जलील करते हुए पूछा गया था, उससे मालूम होता था कि सामन्तशाही पहले ही हर एक आदमी को अपराधी मान लेती है। १९२९ ई० में फिर जब मैं एलोरा जाने के लिए औरंगाबाद उतरा, तो स्टेशन पर सवाल ही जवाब नहीं हुआ, बल्कि गिरफ्तार कर तहसीलदार के सामने तक घसीटा गया और मुश्किल से जान बची। इससे मालूम हुआ कि पिछले महायुद्ध और बीसवीं सदी के १६ साल भारतीय सामन्तशाही की नजर में कोई चीज न थे।

तेरहवीं सदी में मंगोलों का जबर्दस्त हमला होता है, जिससे यूरोप की आँखें खुलती हैं, साथ ही बारूद और कुतुबनुमा-जैसे साधन वहाँ पहुँचते हैं। इसके पहले अरबों[१] ने तीन-चार शताब्दियों में जो यूनानी दर्शन और अपनी भौगोलिक-व्यापारिक गवेषणाएँ की थीं, उनका असर भी यूरोप पर पड़ रहा था। तामस अक्विना (१२२५-७४ ई०) का अरस्तू के यथार्थवादी दर्शन का स्वीकार करना बतलाता है कि उस वक्त हवा का रुख किधर को हो रहा था। इसके बाद सभी क्षेत्रों में रूढ़ियों को छोड़ स्वतन्त्र विचार की धारा फूट निकलने लगी। लियोनार्दो द-विन्ची(१४५२-१५१९ ई०) अपने ही समय का नहीं, हर समय के महान् कलाकारों-इन्जीनियरों में से एक है, वह इस पुनर्जागरणकाल[२] का एक जबर्दस्त प्रतिनिधि है। उसने अपने क्षेत्र में सारे रहस्यवाद को तिलांजलि दी और निष्ठुरता तथा 'निर्लज्जता' पूर्वक प्रकृति का पदानुसरण किया। अपने चित्रों में, प्रकाश, रेखाओं तथा तुलनात्मक आकार और परिणाम में उसने सारी रूढ़ियों को तिलाञ्जलि दी, और नंगे जीवित शरीर और कंकालों को अपना आदर्श बनाया। वस्तुवाद, बुद्धिवाद, व्यक्तिवाद—पुनर्जागरण के ये प्रधान गुण हमें विन्ची की कला में दिखलाई पड़ते हैं।

सामन्तवादी युग में वाणिज्य खूब बढ़ा, हम यह कह आये हैं। यूरोप में भी इस युग में व्यापारिक वर्ग बढ़ चला था, अरबों के अन्तर्राष्ट्रीय व्यापार और सम्पत्ति को देखकर बेनिस और फ्लोरेंस के व्यापारियों ने भी उधर ध्यान दिया। यद्यपि अभी वह अरबों का स्थान ग्रहण न कर सके थे; किन्तु देखते-देखते यहाँ के व्यापारी धनकुबेर बन गये। सारे यूरोप के व्यापारी-समाज में उनके अनुकरण की जबर्दस्त इच्छा जाग उठी और उसका असर एक ओर के टापू इंग्लैंड पर बिना पड़े नहीं रहा।

हमने सामन्तवादी इंग्लैंड का जो चित्र १२०० ई० में देखा था, वह १५५० ई० तक लुप्त हो जाता है। उसकी जगह अब हमें एक नया दृश्य दिखाई पड़ता है। शहर काम के जबर्दस्त क्षेत्र बन गये हैं, जिनमें धनाढ्य व्यापारियों में महल पर महल खड़े हैं। विदेशी माल से लदे जहाज बंदरगाहों में आ रहे हैं और माल उतारकर यदि मिल सका तो दूसरा माल लाद फिर नये माल लाने के लिए लौट रहे हैं। इस माल के बेचने के लिए साधारण दुकानों के अतिरिक्त जगह-जगह बड़े-बड़े मेले लग रहे हैं, जिनमें पुराने कम्मियों की सन्तान बिना रोक-टोक पहुँचती है और माल खरीदती है। नगरों में शिल्पियों का अपना संघ—'श्रेणी[३]'—है। कितने ही व्यापारियों ने अपनी कम्पनियाँ या सम्मिलित व्यापारी-मंडल कायम कर लिये हैं, जो कि

---

१. इनमें सीरिया के ईसाई अरब ही अधिक थे.

२. Renaissance Period.

३. Guild.

पाठशालाओं और दूसरी शिक्षा-संस्थाओं को आर्थिक सहायता दे ज्ञान प्रसार कर रहे हैं। नगरों में धनियों के अतिरिक्त स्वतन्त्र मनुष्य हैं। सामन्तवादी महन्थों और मठों की ताकत टूट चुकी है और उसकी जगह एक नया धार्मिक संगठन—इंग्लिश चर्च—कायम हुआ है, जो रोम के पोप को अपना प्रधान नहीं मानता। बंदरगाहवाले शहरों में नाविक, छोटे व्यापारी, शिल्पकार, फेरीवाले और चतुर कारीगर भरे हुए हैं। फ्लांडर्स[1] के चतुर जुलाहों को धार्मिक अत्याचार से भागकर इंग्लैंड के पूर्वी तट पर बसे तथा अपने काम को अच्छी तरह चलाते एक शताब्दी बीत चुकी है। व्यापार खूब बढ़ा है। स्पेन के समुद्री डाकुओं द्वारा देश-देशांतरों का लूटा धन इंग्लैंड के सार्थवाहों के पास जमा हो रहा है और वहाँ शक्तिशाली व्यापारी वर्ग उठ रहा है—मुमूर्ष सामन्तवादी समाज के गर्भ से नये जीवन, नयी चेतना, नये साधनों के साथ एक नया समाज पैदा हो गया है और वह अपनी नवजात सम्पत्ति और सामाजिक प्रतिष्ठा की रक्षा और वृद्धि के लिए निर्बल पड़ गये सामन्तवादी अमीरों से शासन-शक्ति छीनने के लिए तैयार हैं।

१६४० ई० में पहुचँते-पहुँचते सामन्तों और व्यापारियों का यह द्वंद्व उग्र रूप धारण कर लेता है। विद्रोह शुरू करने का बहाना भले ही और हो, किन्तु उसकी जड़ थी उक्त दोनों वर्गों के स्वार्थों की टक्कर। यह बात स्पष्ट हो जाती है, जब हम सामन्तों और उनके नेता तथा सबसे बड़े सामन्त इंग्लैंड के राजा को दैवी अधिकार को तोड़ने के लिए सारे नागरिक और व्यापारी को क्राम्वेल (१५९९-१६५८ ई०) के झंडे के नीचे जमा होकर लड़ते देखते हैं। प्रथम चार्ल्स के सिर काटने (३० जनवरी, १६४९ ई०) तथा क्राम्वेल की विजय के सामन्त शाही ताकत इंग्लैंड से विदा होती है। नई शक्ति से सज्जित अंग्रेजी व्यापारी दूने उत्साह से दुनिया के कोने-कोने—भारत भी उसमें शामिल—में अपनी व्यापारी कोठियाँ कायम करते हैं। अपनी रक्षा के लिये सैनिक तैयार करते हैं और उनके हरेक जायज-नाजायज स्वार्थ या सीनाजोरी में इंग्लैंड की सरकार 'हाँ' करने के लिए बाध्य होती है। १७१५ ई० में क्राम्वेल की क्रांति के खिलाफ इंग्लैंड के सामन्त एक बार जोर लगाते है; किंतु असफल रहते हैं। १७४५ ई० में उनकी तरफ से अंतिम कोशिश की जाती है, जिसके बाद सामन्तवादी तलवार ठंडी पड़ जाती है। यद्यपि राजशक्ति को पूर्णरूपेण अपने हाथ में लेने में व्यापारी वर्ग को अभी एक सदी की और प्रतीक्षा करनी थी; किन्तु व्यापारिक स्वार्थ अब राज्य का स्वार्थ हो गया था या राज्य-शासन का एक कर्तव्य व्यापारियों के स्वार्थों की रक्षा हो गबा था। पहले जिन व्यापारियों और नागरिकों को कायर, दब्बू और तलवार उठाने में असमर्थ समझा जाता था, उन्होंने क्राम्वेल की सेना में भरती हो तलवार के धनी सामन्तों और उनके पिट्ठुओं को करारी हार देकर साबित कर दिया कि शासन करने के लिए एक नई शक्ति तैयार हो गई है।

फ्रांस में भी व्यापारी-वर्ग की सम्पत्ति बढ़ रही थी, किन्तु उसी गति से नहीं, इसलिये वहाँ के व्यापारी वर्ग को अपने सामन्त वर्ग से लोहा लेने में १७८९ ई० तक प्रतीक्षा करनी पड़ी और अंतिम फैसला जहाँ इंग्लैंड में १८३३ ई० के सुधार कानून के साथ हो गया था, वहाँ फ्रांस सामन्तवादी को बिल्कुल समाप्त करने में तब सफल हुआ, जब कि १८७० ई० में फ्रेंच सामन्तवादी ममाज ने प्रुसिया (जर्मनी) से जबर्दस्त हार खाकर अपने को शासन के अयोग्य सिद्ध कर दिया और वहाँ राजा को हटाकर प्रजातन्त्र स्थापित हुआ। अब फ्रांस के कृषि-प्रधान प्रदेशों में उद्योग-धंधे बढ़ने लगे और नये कारखाने खुलने लगे।

---

१. उत्तरी फ्रांस और पूर्वी बेल्जियम.

इंग्लैंड में जहाँ पूँजीवाद १०० साल तक अंडे की अवस्था में रहा, वहाँ फ्रांस को इसमें ९० वर्ष रहना पड़ा। रूस में १८६१ ई० में कम्मी-प्रथा[१] के उठाने के साथ सामन्तवाद पर प्रहार हुआ और पूँजीवाद का सूत्रपात हुआ; किन्तु पूँजीवाद की शासन-शक्ति प्राप्त करने में आधी शताब्दी (फरवरी, १९१७ ई०) लगी; लेकिन उस वक्त तक उसके गर्भ में पलता श्रमिक वर्ग इतना चेतन और मजबूत हो गया था कि कुछ ही महीनों के बाद (७ नवम्बर, १९१७ ई०) उसे साम्यवादी शासन के लिए स्थान खाली करना पड़ा।

सामन्तवाद का एकाधिपत्य सर्वत्र एक समय नहीं हो सकता था; क्योंकि आर्थिक विकास की बाढ़ सभी जगह एक समय और एक गहराई के साथ नहीं आती। पिछले युगों में भी हम आर्थिक विकास की इस विषम गति को देख चुके हैं। दुनिया के भिन्न-भिन्न मुल्कों में सामन्तशाही का एकाधिपत्य पन्द्रहवीं सदी से उठने लगा। इंग्लैंड इसमें पहले था, जहाँ १४९५-१६०० ई० में व्यापारी वर्ग की शक्ति को स्वीकार कर लिया गया। स्काटलैंड के सामन्त-जमींदारों की ताकत १७४७ ई० में कम की जा सकी। फ्रांस में वह बात १७८९ में हुई और जापान १८७१ ई० में देम्यो (सामन्तों) के जुए से निकल सका। यहाँ यह याद रखना चाहिए कि जहाँ पूँजीवादी शासन पूरी तौर से स्थापित हो भी गया है, वहाँ सभी जगह सामन्त-वर्ग बिल्कुल खत्म नहीं हो गया, उसने स्वयं पूँजीपति-वर्ग में शामिल होकर जहाँ नये उद्योग-धंधों से आर्थिक लाभ उठाना शुरू किया, वहीं सेना और शासन के उच्च पद तथा पार्लियामेंट के ऊपरी भवन में अपने लिये स्थान सुरक्षित रख लिया है। जर्मनी की सेना, शासन और वैदेशिक विभाग की स्थायी अधिकारियों में 'फॉन' की ही संख्या ज्यादा है, जो कि सामन्त-घरानों के व्यक्ति हैं। जापान में यह बात और ज्यादा देखी जाती है। इंग्लैंड में पूँजीपति और सामन्त-परिवारों का इतना सम्मिश्रण हुआ है कि वहाँ दोनों के स्वार्थ एक-से हो गये हैं, तो भी यहाँ रीति-रस्म, धर्म तथा कितनी ही और बातों द्वारा सामन्तवाद को कायम रखने की कोशिश की गई है; यद्यपि जब-तब पूँजीवाद, आठवें एडवर्ड के निकालने की तरह, यह दिखला देता है कि राज्याभिषेक तथा दूसरे सैकड़ों सामन्तवादी अवशेषों को रहने देने पर भी वह बर्दाश्त नहीं कर सकता कि सामन्तवाद, श्रमिकवर्ग की सहानुभूति प्राप्त कर उसके अधिकार को कम करे।

२. पूँजीवाद का विकास

पूँजीवाद का लक्षण क्या है, इसे चन्द शब्दों में बतलाने की जगह अच्छा है कि उसके रूप को चित्रित किया जाये। वाणिज्य में हम क्या देखते हैं? कोई आदमी चीज बनाता है, उसे दूसरा खरीदता है। बेचनेवाले और खरीदनेवाले के बीच व्यापारी है, जो एक से चीज लेकर दूसरे को बेच सिर्फ अपनी जीविका चलाने भर ही नफा नहीं वसूल करता। ऐसा होता तो बिक जाने तक चीज का मालिक पैदा करनेवाला ही होता और व्यापारी सिर्फ थाती रखनेवाला रहता। छोटे-छोटे गृह-शिल्पों में, व्यापारी कारीगर से चीज खरीद उसका मालिक बन जाता है, और फिर अपनी चीज को अधिक-से-अधिक मूल्य में बेचने की कोशिश करता है। खरीद से बेच का मूल्य इतना अधिक रहता है कि अपने शारीरिक खर्च को काटकर भी व्यापारी के पास पैसा बचे रहे। यदि भारत में फेरीवाले से सेठ बने व्यापारियों की प्रगति पर नजर डालें, तो यह बात साफ हो जायेगी। एक बाजार में दो भाई तेल का काम करते थे। दोनों में से एक

---

१. Serfdom.

भाई तो अभी हाल तक जिन्दा रहा है। वे अपने सिर पर तेल लादकर गाँव-गाँव में सरसों से बदलने जाया करते थे। सरसों को लाकर तेल पेर फिर उसी तरह बदलते और कुछ को बेचते थे। खरीद और फरोख्त के बीच का इतना अन्तर था कि कुछ ही वर्षों में उनके पास अपने परिवार के खर्च से अधिक पैसा जमा हो गया। उन्होंने सौदा ढोने के लिए घोड़ा तथा बाजार में नमक-तम्बाकू तेल की दुकान खोल ली। फिर नफे की बचत से कपड़ा तथा कुछ और भी सौदा रखने लगे और कुछ वर्षों में तेली के उत्पादक श्रम का लाभ इतना कम जँचने लगा कि उन्होंने उसे बन्द कर दिया और सिर्फ व्यापारी का काम कपड़ा, परचून, केराने का काम करने लगे और चंद वर्षों बाद हम उन्हें कड़े सूद की दर पर दस-दस बीस-बीस हजार रुपये पास-पड़ोस के जमींदारों को कर्ज देते देखते हैं। जिस वक्त मैं इन पंक्तियों को लिख रहा हूँ, उस वक्त की नहीं कह सकता, किन्तु जब मैंने सबसे पीछे उनके कारोबार को देखा, जो उनके नाती-पोते इकट्ठे कारोबार करते थे, उनके पास लाखों की जायदाद थी। एक बैलवाले छोटे-से तेल के कोल्हू की जगह अब उनकी चावल और तेल की मिल थी। इन दोनों भाइयों के पास जो सम्पत्ति आई, वह कहाँ से आई? कम कीमत में खरीदना और ज्यादा कीमत में बेचना और दोनों के अन्तर से जो मूल्य बचता गया, वही पूँजी हुई। हर बढ़ती पूँजी से दोनों भाइयों ने फिर सौदा खरीद, फिर नफा बचाया और फिर पूँजी बढ़ाई। उनके पूँजीपति बनने का यही रहस्य है।

पूँजीपतियों के सारे कार-बार उसकी सारी दुनिया बाजार है, जहाँ सौदे के रूप में नहीं, रुपये के रूप में सब चीजों का हिसाब होता है। पूँजीपति की नजर सौदे की चीजों पर नहीं होती, उसकी नजर होती है खरीद और बेच की कीमतों के बीचवाले अन्तर पर, इसीलिये उनका इसी अन्तर या तेजी-मंदी पर सबसे अधिक जोर होता है।

ऊपर हम बतला चुके हैं कि कैसे अरबों की देखा-देखी वेनिस, फ्लोरेन्स आदि इतालियन शहरों के सेठों ने व्यापार से लाभ उठा स्वयं धनी हो अपने नगरों को समृद्ध बनाया और किस तरह अंग्रेजों ने उसी रास्ते का अनुसरण किया। पोर्चगीज, स्पेनियर्ड और हालैंडवालों (डचों) ने भी इतालियनों को ही देखकर अपना व्यापार बढ़ाया था और एक समय था जब कि इस क्षेत्र में अंग्रेज उनसे पीछे थे।

व्यापारवाद का जोर भारत तथा दूसरे एशियाई देशों में बहुत पहले से चला आता था। जावा, चीन, अरब और अफ्रीका (मिस्र) के साथ सीधा व्यापार-सम्बन्ध भारतीय व्यापारियों ने उस वक्त स्थापित किया था, जब कि अभी अरबों और आज की यूरोपीय जातियों का नाम तक सुना नहीं जाता था। यूनानी भारत के साथ व्यापार में सफल जरूर हुए थे। भारतीय व्यापारियों ने भी नफा और पूँजी जमा की थी। उनमें भी बड़े-बड़े धनकुबेर थे; किन्तु वे समाज का अगुआ नहीं बन पाये, अर्थात् समाज के ढाँचे को पूँजीवाद रूप नहीं दे सके। इसका कारण यह था कि उन्होंने अपने कार्यक्षेत्र को बनी बनाई चीजों को खरीद कर बेचने तक ही सीमित रखा। उन्होंने स्वयं चीजों को बनाने के लिए अपने कारखाने नहीं खोले। यह उनके लिए सम्भव नहीं था—(१) उनके बाजार सीमित थे, उसे और बढ़ाने का ज्ञान तथा साधन उनके पास नहीं था; (२) कारीगरों का संगठन बहुत जबर्दस्त था, जो सिर्फ सम्बन्धों द्वारा ही नहीं, बल्कि ब्याह-शादी के सम्बन्ध से भी खूब मजबूत हो चुका था। उसे छोड़कर कारीगर व्यापारियों के कारखाने में नहीं जा सकते थे। यदि व्यापारी किसी तरह की प्रतियोगिता पैदाकर दस्तकारों की शक्ति कम करना चाहते, तो सारे सामाजिक ढाँचे और धार्मिक रूढ़ियों

पर उसका असर पड़ता, जिसके लिए भारतीय शासक (सामन्त) वर्ग तैयार नहीं था। (३) प्राकृतिक शक्तियों के प्रयोग तथा विज्ञान की खोज में भारतीय, पास पहुँचकर भी आगे प्रयत्नशील नहीं हो सके, क्यों?—इसके बारे में हम आगे कहेंगे। पर और कितने ही अन्य कारण थे, जिनसे भारतीय व्यापारवाद तक पहुँचकर ही रुक गये और उद्योग-प्रधान पूँजीवाद की ओर नहीं बढ़ सके।

(१) व्यापारवाद[१] से पूँजीवाद[२]—इंग्लैंड में हम व्यापारियों को पूँजीवाद की ओर किस तरह बढ़ते देखते हैं? बिक्री बढ़ती है, नफा बढ़ता है, पूँजी बढ़ती है। पूँजी को लगाकर और अधिक आदमियों तक तथा अधिक परिमाण में सौदा पहुँचाया जाता है। सौदे के चीजों के खरीदने और बेचने के लिए, नये देशों, नये आसान रास्तों का पता लगाया जाता है। साहसी यात्रियों का मान बढ़ाया जाता है और वह अपने यात्रा-विवरणों तथा देशों के नक्शों को तैयार करते हैं—मार्को पोलो (१२५४-१३२४ ई०) तेरहवीं सदी में भारत और चीन की सैर कर गया था।

नये मुल्कों, नये बाजारों के आविष्कार के बाद सौदों की माँग बढ़ जाती है। व्यापारी कारीगरों पर ज्यादा माल तैयार करने के लिये जोर देते हैं, किन्तु जब उन्हें उतनी तेजी से तथा इच्छानुसार माल तैयार करते नहीं देखते, तो सिखे या सिखलाकर तैयार किये कारीगरों को अपने यहाँ नौकर रखकर माल तैयार करते हैं। पहले जहाँ वैयक्तिक कारीगर और छोटे-छोटे दुकानदार थे, वहाँ अब चीजों के तैयार करने के लिये छोटे-छोटे कारखाने खुल गये। इन कारखानों में कारीगर वेतन पाते थे और काम करने के लिए हथियार, कच्चा माल, काम करने का घर सब मालिक देता था। व्यापारी अब सिर्फ बनिया ही नहीं रह गया, वह कारीगर, मजदूरों को अपने काबू में करने में सफल हुआ। पहले कारीगर व्यापारी के वश में न थे; उत्पादन के हथियार, कच्चा माल सब उनका अपना था और व्यापारी चीजों को उन्हीं से पा सकते थे। अब बात उल्टी थी। व्यापारी कारखानों तथा उनमें काम करने वाले कारीगरों के मालिक थे। बाहर के स्वतन्त्र कारीगर भी अब उतने स्वतन्त्र न थे, क्योंकि व्यापारी अपने कारखानों की चीजों को सस्ता करके बाजार दर गिरा स्वतन्त्र कारीगरों को नाक रगड़ने के लिए मजबूर कर सकता था। ईस्ट-इंडिया-कम्पनी के आरंभिक जमाने में इस तरह के बहुत-से कारखाने अंग्रेजों ने भारत में खोले थे—खासकर मलमल, कालीन आदि के। कम्पनी के हाथ में जब शासन की भी बागडोर आ गई, तो स्वतन्त्र कारीगरों पर बड़ी मुसीबत आई। जबर्दस्त दादनी देकर कम्पनी वाले लागत से कम दाम पर माल खरीदते थे। इससे बचने के लिए कितने ही कारीगर जुलाहे अपने अँगूठे काट लेते थे।[३]

जिस अवस्था का वर्णन अभी हमने किया, उसमें व्यापारी कारखाने का मालिक भी हो गया। उसके नफे का क्षेत्र अब तैयार माल के बेचने और खरीदने तक ही सीमित नहीं था, बल्कि वह अब सस्ते में कच्चा माल खरीदता, सस्ते में हथियार बनवाता, सस्ते से सस्ता मजदूर काम पर रखता और ज्यादा-से-ज्यादा दाम पर बेचता था। यदि कहीं उसे स्वतन्त्र कारीगरों से मुकाबला करना पड़ता, तो चीज का दाम कुछ समय के लिए कम करके उनकी

---

१. Mercantalim.

२. Capitalism.

३. William Bolts—Consideration on Indian Affairs Vol. I (1772).

कमर तोड़ देता और उनके लिये सिवाय कारखाने का मजदूर बनने के कोई दूसरा रास्ता न छोड़ता। चाहे उत्तर प्रदेश और बिहार के जुलाहों को देखिये या बुन्देलखंड और मध्य-प्रदेश के ताँतियों-कोरियों को, कारखाने के बने कपड़ों ने उनके रोजगार को खत्म कर दिया और अब वह या तो फाकेमस्त खेतिहर-मजदूर हैं, अथवा कलकत्ता-बम्बई की चटकल-कपड़े की मिलों में काम करते हैं।

सत्रहवीं-अठारहवीं सदी तथा अभी हाथ के यन्त्र चलते थे, किन्तु अठारहवीं सदी के अन्त में वाष्प-यंत्रों का आविष्कार हुआ, उन्नीसवीं सदी से कारखानों में अधिकाधिक भाप से चलनेवाली मशीनों का इस्तेमाल होने लगा और पीछे चल कर हाथवाली मशीनों के लिए गुंजाइश ही नहीं रह गई।

व्यापारवाद और पूँजीवादी का रूप हमने ऊपर बतलाया, उससे साफ है कि व्यापारी का काम था सिर्फ व्यापार; और पूँजीपति वह व्यापारी है, जो चीजों को भी अपने कारखानों में तैयार करता है।

(२) मजदूरी—दासता युग में हमने देखा कि किस तरह श्रम की माँग बढ़ने से युद्ध के बन्दियों को मारने की जगह उन्हें दास बनाया जाने लगा। सामन्तवादी युग से दास-प्रथा बन्द नहीं हुई, वह तो हाल तक कितने ही देशों में जारी रही है। किन्तु एक परिवर्तन जरूर हुआ—शिल्प के काम में अधिकाधिक ऐसे आदमी लगने लगे, जो दासों की भाँति बेचे नहीं जा सकते थे और सामन्त की अधीनता में रहते हुए अपने घरों में अपने हथियारों से चीजें तैयार करते थे। इन्हें साल के कुछ दिन सामन्त के लिए मुफ्त या सिर्फ खुराक पर अपने हथियार से चीजें बनानी पड़ती थीं। तिब्बत में हाल तक सामन्तवाद पूरी तौर से बना हुआ था। वहाँ, दलाई लामा के चित्रकार अपने घरों में अपनी तूलिका से काम करते, फरमाइश पर या बेचने के लिए भी चित्र बनाते; लेकिन उन्हें जब भी दरबार की ओर से बुलौआ आता, वहाँ काम करने के लिए जाते—मजदूरी में खाना-पीना मिलता, लामा खुश होते तो शायद इनाम भी। यदि दरबार को काम की जरूरत नहीं होती, तो साल में एक निश्चित संख्या में अपने हथियार और श्रम से बनाये चित्रों को दरबार में भेंट करना पड़ता। यह उस्ताद चित्रकारों की बात है। छोटे चित्रकार के चित्र वहाँ पसन्द नहीं किये जा सकते; इसलिये उन्हें इसके लिये रंग, कपड़ा और दूसरी सामग्री देनी पड़ती। दरबार के हुक्म के बिना चित्रकार कहीं जा नहीं सकता। यह निश्चित है कि यह परवशता दासतायुग का अवशेष है। दासों का काम बहुत हल्का काम करते हैं। जेल के कैदियों का जिन्हें अनुभव है, वह जानते हैं कि अच्छे हाथवाले कैदी कारीगर भी काम में कितनी बेगार करते हैं। कैदी जानते हैं कि खाना छोड़ उन्हें और तो कुछ मिलनेवाला नहीं; इसलिये कौन उतना श्रम, समय और ध्यान लगावे। वह बस उतना ही काम करते हैं, जितने में उनकी चमड़ी बची रहे। जान से हाथ धोने का डर नहीं है; क्योंकि आखिर मालिक का रुपया दास में लगा हुआ है। बेवकूफ ही किसान होगा, जो गुस्से में आकर मारते अपने बैल की जान ले ले।

यदि दास के जिम्मेवारी के साथ काम लेना है, तो उसे कुछ स्वतन्त्रता होनी चाहिए, जिसमें अपने श्रम का जो कुछ भी पारितोषिक मिले, उसे वह स्वेच्छापूर्वक भोग सके। यह खयाल था, जिसने दासों से बेहतर अवस्थावाले, खरीद बेच में न आनेवाले कम्मी वर्ग का जन्म दिया। इनमें अधिकांश खेती का काम करते थे और सामन्त की इच्छा जब तक हो, तभी तक उसके खेत को जोत सकते थे।

इंग्लैंड में सामन्त युग के अन्त में जब व्यापार बढ़ा और तैयार माल की भाँति उनकी माँग बढ़ गई, तो सामन्तों (जमींदारों) ने किसानों के खेतों को छीन-छीनकर भेड़ों के लिए चरागाह बनाने शुरू किये। गाँव के गाँव उजड़ गये और निराश्रित किसान बाल-बच्चों के साथ दर-दर मारे-मारे फिरने लगे। यह वही समय था जब कि व्यापारियों ने हाथ में आये नये बाजारों के लिए माल तैयार करने के लिये हाथ के कारखाने खोले थे। ये असहाय किसान इन फैक्टरियों के मजदूर बने। सारा एशिया, अफ्रीका, अमेरिका, इंग्लैण्ड के माल के लिए खुला हुआ था, जिसकी वजह से माल की खपत बहुत ज्यादा थी; किन्तु जिस तेजी के साथ सामन्तों ने किसानों को ज्यादा, उतनी तेजी से सब को काम मिलना सम्भव न था। इसलिये, लाखों किसानों पर क्या बीती होगी, इसे अच्छी तरह अनुमान किया जा सकता है।

अठारहवीं सदी में समय बीतते-बीतते तथा व्यापार बढ़ते-बढ़ते अवस्था कुछ स्थिर-सी होती जा रही थी। इसी समय भापवाले यंत्र निकल आये और उन्नीसवीं सदी से अब उनका प्रयोग होने लगा, तो मजदूरों के ऊपर फिर एक बड़ा संकट आया। भाप से चलनेवाली मशीनें औसतन अच्छा और परिमाण में ज्यादा काम करती थीं। सौ गज कपड़े के लिए जहाँ पहले दस आदमी लगते थे, अब उतने कपड़े को पाँच आदमी बुन सकते थे। नये करघों को इस्तेमाल करनेवाले कारखानों ने मजदूर कम करने शुरू किये, कितने ही परिवार भूखों मरने लगे। मजदूरों ने समझा सारी विपत्ति इन्हीं मशीनों के कारण है, इसलिये उन्होंने कितनी ही जगहों पर मिलों पर हमला किया, मशीनें तोड़ डालीं। यह लुड्डाइट आन्दोलन कहलाता है।

मशीनों का प्रचार होते ही चीजों के दाम गिरने लगे। हाथ की बनी चीजें मशीन की बनी चीजों से ज्यादा महँगी होती हैं और यह जरूरी भी नहीं है कि हाथ की बनी सभी चीजें मशीन की बनी चीजों से अच्छी ही हों। किसी चीज का दाम निर्भर करता है, उस पर खर्च किये हुए मानव-श्रम पर। मिट्टी-मिट्टी के मोल की चीज है, किन्तु मिट्टी के बर्तन का दाम होता है, और वह उसी के अनुसार होता है, जितना कि कुम्हार ने उस बर्तन में अपना श्रम लगाया है। दुर्लभ होने से भी चीजों का मूल्य बढ़ जाता है; किन्तु उसके भरोसे पूँजीपति अपना कारबार खड़ा नहीं कर सकता। पूँजीपति का काम है, अधिक परिमाण में पैदा करके चीजों को सुलभ बनाना। चीजों को पैदा करने में बहुत-सा श्रम बेकार ही जाया करता है और यदि यह आकस्मिक नहीं है, तो यह श्रम भी चीज में शामिल ही उसके मूल्य को बढ़ाता है। हीरे का दाम ज्यादा होता है, इसीलिये कि वह बहुत भारी खर्चे होने के बाद मिलता है। यदि हर सुम्हे-कुदाल की चोट के साथ एक-एक हीरा निकल आया करता, तो हीरे का दाम काँच से भी कम होता।

(३) ''लाभ-शुभ'' और पूँजीपति—मशीन के इस्तेमाल से मनुष्य के श्रम की शक्ति बढ़ जाती है, किन्तु यह तो तब कहना चाहिये, जब कि माल के उत्पादन के पीछे समाज का हित हो। वस्तुत: यहाँ तो अधिक लाभ उठाना और उसके लिये पूँजी को और बढ़ाना मुख्य लक्ष्य है। पूँजीवाद में चीज के उत्पत्ति-स्थान से लेकर उसके घिस-घिसकर नष्ट हो जाने तक सभी जगह नफा और सिर्फ नफे का खयाल मौजूद है। नफा का अर्थ है, वास्तविक मूल्य से कम में खरीदना, वास्तविक मूल्य से ज्यादा में बेचना। मजदूर को रखते वक्त पूँजीपति का हमेशा खयाल रहता है कि उससे कम से कम वेतन और ज्यादा से ज्यादा काम लिया जाये। फिर मजदूर जो वेतन पाता है, वह भी तो लौटकर पूँजीपति के पास जाता है—वह उससे चीजें खरीदता है—अर्थात् मजदूर अपने श्रम की पूँजीपति की चीजों से बदलता है। वह सभी चीजें

उसकी बनाई नहीं होतीं। पूँजीपति हर बेची में नफा रखता जाता है, इसलिये मजदूर को सिर्फ अपनी मजदूरी में ही कम नहीं मिलता, बल्कि हर नई चीज खरीदने में पूँजीपति को नफा उठाने देना, वेतन के रूप में परिवर्तित श्रम का कुछ भाग मुफ्त भेंट कर देना पड़ता है। आखिर पूँजीपति जिसे नफा कहता है; वह है क्या? हरेक उपयोग की चीज का वही मूल्य होता है, जितना कि उसमें मानव-श्रम मिला हो, यह हम बतला आये हैं। हवा, पानी का मूल्य नहीं है, क्योंकि उनमें मानव-श्रम नहीं लगा है। शहर में या मरुभूमि में घड़े के हिसाब से पानी का दाम होता है, इसीलिये कि उसे लाने में मानव-श्रम लगा है। परिश्रम के बिना प्राप्त चीज का कोई मूल्य नहीं; इतना ही नहीं, बल्कि मूल्य उसमें मिलाये परिश्रम के परिमाण के अनुसार होता है। मूल्य और श्रम चीज को पैदा करते वक्त इस तरह दोनों पलड़ों पर रखे हैं। श्रम का मालिक मजदूर है। वाजिब तो यह है कि उसका जितना श्रम—और चीज उपयोगी बनाने में सारा श्रम उसी का है—लगा है, उसका सारा मूल्य उसे दे दिया जाये, किन्तु ऐसा होने पर पूँजीपति को नफा कहाँ से आयेगा? पूँजीपति ने धर्म कमाने के लिये तो कारबार नहीं खोला है। आखिर उसकी मोटर, महल, बीवी-बच्चों का जेवर, हुक्कामों की दावत आदि सभी खर्च कहाँ से आते हैं?—उसी पैसे से, जो कि मजदूर के श्रम के पारिश्रमिक या मूल्य में से वह अपने लिये काट लेता है। आखिर पूँजीपति छोटी मिल से बड़ी मिल का, एक मिल की जगह तो मिलों का, दस लाख से दस करोड़ का स्वामी कैसे बनता है? मजदूर से आठ घंटे लिया जाता है, मजदूर इतने समय में एक रुपये की रुई को चार रुपये के कपड़े में बदलता है। न्याय तो यही था कि मशीन और घर की टुटाई-घिसाई का थोड़ा-सा दाम काटकर दो रुपये जो केवल उसके श्रम के हैं, मजदूर को दे दिये जायें; किन्तु मजदूर को मिलता है आठ आना। इसका अर्थ है कि वह प्रति घंटे चार आने के हिसाब से अपना श्रम रुई में मिलाता रहा, जिससे कि वह कपड़ा बना; किन्तु उसे जो वेतन मिला, वह सिर्फ दो घंटों के श्रम का मूल्य है। बाकी छः घंटे के श्रम का मूल्य कहाँ गया?—पूँजीपति की जेब में, जिससे ही उसकी शान-शौकत और बढ़ता हुआ कारबार आप देखते हैं। आजकल के धनकुबेर पूँजीपतियों के महल, भोग-विलास के सामने शाहजादों के ठाट-बाट झूठे हैं। एक सेठ अपने चार लड़के-लड़कियों के पढ़ाने पर एक लाख रुपया साल खर्च करते हैं और स्वयं शायद ही कोई साल हो, जब कि पत्नी सहित यूरोप, अमेरिका, जापान की सैर करने न जाते हों। इन सैरों में वह विमानों, रेल व जहाज के ऊँचे से ऊँचे दर्जे में सफर करते हैं, महँगे से महँगे होटलों में रहते हैं—दुर्भाग्य या सौभाग्य से हमारे सेठजी घासाहारी हैं, इसलिये यूरोप में भोजन पर और भी अधिक खर्च करना पड़ता है। खयाल रखिये, एक-एक सफर में पचास-पचास हजार रुपये जो बेदर्दी से पानी की तरह बहाये जाते हैं, वह मजदूरों के चुराये उसी छः घंटे के श्रम से आते हैं। इतने खुलकर खर्च कर रहे हैं, वही सेठजी, जो मजदूर की एक पैसा घंटा मजदूरी बढ़ाने की माँग पर पुलिस बुलाते, गोलियाँ चलवाते या लोरी के मीचे पिसवा देने में भी आना-कानी नहीं करते। सेठजी का खर्च इतना ही नहीं है। हर साल उन्हें महल की सजावट बनावट में तबदीली करनी पड़ती है। कारबार के साथ नये शहर में नया महल बनवाना पड़ता है, जिसे चौकीदार और माली खूब साफ और सजाकर रखते हैं, यद्यपि उसका इस्तेमाल साल में कुछ दिनों ही के लिये हो पाता है। शिमला, मसूरी और दार्जिलिंग में सेठजी के राजसी बँगले हैं, जिनका इस्तेमाल उसी वक्त होता है, जब कि सेठजी गर्मियों में विदेश की सैर करने के लिये नहीं जाते। यह तो हुआ अपने शरीर के लिये खर्च, किन्तु मजदूर के छः घंटे का चुराया श्रम

इतने ही में खत्म नहीं होता। सेठजी गवर्नर और मंत्रियों को दावतें देते हैं, कभी अपने घर पर, कभी शिमला और दार्जिलिंग में। जिले और शहर के कलेक्टर तथा कमिश्नर के साथ तो उनका भाई-चारा-सा है, उनकी दावतें, चाय-पार्टियाँ बराबर होती रहती हैं। मोटरें और मोटर-लंच उनकी खिदमत के लिये तैयार रहते हैं। मंत्री या गवर्नर, जिस किसी फंड के लिये अपील करते हैं, सेठजी का थैला खुला रहता है। जिले के अधिकारी भी किसी अपनी योजना के लिये पैसे की जरूरत होने पर खाली हाथ नहीं लौटते। यह सब पैसे कहाँ से आते हैं? उसी छः घंटों के श्रम की चोरी से।

सेठजी के कपड़े, जूट, चीनी आदि के एक दर्जन से ऊपर कारखानों में बीस हजार से ऊपर मजदूर काम करते हैं, अर्थात् उनके श्रम का १ लाख बीस हजार घंटा या तीस हजार रुपया रोज चुराया जा रहा है। भाग्य या लक्ष्मी के आने का जो सोता सेठजी के घर में फूटा हुआ है, वह क्या है, यह स्पष्ट है। हाँ; सेठजी महात्माजी के चर्खे के भी भक्त हैं, खादी-फंड में उन्होंने हजारों रुपये दिये हैं। खुद खादी पहनते हैं। गाँधीजी के खादी-महातम में उसे छोटे-बड़े का भेद मिटानेवाली भी कहा गया है; किन्तु सेठजी कपड़े को एक दिन पहन कर धोबी के पास भेज देते हैं, और धोबी के यहाँ से बगुले के पर की तरह धुलकर आये तथा कलप और इस्त्री किये हुए इस कपड़े को देखकर अंधा ही कहता है कि खादी ने भेद-भाव मिटा दिया। फिर सेठजी पन्द्रह रुपये जोड़े से कम की धोती नहीं पहनते—वह कितने ही 'आन्ध्र' खादी पहननेवाले से ज्यादा ईमानदार हैं; इसलिये उन्हें इतना खर्च करना पड़ता है, नहीं तो मिल की 'आन्ध्र खादी' से भी आँख में धूल झोंकी जा सकती थी और वह सेठजी के जोड़ों से ज्यादा टिकाऊ भी होती। सेठजी गाँधीजी के बड़े भक्त हैं। उनकी कोई अपील नहीं होती थी, जिसमें सेठजी का चन्दा न पहुँचा हो। उनके किसी साथी-समाजी की भी सिफारिश को सेठजी सर आँखों पर चढ़ाने के लिये तैयार रहते और अपने हर महल, हर बँगले, हर समय को उनके स्वागत के लिये खुला रखते। हरिजन फंड में उस दिन उन्होंने बीस हजार रुपये दिये। एक दिन उन्होंने शहर की मोरियों में झाड़ू लगाया था। सेठजी गाँधी-सम्प्रदाय के भक्तमाल के सुमेरु हैं। लेकिन इस सबकी तह में वहीं छः घंटों की चोरी काम कर रही है।

सेठजी बड़े आस्तिक 'धर्मभीरु' पुरुष हैं। वह गीता की लाखों प्रतियाँ छपवाकर मुफ्त बँटवा चुके हैं। उन्होंने अपनी एक बड़ी मिल में सुन्दर मन्दिर बनवाया है। मजदूरों के पेट की ही ओर नहीं, उनके आत्मा की ओर भी उनका खयाल रहता है। इस लोक को ही नहीं, परलोक को सुधारने में भी वह उनकी सहायता करना चाहते हैं। उनके मन्दिर में हरिजनों का प्रवेश निषिद्ध नहीं है। वह वहाँ निष्कंटक भजन-पूजन कर सकते हैं। सेठजी ने परमपूज्य मालवीयजी से इस मन्दिर का उद्घाटन करवाया था। मालवीयजी ने सेठजी की धर्मप्राणता और हिन्दूपन के अभिमान की भूरि-भूरि प्रशंसा की और वह अंग्रेजी-हिन्दी सभी अखबारों में छपी थी—गाँधीजी ने इस समारोह के लिये खासतौर से अपने हाथ का लिखा आशीर्वाद भेजा था! विदाई के वक्त सेठजी ने मालवीयजी को पचीस हजार का चेक हिन्दू-विश्वविद्यालय की आयुर्वेदिक रसायनशाला के लिए दिया, जिसके लिये उस साल के वैद्य-महासम्मेलन ने खासतौर से प्रशंसा का प्रस्ताव किया। सेठजी अंग्रेजी पढ़े-लिखे नई रोशनी के आदमी हैं; इसलिये भारत से बाहर जाने पर उन्हें अंग्रेजी पोशाक भी पहननी पड़ती है, (यद्यपि वहाँ भी उसके सूटकेस में खादी का एक देशी सूट जरूर होता है) अतएव उनकी धार्मिकता अंधश्रद्धा नहीं है! वह जब तब योगिराज अरविंद के दर्शन भी कर आते हैं—उस दिव्य पुरुष के चेहरे

से दिव्य तेज और शान्ति की किरणें निकलती रहतीं। वह तिरवन्नामले के ऋषि का भी दर्शन कर आये थे और कहते हैं, उनके दर्शनों से पहले मैं योग की शक्तियों और अन्तर्यामिता पर विश्वास नहीं करता था। थ्योसोफी से सेठजी का अनुराग विद्यार्थी-अवस्था से ही है, जब कि जगद्गुरु के आगमन की बात माता बासन्ती के कर्पूर गौर मुख से उन्होंने सुना, उसी समय वह स्टार आर्डर के सदस्य बने। जगद्-गुरुवाले मुकदमे में उन्होंने माता बासन्ती की आर्थिक सहायता भी की थी।

सेठानी भी धर्मनुराग में पति से कम नहीं हैं। अबकी बार वे हरिद्वार से हवाई जहाज से बद्रीनारायण उड़कर गई थीं। पूजा में उन्होंने एक बहुमूल्य हार ही नहीं चढ़ाया था; बल्कि पुजारियों और पंडों को इतनी दान-दक्षिणा दी कि सारे पहाड़ में आज भी उनकी गूँज है। काली कमलीवाले के क्षेत्र में उन्होंने दस हजार दान दिया और अपनी स्वर्गीय माता के नाम से तप्तकुंड पर संगमर्मर लगाने का विचार प्रकट किया। बद्रीनारायण के बर्फ और तप्तकुंड के ताप में संगमर्मर के टिकाऊ होने पर संदेह प्रकट करने पर उन्होंने विशेषज्ञ के परामर्श पर अभी इस बात को छोड़ रखा है। सेठानीजी की लड़कियाँ भी फरफर अंग्रेजी बोलती हैं और दो तो विलायत में पढ़ रही हैं; किन्तु सेठानीजी माँ के घर से रामायण पढ़कर आई थीं। यहाँ सेठजी और विदेश यात्रा के कारण टूटी-फटी अंग्रेजी बोलना भर सीख पाई हैं। यद्यपि सेठजी ने घर के मालिक होने के बाद मेम रखकर अंग्रेजी घोल-पिलाने की बहुत कोशिश की, किन्तु 'बूढ़ा तोता राम-राम कहाँ से सीखे?' सेठजी को पहले छूत-छात का भी बहुत खयाल था। एक समय था, जब कि विलायत से घूमकर आने पर वे अपने पति को धर्मभ्रष्ट समझती थीं; और उन्होंने अपना चौका-रसोइया तक अलग कर लिया था। किन्तु, कुछ ही समय बाद सेठजी के नाम विलायत से आयी एक चिट्ठी को उन्होंने कौतूहलवश खोल डाला। उसमें एक अनुपम गौरांग सुन्दरी का सुगंधित फोटो था। सेठानीजी को जैसे साँप डँस गया। उन्होंने चिट्ठी को फिर उसी तरह बंद करके चुपचाप रख दिया; किन्तु दिल में रह-रहकर टीस उठने लगी। उनको बहुत अफसोस होने लगा कि सेठ ने जब अंग्रेजी पढ़ाने का प्रस्ताव किया था, तो स्वीकार क्यों नहीं कर लिया—'यदि मैं अंग्रेजी जानती होती, तो इस नागिन के षड्यन्त्र को जान पाती। सेठानी ने कभी इस बात का जिक्र सेठ के सामने नहीं किया; किन्तु अगले साल गर्मियों में जब सेठानी ने विलायत जाने की चर्चा चलाई, तो सेठानी के मुँह से अनायास निकल आया—"मैं भी चलूँगी।" सेठ को आश्चर्य हुआ इस परिवर्तन पर, किन्तु असली रहस्य उनकी समझ में नहीं आया। ऊपर से सेठानी ने यह कहकर उन्हें और सन्तुष्ट कर दिया कि स्त्री के लिए पति से अलग धर्म-कर्म नहीं है। उन्होंने यह नहीं बतलाया कि मैं तुम्हारी रखवाली के लिए चल रही हूँ। उस दिन अंग्रेजी पढ़ाने के लिये तीन सौ रुपये महीने पर एक मेम रखी गई और वे यात्रा में भी बराबर उनके साथ रहीं। सेठानी के दान-पुण्य की बहुत शोहरत है। 'कल्याण' की एक हजार कापियाँ वह अपने खर्च से मुफ्त बँटवाती हैं।

सेठजी के परिवार में आमदनी में से धर्मादा निकालने का जो तरीका दादा के समय से चला आ रहा था, वह अब भी चल रहा है। एक बार उनकी नई रोशनी ने इसे बेवकूफी समझ बंद करना चाहा; किन्तु माँ, स्त्री और समाज के विरोध के डर से वह अपने विचार को कार्य-रूप में परिणत न कर सके और अब तो इसे पूर्वजों की अग्रसोच समझते हैं। आखिर धर्मादे का पैसा भी तो ग्राहक पर लादा जाता है। इस धर्मादा-खाते के पैसे का उनके बाप-दादा तीर्थ व्रत, श्राद्ध-पूर्व, ब्राह्मभोज, धर्मशाला में खर्च करते थे, बच रहता था, तो पूँजी बनाकर उसके नफे

से कहीं सदाव्रत भी लगा देते थे। सेठजी का कारबार कई लाख का नहीं, कई करोड़ का हो गया है। और अब वे व्यापारी नहीं, कारखानेदार हैं; जिससे उनका नफा कई गुना बढ़ गया है। तो भी धर्मादा-खाता बदस्तूर ही नहीं, आमदनी के साथ बढ़ता चला गया है। सेठजी ने इसी धर्मादा-खाता से मिल के भीतर मंदिर बनाया और मालवीयजी को पचीस हजार का चेक दिया। इसी से गांधीजी के खादी-फंड, हरिजन-फंड तथा दूसरी अपीलों में वे दान देते रहे। मंत्रियों और गवर्नर के फंडों में भी इस दान का रुपया जाता है। उस दिन प्रान्त के चीफ-जस्टिस ने जब देशी ईसाइयों के गिरजे के लिए सेठजी को कुछ सहायता करने को कहा, तो सेठजी ने इसी मद से दस हजार का चेक काटा था। रेडक्रास, युद्ध-फंड, लंदन के वाई०एम०सी०ए० के भवन का चन्दा आदि बहुत से नये प्रकार के दान भी सेठजी के धर्मादे में शामिल हैं और रुपया इतना ज्यादा बच रहा है कि वह पाँच लाख लगाकर लन्दन में शिवालय बनवाने जा रहे हैं।

यह सारा दान-पुण्य, खैरात, कहाँ से चल रहा है? उसी छ: घंटे की मजदूरी के मारे रुपये से यह सारा 'परमुंडे फलाहार' जारी है।

मजदूरों की छ: घंटे की मजदूरी जो चुराई जा रही है, उसमें सेठजी का सारा पारिवारिक खर्च और दान-पुण्य का खर्च ही नहीं चल रहा है, बल्कि सेठजी की आठ से बाहर मिलों तथा बीस गुनी बढ़ी पूँजी भी उसी छ: घंटे की चोरी से निकली है। यही नहीं, सेठजी के कारखाने के तैयार माल को उपयोग करने वालों तक पहुँचाने के लिए जितने सफेद पोश—दलाल, सब-एजेंट आदि—अपनी तड़क-भड़कवाली दुकानें छाने बैठे हैं, उन सभी का खर्च और धन बढ़ाना इसी छ: घंटे की चोरी से है।

संक्षेप में हम कह सकते हैं—पूँजीपति चुराई मजदूरी के अधिकांश को उत्पादन बढ़ाने के लिए पूँजी के रूप में लगाता है। पूँजी है, चीज के वास्तविक मूल्य से मजदूरी काटकर बचे अतिरिक्त मूल्य या पूँजी पूँजीपति के सारे कारबार का लक्ष्य है। इस अतिरिक्त मूल्य धन के एक भाग से वह मशीन मोल लेता है, मकान बनाता है, कच्चा माल खरीदता है और कच्चे माल को तैयार माल—सौदे—के रूप में परिणत करता है, ज्यादा दाम पर बेचता है, थोड़ा सा मजदूर को देकर, बाकी अपने खर्च-कारखाने के बढ़ाने, नई मशीन लाने आदि में खर्च करता है। पूँजीवादी प्रथा का सार है, लगातार चीजों के उत्पादन का विस्तार और उसका खपाना और नफा।

(४) मन्दी—हाथ की मशीनों की जगह भाप से चलने वाली मशीनें इसीलिये जारी हुईं, क्योंकि उनमें श्रम का खर्च कम और माल का उत्पादन तेजी से होता था। आज से सौ वर्ष पहले के मिल वाले करघे को यदि आप किसी संग्रहालय में जाकर देखें और उसे आज के करघे से मुकाबला करें, तो दोनों में जमीन आसमान का अन्तर देखेंगे। सौ वर्ष क्या, यदि बीस वर्ष पहले की कातने-बुनने की मशीन से भी तुलना करें, तो मालूम होगा कि तब से अब आदमी के श्रम का खर्च बहुत कम हो गया है, और चीजें बहुत तेजी से बहुत ही अधिक परिमाण में पैदा की जा रही हैं। चीनी कि मिलें भारत में १०-१२ वर्षों के अन्दर जोरों से कायम हुईं, लेकिन पाँच-छ: वर्ष के भीतर इतनी चीनी बनने लगी कि मिलवालों को हिन्दुस्तान के बाहर बाजार ढूँढ़ने की जरूरत मालूम होने लगी। और पिछले दो सालों में तो बाजार से इतनी अधिक चीनी पैदा हुई कि मिलवालों ने लाखों मन ऊख के लेने से इनकार कर दिया, फसल तबाह हुई और किसानों को असन्तोष दूर करने के लिये उत्तर-प्रदेश और बिहार

गवर्नमेंट को उनमें लाखों रुपये मुफ्त बाँटने पड़े। मशीनों के आविष्कार और लगातार होते सुधार का पूँजीवादी दुनिया में यही परिणाम होता है कि बाजार माल से भर जाता है, दाम सस्ता हो जाता है और खरीदार पहले से भी कम हो जाते हैं; क्योंकि अनाज की मन्दी से किसान की बेकारी और मजदूरी की कटौती से मजदूर की आमदनी कम हो गई रहती है—'चीजें तो सस्ती हैं, किन्तु क्या करें हाथ खाली है।' किसान की फसल की उपज सस्ती इसीलिये हो जाती है कि कारखानों की चीजों की मन्दी से उसकी चीजों के जितने खरीदार—चाहे वह खानेवाले हों या कच्चे माल की तरह इस्तेमाल करनेवाले हों—पहले थे, वे कम हो जाते हैं, जिससे किसान का माल कम और सस्ती दर पर बिकता है और उसका हाथ खाली हो जाता है। कारखाने की चीजें जब गोदामों और बाजारों में बन्द हैं, तथा सस्ता करने पर भी नहीं बिकतीं, तो कौन मिल-मालिक होगा जो सिर्फ मजदूरों की रोजी चलाने के लिए अपनी मिल चालू रखेगा? अजब गोरख-धन्धा है! मजदूर क्यों बेकार हैं?—क्योंकि मिल का सौदा नहीं बिकता। मिल का सौदा क्यों नहीं बिकता? क्योंकि, किसान और मजदूर के पास खरीदने के लिये पैसा नहीं है। पैसे क्यों नहीं? क्योंकि उनकी चीजों और श्रम को कारखाना खरीदता नहीं। यदि पूछा जाये—क्या मिल की चीजें इतनी ज्यादा हैं, कि उन्हें इस्तेमाल करनेवाले नहीं मिलते? जवाब मिलेगा--इस्तेमाल में तो दस गुनी, बीस गुनी चीजें भी आ सकेंगी; क्योंकि दुनिया में अभी नंगे-भूखे बहुत हैं; लेकिन इस्तेमाल की कैसे जावे, पूँजीपति तो मजदूर को दो रुपये की जगह आठ आना रोज दे, डेढ़ रुपये से वंचित रखता है। यदि वह डेढ़ रुपये रोज भी मजदूर को मिलते, तो वह पहले से चौगुनी चीजें खरीदता; ज्यादा घी-दूध खाता, ग्वाले को ज्यादा पैसा मिलता, वह हमारे सेठजी की मिल के कपड़े, चीनी सिगरेट, लालटेन...को ज्यादा खरीदता। मजदूर आध पेट की जगह पूरे पेट भर, सारे घर के साथ खाता। इससे कोइरी की साग-भाजी ज्यादा बिकती, गड़ेरिये की भेड़-बकरियाँ मांस के लिए ज्यादा खरीदी जातीं, मछुए को मछली की मिकदार बढ़ानी पड़ती; कुँजड़े को ज्यादा अमरूद, बेर, सेब, नारंगी, नाशपाती के बगीचों की जरूरत होती। मजदूर का घर भर जूता-मोजा पहनता, रजाई और दरी इस्तेमाल करता, कोट-कमीज साड़ी-जम्पर इस्तेमाल करता; इससे कारखाने की चीजों की माँग पहले से कई गुना बढ़ती। इससे मालूम होता है कि मजदूर के छः घंटे की मजदूरी जो मारी जा रही है, उसी का फल है बाजार में मंदी, किसानों की त्राहि-त्राहि और मजदूरों की बेकारी।

१९२९-३३ ई० में जो विश्वव्यापी मन्दी हुई थी, उसे भारत का अनपढ़ गँवार किसान भी जानता है, किन्तु वैयक्तिक दृष्टि से ही। उसे क्या मालूम कि इसी के कारण सिक्के की दर गिरी, राष्ट्रों ने अपने कर्जों का सूद देना बन्द कर दिया; पूँजीवादी देशों के पास पिछड़े देशों में लगाने के लिये पूँजी नहीं रही। यही नहीं, चाय के बगीचों ने चाय की पत्तियाँ तोड़नी बन्द कर दीं; रबर को छेवा लगाना छोड़ दिया गया; जहाजों भरी नारंगियों को समुद्र में फेंक दिया गया। १९३३ के शरद में संयुक्तराष्ट्र की सरकार ने ५० लाख सूअरों को खरीदकर उन्हें नष्ट कर दिया--किसी को खाने के लिये नहीं दिया। डेनमार्क में हर सप्ताह १५०० गौएँ मारकर उनका मांस जमीन में सड़ने के लिये छोड़ दिया जाता था। अर्जेन्टीना में लाखों बड़ी भेड़ों को मारकर नष्ट किया गया—कसाई खाना तक ले जाने में जो खर्च होता, वह भी मांस की बिक्री से नहीं निकल सकता था; इसलिये यह काम उनकी चरागाहों में ही किया गया। गेहूँ के ढेर में आग लगा दी गई। काफी के बक्स पानी में फेंके गये—अर्थात् उत्पादित सामग्री का बेदर्दी

से तबाह करना और उत्पादन से लोगों को कम-से-कम लगाना, उस वक्त पूँजीवादियों का नारा था; और यह तब जब कि करोड़ों नर-नारी बेकारी और भूख के कारण त्राहि-त्राहि कर रहे थे।

(५) **पूँजी का जमा होना**—हमने पीछे कहा था कि बिखरी हुई वस्तुओं के संगठित, केन्द्रित हो जाने पर उनकी ताकत बढ़ जाती है। आदिम साम्यवाद से जनसंगठन अधिक शक्तियों को केन्द्रित कर सका; इसलिये वह प्रतिद्वन्द्विता में आदिम साम्यवाद वाले कबीलों को दबा सका। इसी तरह उससे अधिक पितृसत्ता, पितृसत्ता से अधिक सामन्तवाद अधिक ताकतों को केन्द्रित कर सका। यही उनकी सफलता का गुर है। यह हमने राजनीति और सामाजिक दृष्टि से कहा। लेकिन, हमें मालूम है कि भौतिक-साधन या शक्तियाँ—अर्थात् आर्थिक कारण—सबसे बलवान होते हैं और आर्थिक क्षेत्र में भी देखते हैं कि केन्द्रीयकरण उत्पादन को बढ़ाता है। व्यापारवाद काल के प्रारम्भ में चीजें गृह-शिल्प के तौर पर बनती थीं; किन्तु व्यापार-युग के अन्त में पहुँचते-पहुँचते ज़ब बाजार में माँग पूरा करना मुश्किल हो गया तो व्यापारियों ने कारखाने खोले। उन्होंने कच्चे माल, औजार, साधारण और विशेषज्ञ कारीगरों को जमा ही नहीं कर दिया, बल्कि बनी हुई चीजों के बेचने का जिम्मा ले लिया और अंग्रेजों-पोर्तुगीजों की भाँति भारत, चीन, अमेरिका, अफ्रीका सभी जगह अपनी कोठियाँ और कर्मचारी रखकर बेचने का इन्तजाम किया। इसके कारण उत्पादन पहले से ज्यादा बढ़ गया, चीजें भी अपेक्षाकृत अधिक अच्छी और सस्ती मिलने लगीं, फिर उतने साधन जिनके पास न थे, उन्हें अपना टाट उलट कर किसी बड़े पूँजीपति के कारखाने में नौकरी के सिवा चारा ही क्या था? इस तरह उद्योग-धन्धे जो बिखरे हुए थे, वे एक जगह एक बड़े कारखाने के रूप में इकट्ठा होने लगे और वैयक्तिक उत्पादन—अपना-अपना अलग-अलग चर्खा और अलग-अलग करघा—हटा; उत्पादन ने अपना सामाजिक रूप धारण किया। यह केन्द्रीकरण या समाजीकरण जहाँ एक बार पूँजीवाद के इतिहास में शुरू हुआ, तो उसको आगे बढ़ने के सिवा और चारा ही नहीं था। कारखानों में भी छोटे-बड़े—अल्पसाधन-बहुसाधन—का द्वंद्व था। दोनों में जो अपने माल को सस्ता, जल्दी और अधिक मात्रा में बेच सकेगा, वह बाजार का मालिक होगा। यह निश्चित है कि इस दौड़ में टुटपुँजिये पूँजीपति बाजी नहीं मार सकते थे और नतीजा यह हुआ कि छोटे पूँजीपति टाट उलटने लगे और वह बड़े पूँजीपतियों के पेट में हजम होने लगे—'बड़ी मछलियाँ छोटी मछलियों को निगलती हैं' वाली कहावत चरितार्थ होने लगी।

जब से भाप और बिजली की मशीनें चलने लगीं, तब से यह केन्द्रीकरण और जोरों से होने लगा। क्योंकि, हर पाँच-सात वर्ष में मशीनों में नये सुधार हो जाते हैं—पहले से ज्यादा काम करनेवाली मशीनें तैयार हो जाती हैं जो पूँजीपति नई मशीन नहीं लगाता वह उतने ही कामों के लिये ज्यादा मजदूरों को काम में लगाता है और ज्यादा वेतन देता है; जिसका लाजिमी नतीजा है, सौदे का महँगा होना, फिर बाजार ऐसे कारखानों को कितने दिनों तक जिन्दा रहने देगा। नतीजा यह होता है, कि पुरानी चालवाली मिल बिक जाती है, कोई बड़ा पूँजीपति उसे सस्ते में खरीद लेता है। अगर लग गया तो छोटे पूँजीपति को कोई अच्छी नौकरी मिल गई। बड़ा पूँजीपति मशीनों को बदल कर मिल को नये ढंग की बनाता है, जिससे उत्पादन बढ़ता है और फिर पैर धरती पर आ जमता है।

मशीन के नये सुधारों के अतिरिक्त छोटे पूँजीपतियों पर एक और आफत का रास्ता खुला हुआ है। बाजार की मन्दी का जिक्र पहले आ चुका है। माल के बाजार में भर जाने, मजदूरों

के बेकार होने से रुपये की आमदनी और उसका चीजों के खरीदने में खर्च होना दोनों कम हो जाते हैं। मन्दी के जमाने में एक ओर तो आमदनी बन्द हो जाती है, दूसरी ओर मकान और मशीन की मरम्मत तथा हिफाजत, जमीन का किराया, खुद अपना और अपने परिवार का खर्च और बैंक से लिए रुपये का सूद बढ़ाया जाता है। इस कठिनाई से छोटे मिल-मालिकों के लिए इसके सिवा कोई रास्ता नहीं—या तो दिवालिया बनकर सब कुछ खो दें, अथवा कुछ आर्थिक सुभीते लेकर अपनी मिल को किसी बड़े मिल-मालिक को दे दें। हर आठवें-दसवें वर्ष जो मंदी या अर्थ-संकट आता है, उसमें हजारों छोटी मछलियाँ बड़ी मछलियों के पेट में जाती हैं, और पूँजी ज्यादा आदमियों के पास से निकलकर चार आदमियों के हाथ में जमा होती जाती है।

पूँजी जमा होने का एक भारतीय उदाहरण हमने जो भाइयों का दिया था, उससे शायद खयाल हो सकता है कि पूँजी इसी तरह मितव्ययिता और व्यापारिक चतुराई का परिणाम है। लेकिन, यूरोप के पूँजीवादी देशों—खासकर इंग्लैंड के पूँजी जमा होने के आरम्भ को देखते हैं, तो मालूम होता है कि पूँजी जमा करने के वहाँ और तरीके भी इस्तेमाल हुए हैं। ईस्ट-इण्डिया कम्पनी के अठारहवीं सदी के जमाने पर नजर डालिये। कम्पनी रुपये पर अपने सैनिकों को बड़े नफे के साथ भाड़े पर देती थी और भाड़े में मामूली नहीं, भारी-भारी रकमें वसूल करती थी। जब उसे अपनी ताकत का अन्दाजा लग गया तो उसने खुद अपने स्वार्थों के लिये लड़ाई लड़नी शुरू की। अठारहवीं सदी के उत्तरार्द्ध में, क्लाइव, वारेन हेस्टिंग्स, कार्नवालिस के शासन के समय पर नजर डालिये, लगान और कर, व्यापार और कारखाना ही उसकी आमदनी के जरिये न थे; वरन् सीधे लूट का बाजार गरम था, कहीं अवध की बेगमों का खजाना लूटा जा रहा था, कहीं चेतसिंह की रानियों का सर्वस्व हरण किया जा रहा था। बड़े-बड़े राजाओं, नवाबों से जो बड़ी-बड़ी रकमें वसूल की जाती थीं, उनकी तो गिनती ही क्या? चाहे ये रुपये सीधे कम्पनी ने किसी बहाने से लूटे हों अथवा उसके बड़े-छोटे कर्मचारियों की जेबों में गये हों, वह धन इंग्लैण्ड की पूँजी बढ़ाने का कारण हुआ, इनमें तो संदेह ही नहीं।

उन्नीसवीं सदी के पूर्वार्द्ध में धन-दोहन की गति भारत में करीब-करीब वैसी ही रही। हाँ, यदि सीधी लूट कम हुई, तो इसीलिए कि अब इंग्लैंड का पूँजीपति वर्ग भारत पर शासन कर रहा था, इसीलिए सीधी लूट की जगह वह लूट के दूसरे हजार तरीके इस्तेमाल कर सकता था। उन्नीसवीं सदी में इंग्लैंड की सम्पत्ति निम्न प्रकार से बढ़ी—

१८१४ ई०	२३० करोड़ पौंड
१८६५ ई०	६१०० करोड़ पौंड
१८५७ ई०	८५०० करोड़ पौंड

पूँजीवाद के सफल होने का गुर है, उत्पादन के साधनों को बड़े से बड़े रूप में संगठित करते जाना। पहले छोटे-छोटे कारीगर और छोटे दुकानदार थे। दुकानदारी के बड़े रूप में संगठित होने से जगत सेठ पैदा हुए, जिन्होंने दुनिया के हर मुल्क में अपनी कोठियाँ खोलीं, अपने जहाजों से माल पहुँचाया और फिर खुद अपने कारखाने खोले। नई मशीनों का आविष्कार हुआ, छोटे कारखाने बढ़कर बड़े कारखाने और वे भी बिखरे न हो, एक प्रबंध और एक उद्योग में संबद्ध हो गये। फिर मशीनों में नये-नये सुधार हुए, जिससे मजदूर कम किये जाने लगे, प्रबंध-विभाग को और कम खर्च तथा अधिक कार्यक्षम बनाने के लिए काट-छाँट हुए। उधार बेचने की तरफ छोटे दुकानदारों की जगह मालिकों के स्टोर, खुदरा दुकानें

खुलीं। अब वही बाजी मार ले जा सकता था, जिसने जगह-जगह दुकानों का जाल बिछा दिया है इन बड़ी कम्पनियों को और बढ़ा अपार पूँजी एकत्रित कर ट्रस्ट बने। उत्पादन और विक्रय को और कार्यक्षम तथा प्रतियोगिता से दृढ़ रखनेवाली थोक और खुदरा दुकानों, नव-संगठित फैक्टरियों को बैंक या कोष के मालिकों की छत्रछाया में संगठित किया और इस तरह—

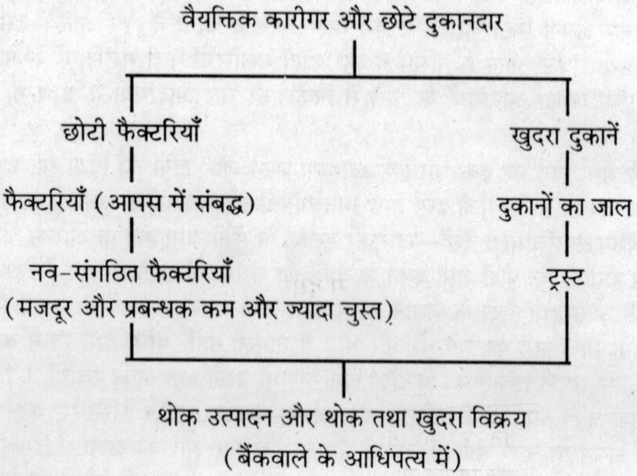

३. उत्पादन के साधन

यंत्रों का विकास—उत्पादन के साधनों या चीजों के तैयार करने के औजारों में पिछले हजार वर्षों में जितना विकास और परिवर्तन हुआ, उसकी तुलना नहीं की जा सकती। मनुष्य हथियारधारी प्राणी है, पत्थर और लकड़ी के हथियारों से शुरू करके जब वह आज से ढाई हजार वर्ष पूर्व के संसार में पहुँचा, तो पहले की अपेक्षा उसके लोहे के हथियार संख्या और गुण में बहुत ज्यादा ताकतवर हो चुके थे; किन्तु आज से उनकी भी तुलना नहीं हो सकती। बुद्ध (छठी-५वीं सदी ई०) के समय के भारत और अरस्तू (४थी सदी ई०पू०) के समय यूनान में कौन से हथियार थे?—

ढेकली (पानी की)	रूखानी	तीर
दोपल्ला तराजू	बसूला	धनुष
एकपल्ला तराजू	कुल्हाड़ा	छींका
संडाली	आरा	बहँगी
चिमटा	पबेलन	तलवार
हथौड़ा	गाड़ी	कुम्हार का चक्का
अहरन (निहाय)	चूल	ताँबे-लोहे के चक्के
भाथी	गड़ारी (चकरी)	खुरपी
मेख	गोफन	कुदाल

इस पुरानी हथियार-सूची से नई सूचियों का मिलान ही क्या हो सकता है? वर्तमान युद्ध में चालीस हजार से ज्यादा किस्म के पुर्जों की जरूरत होती है, जिनके द्वारा युद्ध के लिये हजारों हथियार बनाये जाते हैं। औजारों का गिनाना तो मुश्किल है, यहाँ हम साधारण मशीन और बिजली की मशीनों के विभाग भर कर संकेत करते हैं—

(१) मशीन, पुर्जों और औजारों का निर्माण

(क) भाप या तेल से चालित मशीनें

(i) चल—इंजन (रेल, मोटर का)

(ii) अचल—इंजन (कारखाने का)

(iii) दूसरी शक्ति-चालित मशीनें

(ख) साधारण इस्तेमाल की 'बहुगुना' मशीन

(i) धातु, लकड़ी, पत्थर तथा दूसरे पदार्थों पर काम करने की मशीन

(ii) पम्प

(iii) क्रेन और एक जगह से दूसरी जगह पहुँचानेवाली मशीन

(iv) दूसरी मशीनें

(ग) खास विभागों की बहुगुना मशीनें

(i) कातने की मशीनें

(ii) खेती की मशीनें

(iii) नया सामान बनाने की मशीनें

(iv) बारीक चीजों के बनाने की खास मशीनें

(v) युद्ध के सामान को बनाने वाली मशीनें

(vi) तरह-तरह की मशीनों को बनाने वाली मशीनें

(घ) मरम्मती कारखानों की मशीनें

(ङ) ब्वायलर और दूसरी मशीनें

(i) भाप-ब्वायलर

(ii) खास विभागों के ब्वायलर तथा दूसरी मशीनें

(च) मशीन के औजार और पुर्जे

(i) मशीन टूल

(ii) मशीन के पुर्जे

(छ) मिल बैठाना

(ज) जहाज बनाना और मशीन बनानेवाली मशीनों का निर्माण

(झ) हवाई जहाज और उसके पुर्जों का बनाना

(ञ) गैस की टंकियाँ

(ट) गाड़ियों का निर्माण

(i) बाइसिकिल (ii) मोटरगाड़ी (iii) रेल की गाड़ियाँ

(iv) यातायात के दूसरे साधनों का निर्माण

(ठ) दीवार-घड़ी, मेज-घड़ी, जेबी-घड़ी और पुर्जों का निर्माण

(ड) पियानो, हारमोनियम, ग्रामोफोन आदि बाजों का निर्माण

(ढ) आँख से सम्बन्ध रखनेवाली मशीनें और दूसरे बारीक यंत्र, दूरबीन, खुर्दबीन

(i) फोटोग्राफी केमरा, रेडियो, सिनेमा-यंत्र और कितने ही आँख सम्बन्धी सूक्ष्म-असूक्ष्म यंत्र

(ii) डॉक्टरों के चीर-फाड़ के सम्बन्ध के यंत्र और औजार

(iii) प्राणिविद्या तथा सूक्ष्म-प्राणियों की खोजों से सम्बन्ध रखनेवाले यंत्र

(iv) लालटेन, चिमनी आदि का निर्माण

(२) बिजली सम्बन्धी उद्योग-धंधा

(क) डाइनमो और बिजली की मोटर का निर्माण

(ख) सूखी-गीली बैटरी

(ग) तार और ढँके तार

(घ) बिजली नापने के यंत्र, घड़ियाँ और गणक-यंत्र का निर्माण

(ङ) लैम्प और सर्चलाइट

(च) चिकित्सा के लिये बिजली की मशीनरी

(छ) हल्की किरणों के यंत्र

(ज) बिजली को चूने से रोकने की मशीन

(झ) बड़े कारबारों की बिजली की चीजें

(ञ) हर तरह की बिजली के यंत्रों और सामान की मरम्मत का कारखाना

जहाँ पुराने समाज में लोहार, सोनार बढ़ई-जैसे कारीगरों की चन्द किस्में पाई जाती थीं; वहाँ आज की इस अपूर्ण सूची को देखिये—

बिजली मिस्त्री	मशीन-निर्माता	इंजन-निर्माता
मिस्त्री[१]	ब्वायलर-निर्माता	इंजन-खराद-मिस्त्री
फ्रेजर	भाप-हथौड़ा-कमकर	भार-ब्वायलर-विशेषज्ञ
आँख-संबंधी-यंत्र-निर्माता,	कटाई मशीन-कमकर	कम्पोज टाइपिस्ट
कम्पोजिटर	हवाई मशीन कमकर	फोटोग्राफर
लिथोग्राफर	पूलाबंधक मशीन कमकर	कम्पाउंडर
रेल-लाइन-मिस्त्री	ट्रैक्टर-मरम्मत-मिस्त्री	रेडियो-मिस्त्री
रेल-इंजन-ड्राइवर	बिजली-इंजीनियर	तारबाबू
फायरमैन	रसायन यांत्रिक	आदि-आदि

पुराने जुलाहों से आज के जुलाहों का मुकाबला क्या हो सकता है? नये-नये कारखाने में खुद काम करने वाली मशीनें ज्यादा हैं। फोर्ड के डेट्रॉयड के मोटर कारखाने में पूरी कोशिश की गई है, जितना काम आदमी के बिना मशीन कर सकती है, उसे मशीनों से कराया जाये।

---

१. Mechanist.

सेंटपिटर्सबर्ग (वर्तमान लेनिनग्राद) में १९१७ में धातु के कारखानों के काम निम्न शाखाओं में बँटे हुए थे—

यंत्र-विभाग	फौलादी ढलाई	जीसत अँवा
बिजली-विभाग	लोहा-ढलाई	अ-आतु पिघलाई
लोहार विभाग	लोहा-गढ़ाई	रेल की गाड़ी
धातु-ढलाई	मार्टिन धौंकू भट्ठा	
लकड़ी का रासायनिक उपचार		
कारखाना-निर्माण		
सहायक काम		

१९१४-१६ ई० में पिटर्सबर्ग के पुतिलोव कारखाने में निम्न प्रकार के कमकर काम कर रहे थे—

ताला मिस्त्री	स्टाम्प-कमकर	भट्ठा-फोरमैन
खराद कमकर	जोड़ू-कमकर	रोलर कमकर
दबानेवाली मशीन	लुहार	मिस्त्री
बराबर करनेवाला कमकर	हथौड़ा कमकर	काटनेवाला कमकर
छिन्नी कमकर	प्रेस-कमकर	बर्तनवाला कमकर
बर्मा कमकर	राजगीर	खड़ी खरादवाला
मिलानेवाला कमकर	भट्ठा झोंकनेवाला	ढलाई कमकर
	ढलाई भट्ठा कमकर	कागज लगानेवाला
	जुड़ाई कमकर	रंगसाज कमकर
	बढ़ई कमकर	टिन-मिस्त्री
	नल मिस्त्री	तार कमकर
		मामूली कमकर

इन कमकरों और मिस्त्रियों के ऊपर मासिक वेतन पानेवाले मँझोले दर्जे के यंत्र-चतुर—मास्टर-मिस्त्री, इंजीनियर, विशेषज्ञ, कृषि-विशेषज्ञ आदि कमकर होते हैं। इन मासिक वेतन पाने वाले कमकरों के ऊपर मासिक वेतन पानेवाले उच्च कर्मचारी-सुपरिंटेंडेंट, डाइरेक्टर हैं। इनके भी ऊपर अपनी मालिक पूँजीपति, जिन्हें झूठ ही संचालक कहते हैं; क्योंकि पूँजी और उस पर लाभ कितना हो रहा है, इसे जानने के सिवा कारबार से उनका कोई सरोकार नहीं है। नफा का खयाल मजदूरों, किसानों-साधारण जनता-को किस तरह प्रभावित करता है, इस पर कुछ कहा जा चुका है।

पूँजीपति ने अपने नीचे के काम करनेवालों को अलग-अलग श्रेणियों में बाँट रखा है, और उसकी मजदूरी आदि इस तरह रखी गई है कि उनके स्वार्थ एक दूसरे से अलग हों। चाभी-मिस्त्री और खराद-कमकर, मशीन-कमकर, खलासी एक श्रेणी में हैं, इंजीनियर, विशेषज्ञ आदि दूसरी श्रेणी में। पूँजीपति, जो सबका विधाता है, बिलकुल ही दूसरी श्रेणी में है। यह सभी कमकर एक वर्ग में नहीं मिल सकते। पूँजीपति अपने कारखानों में उसी तरह

कमकरों को भिन्न-भिन्न कामों में लगाता है, जिस तरह वहाँ की मशीन को काम बाँटता है; लेकिन उसी तरह कमकर पूँजीपतियों को काम बाँटने का अधिकार नहीं रखते। यही कारण है, जो एक स्वामी है और दूसरे उसके अनुग्रह के अधीन—सेवक हैं।

पूँजीवादी-युग में उत्पादन के साधन कितने बड़े हैं, इसका पता ऊपर के वर्णन से लग गया होगा। हम जितना ही मानव-श्रम को अधिक उत्पादक बनाना चाहते हैं; उतना ही मशीनों को अधिक इस्तेमाल करना पड़ता है। मशीनों की उत्पादन-शक्ति को जितना अधिक बढ़ाना अभिप्रेत होता है, उतना ही उसके काम को अनेक हिस्सों में बाँटना पड़ता है—एक छोटी-सी सूई को यदि एक ही लुहार एक ही हथियार से बनाना चाहे, तो उसमें इतना श्रम लगेगा कि उसका दाम कई गुना बढ़ जायेगा। किन्तु, आजकल सूइयाँ, आलपीन, जो इतनी सस्ती मिलती हैं, वे इसीलिये कि लोहे या पीतल के पत्तर से काटकर तैयार और पैक की हुई सूई या आलपीन निकलने तक उसे तेजी के साथ सैकड़ों मशीनों के नीचे से गुजरना पड़ता है। हर एक आविष्कार मशीनों और औजारों की संख्या को बढ़ाता है—हवाई जहाज के आविष्कार के साथ ही हजार से ऊपर नये औजार बनाने पड़े। रेडियो के इस्तेमाल के साथ ही सैकड़ों पुर्जे बनाने वाले औजारों और मशीनों की वृद्धि हुई। इस वृद्धि से उत्पादन तो बढ़ गया, किन्तु जिस मिस्त्री के हाथ से सूई अपनी सभी अवस्थाओं को पार करती, वह जितना चतुर होता, उतना आज के सूई बनानेवाले कमकर नहीं हो सकते, इनके पास तो सूई एक सेकेण्ड भी नहीं रहती। वह इसे भी अच्छी तरह नहीं देख सकते कि उसकी मशीन ने किस वक्त सूई को छुआ और वह कब चलती बनी। गोया पूँजीपति ने कमकर को भी एक चल-पुर्जा बना दिया और उसे अपने काम में दिमाग लगाने की जरूरत नहीं।

■

सप्तम अध्याय

सभ्य मानव-समाज (४)

(घ) पूँजीवादी-युग

साम्राज्य और इजारादारी

हम कह चुके हैं, पूँजीपतियों में किस तरह मत्स्य-न्याय बर्ता जाता है और प्रतियोगिता में न ठहरने के कारण छोटे पूँजीपति बड़े पूँजीपतियों के पेट में चले जाते हैं—खासकर मन्दी के जमाने में तो दिवालियापने की भरमार होती है और बड़े पूँजीपति घड़ियालों की पाँचों उँगली घी में होती हैं। इस तरह छोटे-छोटे पूँजीपतियों को निगलते हुए चन्द बड़े-बड़े पूँजीपति दुनिया के कच्चे माल और बाजार पर मनमाना थैलीशासन करते हैं, इसे ही इजारादारी, एकाधिपत्य या साम्राज्यवाद कहते हैं।

साम्राज्यवाद का कुछ शब्दों में लक्षण करने की जगह अच्छा है, यदि हम उनकी उत्पत्ति और विकास के रूप पर नजर डालें। पूँजीवाद की स्थापना के बाद बाजार और कच्चे माल के लिये जो प्रतियोगिता थी, उसे वैयक्तिक पूँजीपतियों के ऊपर छोड़ दिया गया था। बाजार खुला हुआ है, जो चाहे अपना माल बेचे; कच्चा माल मौजूद है, जो चाहे खरीदे-वह मुक्त व्यापार की नीति थी, जिसे सबसे मजबूत और सबसे पुराना पूँजीवाद देश इंग्लैण्ड मानता था, लेकिन इसका यह मतलब नहीं, कि इंग्लैण्ड अपने अधीन देशों से खास फायदा नहीं उठाता था। तो भी (१) १८६०-७० ई० से पहले तक पूँजीवाद के विकास का वह समय था, जब खुली प्रतियोगिता के अन्तिम और बढ़-चढ़े दिन थे, इजारादारी इसी वक्त शुरू होती है। (२) १८७३ ई० में जबर्दस्ती मन्दी शुरू हुई—कारण, अधिक कारखाने अधिक उत्पादन, नये बाजार का अभाव आदि हम बतला चुके हैं। इस मन्दी के कारण छोटे पूँजीपतियों का दिवाला निकलने लगा, और बड़े पूँजीपति धन, शक्ति में और बढ़ने लगे। इजारादारी के कदम कुछ आगे बढ़े। (३) १९वीं सदी के अन्त में बाजार खूब तेज हुआ। पूँजीपतियों ने दोनों हाथों से नफा कमाया। लेकिन वर्तमान शताब्दी के आरम्भी—१९००-१९०३ में एक जबर्दस्त मन्दी आई, टाट पर टाट उलटने लगे, बहुत-से छोटे मँझले पूँजीपति खत्म हो गये और उनका कारबार बड़े पूँजीपतियों के हाथ में चला गया। थोड़े पूँजीपतियों के हाथ में अपार धन और दुनिया का सारा बाजार आ गया, मुक्त-प्रतियोगिता कम हो गई और उसकी जगह इजारादारी का दौर-दौरा हुआ। पूँजीवादी अपने सर्वोच्च विकास साम्राज्यवाद के रूप में परिणित हो गया।

(१) मुक्त प्रतियोगिता से इजारादारी[१]—इजारादारी अर्थात् खास देश के कच्चे और तैयार माल के क्रय-विक्रय का सारा अधिकार अपने हाथ में रखना साम्राज्यवाद की मुख्य विशेषता है। साम्राज्यवाद है ही इजारादारीय पूँजीवाद। पूँजीवादियों की इजारादारी जान-

---

१. Monopoly.

बूझकर पैदा की गई हो, यह बात नहीं है। इजारादारी उसी तरह परिस्थितियों से बनी, जिस तरह स्वयं पूँजीवाद अस्तित्व में आया। पूँजी जितनी ही अधिक एक जगह जमा होती गई और बाजार थोड़े लोगों के हाथों में आता गया, इजारादारी भी उसी मात्रा में मौजूद होती गई।

बड़े पूँजीपति किस तरह बढ़ते गये, इसके कुछ आँकड़े लीजिये। १८८२ ई० में जर्मनी में प्रति हजार तीन सौ कम्पनियाँ थीं। १८९४ में वह छ: हो गईं, १९०७ में नौ और १९२५ ई० में अठारह और उन कारखानों में काम करने वाले मजदूरों की संख्या—

ईसवी	बड़ी कम्पनियाँ	मजदूर
१८८२	३० प्रति सैकड़ा	२२ प्रति सैकड़ा
१८९५	६० प्रति सैकड़ा	३४ प्रति सैकड़ा
१९०७	९० प्रति सैकड़ा	४८ प्रति सैकड़ा
१९२५	१८० प्रति सैकड़ा	५५ प्रति सैकड़ा

१९२५ ई० में जर्मनी के मजदूरों की आधी से ज्यादा संख्या कुछ बड़ी-बड़ी कम्पनियों के कारखाने में काम करती थी। जर्मनी की १९२५ ई० की गणना से पता लगा कि सारी चालक-शक्तियों (भाप, बिजली या तेल) का ८० सैकड़ा या २ सैकड़ा कारखाने के हाथ में है और बाकी १८ सैकड़ा कारखाने सिर्फ २० सैकड़ा चालक शक्ति रखते हैं।

इंग्लैंड में भी १८८४ और १९३१ के बीच साधारण कपड़े की मिलों को दूना कारबार करते—२५ हजार की जगह ६० हजार टकुआ बढ़ाते देखते हैं। मामूली लोहे के कारखाने के आकार १८८२ ई० से १९३१ में दुगुने और १८८२ से १९२४ में करीब तिगुने हो गये।

अमेरिका में किस तरह छोटे पूँजीपतियों का ह्रास और बड़े पूँजीपतियों की वृद्धि हुई, यह इसी से मालूम होता है कि १९१४ अमेरिका के बड़े कारखाने ७३.६ सैकड़ों मजदूरों को काम देते थे और बाकी २९.४ सैकड़ा मजदूर छोटे कारखाने में काम करते थे। १ करोड़ डालर (४ करोड़ रुपये के करीब) अधिक का माल तैयार करनेवाले कारखाने मुल्क के सारे मजदूरों और सारी उपज के कितने सैकड़े के मालिक थे, वह निम्न आँकड़ से मालूम होगा—

ईसवी	कमकर	उपज
१९०४	२५.६ प्र० सैकड़ा	३८ प्रति सैकड़ा
१९२१	४८.४	५९

हर एक मन्दी के बाद बड़े पूँजीपतियों की शक्ति को बढ़ाते और छोटों को दिवालिया बनते देखा जाता है, यह कह चुके हैं। बड़ी कम्पनियाँ अपने सारे कारबार एक क्रम से बाँध सकती हैं; साथ ही वे आपस में बाजार और कच्चे माल के बारे में समझौता कर सकती हैं; किन्तु छोटी कम्पनियों की भारी संख्या कभी वैसा करने में सफल नहीं हो सकती है। बाजार और कच्चे माल के बारे में यही समझौता इजारादारी कायम करता है।

वैयक्तिक स्वार्थ पूँजीवाद की जड़ है तो भी उसके काम का ढंग ऐसा है, जिसमें व्यक्ति पीछे और संगठित गिरोह आगे है। किसी वक्त व्यवसाय एक-एक घर का अलग-अलग होता था—हिन्दुस्तान में नहीं यूरोप में भी। लेकिन, पीछे व्यापारियों ने देखा कि अलग-अलग व्यवसाय छोटे पैमाने पर किया जा सकता है; किन्तु जीता वह है, जो बड़े पैमाने पर व्यापार

संगठित कर सके। पूँजीवादियों के हाथ में शासन में आने पर उन्होंने एक और फायदा का तरीका निकाला—ज्वायंट स्टाक कम्पनी (सम्मिलित व्यापार-मंडल) में कितने ही व्यक्ति शामिल हैं, यदि उस कम्पनी का दिवाला निकलता है, तो कर्जदार की सारी जायदाद को महाजन नीलाम करवा सकता है। आपके पास दस हजार रुपये हैं, आपने दस कम्पनियों में लगा रखा है। अगर किसी कम्पनी का दिवाला निकलता है, तो आपका दसों हजार रुपया नहीं, बल्कि उस कम्पनी में लगा एक हजार रुपया ही जाता है, बाकी नौ हजार रुपये सुरक्षित हैं। यह तरीका इतना आकर्षक सिद्ध हुआ कि पूँजीपतियों ने वैयक्तिक व्यवसाय की जगह सम्मिलित व्यवसाय को अपनाया।

मान लीजिये, सेठ रामकुमार एक सीमेंट का कारखाना खोलना चाहते हैं। सेठजी सारा खर्च खुद नहीं दे सकते या वह सारा खर्च बर्दाश्त नहीं करना चाहते। वह दूसरों को कारखाने के भविष्य और फायदे की बात बतलाकर उन्हें भागीदार बनने के लिए राजी करते हैं। सेठ रामकुमार पाँच लाख की पूँजी कारखाने में लगाना चाहते हैं और उसे दस-दस रुपये के पचास हजार भाग या शेयर में बाँट देते हैं—जरूरी नहीं कि शेयर लेनेवाला हर शेयर का दस रुपया उसी वक्त दे दे। इसका मतलब सिर्फ इतना ही है कि शेयर का मालिक कम्पनी में १/१००० का हिस्सेदार है। शेयर अकसर दो तरह के होते हैं—विशेष शेयर जिसके बारे में वादा रहता है कि उस पर निश्चित सैकड़ा लाभ दिया जायेगा। साधारण शेयर पर हिस्सों के मुताबिक मुनाफा बाँटा जाता है। साधारण शेयरवालों को खतरा भी अधिक है और ज्यादा नफे की भी संभावना है। शेयरवाले कम्पनी की नीति को निश्चित करते हैं, वह डाइरेक्टरों को चुनने का अधिकार रखते हैं। एक शेयर का 'एक वोट होता है', जिसका अर्थ यह है कि जितने ज्यादा शेयर खरीदा है, उसके वोट ज्यादा हैं। सेठ रामकुमार यदि कम्पनी को अपने हाथ में रखना चाहते हैं, तो वह आसानी ५१% शेयर खुद या अपने विश्वास पात्रों से खरीदवा सकते हैं और खुद डायरेक्टर बनकर कम्पनी के प्रबन्ध को ही नहीं, अपनी डायरेक्टरी की भी मोटी तनख्वाह, भत्ता, सफर खर्च आदि ले सकते हैं।

कम्पनी को अपना रुपया सुरक्षित रखने के लिये ही बैंक की जरूरत नहीं है। बैंक काम पड़ने पर ही कम्पनी को कर्ज नहीं देता, बल्कि वह या उसके डाइरेक्टर कम्पनी की स्थापना में आर्थिक सहायता देते हैं। यह सहायता जितनी ही अधिक होती जाती है, उतना ही बैंक का अधिकार कम्पनी के ऊपर बढ़ता जाता है। बैंक के अतिरिक्त शेयर-होल्डर भी निश्चित सूद पर कर्ज देते हैं, जिन्हें डिबेंचर कहते हैं। मकान, जमीन का भाड़ा, डाइरेक्टरी की फीस आदि को काटकर जो नफा—मान लो वह ९० हजार रुपया है—बचता है, उसमें सबसे पहले बैंक का पावना अदा करना पड़ता है, डिबेंचर का, फिर **विशेष** शेयर का, तब **साधारण** शेयर का अर्थात्[१]—

---

१. १९१४ ई० में जुग्गीलाल कमलापत काटन मैनुफैक्चरर्स लि० (कानपुर) १५ लाख की पूँजी से खुलने जा रही थी, जिसमें १२५० लाख का शेयर जारी किया गया था। इसमें २७०० शेयर (प्रत्येक १०० रु०) विशेष और ८१०० साधारण कुल १०,८०,००० रुपये का डायरेक्टरों ने पहले इन्तजाम कर लिया था। सिर्फ १७०० शेयर जनता को खरीदने के लिये खुले थे। विशेष शेयर पर ६% सूद निश्चित था। डाइरेक्टरों में पदमपत, कैलासपत, लक्ष्मीपत, सिंहानियाँ स्वयं बैंकर हैं, बाकी तीन डाइरेक्टरों में राय रामनारायण बैंकर, कोकलस और गर्ग कारखानेदार और व्यापारी हैं,

बैंक के पावने १२,००,०००)	पर ७%	१४,०००)
डिबेंचर २,००,०००)	पर ५%	१०,०००)
विशेष शेयर ३,००,०००)	पर ६%	१८,०००)
साधारण शेयर २,००,०००)	पर २०%	४०,०००)
		कुल ८२,०००)

कम्पनी की पूँजी को बढ़ाना और कुछ रुपयों का आगे के खर्च के लिये सुरक्षित रखना, यह साधारण शेयर के नफे को कम करके किया जा सकता है।

भारत में ज्वायंट स्टाक कम्पनियाँ कितनी तेजी से बढ़ी हैं, इस विषय में इंग्लैण्ड का उदाहरण लीजिये—

ईसवी	कम्पनी की संख्या	चुका दी गई पूँजी
१८८४	८,६९२	४,७५० लाख पौंड
१९००	२९,७३०	१६,२३० लाख पौंड
१९०५	३९,६१६	१९,५४० लाख पौंड
१९१३	६०,७५४	२४,२६० लाख पौंड
१९१९	७७,३४१	३०,८३० लाख पौंड
१९२४	९०,९१८	४३,५६० लाख पौंड
१९२९	१,०८,६९८	५२,००० लाख पौंड
१९३१	१,१४,२९५	५५,१५० लाख पौंड

यानी, १८४४ से १९३१ ई० में पूँजी बारह गुना के करीब बढ़ गई।

ज्वायंट स्टॉक कम्पनियों के तरीके ने साम्राज्यवाद को इजारादारी कायम करने में दो तरह से सहायता पहुँचाई है—(१) कम्पनियों का रूप वैयक्तिक या पारिवारिक न होने से कम्पनियों को मिला लेने, गुटबंदी करने यथा एक प्रबन्ध के नीचे सारे कारबार को लाने में भारी सुभीता पैदा कर दिया। (२) सोये भागीदारों (जो शेयरवाले जानते तक नहीं कि उनका कारखाना कहाँ है, जिन्हें सिर्फ नफा के भाग से मतलब है) को रुपये के साथ सट्टाबाजी का भारी मौका दिया।

कहने को तो यह कम्पनियाँ हजारों भागीदारों की होती हैं, किन्तु वस्तुतः एक या दो डाइरेक्टर उनके सर्वेसर्वा होते हैं और आजकल के कारबार की सारी मशीन को चलाने वाले एक या दो मैनेजर (उत्पादन-मैनेजर, व्यापार-मैनजर) होते हैं। डाइरेक्टर कम्पनी को एक तरह का पारिवारिक कारबार बना देते हैं और प्रबंध में जहाँ गुंजाइश होनी है, वहाँ बेटा-दामाद, भतीजे और दूसरे सम्बन्धी घुसेड़ दिये जाते हैं। डाइरेक्टरों को अपने अधिकार तथा अपने कारखाने की समृद्धि को कायम रखने के लिये जरूरत पड़ती है, तो वह किसी बड़े राजनीतिक नेता, किसी उच्च सरकारी अधिकारी के संबंधी को भी जगह देकर उन्हें साथ रखते हैं। यह काम के वक्त बहुत नफे के साबित होते हैं।—फलानी कम्पनी ने अमुक नेता के बड़े नालायक बेटे को ५००) महीने की जगह दी, फलानी कम्पनी ने अमुक जज, कलेक्टर या मिनिस्टर साहेब के भतीजे या दामाद को ७००) मासिक पर नौकर रखा, यह सब उपरोक्त मतलब से होता है।

सोये भागीदार दिवाले के खतरे से बचने के लिये अपने रुपये को बहुत-सी कम्पनियों में लगाते हैं और इसीलिये इच्छा रहने पर भी वह न तो हर कम्पनी के वार्षिक बैठक में शामिल हो सकते हैं, न वोट देने में ही दिलचस्पी रखते हैं। जब तक उनको नफे की रकम ठीक से मिलती रहती है, वह डाइरेक्टर की जय-जय मनाते रहते हैं। इसका परिणाम यह होता है कि थोड़ा-सा रुपया लगाकर भी पूँजीपतियों का एक छोटा-सा गुट सारी कम्पनी को अपने स्वार्थ के मुताबिक चला सकता है। टाटा, डालमिया, जुग्गीलाल, बिड़ला, हुकुमचन्द की सभी कम्पनियों को इस दृष्टि से यदि आप छान-बीन करें, तो इस बात की सत्यता मालूम होगी।

कैसे एक-दो डाइरेक्टर सारी कम्पनी को अपनी मुट्ठी में रखते हैं, इसका जिक्र हम कर चुके। जब यही डाइरेक्टर बहुत तरह की बहुत-सी कम्पनियों को हाथ में करके छोटे पूँजीपतियों को प्रतियोगिता में हरा दिवालिया बनाने या कारबार को हस्तान्तरित कराने में सफल होते हैं, तो बाजार में प्रतियोगी के अभाव से इजारादारी—सर्वेसर्वापन—कायम होती है। हर एक पूँजीवादी कारबार में इजारादारी का दौर-दौरा है। यह बात पूँजीवादी देशों के अपने भीतर के कारबार सम्बन्ध ही में ठीक नहीं है; बल्कि उनके अधीन देशों पर भी लागू है। जहाज-रेल-बस-हवाई यातायात, लोहा-फौलाद का उत्पादन दूध और दूसरी चीजों का वितरण, सिर्फ इंग्लैण्ड ही में भारी इजारादारी में नहीं बदल चुका है, बल्कि हिन्दुस्तान और अफ्रीका के करोड़ों मजदूरों की बनाई चीजें या कारबार भी इजारादारी का रूप ले चुके हैं। इंग्लैण्ड की पी०ओ० कम्पनी दुनिया भर में अपने जहाज चलाती है। उसके विशाल व्यवसाय के रूप को भीतर से देखें तो मालूम होगा कि उसके नीचे कितनी ही पुरानी छोटी कम्पनियों कि लाश पड़ी हुई है। हिन्दुस्तान के समुद्री किनारों तथा बड़ी नदियों में जहाज चलाने के लिये अपनी छत्र-छाया में उसने एक दूसरी कम्पनी—ब्रिटिश इंडिया नेवीगेशन कम्पनी खोली थी। दूसरी विलायती कम्पनियों से लड़कर या समझौते से उसने फैसला कर रखा कि उसकी इजारादारी क्षेत्र इतना हद तक है।

अंग्रेजाधीन भारत के पूँजीपतियों ने अपनी कम्पनी खोलकर जब-जब जहाज चलाना चाहा, तब-तब कम्पनी ने अपने भाड़े को कम करके लाखों रुपये का घाटा कराकर उन्हें दिवालिया बनाने या हाथ में बेचने के लिये मजबूर किया। ऐसा वक्त गुजरे बहुत दिन नहीं हुआ, जब कि कलकत्ता से रंगून का किराया उसने सिर्फ एक रुपया कर दिया था। करोड़ों की पूँजीवाले गुट्ट की कम्पनी लाख दो-लाख नुकसान बर्दाश्त कर सकती है; किन्तु छोटी-मोटी भारतीय कम्पनी को तो उतने नुकसान से कमर टूट जायेगी। इसीलिये हिन्दुस्तानियों के इस क्षेत्र में किये कितने ही प्रयत्न व्यर्थ हुए। सिंधिया कम्पनी इसलिये बच निकली कि यह भारी पूँजी के साथ खोली गई थी तथा जब-जब भाड़े का युद्ध अंग्रेजी कम्पनियों ने छेड़ा, तब-तब राष्ट्रीय नेता, कौन्सिलों के सदस्य हल्ला मचाते तथा अंग्रेज शासकों के स्वार्थ का भंडा-फोड़ करते, देश के बढ़ते राष्ट्रीय आन्दोलन को देखकर अंग्रेज शासक उसकी परवाह न कर महायुद्ध के पहलेवाले जमाने में लौट नहीं सकते थे।

खबरों को देश-विदेश में भेजने के लिये रूटर की एजेन्सी सारे ब्रिटिश साम्राज्य और बाहर भी फैली हुई है। उसने हिन्दुस्तान में एसोसिएटेड प्रेस के नाम से एक अपनी शाखा खोल रखी थी। रूटर का करोड़ों का कारबार है। उसके पास जबर्दस्त संगठन और बड़े-से-बड़े शासक के पास तक पहुँचने के साधन हैं। भारत में अपनी स्वतंत्र खबर-एजेन्सी के खोलने

की कोशिश कई बार की गई और बड़ी मुश्किल से राजनीति आन्दोलन के भय की छाया में यूनाइटेट प्रेस को कायम करने में कामयाबी हुई, तो भी उसके रास्ते में इतनी अड़चनें रहीं कि वह फल-फूल नहीं सकी। एसोसियेटेड प्रेस को यही सुभीता नहीं रहा कि उसे सरकारी हल्कों और सरकार के पास के साधनों से सहायता और पुलिस आदि की अड़चनों से छुट्टी प्राप्त थी, बल्कि रूटर हिन्दुस्तान की खबरें विदेशों में भेजने के लिये उसकी मार्फत खबरें जमा करवाती थीं। 'स्वतंत्र' भारत में भी अभी रूटर का ही बोलबाला है और एसोसियेटेड प्रेस की जगह पी०टी०आई० की टट्टी खड़ी की गई है।

भारतीय व्यापारी पहले सिर्फ आढ़ती जैसा व्यापार करते थे—विदेशी कारखानों के बने माल की एजेन्सियाँ ले उन्हीं को बेचकर नफा उठाते थे। पहले महायुद्ध के पूर्व प्रायः सारा ही वणिक् समाज—मारवाड़ी खासतौर से—व्यापारवाद में ही लगा था, किन्तु अब वह अवस्था नहीं है।[१] हिन्दुस्तानी पूँजीपतियों ने कपड़े, लोहे, चीनी, सिमेंट आदि के हजारों कारखाने खोले हैं, और टाटा, बिड़ला आदि के नाम हिन्दुस्तान से बाहर भी पहुँचने लगे हैं। जो मारवाड़ी जाति जाने के डर से लंका (सीलोन) जाने की हिम्मत नहीं रखते थे, अब वह लंदन, न्यूयार्क, टोकियो की व्यापार-यात्राएँ कर रहे हैं और विश्व की पूँजीवादी बिरादरी में शामिल होकर नये-नये क्षेत्रों पर अधिकार जमाते जा रहे हैं। दूसरे व्यवसायों की तरह अंग्रेजी अखबारों का व्यवसाय भी पहले अंग्रेज पूँजीपतियों के हाथ में था। उनका काम सिर्फ ताजी खबरें ही देना न था; बल्कि पूँजीवाद और उसके शासन को दृढ़ करना तथा हर तरह राष्ट्रीय जागृति को उठाने न देना भी था। भारतीय हितों की वकालत करके एक-दो भारतीय पूँजी से चलनेवाले अखबार टुक-दम टुक-टुक चलने लगे; किन्तु प्रचार अंग्रेजों के अखबारों ही का ज्यादा था; क्योंकि उन्हें वह सुभीते प्राप्त थे, जिनका जिक्र रूटर के वर्णन में कर आये हैं।

---

१. कानपुर के सिंहानिया (पदमपत, कैलासपत, लक्ष्मीपत) परिवार की मिलों के देखिये—

(१) जुग्गीलाल कमलापत कपास कताई-बुनाई मिल (कानपुर)
(२) जु०क० जूट मिल (कानपुर)
(३) जु०क० लोहा फौलाद कम्पनी (कानपुर)
(४) लक्ष्मीनारायण काटन मिल (कानपुर)
(५) पुआल-उपज (कूट दफ्ती आदि) लिमिटेड (भोपाल)
(६) प्लास्टिक प्रोडक्ट लि० (कानपुर)
(७) स्नो ह्वाइट फूड प्रोडेक्ट (खाद्य) कं० (कलकत्ता)
(८) मोतीलाल पदमपत सुगर (चीनी) मिल (कानपुर)
(९) कमलापत मोतीलाल गुटैया सुगर मिल (कानपुर)
(१०) जु०क० होसियरी (बनियान) फैक्टरी (कानपुर)
(११) जु०क० होसियरी (बनियान) फैक्टरी (कलकत्ता)
(१२) जु०क० तेल मिल (कानपुर)
(१३) कमला बर्फ फैक्टरी (कानपुर)
(१४) जु०क० बैंकर्स (कानपुर)
(१५) जु०क० काटन मैनुफैक्चरर्स लि० (कानपुर)
(१६) अलमोनियम

महायुद्ध के बाद राष्ट्र की नवजागृति के साथ राष्ट्रीय पत्रों की माँग बढ़ी। कई अंग्रेज पत्र बन्द हुए; किन्तु उससे 'स्टेट्समैन' की शक्ति और बढ़ी, उसने कलकत्ता के अतिरिक्त दिल्ली से भी अपना एक संस्करण निकालना शुरू किया। सरकारी ग्राहकों में उसकी इजारादारी रही, बाकी भी हजारों पाठक उसे इसलिये लेते कि उसमें सरकारी गैर-सरकारी स्रोत की खबरें जल्दी मिल जातीं और भारी आमदनी के कारण योग्य सम्पादकीय विभाग पर काफी रुपया खर्च करके वह सुसम्पादित रूप में प्रकाशित होता। उनके हित का प्रचारक होने के कारण उसे सरकारी विज्ञापन सारे ही, तथा व्यापारियों के भी बहुत ज्यादा मिलते। अब इस क्षेत्र में भारतीय पूँजीपति भी उतरे। वह जानते हैं कि अखबार सिर्फ नफा कमाने के ही अच्छे साधन नहीं हैं, बल्कि खुद पूँजीवाद को स्वतंत्रचेता बुद्धिजीवियों के हमले तथा मजदूर-संघर्षों की चोट से बचाने के लिये और शासकों से अधिक रियासत हासिल करने के लिये अखबार बहुत जरूरी साधन हैं 'हिन्दुस्तान टाइम्स' (दिल्ली) के तजर्बे ने भारत के बड़े-बड़े पूँजीपतियों को इसका पूरा विश्वास दिला दिया। 'हिन्दुस्तान टाइम्स' उनके हित के लिये रात-दिन गोलीबारी करता रहा। कभी वह अंग्रेज शासकों के विरुद्ध सम्पादकीय अग्रलेख और कार्टून छापता। कभी मजदूरों की हड़तालों और माँगों के खिलाफ आवाज उठाता। सोवियत और समाजवादियों के खिलाफ जहर उगलने के लिये तो वह सदा तैयार रहता। जर्मनी के सोवियत पर हमले के बाद वह जानता था कि सोवियत की पराजय का मतलब इंगलैण्ड की पराजय और अमेरिका के प्रभाव की हानि ही नहीं; बल्कि हिन्दुस्तान भी रंग और जाति-भेद के कट्टर प्रचारक, परतंत्र देशों के निर्दय दोहक नात्सीवाद के पंजे में चला जायेगा और उससे निकालना आसान काम न होगा; किन्तु सोवियत युद्ध-क्षेत्र की खबरों पर 'स्टेट्समैन' और 'हिन्दुस्तान टाइम्स' की सुर्खियों की तुलना करके, आप इसके सिवा और किसी नतीजे पर नहीं पहुँचते कि भारतीय पूँजीवाद नात्सीवाद से खतरा नहीं महसूस करता।

मैं यहाँ अखबार-व्यवसाय के इजारादारी के बारे में कहना चाहता था एक जगह के तजर्बे को देखकर अब भारतीय पूँजीपति अखबार व्यवसाय को उपेक्षित नहीं कर सकता था। अब—उसने दिल्ली की नई राजधानी से भारत की पुरानी राजधानी पटना तक पैर फैलाया और फलस्वरूप कांग्रेस का राष्ट्रीय-पत्र 'सर्चलाइट' बड़े आकार में खूब सज-धज से निकलने लगे। अब वह हाथ में कम्पोज करके छापने वाला बिना कार्टून और तस्वीर का कमजोर 'सर्चलाइट' नहीं रहा, कि जिसे कोई पुरातन-पन्थी जमींदार अपने झोंके से कंठगत-प्राण बना देता। इससे हवा का रुख भी मालूम हुआ। बहुत समय नहीं गुजरा, जब कि उत्तर-प्रदेश और मध्य-प्रदेश में बड़ी मछली को छोटी मछलियाँ निगलते देखी गईं। अंग्रेजी अखबारी-क्षेत्र में ही नहीं, 'हिन्दुस्तान' के द्वारा हिन्दी अखबार क्षेत्र में भी थैली-राज्य का पदार्पण हुआ है, और कुछ ही समय बाद मजदूरों, किसानों के संघर्ष की आवाज का गला घुटता दिखाई पड़ा। युद्ध के बाद समाचार-पत्रों पर थैली का एक छत्र राज्य स्थापित हो गया।

अखबारों की इजारादारी हमारे अखबारों को कहाँ तक पहुँचायेगी, इसका हम आसानी से अन्दाज लगा सकते हैं।

पूँजीवादी क्षेत्र में इजारादारी का आरम्भ १९वीं सदी के अन्त से पहले ही शुरू हो गया था, जब कि बड़े-बड़े पूँजीपतियों ने निम्नतम मूल्य तथा कुछ-कुछ विक्रेय वस्तु के परिमाण

के सम्बन्ध में आपस में समझौता कर लिया। इसके बाद दूसरी अवस्था तब आई, जबकि अलग-अलग कम्पनियों को मिलाकर बड़ी कम्पनी को बनाया जाने लगा। इसे या तो पूँजीपति स्वंयं अपने शेयरों और डाइरेक्टरों को सम्मिलित करके करते हैं, अथवा जो कम्पनियाँ, स्वतन्त्र सत्ता रखकर उनसे व्यापारिक प्रतियोगिता करना चाहती हैं, उन्हें भाव की लड़ाई, शेयर-बाजार की चिन्ताजनक अफवाहों तथा दूसरे हर भले-बुरे तरीके द्वारा दिवालिया बनने या घुटना टेकने के लिये मजबूर किया जाता है। भारत की कितनी ही छोटी-छोटी सिगरेट कम्पनियाँ इस हथियार का शिकार बन चुकी हैं और उस क्षेत्र में सिर्फ एक अंग्रेजी कम्पनी का एकाधिपत्य हो गया है।

इस तरह ज्ञात हुआ कि विराट केन्द्रीकरण पूँजीपति के लाभ, शक्ति और कार्य-क्षेत्र को बहुत बढ़ा देता है। पूँजीवादी दुनिया में आज-कल ऐसे विशाल गुट्ट बने हुए हैं; जो अखबार निकालते हैं, कागज, स्याही तथा दूसरी उपयोगी चीजों की फैक्टरियों को खुद संचालित करते हैं। इंग्लैण्ड में गेस्ट, कीन और नेट्‌लफोल्ड सिर्फ लोहे के कारखानों के मालिक नहीं हैं, बल्कि उनकी अपनी लोहे और कोयले की खानें, अपने इंजीनियरिंग कारखाने हैं।

(२) बैंक-स्वामियों का प्रभुत्व—कार-बार चलाने के लिए सूद पर रुंपये पहले भी दिये जाते थे, किन्तु व्यापार-युग में महाजनों के फंदे इतने कड़े न थे, जितने कि आज बैंकों के। पूँजीवादी-युग के—साम्राज्यवादी काल—में बैंकों की ताकत इतनी बढ़ गई, कि एक तरह कहा जा सकता है—समाज का जीवन-मरण बैंकों के हाथ में है। इसका कारण उद्योग और बैंक के बीच नये सम्बन्ध हैं। उद्योग को बराबर कर्ज की जरूरत रहती है और वह भी लम्बी मियाद के कर्ज की। यह काम बैंक कर सकते हैं। बैंक पूँजी पर नफा कमाने के लिये काम करता है। बैंक का मुनाफा वह रकम है, जो कि अपने पास अमानत के रूप में रखे रुपये को सूद के रूप में देने, और अपने कर्जखोरों को दिये ऋण के सूद का पावना है। बैंक स्वयं कम सूद देता है और कजदारों से ज्यादा सूद वसूल करता है जितना कि बैंक का कारबार ज्यादा होगा, उतना ही फायदा भी ज्यादा होगा, यह निश्चित बात है—जितनी ही बड़ी पूँजी बैंक में लगाई जावेगी, उतनी ही उसकी शाखाएँ ज्यादा होंगी, उसके ऊपर लोगों का विश्वास भी ज्यादा होगा और उसके यहाँ सूद पर जमा करनेवाले भी अधिक आवेंगे। यह 'रुपया रुपये को खींचता है' वाली कहावत है।

पिछले पचास सालों में बैंकों का केन्द्रीकरण बहुत जोरों से हुआ। इंग्लैण्ड के संयुक्त पूँजीवाले[१] बैंकों में जितनी पूँजी लगी है, उसका ९०% वहाँ पाँच बड़ों में है। यह 'पाँच बड़े' हैं—लायड, नेशनल, प्राविन्शियल, वेस्ट-मिनिस्टर, बर्कले और मिडलैंड। बैंकों में मत्स्य न्याय का प्रयोग और ज्यादा देखा जाता है। जहाँ १९७० में १०४ संयुक्त पूँजीवाले बैंक अपनी २२०३ शाखाओं तथा ६७८ लाख पौंड पूँजी से काम करते थे; यहाँ १९३२ ई० में उनकी संख्या १६ रह गई। इनमें भी दो स्वतन्त्र नहीं, यद्यपि इन्हीं बयालीस वर्षों में शाखाएँ १०१७८—चौगुनी से अधिक और पूँजी १३४८ लाख पौंड, दूनी से ज्यादा हो गई। वृद्धि की गति के लिये इन आँकड़ों को देखिये[२]—

---

१. Joint stock.

२. The Economist (London) १३ मई, १९३३.

वर्ष	बैंक-संख्या	शाखाएँ	रक्षित निधि और पूँजी (लाख पौंड)	अमानत पूँजी (लाख पौंड)
१८९०	१०४	२२०३	६७८	३६८७
१९००	७७	३७४७	७३८	५८६७
१९१०	४५	५२०२	८०९	७२०७
१९१५	३७	६०२७	८१७	९९२६
१९२०	२०	७६१२	१२८२	१९६१५
१९२५	१८	८८३७	१३४८	१८०६८
१९३०	१६	१००८२	१४४३	१९७६८
१९३१	१६	१०१८२	१३४५	१८२१०
१९३२	१६	१००६६	१३५२	२०६४३

स्कॉटलैंड में भी १८९० में जहाँ १० बैंक थे, वहीं १९३१ में ८ रह गये (इन आठों में चार 'पाँच बड़ों ' के मातहत हैं), यद्यपि इतने ही समय में शाखाएँ ९७५ से १६६३ और पूँजी तथा रक्षित निधि १४८ लाख से ३०७ लाख पौंड हो गई।

संयुक्त पूँजीवाले बैंकों के अतिरिक्त, राथचाइल्स, मोर्गन आदि कितने ही प्राइवेट बैंक भी हैं, जिनमें कुछ 'पाँच बड़ों' से मिले हुए हैं। इनका ह्रास और केन्द्रीकरण देखिये—

सन्	संख्या	रक्षित निधि और पूँजी (लाख पौंड)
१८९५	३८	११८
१९१३	८	३६
१९२०	५	३१
१९३१	४	३२
१९३२	४	२४

लुप्त प्राइवेट बैंकों में कितने ही 'पाँच बड़ों' के पेट में चले गये।

बैंक सिर्फ सूद पर रुपया ही नहीं लेते-देते, बल्कि वह बहुत से कारखानों के मालिक भी होते हैं। यहाँ इसे और खोलकर कहने की जरूरत है। बैंक बड़ी-बड़ी इमारतें और उनके चहबच्चों की सोने की ईंट नहीं है, बल्कि बैंक उन व्यक्तियों के स्वार्थों के बाह्य रूप हैं, जो कि उसके मालिक-डाइरेक्टर—हैं; बैंक के यह सजीव डाइरेक्टर अपने स्वार्थ द्वारा जैसे बैंक से सम्बद्ध हैं; वैसे ही वे दूसरी औद्योगिक कम्पनियों से भी सम्बन्ध रखते हैं। १९२२ ई० में ब्रिटेन के छ: बड़े-बड़े बैंकों के १७४ डाइरेक्टर दूसरी कम्पनियों के १२७५ डाइरेक्टर-पदों पर अधिकार रखते थे—

बैंक	डाइरेक्टर	२री कम्प० में	विवरण
१. बर्कले	३८	२०२	२१ जहाजी, २० महाजनी, २४ बीमा
२. वेस्टमिनिस्टर	२५	२११	इनमें ३७ विदेशी बैंक, २९ महाजनी
३. नेशनल प्राविंशियल	२१	१५२	१७ बीमा
४. मिडलैंड	३२	२९१	२१ कपड़ा, ६५ महाजनी, २४ ब्रिटिश बैंक, २४ लोहा-कोयला
५. लायड	३३	२४५	१६ विदेशी बैंक, २५ महाजनी, २२ बीमा, १४ लोहा-कोयला, ९ बिजली
६. बैंक ऑफ इंग्लैण्ड	२५	(१७५)	१२ लोहा-कोयला, ११ जहाजी, २२ महाजनी

लेनिन का कहना कितना सच है—"बैंक के विकास का अन्तिम रूप इजारादारी या एकाधिपत्य है।"

जर्मनी में भी यही बात देखी जाती है—१९१३ में वहाँ के चालीस बड़े बैंकों में पूँजी थी जितनी उसकी आधे से ज्यादा बड़े बैंकों में थी। १९२६ ई० में १७ बड़े बैंक थे, जिनमें छ: ७०% पूँजी के धनी थे।

१९३८ ई० में प्रेसीडेंट रुजवेल्ट ने पूछा—"आज जिस तरह वैयक्तिक धन चन्द्र हाथों में जमा हो रहा है, उसकी इतिहास में मिसाल नहीं।" ५ सैकड़ा बड़े कारबार, ८७ सैकड़ा पूँजी और सम्पत्ति के स्वामी हैं और ४ सैकड़ा कारखानेवाले मुल्क के ८४ सैकड़ा नकद नफे को लूटते हैं। हर्स्ट, राक्फेलर, मेलोन, डू-पोन्ट, फोर्ड और मोर्गन[१] अमेरिका के नहीं, दुनिया के सबसे बड़े धनी-परिवार हैं। १९२९ ई० में संयुक्त राष्ट्र अमेरिका का राष्ट्रीय धन ४२५०० लाख-लाख डालर[२] था, जो प्रत्येक स्त्री, बच्चा या मर्द पर बराबर-बराबर बाँटने पर ३५०० डालर या पन्द्रह हजार रुपया पड़ता है। किन्तु वास्तविकता क्या थी? संयुक्तराष्ट्र के १ सैकड़ा धनी लोग सारे चलते धन के ८३% के मालिक थे, जब कि ९९ सैकड़ा जनता सिर्फ १७% धन पर अधिकार रखती थी। यह भी याद रखना चाहिये कि १९३०-३७ के भीतर संयुक्तराष्ट्र के १७ लाख किसान (अर्थात् सारे किसानों से चौथाई) अपने खेती के कारबार के बेच डालने पर मजबूर हुए।

फ्रांस की सारी पूँजी का प्राय: सारा भाग दो सौ परिवारों के हाथ में है। इंग्लैण्ड में १० हजार पौंड (१३० हजार रुपया) सालाना से ऊपर की आमदनीवाले व्यक्ति आठ हजार से भी कम हैं—और यह इन्कमटैक्स देनेवालों के १/१०० सैकड़ा है। इनकी औसत आमदनी २२००० पौंड (२८६०००)सालाना है।

---

१. मोर्गन के १६७ व्यक्ति २४५० डाइरेक्टर-पदों के अधिकारी हैं.

२. १ डालर =४ रु०.

यहाँ हिन्दुस्तानी बैंकों के बारे में भी कुछ कह देना जरूरी है। हिन्दुस्तानी का सबसे नया बड़ा बैंक रिजर्व बैंक है, जिसकी स्थापना १९३४ में ५ करोड़ रुपये की पूँजी से हुई है। कहने को तो यह सरकारी बैंक है और इसके सर्वोच्च पदाधिकारी को सरकार मनोनीत भी करती; किन्तु इसमें विलायती पूँजीपतियों का रुपया सबसे ज्यादा लगा था, और विलायती पूँजीपतियों की भारत सरकार भी वैसे ही चेरी थी, जैसे विलायत की सरकार। दूसरे 'पाँच बड़े बैंक हैं'—

		स्थापना	**प्राप्त पूँजी (रुपया)**
१.	इम्पीरियल बैंक	१९२१	५६२ लाख (१९२७)
२.	सेंट्रल बैंक	१९११	१६८ लाख (१९३१-३६)
३.	इलाहाबाद बैंक	१९६५	
४.	बैंक ऑफ इंडिया	१९०६	
५.	बैंक ऑफ बड़ौदा		
६.	पंजाब नेशनल बैंक		

इम्पीरियल बैंक भी सरकारी बैंक है; अर्थात् उस पर पूँजीपतियों का आधिपत्य है। सेन्ट्रल बैंक सबसे बड़ा गैर-सरकारी तथा हिन्दुस्तानी बैंक है, जिसे सरसोराबजी पोछखानवाला ने कायम कर विदेशी प्रतियोगिता से बचाते हुए आगे बढ़ाया। पंजाब नेशनल बैंक छठा सबसे बड़ा बैंक है, जिसे हमारे देश के राष्ट्रीय नेता लाला लाजपत राय ने स्थापित किया था।

प्राइवेट बैंक भी कितने ही हैं, यद्यपि वह बिना दूसरे बड़े बैंकों और बैंकरों के कृपापात्र बने अपना अस्तित्व कायम नहीं रख सकते।

ऊपर हम दिखा चुके हैं कि कैसे बैंकों के मालिक खान, कारखाना आदि के व्यवसाय में भी शामिल हैं। बीमा, रेलवे, जहाज आदि व्यवसायों पर अधिकार किये बिना, पूरा पूँजी के सारे उद्योगों को एकत्रित किये बिना नफा उठाना तथा होड़ में जीवित रहना मुश्किल है। इसीलिए, हम बिड़लों को जूट, कपड़ा, चीन के कारखानों को भी नहीं चलाते देखते, बल्कि बीमा कम्पनियों और बैंक के कारबार को भी।

भारत की परतंत्रता के कारण भारतीय पूँजीपतियों को उतना हाथ-पैर फैलाने का अधिकार नहीं था, तो भी हमारे यहाँ के बैंकों, बीमा तथा दूसरी कम्पनियों के डाइरेक्टरों की सूची को देखें तो उनमें कितने ही परिचित राष्ट्रीय नेताओं और कौंसिल एसेम्बली के सदस्यों को देखते, कर्मचारियों में तो उच्च अधिकारियों तथा मिनिस्टरों के सम्बन्धियों को भी पायेंगे।

इंग्लैण्ड, अमेरिका, जर्मनी, फ्रांस आदि दूसरे मुल्कों तथा भारत में भी राजशक्ति और थैली-शक्ति का गठबंधन और भी जबर्दस्त है। इंग्लैण्ड में पार्लियामेन्ट के लार्ड-भवन के सदस्यों को बड़ी-बड़ी रेलों, बैंकों, कारखानों में सभी जगह पायेंगे। मिनिस्टर जिस वक्त मिनिस्टरी में जाते हैं, उस वक्त उन्हें डाइरेक्टर-पद से इस्तीफा देना होता है। किन्तु, यह बिछोह चन्द दिनों का होता है और कम्पनी अच्छी तरह याद रखती है कि हमारा डाइरेक्टर वहाँ गया है, जहाँ से वह हमारे कारबार को सीधे तो नहीं टेढ़े, देश में ही नहीं विदेश में भी बढ़ाने का अच्छा मौका देगा और मिनिस्ट्री से हटते ही वह फिर अपना भूतपूर्व मिनिस्ट्री की हैसियत से आ बिराजेगा। इंग्लैण्ड में अर्थ-विभाग के बड़े-बड़े अधिकारी, अवकाश ग्रहण करते ही बैंकों के उच्च पदाधिकारी बन जाते हैं। युद्ध के बड़े-बड़े पेंशन प्राप्त पदाधिकारी

गोला-बारूद के कारखानों के डाइरेक्टर क्यों बनाये जाते हैं? इसीलिए कि बड़े-बड़े सरकारी ठेकों में पूरा नफा उठाने का मौका मिले।

गेस्ट, कीन और नेटलफील्ड ने इकट्ठा करके १२० लाख पौंड (१५६० लाख रुपये) की पूँजी कोयला-लोहे के व्यवसाय में लगाई है; इस पर चेम्बरलेन परिवार का आधिपत्य है। गेस्ट, कीन का दक्षिणी वेल्स के वाल्डविन व्यवसाय के साथ सम्बन्ध है। नेबिल चेम्बरलेन के बाप जोजफ चेम्बरलेन में नेटलफील्ड और चेम्बरलेन-व्यवसायों को बढ़ाया और इंग्लैण्ड के स्क्रू के व्यापार पर एकाधिपत्य कायम किया। जोजफ चेम्बरलेन ने ही चेम्बरलेन-परिवार के बड़े व्यवसाय की नींव रखी। हम जानते हैं कि जोजफ चेम्बरलेन बोअर-युद्ध के जमाने[1] में उपनिवेश मन्त्री थे। १९०० ई० में चेम्बरलेन-परिवार पर जबर्दस्त आक्षेप हुए थे और हल्ला मचा था कि उनकी कम्पनी—इलियट मेटल एण्ड ट्यूब लिमिटेड—ने युद्ध के ठेके से बहुत फायदा उठाया है। आम कहावत थी 'जितना ही अधिक ब्रिटिश साम्राज्य का विस्तार हो; उतना ही ज्यादा चेम्बरलेन का ठेका भी।' बाल्डविन की भाँति नेविल चेम्बरलेन ने भी राजनीति नहीं, व्यापारी के तौर पर जीवन आरम्भ किया। १९२० ई० तक वह इलियट मेटल कम्पनी (कीन्च वर्क्स), इम्पीरियल केमिकल इन्डस्ट्री बर्मिंघम स्माल आर्म्स (अस्त्र) लिमिटेड और होस्किन एण्ड सन्स (नौ-सेना के ठेकेदार) के डाइरेक्टर थे। बर्मिङ्घम स्माल आर्म्स के चेम्बरलेन जब डाइरेक्टर थे, तो उसका नफा १८९००० (१९१३ ई०), ४०८००० (१९१५ ई०), ४३५००० (१९१८ ई०) हुआ। १९१५-१९ में २०% नफा बाँटा गया। १९३५ ई० में इस कम्पनी को २००० पौंड नफा हुआ था; किन्तु १९३८ ई० में यह साढ़े चार लाख पौंड हो गया। इस शस्त्रीकरण के जमाने में दूसरी शस्त्र-उत्पादक कम्पनियों ने भी खूब फायदा उठाया। इंग्लैण्ड की १२ बड़ी कम्पनियों का नफा १९३५ ई० में १२,२०,००० पौंड—से १९३८ ई० में साढ़े इकतालीस लाख हो गया। चेम्बरलेन जब राष्ट्र की भलाई पर जोर देते, तो उसका मतलब था, उस पाँच सैकड़ा लोगों की भलाई से जिसके पास राष्ट्र के धन का ९५ सैकड़ा है।

यदि पिछले पचीस वर्षों के यूरोपीय सरकारों के दानादान पर नजर डालते, उच्च मंत्रियों और उच्च अधिकारियों तथा पूँजीपतियों के बीच हुए ऐसे अवैध दान-आदानों को ही लें, जिनका कि भंडाफोड़ हो गया था; तो उनसे वर्णन के लिये एक अलग पुस्तक चाहिये। लेकिन, जितने रहस्यों का भंडाभोड़ हुआ, उनसे कई गुने अधिक कभी रोशनी में आये ही नहीं। फिर बहुत से तरीके ऐसे हैं, जो कि कानून की सीमा में नहीं आते, आखिर वैयक्तिक सम्पत्ति के स्वामी कामचोर शासकों ने कानून भी तो अपने फायदे के लिए बनाये हैं।

(३) पूँजी का देशान्तरित करना—पूँजी के एकत्रित होने तथा बैंकों और कारखानों को आपस में मिल जाने से इजारादारी स्थापित होती है। पहली अवस्था में पूँजीपति पिछड़े देशों से कच्चा माल लेते और तैयार माल भेजते थे। इसके अतिरिक्त वह रेल या कर्ज के लिए भी रुपये देते थे; जो सिर्फ इसीलिये कि पिछड़े देश उनके हाथ में बने रहें। लेकिन, जब एकाधिपत्य कायम हो गया, तो उन्होंने वहाँ पूँजी ले जाकर अपने कारखाने कायम करने शुरू किये। यदि भारत की कपास से भारत में ही कपड़ा तैयार किया जाये, तो ज़हाँ विलायत जाने-आने का भाड़ा बच जायेगा, वहाँ अंग्रेज मजदूर को दस रुपया रोज देने की जगह यहाँ डेढ़ रुपया में मजदूर मिल सकता है। यही कारण था, जिससे कि अंग्रेजी पूँजीपति कानपुर और

---

१. १८९९-१९०२ ई०.

बम्बई में कपड़े के कारखानों को खोलने में सरगर्म देखे गये। पीछे इससे भारतीय पूँजीपतियों ने फायदा उठाया, खासकर प्रथम महायुद्ध के बाद। पूँजी के विदेश में लगने से अपने देश के मजदूरों और उस पर निर्भर लोगों की जीविका छिनती है; किन्तु पूँजीपति को इसकी क्या परवाह? वह जीविका देने के लिये नहीं, नफा—अतिरिक्त मूल्य—कमाने के लिये व्यवसाय करता है।

पूँजीपति कितनी तेजी से देश के बाहर पूँजी लगा रहे हैं, इसका अन्दाज इसी से लग सकता है कि १८८१ ई० में जहाँ ब्रिटेन ने सवा अरब पौंड (सवा सोलह-अरब रुपये) विदेश में लगाये थे, और उसने ५२० करोड़ पौंड (६५६० करोड़ रुपया) सालाना नफा उठाया, वहाँ १९१५ में तीन अरब ८० करोड़ पूँजी पर २० करोड़ पौंड (२६० अरब रु०) नफा ले रहा था। १९२९ ई० में जितनी पूँजी इंग्लैण्ड की बाहर लगी हुई थी, उस पर ३० करोड़ पौंड या करीब चार अरब रुपये नफा के आ रहे थे। बाहर लगी हुई पूँजी का आधा ब्रिटिश साम्राज्य में लगाया गया था। आखिर साम्राज्य का अर्थ कच्चे-पक्के माल की खरीद-बेच नहीं, बल्कि पूँजी को ले जाकर वहीं कारबार खोलना भी तो है। अमेरिका ऐसा मुल्क है, जो राजनीतिक साम्राज्य न होने पर भी थैली का साम्राज्य कायम किये हैं, खासकर प्रथम महायुद्ध के बाद तो अमेरिकन पूँजी और तेजी से बाहर भेजी जाने लगी है। जैसे—

१९२३ ई०	२,६७० लाख डालर	(७०.१० करोड़ रुपये)
१९२४ ई०	९,९७० लाख डालर	(२९९.१ करोड़ रुपये)
१९२५ ई०	१०,८६० लाख डालर	(३२५.८ करोड़ रुपये)
१९२६ ई०	११,४५० लाख डालर	(३४३.५ करोड़ रुपये)
१९२७ ई०	१५,६७० लाख डालर	(४७०.१ करोड़ रुपये)

(भारत)—इंग्लैण्ड ने व्यवसाय के लिये भारत से सम्बन्ध जोड़ा। उस वक्त ब्रिटिश सौदागरों—ईस्ट इंडिया कम्पनी—का काम था, एक जगह के माल को दूसरी जगह नफे के साथ बेचना। धीरे-धीरे जब भारत की कमजोरियों से फायदा उठाकर, उसने राजशक्ति भी अपने हाथ ले ली, तो उसे भी उसी व्यापारी भाव से देखा और उसके फलस्वरूप हम बंगाल में देखते हैं, कम्पनी के शासन के पहले साल (१७६४-६५) ई० में जहाँ मालगुजारी ८,१८,००० पौंड (आज की दर से १,०६,०४,७०,०००) थी, वहाँ कम्पनी के शासन के पहले ही साल वह १४,७०,००० पौंड—पौने दो गुने के ऊपर हो गई।[1] और तब से वह सारे कम्पनी के शासन में कैसे बढ़ती गई, उसके लिए इस आँकड़े को देखिये—

१७६४-६५	९,१८,००० पौंड
१७६५-६६	१४,७०,००० पौंड
१७९०-९१	२६,८०,००० पौंड
१८२२-२३	१,२६,००,००० पौंड
१८५७-५८	१,७२,००,००० पौंड

१. पलासी के युद्ध के नौ वर्षों (१७५७-६६) में कम्पनी को ६० लाख पौंड या ८ करोड़ रुपये के करीब की भेंट मिली थी। व्यक्तियों को मिलनेवाले भेंट इससे अलग थी.

—अर्थात् कम्पनी के राज्य के ९३ वर्षों में बंगाल की मालगुजारी बीस गुना बढ़ गई। कैसा बढ़िया सौदा! और इस दोहन का परिणाम कम्पनी के राज्य के छठवें ही साल (२७७० ई०) में एक भारी अकाल देखते हैं, जिसमें बंगाल के एक करोड़ आदमी भूख के मारे मर जाते हैं। १७७० से १९०० ई० तक के १३० सालों में हिन्दुस्तान में २२ बड़े-बड़े दुर्भिक्ष पड़े हैं, जिनमें इतने आदमी मरे, जितने के पिछले तीन सदियों की दुनियां की सारी लड़ाई में नहीं मरे।

यह तो हुई पूँजीवादी इंग्लैण्ड के व्यापार-प्रधान काल की बात। १९वीं सदी आरम्भ से वाष्प-चालित मशीनों का युग आरम्भ होता है। इंग्लैण्ड कल-कारखानों को खोलने में सबसे आगे रहा है। इंग्लैण्ड के इन कारखानों को बढ़ाने के लिए पूँजी कहाँ से मिली? इसका उत्तर ऊपर के ईस्ट इंडियन कम्पनी की भेंट और कर जैसे उदाहरणों से भली-भाँति मिल जायेगा। १९वीं सदी के आरम्भ में कम्पनी द्वारा भारत से इंग्लैण्ड को प्रतिवर्ष ३ लाख पौंड (चार करोड़ रुपया) जाता रहा। यदि व्यक्तियों के दोहन को भी मिला दिया जाये, तो वह था पचास लाख पौंड (७ करोड़ रुपया) प्रतिवर्ष। आगे पूँजी बढ़ाने का यह द्वार और भी खुलता गया।

१८३५-३९	५३,४७,०००	७ करोड़ रुपये
१८५५-५९	७७,३०,०००	१० करोड़ रुपये

यह कम्पनी के मदद की बात है। व्यक्तियों की आमदनी की बचत अलग समझिये।

व्यापारवादी ब्रिटेन जैसे-जैसे पूँजीवाद-प्रधान होता गया, वैसे ही वैसे भारत से इंग्लैण्ड को माल कम तथा कच्चा माल ज्यादा जाने लगा और इंग्लैण्ड का तैयार माल भारत में ज्यादा आने लगा।

सन्	ब्रिटेन को	ब्रिटेन से भारत को
१८१४	१२,६६,६०८ थान	८,१८,२०८ गज
१८२१	५,३४,४५१ थान	१,९१,३८,७२६ गज
१८२८	४,२२,५०४ थान	४,२८,२२,०७७ गज
१८३५	३,२६,०८६ थान	५,१८,७७,१२७ गज

—अर्थात्, जहाँ इंग्लैण्ड जाने वाला भारत का तैयार कपड़ा इन इक्कीस सालों में चौथाई रह गया, वहाँ इंग्लैण्ड से भारत में कपड़े की आमदनी साठ गुनी से भी ज्यादा हो गई। यही बात रेशमी-ऊनी कपड़े की है। उन्नीसवीं सदी के मध्य तक भारतीय तैयारी माल के इंग्लैण्ड जाने का रास्ता हम बिलकुल बन्द होते देखते हैं। उसके बाद भारत इंग्लैण्ड के पूँजीपतियों के लिये कच्चा माल जुटानेवाला बन गया है; जो कि प्रतिवर्ष इंग्लैण्ड जानेवाली रुई, जूट और अनाज की इस सूची से मालूम होगा—

सन्	रुई	जूट	अनाज
१८४९	१७,७५,३०९ पौंड	६८,७१७ पौंड	८,५८,६९१ पौंड
१८५८	४३,०१,७६८ पौंड	३,०३,२९२ पौंड	३७,९०,३७४ पौंड
१९०१	१,०१,२९,७१७ पौंड	१,०८,७७,७६६ पौंड	१,४०,६९,५०९ पौंड

उन्नीसवीं सदी के तीन चौथाई हिस्से में जब तक पूँजीवाद साम्राज्यवाद का रूप नहीं ले पाया, तब तक हिन्दुस्तान इंग्लैण्ड के लिये सिर्फ कच्चा माल पैदा करने तथा विलायती माल बेचने का बाजार रहा; लेकिन जब इंग्लैण्ड ने साम्राज्यवाद की ओर कदम बढ़ाना शुरू किया और इजारादारी के साथ ब्रिटिश पूँजी भी भारत में आने लगी, तब से हिन्दुस्तान में भी कारखाने खुलने लगे। १८७६ ई० से भारतीय कपड़े की मिलें कैसे बढ़ीं इसे देखिये—

सन्	मिलें	करघे	पूँजी
१८७६ ई०		९,१३९	
१९१३ ई०	१७२	९४,१३६	
१९३२ ई०	३४०	१,८६,४०७	
१९३४ ई०	३५०		३६.४६ करोड़ रुपये
१९३८ ई०	३८४		३७.९० करोड़ रुपये

भारत में जो कपड़ा तैयार हुआ—

१८९९	१० करोड़ ४० लाख पौंड (आधा सेर)
१९१४	२७ करोड़ ४० लाख पौंड
१९३१	५९ करोड़ पौंड

और जूट—

सन्	मिलें	करघे	तकुए
१८७६-८०	२२	४,९४६	७०,८४०
१९१३-१४	६४	२६,०५०	७,४४,२८९
१९३०	१००	६१,८३४	१२,२४,९८२
१९३५	१००	६३,०००	१२,७९,०००
१९३८	१०५	६९,०००	१२,३८,८००

और लोहा? जमशेदपुर में टाटा का कारखाना १९०२ ई० में कायम हुआ था। १९२५ ई० में बंगाल लोहा-फौलाद कम्पनी भी तैयार हो गई। इसके अतिरिक्त भद्रावती (मैसूर) आदि के भी कारखाने हैं। टाटा के कारखाने की उपज इस तरह बढ़ी—

सन्	कच्चा लोहा	फौलाद
१९१४	२,४०,००० टन	७०,००० टन
१९३०	११,४०,००० टन	६,१६,००० टन
१९३९	१८,३८,००० टन	२८,७५,००० टन

और कोयला—

१९१३	१ करोड़ ६२ लाख टन
१९१९	२ करोड़ २६ लाख टन
१९२९	२ करोड़ ३० लाख टन
१९३९	२ करोड़ ७७ लाख टन

जूट और कोयले का रोजगार ज्यादातर अंग्रेज कम्पनियों के हाथ में था। हिन्दुस्तान में १९१५ ई० में जहाँ साढ़े छब्बीस करोड़ पौंड या पौने छ: अरब रुपये की विलायती पूँजी लगी थीं; वहाँ १९३१-३२ में वह १० अरब ८१ करोड़ या दूनी के करीब हो गई। भारत में कल-कारखानों में जितनी पूँजी १९३४ ई० में लगी थी, उसमें आधी अंग्रेजी थी। अंग्रेजी पूँजी लड़ाई के बाद कैसे बढ़ी, इसे देखिये—

सन्	कम्पनियाँ	पूँजी
१९२२-२३	७२०	४८७० लाख पौंड
१९३१-३२	९११	७५६० लाख पौंड (=१००८ अरब रुपये)

इस पूँजी का विवरण इस प्रकार है—

	कम्पनियाँ	पूँजी (पौंड)
बैंक और कर्ज	२९	९९३ लाख पौंड
बीमा	१४३	८०४ लाख पौंड
जहाजी	१८	४१३ लाख पौंड
रेलवे	१८	२४८ लाख पौंड
व्यापार	३५९	३००८ लाख पौंड
चाय	१८०	२८२ लाख पौंड
खान	३४	१,१२४ लाख पौंड
जूट	५	२८ लाख पौंड

एक अमेरिकन प्रोफेसर ने भारत में ब्रिटिश-साम्राज्य के स्वार्थ के बारे में लिखा है[१]—

"सार्वजनिक ऋण,[२] जिसका अधिकांश अंग्रेज पूँजीवालों का है, साढ़े तीन अरब डालर (११॥ अरब रुपये है);[३] विदेशी ६३४ कम्पनियाँ, जिनमें अधिकांश अंग्रेज हैं, ढाई अरब डालर (७॥ अरब रुपये) की पूँजी रखती हैं; भारत में संगठित ५१९४ कम्पनियों और उनकी एक अरब डालर (३ अरब रुपये) की पूँजी में भी काफी अंग्रेजी पूँजी लगी हुई है।

"इसमें व्यापार को जोड़ दो। ब्रिटेन हिन्दुस्तान में प्रतिवर्ष एक अरब डालर (३ अरब रुपये) का माल बेचता है, इंग्लैण्ड के सारे निर्यात व्यापार का १/१० है, और हिन्दुस्तान से चालीस करोड़ डालर (१२० करोड़ रुपये) का माल खरीदता है, जो प्राय: सारा ही कच्चा माल है और भारत के सारे निर्यात का ९/१० है।...इंग्लैण्ड के कपड़े के कारखानेवालों को हिन्दुस्तान का अर्थ है, साढ़े बाइस करोड़ डालर (साढ़े ६७ लाख रुपये) वार्षिक; और लोहा-फौलाद, रेलवे, मोटर तथा दूसरी मशीनों से १० करोड़ डालर (३० करोड़ रुपये)। १२ करोड़ डालर की

---

१. Imperialism & World Politics (Parker T. Moon 1939, P. 239).

२. यह एशिया और अफ्रीका तक की लड़ाइयों में इंग्लैंड के लाभ के लिए खर्च किया गया।

३. सर जार्ज पेश के अनुसार युद्ध से पहले भारत में ३७९० लाख पौंड (प्राय: ५ अरब रुपये) अंग्रेजी पूँजी लगी हुई थी।

चाय, करोड़ों डालर के जूट, कपास, चमड़ा तथा दूसरी चीजों को भेजने का व्यापार भी अंग्रेज कम्पनियों के हाथ से होता है।..."

आर्थिक लाभ और व्यापार के लिये किस तरह अंग्रेजों ने अपना राज्य-विस्तार किया, इसका जिक्र करते हुए मून ने लिखा है—

"यद्यपि (१८५७ के) गदर के बाद निस्सन्तान राजा के राज्य को ले लेने की नीति उठा दी गई, तो भी रियासती भारत के मत्थे ब्रिटिश भारत का क्षेत्रफल बढ़ता ही गया, जैसे कि—

नया क्षेत्र १८६१—७१	४,००० वर्गमील
१८७१—८१	१५,००० वर्गमील
१८८१—९१	९०,००० वर्गमील
१८९१—१९०१	१,३३,००० वर्गमील

"१९०१ के बाद ब्रिटिश राज्य की वृद्धि ने दूसरा रूप लिया'...महाराजा, राजा, निजाम और दूसरे देशी शासक अब भगवान की दया से नहीं, इंग्लैण्ड की दया से शासन करते हैं। वस्तुतः अंग्रेजों ने उन्हें इतना उपयोगी शासन-यंत्र समझा है कि आज उनके बारे में कहा जा सकता है—उनका निरंकुश शासन ब्रिटेन की सहायता पर निर्भर है।"

"१८७६ ई० में साम्राज्यवादी युग के उगते बाल-सूर्य डिसराइली ने पार्लियामेंट को राजी किया कि महारानी विक्टोरिया को भारत-सम्राज्ञी की उपाधि दी जाये। यह सिर्फ इस बात के विज्ञापन के लिये किया गया था, कि 'इंग्लैण्ड की रानी प्राच्य देशों में सबसे जबर्दस्त देश की स्वामिनी है।' उसी का अगला कदम था १९११ ई० में राजा जार्ज और रानी मेरी का भारत आना और प्राच्य देशों की तड़क-भड़क के साथ भारत की पुरानी राजधानी दिल्ली में उनका अभिषेक करना...। सिंहासनारोहण या (दिल्ली) दरबार की आँखों को चौंधिया देनेवाली धूम-धाम, हिन्दुस्तान पर यह प्रभाव डालने के लिये की गई थी। इंग्लैण्ड ने पुराने मुगलों का जिनका तख्त दिल्ली में था—राज्याधिकार अपने हाथ में ले लिया। पार्लियामेंटरी शासन और राजनीतिक स्वतन्त्रता की जन्मभूमि ग्रेट-ब्रिटेन, मरे हुए प्राच्य स्वेच्छाचार के बाहरी प्रदर्शन को इस तरह भारत में पुनरुज्जीवित करेगा, यह १९११ में दिल्ली के ऐतिहासिक दरबार के कुछ दर्शकों के लिये उचित नहीं मालूम हुआ।"

अंग्रेज शासकों की अपनी भारत-हितैषिता का ढिंढोरा पीटने के बारे में अमेरिकन प्रोफेसर का कहना है—[१]

"ब्रिटिश साम्राज्यवादी अभिमान के साथ कहना चाहते हैं कि (पिछले) युद्ध जीतने के लिये भारत ने १५ करोड़ पौंड (दो अरब रुपये), ८ लाख सिपाही और समुद्र पार काम करने के लिये ४ लाख मजदूर दिये। बात उल्लेखनीय जरूर है; मगर इसे भोलेपन से नहीं मानना चाहिए, क्योंकि रंगरूट फौजी श्रेणियों और जातियों से लिये गये थे, जिनके शहरों के शिक्षितों से कोई वास्ता न था, और आर्थिक सहायता ब्रिटेन-नियन्त्रित शासन द्वारा दी गई थी। यह सच है कि कुछ देशी राजाओं ने हाथ खोलकर सहायता दी थी; किन्तु उसका कारण रैमजे मेकडानल्ड के शब्दों में—"वह अनुभव करते थे कि (उनके स्वेच्छाचारी) शासन का अस्तित्व ब्रिटिश आधिपत्य पर निर्भर है।"

१. मून, पृष्ठ—३००.

पूँजीवाद ब्रिटेन कैसे भारत का शोषण कर रहा था, इसका वर्णन समाप्त करते हुए और मद—शासन-व्यय—का भी जिक्र कर देना जरूरी है, क्योंकि भारत के साथ समझौता करने के लिये आर्थिक स्वार्थ, राजाओं के साथ संधि के अतिरिक्त अंग्रेज नौकर शासकों के स्वार्थ को भी सुरक्षित करने की बात पेश की जाती थी। १८७६ से १९२९ तक किस तरह शासन-व्यय बढ़ता गया, वह निम्न तालिका से मालूम होगा—

सन्	फौज (प्रति व्यक्ति रुपया)	सार्वजनिक हित (प्रति व्यक्ति रुपया)
१८७६	१.८१०	.१५९
१८८६	२.१०८	.१६६
१८९६	२.१४२	.२०१
१९०६	३.४६२	.२७७
१९१२	२.५१४	.३०२
१९२१	४.५११	.५८८
१९२९	४.२१०	.८६७

फौजी तथा शासन विभाग के बड़े-बड़े नौकर अधिकांश अंग्रेज होते थे, और फौजी सामान प्रायः सारा ही इंग्लैण्ड से आता था; इसलिये आसानी से समझा जा सकता है कि इस शासन-व्यय से किसको सबसे अधिक लाभ था।

(४) साम्राज्यवाद के कारण और सहायक—यूरोप ने सामाज्यवाद को पहले ही से तर्क-वितर्क से सोचकर नहीं अपनाया बल्कि; उसका प्रादुर्भाव तब हुआ, जब कि आर्थिक और तज्जन्य राजनीतिक परिस्थितियों ने वैसा करने के लिए मजबूर किया। पुराना जमाना, पुरानी अवस्था बदली, "और यदि नया आकाश नहीं तो नई जमीन" जरूर दिखलाई पड़ने लगी।

(क) यंत्र—औद्योगिक क्रांति लानेवाले आविष्कारों से सबसे पहले लाभ उठानेवाला इंग्लैण्ड था। जब तक दूसरे राष्ट्र हाथ से काम करते रहे और इंग्लैण्ड, भाप और मशीन से; तब तक उसे प्रतियोगिता का खतरा नहीं था। दूसरे राष्ट्र मशीन के इस्तेमाल करने में बहुत सुस्त रहे भी। वजह पूँजी की कमी थी। उन्नीसवीं सदी के पहले पृथ्वी के तीन-चौथाई भागों में ब्रिटिश उद्योग-धंधे के सामने दूसरे राष्ट्रों के उद्योग-धंधे नगण्य-से थे। १८७० ई० में इंग्लैण्ड दुनिया के सारे लोहे का आधा उत्पन्न करता था। कपास के माल का आधा उसके यहाँ पैदा होता था। उसका बाहरी व्यापार किसी भी प्रतिद्वन्द्वी राष्ट्र से दूना था। उन्नीसवीं सदी के अन्तिम पाद में हालत बदल गई थी; जर्मनी, युक्तराष्ट्र, फ्रांस और दूसरे यूरोपीय राष्ट्र भी उद्योग-धंधे में आगे बढ़े। इंग्लैण्ड का लौह उद्योग दूसरों की बनिस्बत पीछे पड़ने लगा, और शताब्दी के अंत तक पहुँचते-पहुँचते युक्तराष्ट्र प्रथम हो गया, इंग्लैण्ड का दर्जा दूसरा रह गया। जैसा कि निम्न आँकड़े बतलाते हैं (कच्चा लोहा लाख टन)—

	१८७० ई०	**१८९६ ई०**	**१९१७ ई०**	**१९०३ ई०**
ब्रिटेन	५९.६०	८६.६	८७.९७	७९.३५
संयुक्तराष्ट्र (अमेरिका)	१६.७०	८६.२३	९६.५३	१८०.०९
जर्मनी	१३.९	६२.६	६७.६	९८.६

अर्थात्, १८७०-१९०३ ई० के बीच जहाँ इंग्लैण्ड की लोहे की उपज सिर्फ ५२% बढ़ी, वहीं अमेरिका (संयुक्तराष्ट्र) की ९६६% और जर्मनी की ६०९% है।

इसी तरह कपड़े के बाजार में अमेरिका (और जापान भी) ब्रिटेन के साथ प्रतिद्वंद्विता करने लगे, जैसा कि व्यवसाय बढ़ाने की दर के ये आँकड़े बतला रहे हैं—

	१८७०-८० ई०	१८८०-९०	१८९०-१९००
ब्रिटेन	१९	१८	—३
संयुक्तराष्ट्र (अमेरिका)	९०	४२	५०
यूरोप	३२	५३	२५

निर्यात व्यापार की कहानी ऐसी है, जहाँ १८७०-१९०० ई० के तीस वर्षों में अमेरिका का निर्यात चौगुना हो गया, जर्मनी का दुगुना, वहीं इंग्लैण्ड का ड्यौढ़ा (४५%) भी नहीं हो पाया।

इसका परिणाम यह हुआ, बाजार में तीव्र प्रतियोगिता । हर एक बड़े-बड़े औद्योगिक राष्ट्र कपड़ा, लोहा फौलाद तथा दूसरे माल उससे कहीं ज्यादा पैदा कर रहे थे, जितना कि वे स्वयं इस्तेमाल कर सकते थे। सबके पास फाजिल माल था, जिसे बाहर के मुल्कों में बेचना चाहते थे। लेकिन, कोई भी औद्योगिक राष्ट्र अपने यहाँ के दूसरे के माल की खपत को नहीं देखना चाहता था। इंग्लैण्ड के अतिरिक्त सभी मुल्कों ने अपनी सीमाओं पर चुंगी की ऊँची दीवार इसलिए खड़ी कर रखी थी, जिसमें कि दूसरे का माल भीतर पहुँचते-पहुँचते बहुत महँगे पड़ जायें। गृह युद्ध के बाद संयुक्तराष्ट्र ने अपने नवजात उद्योग-धंधे की रक्षा के लिए चुंगी लगाई और १८९० तथा १८९७ ई० में चुंगी को और ऊँचा किया। रूस ने भी १८७७ से चुंगी को ऊपर उठाना शुरू किया। जर्मनी ने १८७९ में, फ्रांस ने १८८१ में और दूसरे मुल्कों ने भी इसका अनुसरण किया। फ्रेंच महामन्त्री फेरी ने १८८४ ई० में परिस्थिति का वर्णन इस तरह किया—

"हमारे महान् उद्योगों को किस चीज की कमी है? उनको कमी है ज्यादा और ज्यादा बाजार की। जर्मनी अपने गिर्द (चुंगी की) दीवार खड़ी कर रहा है; इसलिए कि संयुक्तराष्ट्र (अमेरिका) चुंगीवादी हो गया है और वह भी चरम सीमा का।"

अब इस अंधेरे में प्रकाश की किरणें सिर्फ एक दिशा से आ रही थीं, वह थे उपनिवेश—अधिकृत देश। अंग्रेज साम्राज्यवादी सर फ्रेडरिक लगार्ड ने अपनी पुस्तक 'हमारे पूर्व-अफ्रीकीय साम्राज्यवाद का उत्थान' में १८९३ ई० में लिखा था—

"जब तक हमारी नीति मुक्त-व्यापार की है, तब तक हम नये बाजारों को ढूँढ़ने के लिए मजबूर हैं; क्योंकि पुराने बाजार प्रतिरोध चुंगी द्वारा हमारे लिये बंद किये जा रहे हैं। हमारे अधीनवाले बड़े-बड़े देश, जो पहले हमारे माल के खरीदार थे, अब हमारे व्यवसाय के प्रतिद्वंद्वी होते जा रहे हैं।..."

उन्नीसवीं सदी के अन्त में यूरोप ने साम्राज्य-विस्तार पर जोर दिया, उसका कारण था, यही फाजिल माल की खपत के लिये बाजार की तलाश। इसी के परिणामस्वरूप आज हम पृथ्वी पर छोटे-बड़े साम्राज्यों का विस्तार निम्न-प्रकार (वर्ग-मील) पाते हैं—

देश	अफ्रीका	एशिया	प्रशान्त-महासागर	अमेरिका	योगफल
ब्रिटिश	४२,०३,०००	२१,६,०००	३०,७९,०००	४०,०८,०००	१,३६,१६,०००
फ्रेंच	३७,७३,०००	३,१७,०००	१०,०००	३६,०००	६४,००,०००
पोर्तुगीज	९,२७,०००	७,०००	१,६००	—	९,३६,०००
बेल्जियम	९,३१,०००	७,०००	—	—	९,३७,०००
संयुक्तराष्ट्र	३७,०००	—	१,२२,०००	७,५२,०००	९,११,०००
डच (हालैण्ड)	—	—	७,३४,०००	५५,०००	७,८९,०००
इतालियन	८,८०,००	—	—	—	७,८०,०००
स्पेनिश	१,३२,०००	—	—	—	१,३२,०००
जापान	—	८६,०००	—	२८,०००	१,१०,०००
					(वर्गमील) २,८७,४२,०००

और साम्राज्यों की जनसंख्या (लाख में)—

देश	अफ्रीका	एशिया	प्रशान्त-महासागर	अमेरिका	योगफल
ब्रिटिश	६५०	३३३०	८०	११०	४१७०
फ्रेंच	३५०	२३०	क[1]	क	५९९
डच	—	—	५००	क	५००
जापान	—	१९०	४०	—	२३०
संयुक्तराष्ट्र	११५	—	११४	९०	२२०
बेल्जियम	११५	—	—	—	११५
पोर्तुगीज	८०	—	क	क	९०
इतालियन	१९	—	—	—	२०
स्पेनिश	१०	—	—	—	१०
					६३००

साम्राज्य-विस्तार की नीति कैसी रही, इसके लिये इंगलैण्ड का उदाहरण ले लीजिये। १८६० में ब्रिटिश-साम्राज्य के २५ लाख वर्गमील अधिकृत देश थे, जिनकी जनसंख्या साढ़े चौदह करोड़ थी। किन्तु, १९०० में अधिकृत देशों का क्षेत्रफल ९३ लाख वर्गमील तथा जनसंख्या ३१ करोड़ के करीब; और आज वहाँ १३६ लाख वर्गमील और पौने बयालीस करोड़ जनसंख्या है। फ्रांस की वृद्धि देखिये—

सन्	क्षेत्रफल (वर्गमील)	जनसंख्या
१८६०	२,००,०००	३४,००,०००
१८८०	७,००,०००	७५,००,०००
१९००	३७,००,०००	५,६४,००,०००
महायुद्ध के बाद	६४,००,०००	५,९०,००,०००

१. १० लाख से कम.

युद्ध के बाद पराजित शक्तियों के अधिकृत देशों की जो बंदर-बाँट हुई थी, उसमें सबसे बड़ा भाव इंगलैण्ड और फ्रांस को मिला। 'अदूर-पूर्व' में तुर्कों के अधिकृत देशों में फिलस्तीन और ईराक अंग्रेजों के हाथ आये, और सीरिया फ्रांस के हाथ में। बाकी के बँटवारे का ब्योरा निम्न प्रकार है—

अफ्रीका

देश		क्षेत्रफल	जनसंख्या
टोगोलैण्ड	ब्रिटिश टोगोलैण्ड	१२,६००	१,८५,०००
	फ्रेन्च टोगोलैण्ड	२२,०००	७,४७,०००
केमरोन	ब्रिटिश केमरोन	३१,०००	५,५०,०००
	फ्रेंच केमरोन	१,६६,०००	२७,७१,०००
जर्मन पूर्व अफ्रीका	तंगानिका (ब्रिटिश)	३,६५,०००	४१,२५,०००
	रुअंडा-उरुंडी	२१,२३५	३०,००,०००
	(बेल्जियम)	११,२३५	३०,००,०००
दक्षिण पश्चिम अफ्रीका		३,२२,०००	२२,८०,०००

दक्षिण सागर

दक्षिण सागर-द्वीप (जापान)	८००	४२,०००
न्यू गायना (आस्ट्रेलिया)	८९,०००	४,००,०००
पश्चिमी समोआ (न्यूजीलैण्ड)	१,२५०	३८,०००
नौरू द्वीप (ब्रिटेन)	१०	२,०००

(ख) यातायात की सुविधाएँ—यूरोपीय पूँजीवाद के साम्राज्यवादी रूप लेने में दूसरा कारण या सहायक, यातायात की वह सुविधाएँ और विस्तार था, जो कि उन्नीसवीं सदी के चौथे भाग में हुई। अधिकृत देशों की उपज से लाभ उठाने के लिये भापवाले जहाजों की जरूरत थी। एशिया और अफ्रीका के दुर्गम स्थानों तक माल और सेना के पहुँचने के लिए रेलों की जरूरत थी। अधिकृत देशों की स्वामिदेश के साथ नजदीक से बाँधने के लिये तार की जरूरत थी। यद्यपि भाप-जहाज, रेल-इंजन और तार का आविष्कार बहुत पहले हो चुका था, किन्तु उसका जितना विस्तार उन्नीसवीं सदी अन्तिम पाद में हुआ; उतना पहले न था, जैसा कि इस तालिका में मालूम होगा—

	१८५०	१८७३	१८८०	१८९०	१९००
रेलवे (हजार मील)	२४	—	२२४	—	५००
माप-जहाज (प्रति सैकड़ा)	—	—	—	—	—
कुल जहाज	—	२५	—	५१	७७
तार (जहाज मील)	५	—	४४०	—	११८०

(ग) कच्चे माल की माँग—तीसरी बात यह थी गरम और अल्प-गरम देशों के कच्चे माल की औद्योगिक देशों में माँग। हिन्दुस्तान से कच्चे माल का जाना किस तरह बढ़ा, इसके बारे में हम कह आये हैं। इंग्लैण्ड लम्बे रेशे के कपास को पहले अमेरिका से खरीदता था; किन्तु जब अमेरिका ने खुद कपास का बनाना शुरू किया, तो यह काम मिस्र के जिम्मे दिया गया। १८६५ ई० में मिस्र ने ३४८ हजार मन कपास उपजाई, जो कि १८९० ई० में नौ गुनी हो गई। रबड़, कोको, चाय, चीनी, नारियल आदि चीजों की माँग ही थी, जिससे कि कांगों, मलाया, लंका, जावा तथा दक्षिणी प्रशान्त-महासागर के टापुओं पर गुलामी की जंजीर मजबूत की गई। खाद में उपयुक्त होनेवाले फास्फेट के लिए ही फ्रांस ने उत्तरी अफ्रीका की अपनी कालोनियों (अधिकृत देशों) को पकड़ रखा है; और रांगे के लिये फ्रांस ने दक्षिणी चीन पर अपना पंजा जमा रखा है। यह ट्रांसवाल की सोने की खानें थीं; जिनके लिए इंग्लैण्ड ने ट्रांसवाल (अफ्रीका) को विजय करना जरूरी समझा। लोहा, कोयला, कपास जिनके लिए जापान ने चीन को निगलना चाहा। तेल अन्तर्राष्ट्रीय झगड़ों की एक बड़ी जड़ है। मोसल ईरान, बर्मा की तेल की खानें जब तक मौजूद हैं और ये छोटे-छोटे देश जब आत्म-रक्षा करने में असमर्थ हैं, तब तक इन्हें साम्राज्यवादियों के पंजे से मुक्त होने की आशा नहीं करनी चाहिए।

(४) चौथी बात पूँजी का बाहर ले जाना है, जिसके बारे में हम बतला चुके हैं।

लेनिन ने साम्राज्यवाद और कालोनी के संबंध में लिखा है—"सिर्फ कालोनी अधिकार ही (ऐसी बात) है, जो कि प्रतिद्वंद्वियों के साथ प्रतियोगिता के खतरे से इजारादारी को सफल बनाने की गारन्टी दे सकता है।...पूँजीवाद जितना ही अधिक विकसित होता है, उतना ही कच्चे माल की जरूरत अधिक होती है; प्रतियोगिता जितनी ही सख्त होती जाती है, उतना ही अधिक सारी पृथ्वी पर कच्चे माल की जबर्दस्त तलाश शुरू होती है और उतना ही अधिक कालोनियों के प्राप्त करने का संघर्ष प्रखर हो उठता है।"

(घ) 'अंधा बाँटे अपनों को'—यही नहीं चुंगी से बचने के लिये औद्योगिक जातियों की कालोनियों के बाजार और कच्चे माल की जरूरत है; बल्कि उच्च जातियों पर अधिकार है, और वह अधिकार है कर्तव्य के कारण—उच्च जातियों का कर्तव्य है निम्न जातियों को सभ्य बनाना। फ्रांस को अफ्रीका से दासता का दाग धोना होगा। सभ्य श्वेत जातियों के सिर के ऊपर भगवान ने भारी कर्तव्य को बोझ दे रखा है, जैसा कि अंग्रेज साम्राज्यवादी कवि किपलिङ्ग ने १८९९ ई० में लिखा था।[१]

---

१. "Take up the white man's Burden
Send forth the best ye breed,
Go bind your sons to exile
To serve your captives' uneed;
To wait in heavy harness,
On fluttered folk and wild
Your new caught, sullen peoples,
Half devil and half child."

''गोरों का दायित्व-भार है, भार वहनकर,
भेज कोख के लाल अनोखे निर्वासितकर
सात समन्दर पार, इष्ट शासित जन का उपकार
वहाँ कठित कर्तव्य निरत वे रहें निरन्तर,
जहाँ अधीर, असभ्य, क्षुब्ध बन्दीजन का घर
जो आधे राक्षस से, आधे शिशुओं से साकार।''

लेकिन किप्लिङ् की कविता और पूँजीवादियों के उच्च आदर्श का ढिंढोरा किसी की आँख में धूल नहीं झोंक सकता। १९२०-२२ ई० में इंग्लैण्ड से भारत आनेवाले माल के निम्न आँकड़ों को कौन मिटा सकता है?

सूत, कपड़ा	५३,३५,७७,००० पौंड
लोहा, फौलाद, इंजन, मशीन	३,७४,२३,००० पौंड
गाड़ी, लारी, मोटर	४२,७४,००० पौंड
कागज	१८,५८,००० पौंड
पीतल काँसे की चीजें	१८,१३,००० पौंड
ऊनी कपड़ा, सूत	१६,००,००० पौंड
तम्बाकू	१०,६०,००० पौंड
दूसरे सामान	१०,२३,००० पौंड
	५८,२६,२८,००० या ७ अरब ५७॥ करोड़ रुपया।

कच्चे-पक्के माल शस्त्र-व्यवसाय और बैंकवालों का समाजी नफे से सीधा संबंध है; किन्तु लुटेरा बाँटकर खाने में ही अपना ज्यादा स्थायी लाभ देखता है; इसीलिये व्यवसायी लोग विल्हेल्म द्वितीय, निकोला द्वितीय, किसी राजवंशिक ड्यूक[१] और महामत्री या मंत्री के संबंधी को कालोनी की रेलों, जहाजों और दूसरे व्यवसायों में पूँजी लगाने के लिये राजी कर लेते हैं; किसी राष्ट्रपति के साले या बहनोई को मेक्सिको के तेल-व्यवसाय में शामिल करते हैं; जिसमें कि राष्ट्रपति भवन पर वह अपना प्रभाव कायम रख सकें। दक्षिणी अफ्रीका के हीरा के राजा तथा ५ अंग्रेज महापूँजीपतियों में एक सेसिल रोड्स ने पार्लियामेंट उदार-दल के कोश में अपनी थैली इसीलिये खोली थी, कि वह मिस्र पर से कहीं अपना हाथ न खींच ले। रोड्स ने जबर्दस्त समाचार-पत्रों को—हिन्दुस्तान टाइम्स के स्वामियों की भाँति—इसलिये खरीदा कि वह पूँजीवाद की साधारण तौर से, और अपने स्वामी की विशेष तथा सूक्ष्म तौर से प्रशंसा करें। विश्वविद्यालयों, अस्पतालों और पुस्तकालयों को जो बड़े-बड़े दान दिये जाते हैं, वह भी उसी तरह व्यवसाय के अंग हैं, जैसे कि विज्ञापनबाजी।

---

१. राजा लो-बेंगुला की भूमि (वर्तमान रोडेशिया) पर रोड्स की कम्पनी का अधिकार स्वीकार करने में अब महामंत्री लार्ड सालिसबरी इन्कार कर रहे थे, तो रोड्स ने अपनी कायम होने वाली कम्पनी का सभापति, उप-सभापति फाइफ और अबेरकोर्न के ड्यूकों को बना दिया.

पूँजीपतियों ने अपने महान् शोषण-यंत्र में दूसरे भी कितने ही तरह के व्यक्तियों को शामिल कर लिया।

(i) सेना के अफसरों की शस्त्र व्यवसाय ही में नहीं, सेना के विस्तार और अधिक व्यय पर भी स्वार्थपूर्ण निगाह पड़नी जरूरी है।

(ii) यही बात राजदूतों, कालोनी के बड़े नौकरों और उनके परिवार के बारे में है; क्योंकि वह जानते हैं कि उनको जीविका—वेतन और पेंशन—का स्रोत क्या है।

(iii) **लार्डवंशों के छोटे पुत्रों**—जिनका पैतृक सम्पत्ति पर कोई अधिकार नहीं होता—की भी समस्या कठिन है, जिनका हल पार्लियामेंट; पादरी-पद, वायु-जल-स्थल सेना के अतिरिक्त कालोनी की नौकरियाँ भी हैं।

(iv) व्यवसायी; सैनिक और 'छोटे पुत्रों' के अतिरिक्त पादरियों का व्यवसाय भी साम्राज्यवादी राष्ट्रों के लिये कम आकर्षक नहीं है। उन्नीसवीं सदी में जहाँ धर्म के प्रति अश्रद्धा और संदेह बहुत बढ़ गया, वहाँ यूरोप और अमरीका में धार्मिक पुनरुज्जीवन के लिये भी भारी उत्साह और उसके परिणामस्वरूप मिशन-कारबार का बढ़ना बड़ी उल्लेखनीय घटना रही है। यद्यपि मिशनरी गये तो बतलाये जाते हैं, स्वर्ग-साम्राज्य कायम करने के लिये, किन्तु वह कितनी ही बार सांसारिक साम्राज्य की कायमी और विस्तार में बड़े सहायक साबित हुए हैं। कितनी ही बार उन्होंने यह काम अनजाने में भी किया। दो दर्जन मिशनरियों की हत्या ने चीन में जर्मनी को एक बड़े बन्दरगाह पर कब्जा करने का मौका दिया।

(v) साहस-यात्रियों और भौगोलिक वैज्ञानिक गवेषकों ने सिर्फ विज्ञान की सीमा का ही विस्तार नहीं किया, बल्कि उन्होंने जाने-अनजाने—और अकसर जान-बूझकर ही—साम्राज्य के विस्तार में भी भारी मदद पहुँचाई, यही वजह है कि पूँजीपति और उनकी सरकारें इस कार्य में दिल खोलकर मदद देती रहीं। हेनरी मोर्टन स्टेनली सिर्फ भौगोलिक गवेषक ही नहीं था और उसकी १८७९-८४ की अफ्रीका के अज्ञात भाग की यात्रा ने सिर्फ वहाँ के भूगोल ज्ञान को ही नहीं दिया, बल्कि कांगों पर बेल्जियम का अधिकार उसी की सहायता से हुआ। पहले उसने अपनी जन्मभूमि इंग्लैण्ड को यह उपहार देना चाहता था, इंग्लैण्ड ने जब उसकी बात पर ध्यान न दिया, तो स्टेनली बेल्जियम के राजा ल्युपोल्ड के पास पहुँचा। मानचेस्टर के व्यवसायियों को उत्तेजित करते हुए स्टेनली ने १८८४ ई० में कहा था—

"कांगों के मुहाने से परे चार करोड़ आदमी हैं, जिनके पहनाने के लिये मानचेस्टर के जुलाहे इन्तजार कर रहे हैं। बर्मिङ्घम की पिछली चमकीली लाल धातु उनके लिये लोहे का कारखाना बनाने के लिए तैयार है। वहाँ के काँच के मोती, मूँगे के जेवर उन मैले गलों के हार बनने के लिए तैयार हैं और ईसा के मिशनरी उन निर्धन अभागे काफिरों को ईसाई धर्म में लाने के लिए बेकरार हैं।"

(५) अन्तर्राष्ट्रीय सघर्ष—साम्राज्यवाद के सूत्रपात होते ही किस तरह की तेजी से भिन्न-भिन्न साम्राजी क्षेत्रों में पृथ्वी का विभाजन होने लगा, इसे हम देख आये हैं। प्रथम महायुद्ध के बाद तो रहे-सहे भाग का भी बँटवारा खत्म कर दिया गया और अब कोई भूमि नहीं रह गई थी, जिस पर कि साम्राजी लुटेरे कब्जा करते। संसार का विभाजन पहले से समाप्त और इजारादारीवाले पूँजीवाद की कच्चे माल तथा बाजार मार्ग, पृथ्वी के फिर से विभाजन के लिये मजबूर करती है।

"साम्राज्यवादियों को युद्ध की जरूरत है, क्योंकि सिर्फ इसके ही द्वारा वह संसार का नव-विभाजन—नये बाजारों, कच्चे माल के स्रोतों और पूँजी लगने की जगहों पर नई तरह से विभाजन कर सकते हैं।"[१]

प्रथम साम्राज्यवादी युद्ध (१९१४-१८ ई०)

(क) युद्ध के कारण १९१४-१८ ई० का महायुद्ध इस पुनर्विभाजन के लिये हुआ था।

फ्रांस, ब्रिटेन ही नहीं बेल्जियम, हालैंड भी जब काफी भू-भाग पर, अपना अधिकार जमा चुके थे, तब तक जर्मनी बेखबर सो रहा था। १८६६-७० में जर्मनी के एक राष्ट्र होने पर जब उद्योग-व्यवसाय बढ़ा और उसे बाजार तथा कच्चे माल की जरूरत हुई, तो सभी जगह सीमाबंदी, की ऊँची-ऊँची दीवारें खड़ी हो चुकी थीं। बीसवीं सदी के आरम्भ में जर्मनी की औद्योगिक प्रगति कितनी तेजी से हुई, उससे बाजार और कच्चे माल के अभाव में जर्मनी औद्योगिक मशीन के रुक जाने का डर था। उसके लिये युद्ध के सिवा कोई रास्ता न था। प्रथम महायुद्ध का अभिप्राय था, पृथ्वी का पुनर्विभाजन और उसके द्वारा जर्मनी का ऐतिहासिक 'अन्याय' से मुक्त होना।

दूसरी ओर ब्रिटिश साम्राज्यवाद और उसके सहायकों को कदम-कदम पर जर्मनी के व्यवसाय का सामना करना पड़ रहा था; चुंगी के बावजूद भी जर्मनी का माल दुनिया में फैल रहा था, जो यदि परिणाम में नहीं तो गुण और सस्तेपन के कारण अंग्रेजी पूँजीपतियों के नफे पर प्रहार कर रहा था—और रंग, रासायनिक पदार्थों, दवा आदि में तो बल्कि इजारादारी भी स्थापित कर रहा था। इस तरह ब्रिटिश साम्राज्यवाद और उसके सहायक भी हवा का रुख देख रहे थे और युद्ध को अवश्यंभावी समझ रहे जर्मनी और ब्रिटेन-फ्रांस दोनों ने युद्ध शुरू किया, अपनी-अपनी इजारादारी कायम करने के लिये।

युद्ध में जर्मनी परास्त हुआ, उसकी थोड़ी-बहुत जो कालोनियाँ थीं, वह भी हाथ से निकल कर ब्रिटेन, फ्रांस और जापान के हाथ में चली गईं। स्वयं यूरोप में भी उसे अपनी ७५,३००० वर्ग किलोमीटर जमीन से हाथ धोना पड़ा—"चौबेजी छब्बे बनने गये, दुब्बे रह गये।"

(ख) धन-जन की हानि—महायुद्ध पृथ्वी के जिन पुनर्विभाजन के लिए शुरू किया था, वह नहीं हुआ। लेकिन साथ ही साम्राजी आपसी विरोध भी इससे खत्म नहीं हुए, बल्कि वह और भी विस्तृत रूप में आ मौजूद हुए। जापान युद्ध के फल से वंचित रखा गया और उसे प्रशान्त महासागर के कुछ थोड़े से छोटे-छोटे टापुओं को देकर टरका दिया गया। इसलिए अब वह ब्रिटेन की गुट में नहीं रह सकता था। इताली की भी यही हालत थी।

पिछले युद्ध की तैयारी एक दिन में नहीं हुई थी। सभी राजशक्तियाँ जानती थीं और वह भविष्य के महायुद्ध की तैयारी बड़े जोर से कर रही थी। निम्न आँकड़े बतला रहे हैं कि १८८० से १९१३ ई० तक किसी तरह युद्ध-व्यय बढ़ता रहा।

---

१. मानचेस्टर व्यापार-मंडल द्वारा १८८४ में प्रकाशित पुस्तिका.

	१८८०-८९	१८९०-९१ वृद्धि (वार्षिक औसत)		१९००-१३ वृद्धि (वार्षिक औसत)	
देश	(लाख पौंड)		सैकड़ा	(लाख)	(सैकड़ा)
जर्मनी	२२५	३१५	+४०	६७३.५	+१४४
ब्रिटेन	२७३	३७०	+६५.५	५३४.३	+६१
फ्रांस	३४३	३२८	+४	४२०	+३०
इताली	१२०	१३०	+८.३	२०९	+६१
जार का रूस	२४९	३४१	+८	५३०.७	+७३

इस सूची से यह भी पता चलता है कि वर्तमान शताब्दी में जब पूँजीवाद साम्राज्यवाद या **इजारादारी** में परिणत हुआ, तब सैनिक व्यय और भी तेजी से बढ़ा।

१९०७ से १९१२ ई० में जारशाही रूस का सैनिक व्यय ५६ सैकड़ा बढ़ा। १९०७ साल के सारे बजट का १८% युद्धयंत्र पर खर्च हो रहा था, १९१२ ई० में वह २३% और १९१४ में (जब महायुद्ध की घोषणा हुई) वह २८% पहुँच गया था।

वही बात फ्रांस के बारे में होती जाती थी, जहाँ कि १९१० का १.३ अरब फ्रांस का सेना व्यय १९१४ ई० में दो अरब फ्रांक हो गया और सारे बजट में उसका भाग ३२% से २८%।

(ग) फिर उसी ओर—महायुद्ध के बाद १९१४ ई० में जर्मनी सेना पर ४८.८५ करोड़ मार्क खर्च कर रहा था, जब कि १९३१ ई० में वह ७५ करोड़ मार्क हो गया। १९३० ई० में महायुद्ध में पराजित जर्मनी अपने सारे बजट का १४.३% या १२१५६ अरब मार्क खर्च कर रहा था। ३० जनवरी १९३३ को हिटलर के अधिकारारूढ़ होने के बाद जर्मनी का नारा था, 'मक्खन की जगह बन्दूक।' यद्यपि जर्मनी ने अपने सैनिक व्यय को प्रकट नहीं करना चाहा; किन्तु १९३९ ई० में वह कई गुना तथा बजट का सबसे बड़ा भाग था, इसमें सन्देह नहीं। दूसरे देशों में १९३९ ई० में कितनी फौजी तैयारी थी, वह निम्न सूची से मालूम होगी[१]—

देश	युद्ध-विभाग	टैंक	तोप	मशीनगन	सैनिक
जर्मनी	?	?	?	?	?
फ्रांस	५०००	४५००	२०००	१६०००	७,६०,०००
ब्रिटेन[२]	५०००	६००	१९००	१००००	५,२९,०००
इताली	४०००	१०००	१९००	१४०००	४,००,०००
संयुक्तराष्ट्र	३७००	४००	३३००	२५०००	३,४८,०००
जापान	२७००	२७०	६००	६०००	३,२८,०००
पोलैण्ड	१६००	७००	१०५०	७०००	३,०२,०००

१. 'Deutsch wehr' फरवरी, १९३९ ई०.

२. १९४०-४१ के बजट-तखमीना १४१ करोड़ रुपये में ५९ करोड़ अर्थात् ४२% सेना के लिये था.

सैनिक व्यय और हथियार के कारखानों के मालिकों का स्वार्थ एक है, यह हम बतला चुके हैं।

जर्मनी का सबसे बड़ा हथियार-कारखाना क्रुप है। फ्रांस-जर्मनी के युद्ध के समय १८७०-७१ ई० में क्रुप के कारखानों में काम करनेवाले आदमियों की संख्या ९,००० थी; जो कि १८८५ में ३२,०००, १९०२ में ४४,०० और १९१३ में ८८,००० हो गई। १९०२ के २२,००० से १९१३ में ९८,००० होना—चौगुना वृद्धि —खास साम्राज्यवादी युग में हुई है। १९३९ के प्रारम्भ के क्रुप के कारखानों में १ लाख आदमी काम कर रहे थे। हिटलर को क्रुप की भारी आर्थिक सहायता मिलती रही है, इसलिये हिटलरवाद के अधिकारारूढ़ होने के बाद क्रुप की वृद्धि स्वाभाविक है। ३० जून, १९३४ ई० को हिटलर एसेन में क्रुप के बंगले ही में था, जबकि उसने नात्सी पार्टी के अर्द्ध-समाजवादी अंश के खून से अपने हाथ को रंगा था। यह भी स्मरण रखना चाहिये कि १८७० से १९३९ तक मशीनों की उत्पादन-शक्ति में क्रान्तिकारी परिवर्तन हुआ था।

चेम्बरलेन के हथियार कारखाने **स्माल आर्म्स लिमिटेड** का जिक्र हम कर चुके हैं। वाइकर मेक्सिम कम्पनी दूसरी जबर्दस्त हथियार बनाने वाली कम्पनी है। इसका संबंध सरकार के संचालकों से बहुत घनिष्ठ है। इसकी पूँजी-वृद्धि को देखिये—

१८७० ई०	१,६५,००० पौंड
१९०९ ई०	६२,००,००० पौंड
१९१२ ई०	८५,००,००० पौंड

हथियार कम्पनियाँ युद्ध के आतंक पर जीती हैं, कम्पनियों की डाइरेक्टरों से ब्रिटिश मंत्री भले ही इस्तीफा दे दें, किन्तु उनके लाभ से वह इस्तीफा नहीं दे सकते, जब कि उनकी पूँजी वहाँ लगी हुई है। १९०९ ई० में हाईकोर्ट उपनिवेशमंत्री तथा हाबहौस इन कम्पनियों के भागीदार थे, जब कि युद्ध की जबर्दस्त अफवाह उड़ाई गई थी और आर्मस्ट्रांग ने ८२% और वाइकर ने ८४% नफा अपने भागीदारों में बाँटा था। उस वक्त आर्मस्ट्रांग के शेयरदारों में ६ लार्ड, २० उच्च फौजी अफसर, पार्लियामेंट मेंबर (एम०पी०), ८ अखबारवाले, १५ बैरोनेट और २० बड़े-बड़े 'सर' लोग थे।

और इस सबका परिणाम पिछले महायुद्ध का वह भीषण नर-संहार था, जिसमें—

देश	मृत	घायल
ब्रिटिश साम्राज्य	११,८९,९९१	२४,००,९८८
फ्रांस	१३,९३,३८८	१४,९०,०००
जर्मनी	२०,५०,४६६	४२,०२,०३०
अमेरिका	१,१५,६६०	२,०५,७००

प्रथम महायुद्ध का सारा खर्च ४ अरब पौंड या ५२ अरब रुपया आँका गया है। १७९३ से १९०५ तक सारा युद्ध-खर्च ४ अरब १५ करोड़ पौंड हुआ था और इस सारे समय के युद्धों में जितने आदमी मारे गये थे, उनके दस गुने इस युद्ध में मारे गये थे।

पूँजीवादियों ने इतना खर्चीला नर-संहार बाजार और कच्चे माल के वास्ते संसार के पुनर्विभाजन के लिए छेड़ा था, वह पूरा नहीं हुआ, उल्टे दुनिया के ११६ हिस्से के उस पूँजीवाद राक्षस का खातमा हुआ, जिसकी रक्त-पिपास—शोषण—के लिए वह छेड़ा गया था। युद्ध के बाद हमने देखा, किस तरह फिर युद्ध की तैयारी शुरू हुई थी।

(२) द्वितीय विश्व युद्ध का प्रारम्भ—जापान ने नये बँटवारे के लिये सबसे पहले कदम उठाया। १९२२ ई० में ब्रिटेन के साथ उसकी मैत्री समाप्त हो गई। लड़ाई के बाद अपने-अपने स्वार्थों के लिए फ्रांस, इंग्लैण्ड, अमेरिका में जिस तरह मनमुटाव हो गया था, उससे फायदा उठाकर जापान ने १८ सितम्बर, १९३१ को मंचूरिया पर कूच बोल दूसरे साम्राज्यवादी महायुद्ध का सूत्रपात किया। ४,६०,००० वर्ग-मील और ३ करोड़ आबादीवाले मंचूरिया को लेकर उसे सन्तोष नहीं हुआ! १९३२ ई० में जापान ने शंघाई को बरबाद किया। चाङ् कै-शेक ने दबकर जापान को संतुष्ट करने की कोशिश की और यह कार्रवाई पाँच वर्षों तक जारी रही, किन्तु पूँजीवादी पिशाच की बाजार—कच्चे माल की भूख—क्या चाङ् की खुशामद से दूर हो सकती थी? आखिर ७ जुलाई, १९३७ ई० में पेकिंग में जापानी सिपाहियों के गोली चलाने से चीन-जापान युद्ध शुरू हो गया। १९ फरवरी, १९४० ई० तक जापान के ६ लाख और चीन के १७ लाख सैनिक हताहत हो चुके थे। यद्यपि जापान चीन के सबसे घने बसे प्रदेश पर के अधिक भाग पर अधिकार कर चुका था, किन्तु चीन अपनी स्वतन्त्रता के लिये अब भी उसी तरह लड़ने-मरने को तैयार था। सारी दुनिया में जनता की आजादी के हामी सोवियत को चीन की सहायता करनी ही थी। उधर चीन में ४५ करोड़ पौंड (५८५ करोड़ रुपये) पूँजी लगाकर इंग्लैण्ड तथा ४० करोड़ डालर (१२० करोड़ रुपये) लगाकर अमेरिका अपनी पूँजी को डूबने नहीं दे सकता था; इसलिये यह दोनों साम्राज्यवादी शक्तियाँ भी अपने आर्थिक स्वार्थ के लिए चीन की सहायता करती रहीं।

(ख) इताली—पहले जर्मनी-आस्ट्रिया के गुट में था, लेकिन पिछले महायुद्ध में जब ब्रिटेन-फ्रांस का पलड़ा भारी होते मालूम होते दीख पड़ा, तो इताली—जो अब तक तटस्थ था—ब्रिटेन-फ्रांस की ओर मिल गया। लेकिन विजय के बाद जब लूट के बँटवारे में उसका खयाल नहीं किया गया और साम्यवाद के भय से त्रस्त पूँजीपतियों की सहायता से मुसोलिनी की फासिस्ट टोली १९२६ ई० में शासन-यंत्र पर अधिकार जमाने में सफल हुई, तो उसका भी रुख जापान की भाँति पुनर्विभाजन की ओर हुआ। २ अक्टूबर, १९३५ ई० को युद्ध आरम्भ कर उसने जहरीली गैसों से नर-संहार करके अबीसीनिया की साढ़े तीन लाख वर्ग मील भूमि और ७५ लाख आदमियों को फासिस्ट गुलामी की जंजीर में बाँधा और ९ मई, १९३६ ई० को अबीसीनिया को इताली के अधीन घोषित किया। साल भर बाद पश्चिमी शक्तियों ने मुसोलिनी की विजय को स्वीकार कर लूट को जायज मान लिया। द्वितीय साम्राज्यवादी युद्ध का यह दूसरा कदम था।

(ग) स्पेन—युद्ध और भूख से बचने का उपाय सिर्फ एक है कि दुनिया से थैली का राज्य खत्म कर दिया जाये। सोवियत शासन ने इसे समाप्त कर अपने यहाँ की जनता को ही सुखी नहीं बनाया, बल्कि दुनिया के दूसरे देशों की पीड़ित जनता को भी आशा और उत्साह प्रदान किया। जर्मनी, हंगरी, आस्ट्रिया में भी इसके लिये प्रयत्न हुए, मगर बाहर के पूँजीवादी राष्ट्र इस खतरे को समझ रहे थे और उन्होंने अपनी सहायता से थैली-राज्य को वहाँ दृढ़ किया। स्पेन की पार्लियामेंट के चुनाव में मजदूरों-किसानों का बहुमत देखकर स्पेन की शोषक

जोंकें—जमींदार, पूँजीपति और महन्थ—घबराये और इस घबराहट से इताली तथा जर्मनी की फासिस्ट शक्तियाँ भी प्रभावित हुए बिना नहीं रह सकती थीं। ब्रिटेन और फ्रांस का पूँजीवादी शासक-वर्ग भी इससे सन्तुष्ट नहीं हो सकता था। पूँजीवाद को फलने-फूलने के प्रयत्न—पुनर्विभाजन—में अन्तर्राष्ट्रीय युद्ध छिड़ जाते हैं और उससे धन-जन का संहार भी बहुत ज्यादा होता है, किन्तु युद्ध के हटाने के लिये पूँजीपतियों के स्वार्थ, उनके सुख-विलास के जीवन ही को समाप्त कर दिया जाये, इसे वह पसंद कर सकते थे। इसलिये जर्मनी इताली की प्रत्यक्ष और इंग्लैण्ड फ्रांस के पूँजीपतियों की अप्रत्यक्ष निष्क्रिय सहायता से १८ जुलाई, १९२६ ई० की फ्रेंको ने बगावत शुरू की और ४ अप्रैल, १९३९ ई० तक पौने तीन साल की खूनी लड़ाई लड़ने के बाद वोटों से निर्वाचित शासन को हटा तलवार का शासन स्थापित किया।

(घ) फासिस्ट जर्मनी—सभी पूँजीवादियों में जर्मनी ही पूँजीवादी देश था, जो कि साम्राज्यवादी युग में कालोनी—कच्चे माल और बाजार—से वंचित था, इसलिये पृथ्वी पुनर्विभाजन के लिए वही सबसे उतावला था। लन्दन में जर्मनी के राजदूत प्रिंस मेटर्निख ने कहा था—"१८६६ और १८७० के बीच जर्मनी एक महान् और सभी शत्रुओं पर विजयी राष्ट्र बन गया; किन्तु उसके द्वारा पराजित फ्रांस और इंग्लैण्ड ने दुनिया को आपस में बाँट लिया और जर्मनी को एकाध 'टुक्का' ही हाथ लगा। अब समय आ गया है कि जर्मनी अपनी न्याय माँग पेश करे।"

जर्मनी की यही पेश की हुई **'न्याय'** माँग थी, जो पिछले महायुद्ध का कारण हुई और उसकी दूसरी **'न्याय'** माँग थी जो कि द्वितीय महायुद्ध का कारण हुई।

(i) हिटलर का आवाहन—पिछले महायुद्ध में पराजित होने पर जर्मनी में थैली राज्य उठाने के खयाल ने जोर जरूरत पकड़ा, किन्तु देश-विदेश के थैली वाले उसके विरुद्ध जबर्दस्त षड्यन्त्र करने लगे। इस षड्यन्त्र में जन-तांत्रिक समाजवादी—धीरे-धीरे पूँजीवाद को समाजवाद में परिणत करने की दुहाई देनेवाले—उनके हाथ की कठपुतली साबित हुए। इनके धीरे-धीरे समाजवाद की प्रतीक्षा से जनता में असन्तोष फैलने लगा, जिसे कि हिटलर ने इस्तेमाल किया। उसने 'राष्ट्रीय समाजवाद' के लुभावने नाम से पूँजीवाद के अंतिम रक्षक फासिस्टवाद का प्रचार और संगठन शुरू किया।

१९३३ ई० तक पिछले युद्ध को समाप्त हुए १५ साल हो चुके थे, लोग उस भीषण नरसंहार और दुष्काल को भूल रहे थे। साथ ही जर्मनी के पूँजीपतियों ने देखा कि क्रान्ति-विरोधी समाजवादियों का जोर कम होकर क्रान्तिकारी समाजवादियों—कम्युनिस्टों—का प्रभाव जनता में बढ़ता जा रहा है; इससे उनकी चिन्ता बहुत बढ़ गई। पूँजीपति और जमींदार हिटलर के आरम्भ से ही संरक्षक और सहायक थे। क्रुप थाइसेन आदि की थैली फासिस्ट संगठन के लिये खुली रहती थी। १९२८ तक हिटलर का प्रभाव बहुत धीमी गति से बढ़ा, और उस साल के निर्वाचन में वह आठ लाख वोट पा अपने १२ सदस्य राइखस्टाग-जर्मन पार्लियामेंट-में भेज सका। १९३९ में विश्वव्यापी अर्थसंकट—बाजार की माँग से अधिक माल उत्पादन के फल—ने जर्मनी पर भारी प्रहार किया और साम्यवादी लहर वहाँ तेज हो चली। थैलीवाले घबड़ा कर इधर-उधर झाँकने लगे। उस वक्त उन्होंने देखा कि अपने अस्तित्व को कायम रखने के लिये हिटलर की पीठ पर हाथ फेरने के सिवा और कोई चारा नहीं। इसका परिणाम हम १९३० ई० के चुनाव में हिटलर को ६४ लाख वोट और १०६ पार्लियामेंट सदस्य हाथ लगते देखते हैं। पन्द्रह वर्ष तक सुधारक समाजवादियों के दिलासे पर विश्वास रखती जर्मन-

जनता निराश होने लगी थी; उसने देखा कि शासन की बागडोर हाथ में आने पर भी ये कुछ नहीं कर सकते। ऐसे वक्त में थैलीवाली की भीतरी सहायता और 'राष्ट्रीय समाजवाद' के नाम पर हिटलर ने बेर्साई-सन्धि, प्रजातंत्र यहूदियों और मार्क्सवाद को गाली देते हुए अपना जबर्दस्त प्रौपेगंडा शुरू किया। आगे उसके पक्ष में वोट निम्न प्रकार मिले—

१० अप्रैल १९३२	१,३४,००,००० हिंडनवर्ग के पौने दो करोड़ के मुकाबले में
३१ जुलाई १९३२	१,३७,००,००७ साधारण निर्वाचन

हिटलर ने सबसे बड़ी पार्टी होने के कारण चान्सलर (महामंत्री) के पद की माँग की, मगर हिंडनबर्ग ने अस्वीकार कर दिया। अब हिटलर से लोग निराश से होने लगे, जिसका फल हुआ—

६ नवम्बर, १९३२	१,१७,००,००० वोट

दिसम्बर १९३२ में जब कि इन पंक्तियों का लेखक जर्मनी में था, हिटलर का सितारा अस्ताचल की ओर ढलने लगा था। रेल और भूगर्मी रेलों के स्टेशनों पर हिटलर के भूरी वर्दीवालों को पिंजरापोल के चपरासी की तरह भीख माँगते देख लोग नाक-भौं सिकोड़ते थे।

मंदी के कारण अर्द्ध-दिवालिया जमींदार, फौलाद के राजा, बैंकर और कारखानेवाले हिटलर के पलड़े को ऊपर उठते और कम्युनिज्म-साम्यवाद-के पलड़े को भारी होते देख शंकित हो उठे। ये लोग कोलोन में एक प्रसिद्ध बैंकर श्रोइडर के घर में भूतपूर्व चान्सलर फान पापेन की प्रेरणा से इकट्ठे हुए। जमींदार और पूँजीपति जानते थे कि हिटलर उनके स्वार्थ के खिलाफ नहीं जा सकता, वह उनकी मुट्ठी में रहेगा। उन्होंने हिटलर को चान्सलर बनाना तय किया। हिंडनबर्ग खुद सामन्तवादी परिवार का था, इसलिये उनकी सम्मति मानने में उसे इनकार नहीं हो सकता था और इस प्रकार ३० जनवरी, १९३३ ई० को हिटलर जर्मनी का चान्सलर बना।

(ii) हिटलर की हुकूमत—हिटलर ने अधिकारारूढ़ होते ही पहला काम जो किया, वह था कम्युनिस्टों को बदनाम करना तथा अपना रसूख बढ़ाने के लिये राइखस्टाग भवन में आग लगवाना।

उसने इस प्रोपेगंडे की आड़ में पर्लियामेंट में अपना बहुमत लाने के लिये साधारण निर्वाचन की घोषणा की; किन्तु ५ मार्च, १९३३ के निर्वाचन में उसे १,७२,७७,००० या ४४ सैकड़ा ही वोट मिले और वह बिना राष्ट्रवादी पार्टी (८० वोट) की सहायता से अपना बहुमत नहीं ला सकता था।

थैली के शासन में हिटलर भूखों और बेकारों को खाना-कपड़ा दे सकता था, इसलिए उसने प्रोपेगंडा और भविष्य की विजय की आशा पर लोगों को दिलासा दिलाना तथा सैनिक शक्ति को बढ़ाना शुरू किया। इंग्लैण्ड, अमेरिका तथा फ्रांस के पूँजीपति और उनकी सरकारें हिटलर को दबाती नहीं, उत्साहित करतीं; क्योंकि जर्मन जमींदारों और पूँजीपतियों की भाँति वह भी साम्यवाद के हौवे से नींद खो चुकी थीं। वह हिटलर के जरिये जर्मनी से ही नहीं विश्व से साम्यवाद का मूलोच्छेद करना चाहती थीं। हिटलर ने इससे फायदा उठाया और अपनी शक्ति बढ़ानी शुरू की। डेढ़ साल के हिटलरी शासन में थैलीवालों और जमींदारों का ही बोलबाला देख हिटलर के वे साथी असन्तुष्ट होने लगे, जो राष्ट्रीय समाजवाद को समाजवाद समझते थे। उनका असन्तोष खतरनाक शकल धारण करने जा रहा था, जब कि

एसेन में फौलाद के राजा डाक्टर क्रुप के बँगले में रहते हिटलर ने ३० जून, १९३४ को अपने उन साथियों का शोणित-तर्पण किया, जिनकी सहायता से वह जर्मनी का नेता बना। इस शोणित-तर्पण में हिटलर ने एक हजार से ऊपर जानें लीं। कैप्टन रोएम हिटलर की दाहिनी बाँह तथा दूसरे नात्सी नेताओं के साथ जेनरल फान श्लाइखेर—हिटलर से पहले के चान्सलर—आदि कितने ही और अ-नात्सी नेता भी मारे गये।

दो साल की तैयारी के बाद हिटलर ने बेर्साई-सन्धि की खुलकर धज्जी उड़ानी शुरू की। मार्च, १९३५ ई० को उसने सन्धि के विरुद्ध जबर्दस्ती सैनिक शिक्षा शुरू की। ब्रिटेन, फ्रांस, अमेरिका के पूँजीपति शासक शुतुर्मुर्ग की भाँति बालू में सिर छिपाने की नीति स्वीकार कर रहे थे, क्योंकि एक तो विश्वव्यापी मंदी से वह बदहवास हो; अभी-अभी जरा दम लेने लगे थे और युद्ध का खयाल भी नहीं लाना चाहते थे; दूसरे अपने-अपने स्वार्थों के लिये वह आपस में विरोध उत्पन्न कर चुके थे। साल भर और तैयारी करके ७ मार्च, १९३६ ई० को हिटलर ने राइनलैण्ड प्रान्त में सेना भेज दी। यह लोकर्नों-सन्धि के खिलाफ था, किन्तु हिटलर जानता था कि फ्रांस भले ही फड़फड़ाये, मगर ब्रिटेन में बाल्डबिन की सरकार उसमें कोई बाधा नहीं डालेगी।

हिटलर ने सेना-वृद्धि के लिये युद्ध-सामग्री की उपज बढ़ा तथा स्त्रियों को घर के भीतर बंद करके ज्यादा बेकारों को काम दिया; और 'मक्खन की जगह आलू', 'मक्खन की जगह बन्दूक' के नारे बुलंदकर पृथ्वी के पुनर्विभाजन के लिये बड़े जोर शोर से दूसरे महायुद्ध की तैयारी शुरू कर दी।

(iii) ब्रिटिश थैलीशाह की कूटनीति—लोहे और हथियार के कारखानों के स्वामी बाल्डविन की सरकार हिटलर को प्रोत्साहन दे रही थी। वह समझती थी, हिटलर के पेट भरने के लिये, सोवियत की भूमि फ्रांस, स्पेन या बेल्जियम के साम्राज्य काफी हैं। जब तक वह मौजूद हैं, तब तक इंग्लैण्ड को डरने की जरूरत नहीं। इस नीति का अनुसरण करके इंग्लैण्ड ने अमेरिका के संकेत करने पर भी मंचूरिया में जापान के प्रहार के खिलाफ कोई कार्रवाई नहीं करनी चाही। ३१ अगस्त, १९३७ को नेविल चेम्बरलेन बाल्डविन की गद्दी पर इंग्लैण्ड के प्रधान-मन्त्री बने। चेम्बरलेन थैली स्वार्थ के आदर्श पुरुष थे। उनका ध्येय था—"थैली माता, थैली पिता, थैली बंधु, थैली सखा।" दूरदर्शिता के वह सख्त दुश्मन थे, यदि दूरदर्शिता का यह खयाल भी उनके दिल में कभी आता तो थैली के खयाल से ही थैली वालों का हित उनके लिये राष्ट्र का हित था। पार्लियामेंट ने शुद्ध थैलीपतियों को बहुमत था और चेम्बरलेन उनके हिटलर, नहीं-नहीं बनिया-राज थे; चेम्बरलेन के पास आग में कूदने का कलेजा कहाँ था।

इंग्लैण्ड में चेम्बरलेन का प्रभुत्व—स्वार्थियों का प्रभुत्व, हिटलर के लिये सुन्दर अवसर था। १२ मार्च, १९३८ को हिटलर ने एकाएक आस्ट्रिया पर कब्जा कर लिया। इंग्लैण्ड और फ्रांस-हक्का-बक्का रह गये। इधर कुछ समय से फ्रांस इंग्लैण्ड को हिटलर की पीठ ठोंकते देख, मुसोलिनी को शह देना शुरू किया था, जिसके ही कारण इंग्लैण्ड अकेले मुसोलिनी के द्वारा अबीसीनिया को चबाये जाते देख, कुछ कर नहीं सका। जब आस्ट्रिया के मामले में वह जल्दी में काम का कोई एक रास्ता नहीं निकाल सकता था। फ्रांस को उम्मीद थी, मुसोलिनी हस्तक्षेप करेगा, किन्तु वहाँ तो 'चोर-चोर मौसेरे भाई' का नाता स्थापित हो रहा था।

हिटलर ने विश्व-विजय—सम्पूर्ण पृथ्वी पर जर्मन थैली का अकंटक राज्य स्थापित—करने के लिये कदम उठा लिया। पृथ्वी के पुनर्विभाजन में असफल जर्मनी २० वर्ष बाद फिर उसी काम में और ज्यादा तैयारी के साथ लगा। सितम्बर में उसने चेकोस्लोवाकिया को सुडेटन प्रान्त जर्मनी के हवाले करने की धमकी दी। युद्ध तुरन्त छिड़ने जा रहा था। चेम्बरलेन दो बार उड़ कर हिटलर के दरबार में हाजिर हुए और चेकोस्लोवाकिया के विरोध करते रहने पर भी मुसोलिनी, दलानिये, चेम्बरलेन की एक राय से १९ सितम्बर, १९३८ को चेकोस्लोवाकिया का बलिपत्र लिखा गया। पहली अक्टूबर को जर्मन सेनाएँ चेकोस्लोवाकिया में दाखिल हो गईं। हिटलर ने म्युनिख में वचन दिया था, यह उसकी अन्तिम इच्छा है, आगे वह चेकोस्लोवाकिया की आजादी पर हाथ नहीं लगावेगा। थैलीपतियों के प्रतिनिधि हिटलर की सत्यवादिता पर इंग्लैण्ड आदि इतने मुग्ध और निश्चिन्त हो गये थे कि चेकोस्लोवाकिया की जो दरअसल रक्षा कर सकता था, उस सोवियत-प्रजातन्त्र को उन्होंने पूछा नहीं। हिटलर के पास बहानों की कमी न थी, उसने शान्ति और व्यवस्था के नाम पर १५ मार्च, १९३९ को सारे चेकोस्लोवाकिया को हड़प लिया। एक सप्ताह बाद २२ मार्च, १९३९ को हिटलर ने मेमेल को भी लिथुआनिया से छीन लिया। जर्मनी बेरोक-टोक अकेले पृथ्वी के पुनर्विभाजन के कार्य को सम्पन्न करने लगा। इंग्लैण्ड, फ्रांस, अमेरिका के थैलीदार आँख मलकर देखने लगे। हिटलर ने आस्ट्रिया और चेकोस्लोवाकिया के समय के शब्दों को दुहराया—जर्मनी ने अपनी खोई भूमि पा ली, अब उसे कोई इच्छा नहीं।

(iv) हिटलर का प्रहार—चार महीने भी नहीं बीतने पाये थे कि हिटलर ने ३० अगस्त को डेन्जिग और पोलिश 'गलियारे' के लिये पोलैण्ड को अल्टीमेटम दे दिया। १ सितम्बर, १९३९ को उसने डेन्जिग पर अधिकर कर पोलैंड पर चढ़ाई कर दी।

ब्रिटेन और फ्रांस सोवियत प्रजातंत्र के माथे अपना उल्लू सीधा करना चाहते थे। बहुत दिनों तक उनकी—खासकर चेम्बरलेन के गुट की—इच्छा थी कि हिटलर पश्चिमी की ओर मुड़ने की जगह पूरब का रास्ता ले तो अच्छा। उसे इसकी ओर बराबर शह देता जाता रहा, मगर हिटलर जानता था कि सोवियत ने सैनिक विज्ञान के पिछली आधी सदी के विकास को सबसे अधिक इस्तेमाल किया है और सोवियतवासी थैलीमुक्त-शासन का वह आनन्द ले चुके हैं, जिससे कि वह अपनी मातृभूमि की स्वतन्त्रता के लिये एक-एक करके मर मिटेंगे। इसीलिये उसने सोवियत से युद्ध ठानने की जगह २३ अगस्त, १९३९ ई० को सोवियत के साथ अनाक्रमण-मूलक-सन्धि कर डाली।

पोलैण्ड को इस तरह अकेले कुरबान होते देख, अपनी बारी के लिये इंतजार करना अब सरासर मूर्खता होती, इसीलिये ३ सितम्बर, १९३९ ई० को इंग्लैण्ड और फ्रांस ने जर्मनी के खिलाफ युद्ध-घोषणा कर दी।

कच्चे माल और बाजार को हथियाने के लिये पूँजीवाद ने पृथ्वी-विभाजन के वास्ते दूसरा साम्राज्यवादी युद्ध छेड़ दिया; और छेड़ा भी बहुत भारी पैमाने पर विज्ञान के नये से नये आविष्कारों के साथ। कहाँ किसी वक्त पत्थर और डंडे की लड़ाई थी, जिसकी सफलता में व्यक्ति के शारीरिक बल और फुर्ती का बड़ा हाथ था। फिर धनुष-बाण और ताँबे की तलवारों का ज़माना आया। उसमें कुछ हजार तक आदमी लड़ पाते थे। लड़ाई आमने-सामने की होती थी। फिर लौह-युग में यही चीजें लोहे की हो गईं। अब दारा, सिकन्दर, चन्द्रगुप्त मौर्य के-से विस्तृत राज्य कायम हो गये थे जिससे युद्धों में योद्धा भारी संख्या में भाग लेते थे। किसलिये

लड़ाई हो रही है, इसके बारे में वह इतना ही जानते थे कि जिसका नमक खाया है, उसके लिये हम जान दे रहे हैं। नमकहराम होना दीन-दुखियों को खोना है। तेरहवीं सदी में बारूद का जमाना आया। अब तोपें और बन्दूकें बनने लगीं। सेना-संचालन में शिक्षा और संगठन की जरूरत पड़ी। लड़ाइयाँ राज्य-विस्तार और लूट—श्रमिकों की कमाई को छीनने—के लिये और विकराल रूप धारण करने लगीं। व्यापार-युग में बारूद के हथियार और मजबूत किये गये। गोला-गोली किस गति और किस रास्ते से दूर तक पहुँचते हैं, कौन-सा धातु-मिश्रण गोली छोड़ने को कितना बर्दाश्त कर सकता है, यह बातें वैज्ञानिक बड़ी तत्परता से खोजने लगे। फिर उन्नीसवीं सदी के पूँजीवादी युद्धों में हम पहुँचते हैं। अब पूँजी की भाँति अच्छे-अच्छे नये-नये आविष्कृत हथियार भी पूँजीपति शासकों के पास थे। अपने व्यापार, अपनी पूँजी को सुरक्षित रखने तथा ज्यादा नफा कमाने के लिये पैमाने पर लड़ाइयाँ लड़ी जाने लगीं, और दुनिया का बँटवारा जोरों से होने लगा। बीसवीं सदी के साम्राज्यवादी लड़ाइयों के सामने पुराने लड़ाइयों के हथियार, सेना-संख्या, रण-कौशल बिल्कुल फीके पड़ गये। इस लड़ाई में न सिर्फ सत्तर-सत्तर मील तक गोला मारनेवाली तोपें, पनडुब्बियाँ और बेतार ही इस्तेमाल किये गये, बल्कि युद्ध के खत्म होते-होते हवाई जहाज, टैंक और एटम-बम भी उसमें भाग लेने लगे। विज्ञान का इतना अधिक इस्तेमाल आज तक किसी युद्ध में नहीं हुआ था। लकड़ी-पत्थर का हथियार पकड़नेवाला मानव अब टैंक और हवाई जहाजों से लड़ रहा है। पहले के सभी हथियार बेकार साबित हो गये हैं जिसने पुराने हथियारों और पुरानी रण-विद्या पर भरोसा रखा, वह चुटकी बजाते-बजाते खत्म हो गया। तीन सप्ताह के भीतर दुनिया की जबर्दस्त सामरिक शक्ति फ्रांस का जर्मनी के सामने घुटना टेकना इसका ही उदाहरण है। पोलैंड, डेनमार्क, नार्वे हिटलर के खूनी पंजे के शिकार हो चुके। बेल्जियम, हालैंड, फ्रांस नात्सीवाद के जूए के नीचे पीसे जाने लगे। इताली बँटवारे में पीछे नहीं रहना चाहता था। उसने अकेले यूनान-विजय की ठानी; किन्तु जब तक हंगरी, रूमानिया, युगोस्लाविया, बुल्गारिया पर हाथ सफाकर हिटलर वहाँ नहीं पहुँचा, तब तक इताली पीछे ही हटता रहा। जर्मनी ने यूनान को ले यूरोप में प्राय: सारे ही समुद्र तट अपनी सीमा फैला ली। क्रेत का युद्ध वर्तमान युद्ध के हथियार—हवाई जहाज और पिछले युद्ध से चले आये हथियार, चलते-फिरते समुद्री किले—जंगी जहाज—के मुकाबले का युद्ध था और वहाँ नया हथियार पुराने पर विजयी हुआ।

(३) सोवियत पर आक्रमण—अब तक लड़ाई थी तो बाजार और कच्चे माल की भूमि के बँटवारे के लिये ही; किन्तु वह पूँजीवादी शक्तियों के बीच में थी। एक तरफ यूरोप के सभी छोटे-मोटे राज्य—उनके थैलीवाले शासक—छोटे हिटलर बनाकर सारी दुनिया में शोषण और लूट, अपमान और अत्याचार के क्रूरतम शासन को स्थापित करना चाहते थे, दूसरी ओर पहले से दुनिया पर अधिकार जमाये इंग्लैंड और अमेरिका—एक मैदान में, दूसरा उसके पीछे डटे हुए थे, किन्तु फासिस्टवाद के प्रतीक हिटलर ने देखा कि थैली-शासन के अतिरिक्त एक दूसरा शासन—सोवियत साम्यवादी शासन—भी दुनिया में है और वह सिर्फ हथियारों में ही शक्तिशाली नहीं हैं, बल्कि वह एक ऐसा आदर्श पेश करता है, जो सभी समस्याओं का सम्यवादी हल सामने रखता है और जिसकी ओर सिवाय चंद स्वार्थान्धों और उनके पिट्ठुओं के सभी संसार—सारी जाँगर चलानेवाली जनता—चाह-भरी निगाह से देखती है। इस हल से संसार में काले-गोरे का सवाल रह जाता है, न यहूदी गैर-यहूदी का, न हिन्दू-मुसलमान

का, न जमींदार-किसान का, न पूँजीपति-मजदूर का, न शिक्षित-अशिक्षित का, न स्वतंत्र-परतंत्र का, न तेजी-मंदी का, न शोषक शोषित का। परिवारों को संगठित कर जिस जन-समाज का आरम्भ किया गया था और जिस संगठन से बहकाकर मानव को नृशंस, क्रूर पूँजीवाद और उसके अधिनायकत्व फासिस्टवाद तक पहुँचकर उसे यह दिन दिखलाया, उसे विश्व-व्यापी एक मानव-जन के रूप में उच्च तलपर विज्ञान-पोषित साम्यवादी समाज में परिवर्तित करना जिसका ध्येय था—ऐसे सोवियत शासन से हिट्लर ने दो साल पहले समझौता किया था, शान्ति के लिये नहीं; अपने स्वार्थ के लिये। उसने् अपनी ताकत को खर्च होते देखा, विजय का भी जहाँ तक आँखें पहुँचती थीं, पता नहीं था। उसके नीचे कुचले जाते देशों ही में नहीं, खुद जर्मनी में भी लोग फासिज्म की अँधेरी रात में पड़े हुए लोगों की एक ही आशा की किरण दिखार्द देती थी, वह भी साम्यवाद और उसका झंडा-बरदार सोवियत-प्रजातंत्र।

हिटलर ने २२ जून, १९४१ को सोवियत पर धावा बोल दिया। उसने पहले से कोई सूचना न दी और न संधि-पत्र के दस वर्ष के वादे का कोई खयाल किया। यह सीधे विश्वासघात था; किन्तु वह आक्षेप उसके लिये कोई अर्थ नहीं रखता आखिर सामूहिक सम्पत्ति की जगह वैयक्तिक सम्पत्ति की स्थापना मानवता को उच्च आचार की ओर ले जाने के लिये नहीं थी। उसका एकमात्र मतलब था, निकृष्ट स्वार्थ, नीच लोभ और समाज को चूल्हे में झोंककर व्यक्ति की इच्छा पूर्ति। जितना ही समय आगे बढ़ता गया, वह स्वार्थी शासक-वर्ग मानवता को अपने नैसर्गिक गुणों से और अधिक वंचित करता गया। किसी वक्त दुश्मन को बराबर का हथियार दिये बिना लड़ना शूरता पर कलंक समझा जाता था; किन्तु आज? किसी वक्त दुश्मन को सूचित किये बिना वार करना कायरता समझी जाती थी; किन्तु आज? किसी वक्त निहत्थे नागरिकों पर अस्त्र छोड़ना नृशंसता समझी जाती थी। लेकिन, इस 'किसी वक्त' के 'सतयुग' पर खयाल मत दौड़ाइये। मानव के इस पतन का कारण वही वैयक्तिक सम्पत्ति है और विज्ञान का विस्तार उसके लिये जिम्मेवार नहीं है।

हिटलर समझता था कि फ्रांस की भाँति सोवियत को भी वह चंद हफ्तों में समाप्त कर देगा। और, दरअसल यदि साम्यवादी प्रजातंत्र की जगह वहाँ रूस का थैली राज्य होता तो हिटलर की इच्छा और जल्द पूरी हो जाती। हिटलर आगे बढ़ा था; लेकिन कितने नुकसान के बाद? अपनी सुलगाई आग में हिटलरी शासन को जलना पड़ा, यद्यपि इसके लिये सोवियत को २ करोड़ नर-नारियों की बलि चढ़ानी पड़ी।

(६) राज्य-शासन—वर्ग-स्वार्थ के रक्षार्थ वर्ग-शासन शुरू हुआ, जो पितृसत्ताक समाज में देखा गया था। जब पुरुष पशुपालन-द्वारा सम्पत्ति पैदा करने लगा था तो कैसे सम्भव था कि वह मातृसत्ता—स्त्री की समानता—को स्वीकार करता। आगे दासता, सामन्तशाही के शोषण में कोई बाधा न उपस्थित करे, इसके लिये कोष, कानून और अस्त्र को अपने हाथ में सँभालने की जरूरत थी। सामन्तशाही युग में सामन्तों, भूमिपतियों, सरदारों की हुकूमत थी। अपने सुख-विलास के बढ़ते हुए खर्च के लिए उन्होंने बनियों को देश-देशान्तर से सोना, मसाला, रेशम, जवाहरात...को ठगने के लिये भेजा। धन में शक्ति है, वह बनिये अनुभव करते जरूर थे; किन्तु वह तब तक अपने प्रभुओं—सामन्तों—से अधिकार छीनने की हिम्मत नहीं कर सकते थे, जब तक कि पूँजीवादी युग में उनके कारखानों में लाखों की तादाद में मजदूर जमा होने नहीं लगे और सामन्तों की बिखरी प्रभुता एक जगह केन्द्रित नहीं हो गई। क्रॉमवेल के नायकत्व में कैसे इंग्लैंड के उदीयमान पूँजीपति-समाज ने खून और तलवार के द्वारा सामन्त-

शाही के निरंकुश शासन को तोड़ा, इसका जिक्र हम कर चुके हैं। लेकिन, उससे इंग्लैंड में पूँजीपति वर्ग का शासन नहीं कायम हो पाया। इसके लिये नये मजदूर-वर्ग की मदद से पूँजीपतियों को भारी तूफान खड़ा करना पड़ा और तब १८३२ ई० का सुधार-कानून पास हुआ तथा शासन-यंत्र पर पूँजीपतियों का आधिपत्य स्थापित हुआ।

संसार में कहीं-कहीं पर अब भी सामन्तशाही यंत्र को कायम करते देखते हैं, लेकिन भारत की देशी रियासतों की भाँति वह या तो किसी मसलहत से पूँजीवाद की मर्जी के मुताबिक बचा हुआ था; अथवा अरब, अफगानिस्तान, तिब्बत जैसे देशों में विरोधी पूँजीवादी स्वार्थों की टक्कर से बचाने के लिये बे-मालिक की जमीन की भाँति उसे छोड़ रखा गया है। लेकिन, इस छोड़ने का मतलब यह नहीं कि वह पूँजीवादी प्रभाव से उसके शोषण और नियंत्रण से मुक्त है।

कितने ही देशों में पूँजीवादी 'जनतंत्र' शासन कर रहा है, संयुक्तराष्ट्र (अमेरिका), हालैंड इसके उदाहरण हैं।

तीसरा शासन-प्रथा, क्रूर पूँजीवाद की निकृष्टतम शासन-व्यवस्था—फासिस्टवाद है। जर्मनी, इताली, जापान और इनके अधीनवाले राज्य इसी प्रथा को अपनाये हुए हैं।

चौथी शासन-प्रथा—समाजवादी शासन-व्यवस्था है, जो कि सोवियत प्रजातंत्र, चीन आदि में देखी जा रही है। वहाँ के शासन में शोषक और कामचोर वर्ग की तानाशाही के लिये कोई गुंजाइश नहीं है। जो सम्पत्ति का उत्पादन करता है, उसी के हित के लिये स्व-निर्वाचित प्रतिनिधियों द्वारा राज्य-संचालन होता है।

आइये; हम चारों तरह के शासनों की बानगी देखें—

१. आधुनिक काल में सामन्तवादी-शासन

(क) तिब्बत—अपनी प्राकृतिक परिस्थिति, मठों और धर्म की प्रभुता तथा विरोधी राज्य-शक्तियों के सीमान्त पर होने के कारण तिब्बत अभी तक पाँच सदी पीछे के जमाने की यादगार है। तिब्बत समुद्रतल से १२,००० फीट ऊपर भले ही हो; मगर वहाँ नदियों के कछार बहुत चौड़े—बीस-बीस, तीस-तीस मील तक चौड़े—जमीन पथरीली और पक्की सड़क बनाने के लिये बहुत ही उपयुक्त तथा कम खर्चवाली है; तो वहाँ आज तक न मोटर चलती थी न दूसरी पहियेदार सवारी। आधुनिक छापेखाने और अखबार वहाँ के लिये अजूबा चीजें थीं। कल-कारखाने की तो बात हो क्या वहाँ अभी तक कपड़े (पट्टी) एक बालिश्त ही चौड़े बनते थे और लोग 'उड़नेवाली' ढरकी के करघे को जानते तक नहीं थे। जीविका का साधन खेती और पशु-पालन है। कितनी ही जगहों में सिर्फ पशु-पालन ही रोजी का जरिया रहा। खेती की सारी जमीन सामन्तों में बँटी हुई थी, जिसमें आधी से अधिक बड़े-बड़े मठों—महन्थों के हाथ में थीं। शासन का प्रधान दलाई लामा इसी तरह का एक बड़ा महन्थ सामन्त था। बाकी कम्मी (सर्फ) हैं। जान से मारने के सिवा सब तरह की सजाएँ सामन्त उन्हें दे सकते थे—और जान से मार देने पर भी सामन्त को कोई भारी सजा होगी, इसकी उम्मीद नहीं; क्योंकि सारा शासन-यंत्र वर्ग चेतनवाले सामन्त-वर्ग के हाथ में था। कम्मी के जाँगर को सामन्त अपनी मर्जी के मुताबिक इस्तेमाल कर सकता था। आधी रात को भी कम्मी को बिना पाथेय या मजदूरी की आशा के सौ दो सौ मील के जाने के लिये तैयार रहना था—चाहे उसके घर में लड़का मर रहा हो, चाहे उसकी खेती बरबाद होती हो। उसकी लड़की या किसी स्त्री

की सामन्त-परिवार की सेवा—साधारण शारीरिक सेवा, काम-पिपास-तृप्ति, नाच-गान, शारीरिक श्रम कताई-बुनाई या दूसरे शिल्प के काम—के लिये बिना हीला-हुज्जत के हाजिर रहना होता। तिब्बत पैदा करता है—मुलायम ऊन, कीमती पोस्तीन, कुछ कस्तूरी, मांस, मक्खन, मुश्किल से खाने भर के लिये अनाज? इनमें से पहले तीन चीजों को वह देश से बाहर भेज सकता था और उनके बदले बाहर से मँगाता—चाय, (थोड़ा) रेशमी कपड़ा, मोती-जवाहर, कितनी और शौक की चीजें, लोहे-चीनी-शीशे के सामान, सिक्कों के लिये ताँबा चाँदी आदि। पूँजीवादी जगत की इन चीजों के साथ तिब्बत की राजधानी ल्हासा में तार और बिजली की रोशनी भी पहुँच गई है। अभी तिब्बत की पृथ्वी चिपटी थी, अभी भी तिब्बत के आसमान में झुंड के झुंड देवता और पिशाच घूमते थे।

तिब्बत के शासन का प्रधान दलाई लामा कहा जाता था। १६४२ ई० में मंगोल सरदार गुश्रीखान ने तिब्बत की छोटी-छोटी सरदारियों को पराजित कर सारे तिब्बत का एक राज्य बना, अपनी धर्मपरायणता को प्रदर्शित करते हुए, उसे डेपुङ् मठ के एक प्रभावशाली महन्थ को अर्पण कर दिया। इस लामा और उसके उत्तराधिकारियों के नाम के अन्त में ग्यंछो-सागर (मंगोल 'ताले') आता है, जिससे उसे ताले लामा (अंग्रेजी में बिगड़कर दलाई लामा) कहा जाता है। दलाई लामा न किसी तरह के चुनाव से होता है, और न पहले दलाई लामा का शिष्य या पुत्र होता। वहाँ यह विश्वास फैलाया गया है कि दलाई लामा मरने के बाद फिर पैदा होता है और तिब्बत के 'दिव्य शक्तिधारी' लामा और ज्योतिषी उसी बालक को पता लगाकर ले आते हैं, और वही दलाई लामा के सिंहासन का अधिकारी तथा तिब्बत का शासक बनता है। अकसर दलाई लामा किसी प्रभावशाली सामन्त-परिवार का होता "यदि इन परिवारों के स्वार्थ आपस में टकराये और किसी साधारण गृहस्थ का लड़का स्वीकार करना पड़ा, तो उनके साथ ही बच्चों के माँ-बाप को सदा के लिए एक बड़ी जागीर और देश की सर्वोच्च पदवी 'कुङ्' (ड्यूक)[1] देकर उन्हें सामन्त वर्ग में शामिल कर लिया जाता था। इस तरह तिब्बत का प्रधान शासक महन्थ एक बड़ा सामन्त था।"

सरकारी कर्मचारियों और मंत्रियों में साधु भी होते हैं; क्योंकि राज्य जो महन्थ का ठहरा। दलाई लामा के नीचे लोन्-छोन् या महामन्त्री होता, जो सदा कोई प्रभावशाली सामन्त होता रहा। कई वर्षों से तो पिछले दलाई लामा का भतीजा लोन्-छोन् चला आ रहा था। उसके नीचे चार मन्त्री (क-शी) होते, जिनमें एक लामा या साधु होता। लोन्-छोन् और क-शी इन्हीं पाँचों का तिब्बत का मन्त्रिमण्डल या क-शा है, जिसका बनना बिगड़ना दलाई लामा के हाथ में था। एक दलाई लामा के मरने के बाद नये दलाई लामा के पैदा होने में कम से कम नौ महीनों का अन्तर होता है और उसके लड़कपन के अट्ठारह-बीस सालों में शासन का प्रधान बड़े महन्थों में से एक—उपराज—होता है। प्रबन्ध के लिये सारा देश १०८ (?) जोङ् या जिलों में बँटा हुआ है, जहाँ दुहरा अधिकारी (जोङ्-पोन्)—एक साधु, एक गृहस्थ होते हैं। गृहस्थ-अधिकारी किसी-न-किसी सामन्त-परिवार के होते हैं। साधु-अफसर साधारण जनता में से भी हो सकते हैं, मगर मठों को शिक्षा-दीक्षा में बीस साल गुजारने के बाद वह जनता के आदमी नहीं रह जाते। सेनाधिकारी तथा दूसरे कर्मचारियों में भी सामन्त-परिवार का ही बोलबाला है। सामन्त और कम्मी के बीच दरअसल तिब्बत में अभी दूसरा वर्ग हुआ ही नहीं। व्यापार या

---

१. Duke.

तो नैपाली सौदागरों के हाथ में था या खुद सामन्त करते।

दलाई लामा या मन्त्रिमण्डल जरूरत होने पर बड़ी सभा—छोग—से भी सहायता लेता, जिसमें सामन्त और प्रभावशाली महन्थ सम्मिलित होते। वहाँ कानून की कोई पुस्तक नहीं है। साधारण बुद्धि और समय-समय पर निकले दलाई लामा या उच्च अधिकारियों के हुक्मों को ही कानून समझिये।

जोङ्-पोन् और जिलाधिकारियों को बहुत बड़ा अधिकार था। वह न्याय और प्रबन्ध दोनों विभागों के प्रधान होते। बिना भेंट के कोई अर्जी, कोई मुकदमा नहीं पेश किया जा सकता; यह तो खुली बात थी; यदि मुकदमे में जीतना अभीष्ट हो; तो और गुप्त भेंट की जरूरत पड़ती। कितने ही जोङ्-पोन् ऐसे भी होते, जो अपना काम अपने नौकर के ऊपर छोड़कर बैठे रहते हैं। ल्हासा के सबसे धनी और सबसे प्रतिष्ठित सामन्त-परिवार के एक पुत्र एक जगह के पोङ्-पोन् थे। मैंने सुना कि वह जोङ् मेरे रास्ते पड़नेवाला है। मैंने उनसे पूछा, तो उन्होंने कहा—मैं तो जानता नहीं कि वह जोङ् कहाँ है। वहाँ तो मेरा ने-ना (नौकर) काम देख रहा है।

संक्षेप में, जिस तरह भी देखिये, तिब्बत का शासन वहाँ के सामन्त-वर्ग के स्वार्थ के लिये हो रहा था। जाँगर चलानेवाले सिर्फ उसके लिये मर-मरकर मेहनत करने के लिये थे। बाहरी पूँजीवादी राष्ट्र नहीं चाहते थे कि तिब्बत बीसवीं सदी में आवे, अपने व्यापार के लिये जितना सुभीता चाहिये, उनका उन्होंने इन्तजाम कर रखा था; किन्तु अन्त में सारे प्रयत्न व्यर्थ गये और तिब्बत साम्यवादी बिरादरी में शामिल हो के रहा।

(ख) नेपाल—नेपाल का शासन सामन्तवादी हुकूमत का दूसरा उदाहरण था। जहाँ तिब्बत के शासन के धर्म और मठ की बाहरी छाप थी, वहाँ नेपाल का सामन्त वर्ग शुद्ध सामन्त के तौर पर शासन करता था। १८वीं सदी के अन्त में, जब कि ईस्ट इंडिया कम्पनी धीरे-धीरे सारे भारत को निगल रही थी; गोर्खा गाँव के राजा पृथ्वीनारायण ने पहाड़ी छोटे-छोटे राजाओं को पराजित कर अपने राज्य का विस्तार किया। राजवंश के गोर्खा गाँव से आने के कारण नेपाल-राज्य को गोर्खा-राज्य भी कहा जाता है। पृथ्वीनारायण का वंश आधी सदी तक शासन करता रहा। इसके बाद एक दूसरा परिवर्तन हुआ। जंगबहादुर नामक एक सामन्त वंशी तरुण ने राजमहल में मन्त्रियों और उसके उच्चाधिकारियों का एक बड़ा हत्याकांड रचकर बागडोर अपने हाथ में ली। उसने राज्यसिंहासन को नहीं छुआ, उस पर पृथ्वीनारायण के वंशज को ही रहने दिया; किन्तु खुद प्रधानमन्त्री या तीन सरकार बनकर शासन का सारा अधिकार अपने हाथ में लिया और महाराजाधिराज या पाँच सरकार को सिर्फ मन्दिर की मूर्ति बना दिया। जंगबहादुर ने अपने भाइयों की तलवार की बल पर राजशक्ति हस्तगत की थी; इसलिये अधिकार में उनको भी सम्मिलित करना जरूरी था। इसके लिये उसने एक अनोखी युक्ति ढूँढ़ निकाली—प्रधान-मंत्री के मरने पर उसके भाइयों या अगली पीढ़ी का उम्र में सबसे बड़ा व्यक्ति बनेगा। तब से वहाँ यह व्यवस्था जारी रही। पंचायत, कौंसिल, पार्लियामेंट का कोई नाम नहीं। भगवान ने पृथ्वीनारायण के ठकुरी वंश को पाँच सरकार और जंगबहादुर के राणावंश को तीन सरकार के लिए भेजा था। इसलिये वे शासन कर रहे हैं, राज्य-खान्दान अन्य राजाओं की भाँति दर्जनों रानियाँ रखने का बड़ा शौकीन रहा; इसलिये परिवार का बढ़ना जरूरी ठहरा। परिवार बढ़ने से उम्मीदवारों की संख्या अधिक हो जाती है, जिससे प्रतीक्षा करनेवालों को निराशा होने लगती है और फिर षड्यन्त्र जरूरी हो जाते हैं। राणा-खान्दान में जल्दी तीन-सरकारी पाने के लिए इस तरह के कई षड्यन्त्र हुए। सब से पिछला बीस वर्ष पहले हुआ,

जिसका भंडाफोड़ वक्त से पहले ही हो गया और प्रधान-पद पचासों के उत्तराधिकारी नजरबंद, निर्वासित और उत्तराधिकार से वंचित कर दिये गये।

१९२५ ई० तक नेपाल में दास-प्रथा जारी थी यह पहले बतला चुके हैं। जिस प्रधानमन्त्री (चन्दशमशेर) ने गुलामी दूर की, उसी ने कानून की पोथी भी बनाई; मगर यह सिर्फ भारतीय सरकार की नकलमात्र थी। नेपाल का कानून वहाँ के शासकों की इच्छा पर था, जो कि एक शासक से दूसरे शासक में बदलती रहती थी। नेपाल में एक छोटा-सा व्यापारी वर्ग है, जिसमें काठमांडव-उपत्यका की नेवार जाति के लोग ही ज्यादा हैं। दूसरे प्रजाजनों की भाँति इनकी भी राज-कार्य में कोई पूछ नहीं थी। निरंकुश शासन में बड़ी पूँजी लगाकर कल-कारखाना खोलना सम्भव नहीं है; इसलिये सस्ती बिजली तथा कितने ही कच्चे सामान के होने पर भी वहाँ उद्योग-धंधा बढ़ नहीं सका। ऊपर से माल ढोने के लिये **रोप-लाइन** (तार गाड़ी), और मोटर का प्रचार करके बाहरी तैयार माल के ले जाने का रास्ता खोल दिया गया, जिसके कारण पिछले तीन वर्षों में नेपाल के घरेलू शिल्प-व्यवसाय चौपट हो गये और कितने ही नगर तथा कस्बे अपने भाग्य को कोसने लगे। हाँ, इससे चुंगी (जकात) और विलास-सामग्री माँगने में शासक वर्ग को फायदा जरूर हुआ।

नेपाल का शासन दुनिया के हद दर्जे के स्वेच्छाचारी शासन का अवशेष था, जिसने कि देश की सारी उपज को एक सामन्तवंश के सुख-विलास के लिये सुरक्षित कर दिया था। यहाँ जनता का मुँह बिलकुल बन्द कर दिया गया था, न उसे अपने राजनीतिक विचारों को प्रकट करने के लिये सभा करने का अधिकार था न अखबार निकालने या पुस्तक छापने का।

नेपाल क्यों नदी की 'छाड़न' की भाँति प्रवाहरहित हो सामन्तवादी युग में सड़ता रहा? इसीलिये कि ब्रिटिश-साम्राज्य की छत्रछाया ने उसे बाहरी हमलों से सुरक्षित रखा, आत्मरक्षा के लिये जनता के धन-जन से सहयोग पाने के लिये उसको शासन में सम्मिलित करने की जरूरत नहीं थी। ब्रिटिश साम्राज्य नहीं चाहता था कि सामन्तशाही नेपाल की जगह पर बेल्जियम, हालैंड या चेकोस्लोवाकिया जैसा कोई आधुनिक पूँजीवादी राज्य कायम हो। आज भी नेपाल की सेना में न एक भी विमान है, न एक भी टैंक तथा दूसरे आधुनिक युद्धास्त्र। नेपाल ब्रिटेन का तैयार माल सबसे अधिक खरीदता था, अर्थात् ब्रिटिश पूँजीपतियों की इजारादारी को मानता था। वह अपने यहाँ से कच्चा माल ही नहीं देता; बल्कि लड़ाई के लिये भारी तादाद में 'तोप के लिये चारा' देता, और ऐसा चारा जिसे दुनिया-जहान को खबर नहीं, जो 'राइट-लेफ्ट' के इशारे पर कठपुतली की तरह नाच सकता। फिर ब्रिटिश साम्राज्य क्यों चाहता कि नेपाल बीसवीं सदी में आवे और उसकी नींद को हराम करे। भारत में अंग्रेजों के विदा होते तीन साल भी नहीं बीतने पाये कि राणाशाही की तानाशाही हटी, यद्यपि अभी भी अपने और पड़ोसी प्रतिगामी नेताओं ने उसे भूल-भुलैया में फँसा रखा है, किन्तु कब तक?

२. पूँजीवादी शासन

(क) इंग्लैण्ड—(i) क्रॉमवेल ने सामन्तशाही निरंकुशता दूर की। १८३२ ई० के **सुधार कानून** ने पूँजीपति वर्ग को अधिकारारूढ़ किया, यह हम बतला चुके हैं। इंग्लैण्ड का आजकल का शासन एक पार्लियामेंट या पंचायत करती है, जो कहने मात्र के लिये राजा के

अधीन है राजा के अधीनता से पार्लियामेंट उसी वक्त से मुक्त हो गई, जब कि थैली वालों के सरदार क्रॉमवेल की आज्ञा से ३० जनवरी, १६४९ ई० को चार्ल्स प्रथम के सिर को धड़ से अलग किया गया। इसका नया उदाहरण १० दिसम्बर, १९३६ ई० को मिला, जब कि थैलीवालों के अगुआ बाल्डविन की आज्ञा से आठवें एडवर्ड को अपने मन के ब्याह पर जोर देने के लिये गद्दी छोड़नी पड़ी।

इंग्लैण्ड का शासन पार्लियामेंट करती है, जो शासन स्थायी कर्मचारियों और मंत्रिमण्डल द्वारा कराती है; मगर कानून सीधे खुद बनाती है। पार्लियामेंट के दो भवन हैं—लार्ड-भवन और लोक-भवन।

(ii) पार्लियामेंट—लार्ड-भवन[१] के वह सभी व्यक्ति स्थायी सदस्य हैं, जिन्होंने खुद या बाप दादों द्वारा बैरन, वाईकौंट, अर्ल, मार्क्विस या ड्यूस की पीढ़ी-दर-पीढ़ी जाने वाली पदवी पाई हैं। आयरलैंड और स्कॉटलैंड के लार्डों के लिये इस नियम के कुछ अपवाद भी हैं। लार्डों के अतिरिक्त इंग्लैण्ड के सरकारी चर्च के कितने ही ('लाट') पादरी इसके सदस्य हैं। लार्डों में एक बड़ी तादाद इंग्लैण्ड के पुराने सामन्त-खानदानों की है। अर्ल बाल्डविन-जैसे कितने ही पूँजीपति भी इसमें शामिल हैं। इस प्रकार पुराने सामन्त-परिवारों और नये पूँजीपति-खानदानों के व्यक्ति ही अधिकतर लार्ड भवन के सदस्य हैं। पहले लार्ड-भवन और लोक-भवन दोनों के अधिकार समान थे; किन्तु पूँजीपतियों के अधिकारारूढ़ होने पर कितनी ही बार लार्ड-भवन ने अड़ंगानीति अख्तियार की। उदार-दल के पूँजीपतियों को यह बात पसन्द नहीं आई और उन्होंने १९११ में एक कानून पास कर दिया कि जो कानून तीन बार लोक-भवन में पास कर दिया गया, उसे लॉर्ड-भवन से भी पास समझा जाये और मसौदे को लोक भवन का **वक्ता** (अध्यक्ष) अर्थ से सम्बन्ध रखने वाला बता दे; उसके एक बार भी पास हो जाने पर उसे कानून समझा जाये। लार्ड-भवन के सदस्यों की संख्या का बढ़ाना राजा के हाथ में है; किन्तु कम करने का तरीका अभी तक नहीं निकला है। आजकल लार्डों की संख्या इतनी अधिक है कि यदि सभी उपस्थित हों, तो लार्ड-सभा के भवन में उनके बैठने की जगह न मिले किन्तु उपस्थिति बहुत कम होती है। बहुत से लार्ड तो वहाँ जाते भी नहीं।

लोक-भवन[२] में ६४० सदस्य होते हैं। एक बार का चुना भवन पाँच साल तक रह सकता है, यदि किसी कारणवश अधिकारारूढ़ पार्टी की इच्छा के अनुसार राजा उसे तोड़कर नये चुनाव की घोषणा न करे। पहले पुरुष वोट का अधिकार रखते थे। १९२८ ई० से २१ वर्ष की औरतों को भी वोट का अधिकार हो गया है। लोक-भवन के बहुमत दल का मुखिया ही प्रधान-मन्त्री होता है। लोक-भवन अकेले भी किसी मसौदे को तीन बार पालकर उसे कानून बना सकता है; इससे साफ जाहिर है कि ब्रिटेन के शासन का आधार लोक-भवन है; तो भी लोक-भवन के पास किये ऐसे कानून की स्वीकृत को राजा तीन साल तक रोक सकता है।

लोक-भवन का निर्वाचन जनसत्ताक बतलाया जाता है; किन्तु सबको वोट देने के अधिकार दे-देने से ही वह जनसत्ताक नहीं हो सकता, जब कि देश का धन चन्द आदमियों के

---

१. House of Lords.

२. House of Commons.

हाथ में है, प्रेस पूँजीपतियों का है; निर्वाचन में खर्च के लिये रुपये उनके पास हैं। इसके विरुद्ध साधारण आदमी का अपने वोटरों के पास तक पहुँचना भी मुश्किल है। आर्थिक समानता के अधिकारी के बिना वोट की समानता का अधिकार सिर्फ प्रोपेगंडा का मूल्य भले ही रखे; किन्तु इसमें जनसत्ताकता नहीं आती। यही वजह है, जो कि साधारण जनता को वोट का अधिकार मिल जाने तथा मजदूर पार्टी के अधिकारारूढ़ होने पर भी पार्लियामेंट थैली वालों के ही हाथ में रही।

(ख) संयुक्तराष्ट्र (अमेरिका)—संयुक्तराष्ट्र की सम्पत्ति का ८३% सिर्फ १०% आदमियों के हाथ में है, और ९९% जनता, १७% धन पर गुजारा करती हैं। बड़े-बड़े बैंकरों और पूँजीपतियों का अमेरिका में बहुत जोर है। १९३०-३७ की मन्दी में जो सत्रह लाख किसानों की भूमि नीलाम हुई, उसमें अधिकांश इन्हीं के हाथ गई। अमेरिका थैली-राज्य का जबर्दस्त उदाहरण है। इंग्लैण्ड और दूसरे पुराने देशों की भाँति वहाँ पुराने सामन्तवंशिक परिवार नहीं हैं, तो भी डालर खुद ऐसी शक्ति रखता है कि एक पीढ़ी में ही उच्च वर्ग को पैदा कर दे। वहाँ गुलाम बनाकर अफ्रीका से भेजे नये नीग्रो (हब्शी) की सन्तानें अब भी बहुत से नागरिक अधिकारों से वंचित हैं।

संयुक्तराष्ट्र ४८ रियासतों का संघ[१] है। इनके अतिरिक्त अलास्का, हवाई भी संघ में शामिल हैं, यद्यपि वह रियासतों-जैसा अधिकार नहीं रखते और न वहाँ की पार्लियामेंट (कांग्रेस) के लिये अपने मेंबर चुन सकते हैं। संयुक्तराष्ट्र के राष्ट्रीय विधान को सांघिक विधान कहते हैं जिसका अर्थ है संघ-सरकार के उतने ही अधिकार हैं, जितने कि रियासतों ने उसे दे दिये हैं। १७७६ ई० से, जब कि संयुक्तराष्ट्र ने स्वतन्त्रता की घोषणा की, अब तक बहुत कम परिवर्तन हुए हैं। अमेरिका का राष्ट्रीय संविधान १७८७ में बना और १७८९ ई० में लागू हुआ, पिछले डेढ़ सौ सालों में सिर्फ २१ (जिनमें १० बनने के बाद ही स्वीकृत हुए थे) संशोधन बतलाते हैं कि सामाजिक प्रगति को रोक रखने की वहाँ कितनी कोशिश की गई है, अमेरिका के पूँजीपतियों का इसी में हित था; इसीलिए जहाँ उत्पादन-क्षेत्र में उन्होंने नये से नये आविष्कारों को बिना रोक-टोक के अपनाया, वहीं अपनी सामाजिक राजनीति को अचल रखा।

संयुक्तराष्ट्र का शासन-क्षेत्र प्रेसीडेंट, कांग्रेस और सुप्रीम-कोर्ट पर निर्भर है।

(i) प्रेसीडेंट—संयुक्तराष्ट्र प्रेसीडेंट साक्षी मात्र नहीं है। शासन-सूत्र के संचालन में उनका भारी हाथ है। वहाँ की दो राजनीतिक पार्टियाँ—**रिपब्लिकन** और **डेमोक्रेटिक**—प्रेसीडेंट के निर्वाचन के लिये अपने-अपने उम्मीदवार खड़ा करती हैं। दोनों पार्टियाँ एक ही पूँजीवाद की पोषक ही नहीं हैं; बल्कि उनके साधारण राजनीतिक प्रयोगों में भी कोई अन्तर नहीं। इसीलिए, बहुत-सी बातों में दोनों पार्टियों के कितने ही सदस्य स्वतन्त्र सम्मति भी देते हैं। प्रेसीडेंट का चुनाव चार वर्षों के लिये होता है और वाशिंगटन के तीसरी बार निर्वाचन के लिये खड़े होने से इनकार करने के बाद फ्रेंकलिन रूजवेल्ट ही पहले प्रेसीडेंट थे, जिनका कि तीसरी बार चुनाव हुआ। प्रेसीडेंट का चुनाव नागरिकों के सीधे वोट से न होकर एक निर्वाचन

---

१. क्षेत्रफल ३०,२६,७९८ वर्गमील जो, हवाई आदि के मिलाने से ३७,३८,३९४ वर्गमील होता है और जनसंख्या ४३ करोड़.

'कालेज' के द्वारा होता है, जिसमें उतनी ही संख्या निर्वाचक व्यक्तियों की होती है, जितने मेम्बरों को प्रत्येक रियासत कांग्रेस के दोनों भवनों में भेजती है। संयुक्तराष्ट्र के ऊपरी भवन—सीनेट—१६ सदस्यों में से प्रत्येक रियासत संख्या—दो—को चुनती है; किन्तु प्रतिनिधि-भवन[१] में संख्या घटती-बढ़ती रहती है। १९३८ में वह ४३५ थी। प्रेसीडेंट के निर्वाचन कालेज में गोया जनता द्वारा निर्वाचित ९६+४३५=५३१ के करीब निर्वाचन होते हैं। प्रेसीडेंट के निर्वाचन में जो करोड़ों वोटों की गिनती की जाती है, वह इन्हीं निर्वाचकों को मिले वोटों की होती है।

प्रेसीडेंट को संविधान द्वारा कांग्रेस और सुप्रीम-कोर्ट पर नियंत्रण करने का अधिकार नहीं प्राप्त है। वह उन्हें तोड़ नहीं सकता और न उनके सामने कोई कानूनी मसौदा पेश कर सकता है। हाँ कांग्रेस के पास किये कानून को चाहे तो दस दिन के भीतर रद्द कर सकता है, लेकिन मन्त्रिमण्डल बनाने में वह पूरी आजादी रखता है। वह खुद अमेरिका का प्रधान-मन्त्री और प्रधान-सेनापति है। सैनिक न होने से दूसरा पद प्रेसीडेंट के लिये भले ही सम्मानसूचक हो; किन्तु पहले के बारे में तो प्रेसीडेंट का अधिकार बहुत है, इसी से संयुक्तराष्ट्र के स्टेट-सेक्रेटरी प्रेसीडेंट के चाकर कहे जाते हैं। मन्त्रिमंडल में ही नहीं, राजकीय नौकरों में से भी वह जिसको चाहे रखे, जिसको चाहे निकाले; और रखने-निकालने का वहाँ इतना जोर रहा है कि हर नये प्रेसीडेंट के बाद नागरिक नौकरों की पल्टन की पल्टन बेकार हो जाती थी और उनकी जगह नये कलेक्टर, कमिश्नर, डाइरेक्टर, इन्सपेक्टर-जनरल आते रहे। राजपूताना की बड़ी रियासतों में दीवान भी ऐसा करते रहे।

प्रेसीडेंट अपने पद की वजह से संयुक्तराष्ट्र की सेना का प्रधान सेनापति ही नहीं है, बल्कि वह नई सन्धियाँ भी कर सकता है; बशर्ते सीनेट का २/३ बहुमत उसे स्वीकृत करे। प्रेसीडेंट उच्चतम न्यायालय के जजों को नियुक्त करता है; किन्तु उन्हें निकालने का उसे अधिकार नहीं—रूजवेल्ट द्वितीय के कितने ही नये कानूनी सुधारों को पुराने जजों ने रद्द कर दिया।

प्रेसीडेंट के चुनाव के समय ही एक वाइस-प्रेसीडेंट (उपराष्ट्रपति) भी चुना जाता है। वही सीनेट का प्रधान और प्रेसीडेंट के मर जाने पर प्रेसीडेंट होता है। रूजवेल्ट प्रथम (थ्योडोर) तथा टू मैन, जानसन ऐसे वाइस प्रेसीडेंट हुए, जो कि प्रेसीडेंट के मरने के बाद प्रेसीडेंट बनें।

(ii) कांग्रेस—अमेरिकन पार्लियामेंट के भवन हैं। ऊपरले को सीनेट और निचले को **प्रतिनिधिभवन** कहते हैं। दोनों भवनों के सदस्यों का चुनाव वोटों द्वारा होता है, जिसका अधिकार अमेरिका के हर एक वयस्क नागरिकों को है—नीग्रो लोगों में बहुतों को किसी न किसी तरीके से उससे वंचित कर दिया जाता है।

(अ) प्रतिनिधि—सदस्यों की संख्या ८ नवम्बर, १९३८ ई० के चुनाव में ४३५ थी; किन्तु यह संख्या हर रियासत की अलग-अलग जन-गणना के अनुसार उसकी बढ़ती-घटती संख्या के मुताबिक होती है। **प्रतिनिधियों** का चुनाव दो वर्षों के लिये होता है। प्रतिनिधि-भवन में कुछ ऐसे प्रदेशों के भी प्रतिनिधि हैं, जो बोल तो सकते हैं; किन्तु वोट नहीं दे सकते।

---

१. House of Representatives.

१९३८ ई० में ४३५ **प्रतिनिधि में २६१** डेमोक्रेटिक पार्टी के तथा १६९ रिपब्लिकन पार्टी के थे। दूसरी पार्टियों में किसान मजदूर पार्टी का १ प्रतिनिधि (सीनेट में २), अमेरिकन मजदूर-पार्टी का १ प्रतिनिधित्व था। प्रतिनिधित्व में देहात का प्रभाव ज्यादा है। प्रतिनिधि-भवन का अपना एक निर्वाचित अध्यक्ष होता है। प्रतिनिधि-भवन में भाषण की उतनी निरंकुशता नहीं है, जितनी कि सीनेट में।

(ब) सीनेट—९६ सदस्य (प्रत्येक रियासत के दो-दो) होते हैं। जिसका चुनाव छः वर्ष के लिये होता है; किन्तु हर एक वर्ष बाद एक तिहाई नये सदस्य निर्वाचित होते रहते हैं। **सीनेट में** सभी रियासतों के प्रतिनिधि बराबर संख्या (दो) में होने से हर सीनेटर समान जनसंख्या का प्रतिनिधि नहीं है; **उदाहरणार्थ १** प्रतिनिधि भेजने लायक जनसंख्या रखनेवाली रियासत डेलावेर भी उतने ही सीनेटर भेजने का अधिकार रखती है, जितना कि ४५ **प्रतिनिधि** भेजनेवाली न्यूयार्क की रियासत। सीनेटर की सदस्यता के लिये उत्सुकता ज्यादा देखी जाती हैं; क्योंकि उसके सदस्यों की आयु ही तिगुनी नहीं होती, बल्कि उनके अधिकार भी ज्यादा हैं। अमेरिका के प्रसिद्ध राजनीतिज्ञ **प्रतिनिधि** नहीं सीनेटर होती हैं; और इसके लिये वंश-परम्परा चलाने की भी कोशिश देखी जाती है। सीनेटर को भाषण करने की कोई रोक-टोक नहीं है। उसका तब तक और किसी भी विषय पर बोलने का अधिकार है, जब तक कि वह खुद न बन्द कर दे। इसके साथ सन्धि की स्वीकृति के लिये उसकी २/३ सम्मति, तथा उच्चतम न्यायालय के जजों में उसकी राय की अनिवार्यता ने सीनेट के अधिकार को बढ़ा दिया है। इंग्लैण्ड में जहाँ निचले भवन—लोक-भवन—को सबसे ज्यादा अधिकार है, वहाँ संयुक्तराष्ट्र में ऊपर का भवन—सीनेट—सबसे अधिक प्रभाव रखता है।

(iii) उच्चतम न्यायालय—इसमें नौ जज होते हैं, जिन्हें सीनेट की सम्मति के अनुसार प्रेसीडेंट नियुक्त करता है; लेकिन एक बार जज हो जाने पर उन्हें हटाया नहीं जा सकता। कांग्रेस के पास किये हुए किसी भी कानून को वह यह कहकर रद्द कर सकता है कि वह (१७८७ में बने) राष्ट्रीय संविधान के विरुद्ध है। रूजवेल्ट द्वितीय को अपने राष्ट्र-निर्माण के कितने ही साधारण सुधारों में उच्चतम न्यायालय की ओर से बहुत दिक्कत उठानी पड़ी।

संयुक्तराष्ट्र के शासन-यंत्र को देखने से मालूम होता है कि उसका सबसे ज्यादा जोर परिस्थिति के अनुसार समाज के हर तरफ के परिवर्तन को रोकने पर है, वह उसे खींचकर अठारहवीं सदी में रखना चाहता है। इसमें उसे अब तक सफलता भी रही; क्योंकि उसके पास उपजाऊ गैर-आबाद जमीन बहुत ज्यादा थी, और भीतर तथा बाहर से आकर बढ़ती जनसंख्या के लिये कल-कारखानों के बढ़ाने की बहुत गुंजाइश थी। किन्तु, अब गैर-आबाद जमीन खत्म हो चुकी है; साथ ही पिछली (१९३०-३३) मंदी में किसानों की चौथाई संख्या अपना घर-द्वार बेच चुकी है। बाहर बाजारों के लिये प्रतिद्वन्द्विता है, जिससे बेकारों की संख्या एक करोड़ से ऊपर तक पहुँचती रही है। ऐसी अवस्था में १७८७ का संविधान संयुक्तराष्ट्र को और अधिक दिनों तक आगे बढ़ने से रोक सकेगा, इसकी सम्भावना नहीं है।

द्वितीय विश्वव्यापी युद्ध के आरम्भ में संयुक्तराष्ट्र की नीति तटस्थ रहकर अधिक से अधिक युद्ध-सामग्री बेचने तथा दुनिया के बाजारों पर हाथ फेरने की थी। लेकिन, जर्मनी की सफलताओं को देखकर उसे अपना भविष्य खतरे में दिखाई देने लगा। जर्मनी के विजयी होने पर पूँजीवादी संयुक्तराष्ट्र १३ करोड़ की जनसंख्या के साथ अकेला यूरोपीय फासिस्ट

"संयुक्तराष्ट्र[१] के ३४ करोड़ से ऊपर के जनबल से मुकाबला करके बाजार और कच्चे माल पर आज की तरह फिर अधिकार जमा सकेगा यह तो संभव है ही नहीं; साथ ही हिटलर अमेरिका को स्वतन्त्र रहने देगा, इसमें भी सन्देह था। यही वजह है, जो संयुक्तराष्ट्र हिटलर के विरुद्ध बिना घोषित युद्ध में शामिल हो गया। बेकारों और पीड़ितों की अवस्था को सुधारने का प्रयत्न—जो कि वस्तुतः क्रान्ति को मुल्तवी करने का प्रयत्न था—जिस बड़े पूँजीपतियों ने बराबर विरोध किया, वह तब भी संयुक्तराष्ट्र को जर्मनी के विरुद्ध जाने से रोकते रहे, किन्तु, अमेरिका जर्मनी के विरुद्ध दूर तक बढ़ चुका था, उससे हिटलर की विजय से उसका अस्तित्व खतरे में था। इसलिये अमेरिका को युद्ध में कूदना पड़ा, यद्यपि उससे वह कुर्बानियाँ नहीं देनी पड़ीं, जो कि सोवियत और दूसरे यूरोपीय राष्ट्रों को। जातियों के "अधिकार-पत्र" की बातें रूजवेल्ट के साथ खत्म हो गई। युद्ध-विजय के बाद अमेरिकन साम्राज्यवाद हिटलर की विश्वविजय की महत्वाकांक्षा रखता है, उसमें बाधक होने से सोवियत् देश उसकी आँखों में काँटे की तरह चुभ रहा है। वह फिर तृतीय विश्वयुद्ध में संसार को झोंकना चाहता है।

३. फासिस्ट और नात्सी शासन

(क) फासिस्ट इताली

(i) फासिस्टवाद का प्रादुर्भाव—प्रथम साम्राज्यवादी युद्ध के बाद पूँजीवाद की हालत जब और अबतर हो गई, तो वह सारे पर्दे फाड़कर नग्न हो गया। उसने राष्ट्रीयता के नाम पर,

---

१.

देश	क्षेत्रफल (वर्गमील)	जनसंख्या
अल्बानिया	१०,६००	१० लाख
बेल्जियम	११,७७५	८३ लाख
बुल्गारिया	३९,०००	६० लाख
डेनमार्क	१६,५००	३८ लाख
यूनान	१,३०,०००	६३ लाख
इताली	१,१९,७००	४४० लाख
आस्ट्रिया	—	—
लक्सेमबर्ग	९९९	३ लाख
जर्मनी	२,१०,०००	७८० लाख
हालैंड	१,२५,०००	८७ लाख
नार्वे	१,३५,०००	३० लाख
पुर्तगाल	३५,४००	७५ लाख
रूमानिया	१,१३,०००	१९५ लाख
स्पेन	१,९५,०००	२४० लाख
स्विट्जरलैंड	१५,९४४	४१ लाख (जर्मनभाषी ३० लाख)
तुर्की	३,००,०००	१६५ लाख
हंगरी	४०,०००	१०० लाख
चेकोस्लोवाकिया	५२,०००	१५० लाख
पोलैंड	१,५०,०००	३४० लाख
इंग्लैंड	९४,२७०	४७५ लाख
आयरलैंड (आयर)	२६,६००	३० लाख

विश्व-बंधुत्व पर प्रहार करते युद्ध की महिमा गानी तथा पृथ्वी के फिर से बँटवारे के लिये अगले महायुद्ध के वास्ते भीषण तैयारी शुरू की। पूँजीवाद के इस नये रूप का सबसे पहले प्रादुर्भाव इताली में हुआ।

(ii) फासिस्ट-दर्शन—१९१९ ई० में मुसोलिनी ने फासिस्ट-पार्टी की बुनियाद रखी। लेकिन, फासिस्टवाद मुसोलिनी का आविष्कार नहीं है, इसका आचार्य विल्फ्रेदो परेतो (१८४८-१९२३) था, जिसने नीत्शे के दर्शन और मकियावेल्ली (१४३९-१५३७) की चाणक्य-नीति के आधार पर अपने राजनीतिक विचार तैयार किये। परेतो का बाप मानवता और मेजिनी के विचारों का हामी था और इसके लिये उसे इताली छोड़कर भागना पड़ा था। परेतो अपने बाप के विचारों का कट्टर विरोधी था, उसके लिये मानवता के विचारों का वध सबसे जरूरी बात थी। परेतो जब अपने बाप के साथ देश में लौटा तो उसकी आयु १० वर्ष की थी। वयस्क होने पर राजनीति में भाग लेना शुरू किया; किन्तु उसके मुक्त-व्यापार तथा दूसरे उदार विचार सरकारी हल्कों में पसन्द नहीं किये गये; इसलिए अपना रुख बदलकर वह शक्ति का पुजारी बन गया। मानववाद, उदारवाद और समाजवाद का उसने जबर्दस्त विरोध करना शुरू किया। परेतो के इन्हीं निषेधात्मक विचारों को मुसोलिनी की फासिस्ट पार्टी ने अपने प्रोग्राम का मुख्य अंग बनाया। परेतो इंजीनियर और गणितज्ञ था। वह स्विट्जरलैंड के लौजेन विश्वविद्यालय का प्रोफेसर था। उस वक्त बेनितो मुसोलिनी उसके विद्यार्थियों में था।

१९२२ ई० में जब मुसोलिनी ने गवर्नमेंट पर कब्जा किया तो परेतो को उसने एक ऊँचा पद दिया; किन्तु १९२३ में वह मर गया और फासिस्ट इताली की विशेष 'सेवा' न कर सका। "समाज का सबसे अच्छा रूप क्या हो सकता है?" परेतो का उत्तर था। "समाज का वह रूप, जो मेरे मनोभावों के सबसे अधिक अनुकूल है।" परेतो के सामाजिक विचारों का आधार जन्मजात **नायक**[१] का सिद्धान्त था। उसका कहना था, प्रत्येक समाज में ऐसे व्यक्ति पाये जाते हैं जो हर तरह की प्रतिभा हिम्मत, योग्यता और चातुरी में विशेषता रखते हैं। जन्मजात **नायक**[२] और सब तरह की योग्यता रखते हैं; किन्तु एक चीज में वह अयोग्य होते हैं—वह अपने जैसी-संतान नहीं पैदा कर सकते। अफलातून प्लेटो को भी हम ऐसा ही विचार प्रकट करते देख चुके हैं। अफलातून की भाँति परेतो ने भी **नायकों के वर्ग** को हर पीढ़ी में भिन्न वर्ग के नये व्यक्तियों द्वारा भरने का प्रस्ताव किया था। परेतो के अनुसार समाज का संचालन नायक-वर्ग के हाथ में होना चाहिये। अधिकांश जनता जन्मजात नायक नहीं होती; इसीलिये उसे सोचने, बोलने, करने की स्वतन्त्रता नहीं होनी चाहिए—उसका काम है नायक का अनुसरण करना। नायक उनसे अधिक उनकी भलाई को सोच और कर सकता है। क्रांति के बारे में परेतो का मत था—"जब निम्नवर्ग में उच्च योग्यता के व्यक्ति ज्यादा जमा हो जाते हैं और उसी तरह उच्च-वर्ग में निम्न योग्यता आदमी, तो उच्च-वर्ग शक्ति के इस्तेमाल में हिचकता है, जिससे कि क्रांति आ मौजूद होती है।" परेतो के कथनानुसार क्रांति को रोकने का यही तरीका है कि समय-समय पर निम्न-वर्ग के योग्य व्यक्तियों को उच्च-वर्ग में शामिल कर लिया जाये। यदि ऐसा नहीं किया गया, तो निम्न-वर्ग के व्यक्ति सफल क्रांति कर बैठेंगे। विश्व-बन्धुत्व,

---

१. Elei.

२. Elei.

समानता आदि ऐसे दुर्गुण हैं, जो कि शासक-वर्ग का निर्बल बना देते हैं, जिससे निम्न-वर्ग उसे आसानी से पदच्युत कर सकता है। धोखा, विश्वासघात, झूठ में जो बहादुर होता है, ऐसे शासक वर्ग को आसानी से पदच्युत नहीं किया जा सकता। शासकों को अपनी शक्ति को मजबूत रखने के लिए, रियायत, मुरौवत और पक्षपात की जरूरत होती है। धनियों, पूँजीपतियों को स्वार्थ के प्रति जितना ही इन बातों का ख्याल रखा जायेगा, उतना ही वह शासक-वर्ग की सहायता करेंगे। हाँ थैली और शासन के संबंध को रोशनी में नहीं आने देना चाहिए। परेतो की नजर में जनसत्ता की कोई कीमत नहीं। उसके लिए जनता भेड़ों की जमात है। वह कितने ही दूसरे प्रतिगामी 'पंडितों' की भाँति ९६% जनता को ४% नायकों के पीछे आँख मूँदकर चलने की सलाह देता है। प्रोफेसर वेल्सवर्थ फारिश के कथनानुसार— "परेतो सदाचार के नाम को भी फूटी आँखों से नहीं देख सकता—सत्य, औचित्य, न्याय, जनसत्ता उसके लिए घृणा की चीजें हैं।"

(iii) फासिस्ट राजनीति—फासिस्टवाद मुख्यतया परेतो के उपरोक्त सिद्धांतों पर अवलम्बित है। फासिस्टवाद का प्रथम सिद्धांत है राष्ट्रीयता—अपना राष्ट्र सबसे अच्छा और सारी दुनिया पर शासन करने के लिए है, दुनिया के दूसरे सारे ही राष्ट्र उसकी सेवा करने और आज्ञा मानने के लिए हैं। दूसरा है सैनिकवाद—युद्ध मानव-समाज की समृद्धि और विकास के लिए जरूरी है, जो शक्ति को इस्तेमाल नहीं कर सकते, वह शासन नहीं कर सकते। तीसरा सिद्धांत है—निरंकुश शासन, जिसकी बागडोर अकेले नेता (मुसोलिनी) के हाथ में होनी चाहिए। इताली की फासिस्ट महाकौंसिल भी एक नायक (मुसोलिनी) को सलाह भर देने का अधिकार रखती थी। भाषण, लेखन, सम्मिलन, रेडियो आदि की स्वतन्त्रता बड़े-छोटे नायकों को ही दी जा सकती थी, दूसरे उसके अधिकारी नहीं। चौथा है—पूँजीवाद का अधिनायकत्व।

(iv) फासिस्ट अर्थ नीति—फासिस्टवाद ने पूँजीपति और श्रमिक के झगड़ों को मिटाने का अपना नया तरीका अख्तियार किया था। उसने पूँजीपति की पूँजी को सरकारी संरक्षणों में ले लिया था। अब पूँजीपति को दिवालिया बनने का कोई डर नहीं था; उसे नफा कुछ कम भले ही हो सकता; किन्तु नफा के बन्द होने का डर नहीं था। फाजिल पैसे को वह नये कारखानों में भी लगा सकता था; अपने कारबार का संचालन भी कर सकता था, आखिर राज्य उसके ही फायदे के लिए उसके ही वर्ग-द्वारा चलाया जाता था। इसलिए उसी की तरफ से उस पर यदि कुछ नियंत्रण होता; तो बुरा मानने की बात नहीं थी। मजदूर की अपनी अवस्था सुधारने, वेतन बढ़ाने के लिये हड़ताल करने का अधिकार नहीं—हड़ताल करना राज के खिलाफ बगावत है।

फासिस्ट सफलता के कारण—१९२२ ई० में फासिस्टवाद क्यों शासन पर अधिकार जमाने में सफल हुए? लड़ाई के पहले ही से इताली में समाजवादी आन्दोलन चल रहा था। लड़ाई के दौरान में उसकी ताकत और बढ़ी; किन्तु उसके भीतर सुधारवादियों की भरमार थी। उधर कैथोलिक पादरी और धनी वर्ग खतरे को देखकर चुप नहीं रह सकता था। उसने धर्म के नाम पर किसानों में प्रचार करते हुए अपना जबर्दस्त संगठन शुरू किया। मुसोलिनी पहले समाजवादी था; किन्तु अब उसने देखा कि उसकी वैयक्तिक महत्त्वाकांक्षा दूसरी ओर जाने से ही पूरी हो सकती है। पहले तो इताली युद्ध में शामिल नहीं हुआ, किन्तु जब मित्र-शक्तियों का पलड़ा भारी होते देखा, तो वह उधर शामिल हो गया। मुसोलिनी अब खुलकर

समाजवादियों के खिलाफ हो शासक-शोषक वर्ग की नीति का प्रचार करने लगा। युद्ध के समाप्त होने तक समाजवाद का इताली में बहुत अधिक जोर हो गया था। यदि सुधारवादियों का फूट की नीति और दक्षिणी इताली के किसानों का पोप के फंदे में फँसना—न होता, तो रूस की भाँति इताली में भी साम्यवादी क्रान्ति हो गई होती। लड़ाई के बाद जो आर्थिक कठिनाइयाँ, जो बेचैनी इतालियन जनता में फैलीं, उसे संगठित करके क्रान्ति की ओर ले जाने में देर होने लगी, उधर मुसोलिनी की फासिस्ट पार्टी धनियों और महन्थों की हर तरह की सहायता से परेड और प्रदर्शन कर निम्न-मध्यवित्त के तरुणों को भी अपनी ओर खींचना शुरू किया। यह अवस्था देर तक नहीं रह सकती थी। सुधारवादी समाजवादियों की शिथिलता-अकर्मण्यता के बर्त्ताव ने दिखला दिया कि वह शासन नहीं कर सकते। १९२१ से फासिस्टों ने समाजवादियों के साथ झगड़े-फसाद शुरू कर दिये। फासिस्टों के पक्ष में शासक, सेनाधिकारी और थैलीवाले थे। राष्ट्रीय स्वयंसेवक संघ वालों की तरह उनका नारा था 'समाजवाद की क्षय' और 'प्राचीन रोम की ओर लौट चलो।' समाजवाद-विरोधी सभी भावों को संगठित कर ज्यादा मजबूत और साधन-सम्पन्न थे; इसीलिए समाजवादियों के साथ मार-पीट में उन्हें ज्यादा सुभीता था। १९२१ ई० में पार्लियामेंट में ३५ डिपुटी फासिस्ट थे; किन्तु फासिस्टों का वोट पर नहीं, पशु-बल पर विश्वास था, जिसके लिए उन्होंने इतने वर्षों तैयारी की थी। मुसोलिनी ने अपने काली वर्दीवाले चालीस हजार फासिस्टों के साथ २८ अक्टूबर, १९२२ ई० को जब रोम पर धावा बोला, तो राजा ने मार्शल-लॉ घोषित करने से इनकार कर दिया। सारा शोषक वर्ग इसी दिन की प्रतीक्षा में था, इसलिए वह मुसोलिनी के खिलाफ फौज या सेना क्यों भेजता? इस खुली बगावत का पारितोषिक मुसोलिनी को यह मिला कि राजा ने उसे बुलाकर प्रधान-मंत्री बनाया। पार्लियामेंट के ३५ मेंबरों की मदद से मुसोलिनी शासन नहीं कर सकता था। लेकिन, सेना के अफसर उसके हाथ में थे, पोप का वरद-हस्त उसके सर पर था, वर्ग-शासन का सबसे मजबूत अंग-सेना उसके हाथ में थी। पार्लियामेंट को अपने हाथ में लेने के लिये उसने चुनाव के नियम को बदल दिया, और नियम बनाया कि जिस पार्टी को कम से कम १/४ वोट मिले, पार्लियामेंट की ३/४ मेंबरी उसकी होनी चाहिए। इस नियम के अनुसार अप्रैल १९२४ को जो चुनाव हुआ, उसमें फासिस्टों का जबर्दस्त बहुमत हो गया। १० जून, १९२४ ई० को जब समाजवादी नेता मतेयोती की फासिस्टों ने हत्या की, तो फासिस्टवाद-विरोधी विरोध प्रकट करते अहिंसा के लिए दुनिया में हुए पार्लियामेंट से निकल आये, किन्तु इससे वह मुसोलिनी का कुछ बिगाड़ न सके। १९२५ ई० में मुसोलिनी ने एकाधिपत्य का अधिकार स्थापित किया, और १९२६ ई० में उसने दूसरे दलों को तोड़ दिया—उनके नेता बाहर भाग गये या खूनी फासिस्टों के शिकार हुए।

(iv) फासिस्ट शासक-यंत्र (१) नायक सर्वेसर्वा—मुसोलिनी ने अधिनायक बनाने के बाद भी राजा को कायम रखा। आखिर वह भी उन्हीं स्वार्थों का प्रतीक था, जिनकी रक्षा के लिए फासिस्टवाद का आविर्भाव हुआ था। ऊपरी तौर से राजा के अधिकार को कम नहीं किया गया, किन्तु दूचे[१] (नायक) साधारण प्रधान-मंत्री नहीं है, वह राज्य का नायक था। इतालियन पार्लियामेंट के दोनों भवनों में कोई कानूनी मसौदा नायक की आज्ञा के बिना पेश नहीं किया जा सकता था। (नायक) मुसोलिनी प्रधानमंत्री के अतिरिक्त वह चाहे जितने

---

१. Duce.

मंत्रियों के पदों को अपने हाथ में रख सकता था। मुसोलिनी ने ऐसा किया भी। १९३४ ई० में गलेअज्जो चियानो मुसोलिनी का दामाद बना, तब से उसका सितारा भी चमक उठा और १९३६ ई० में वह विदेश-मंत्री बनाया गया। इससे पहले अधिकांश मंत्रिपद मुसोलिनी ने अपने हाथ में रखे थे, और पीछे भी मंत्रि-मंडल सरकार, फासिस्ट पार्टी सबका सर्वेसर्वा मुसोलिनी था।

(२) पार्लियामेंट दो भवनों की है, ऊपरले भवन—(०) **सीनेट** के सदस्य हैं, सभी बालिग राजवंशिक कुमार तथा जीवन भर के लिये राजा द्वारा मनोनीत कुछ विशेष व्यक्ति। सीनेट का कोई महत्व नहीं था।

(३) देपुती भवन[१] के ४०० सदस्य थे। नीचे के संगठनों द्वारा फासिस्ट महाकौंसिल के पास उम्मीदवारों के नाम भेजे जाते थे, जिनमें महाकौंसिल अपनी इच्छानुसार परिवर्द्धन और परिवर्तन कर सकती और फिर चार सौ उम्मीदवारों की एक सूची वोट करने के लिये जनता के सामने पेश करती। लोग इनके पक्ष या विपक्ष में वोट दे सकते थे। द्वितीय विश्वयुद्ध मुसोलिनी और उसके फासिस्ट शासन को समाप्त तो किया, किन्तु अमेरिकन पूँजीवाद इसे फिर जीवित करना चाहता है।

(ख) नात्सी जर्मनी

(i) नात्सी दर्शन—हिटलर के अधिकार रूढ़ होने की बात हम कह चुके हैं। हिटलर का राष्ट्रीय समाजवाद या नात्सीवाद फासिस्टवाद की नकल था। हिटलर ने मुसोलिनी के फासिस्टवाद से बहुत सहायता ली और एक तरह नात्सीवाद को इतालियन फासिस्टवाद का जर्मन-संस्करण समझना चाहिए। हाँ, उसमें हिटलर के दार्शनिक गुरु रोजेनबर्ग (ज० १८९३-१९४६ ई०) का खून का सिद्धान्त शामिल था, जिसकी वजह से यहूदी विरोध तथा कुछ-कुछ ईसाइयत-विरोध भी नात्सीवाद का अंग बन गया है। नात्सीवाद के पुरोहित रोजेनबर्ग का कहना था, कि शासक और शासन प्रकृति की तरफ से बनाये गये हैं। प्रकृति निश्चित करती है कि कौन व्यक्ति उस जाति का नेता होगा और कौन जाति संसार की दूसरी जातियों का नेतृत्व और शासन करेगी। परेतो की भाँति रोजेनबर्ग भी कहता था, कि अ-नायक वर्ग को नायकों की आज्ञा बजा लाने के लिये तैयार रहना चाहिये। रोजेनबर्ग ने खून के सिद्धान्त पर जोर देते हुए कहा कि जर्मन ही वह जाति है, जिसमें पुरानी नायक-जाति—**आर्य जाति**—का शुद्ध रक्त बह रहा है। दुनिया की सभी जातियों पर शासन करने का अधिकार सिर्फ इसी जर्मनी जाति को है। दुनिया की सारी गड़बड़ी का कारण है, प्रकृति की तरफ से नियुक्त शासक-जाति को हटाकर नीच जातियों के शासन करना। समाजवाद, उदारवाद, जनसत्ता आदि सभी नीच जातियों के शासक बनने के परिणाम हैं। नात्सीवाद के अनुसार अंगेज, फ्रेंच, रूसी, पोल, इतालियन, अमेरिकन, हिन्दी सभी नीच और संकर जातियाँ हैं। उन्हें प्रकृति की ओर से शासन की योग्यता नहीं मिली है। ईसाइयत से नात्सियों की टक्कर इसलिये थी कि उसका संस्थापक ईसा मसीह अत्यन्त निकृष्ट यहूदी जाति से था।

(ii) शासन-यंत्र में नेता सर्वेसर्वा राइखस्टाग—जर्मनी की पार्लियामेंट भी मौजूद थी; किन्तु अब उनका काम विधान बनाना नहीं, फूरेर (नेता) हिटलर के भाषण का सुनना था। जब तक निर्वाचन भी होता; किन्तु नात्सी-पार्टी की बनाई सूची पर अधिक से अधिक

---

१. Chamber of Deputis.

वोट दिलवाकर दुनिया में यह प्रोपेगंडा करने के लिये, कि वह अत्यन्त लोकप्रिय है। अधिकारारूढ़ होने के तीन ही महीने बाद अप्रैल, १९३३ ई० में नात्सियों ने कानून बना दिया कि कोई भी मसौदा बिना राइखस्टाग में भेजे सिर्फ प्रेसीडेंट के हस्ताक्षर कर देने से कानून बन जायेगा। १२ अगस्त, १९३४ ई० को हिंडनबर्ग के मरने के बाद हिटलर चान्सलर (प्रधान-मंत्री) के अतिरिक्त प्रेसीडेंट भी हो गया इसलिये १९३३ ई० के विधान के अनुसार हिटलर के हस्ताक्षर से ही कोई मसौदा कानून बन जाता। लेकिन, उसकी जरूरत ही क्या? हिटलर ने नेतावादी शासन स्थापित किया था।—सारी जर्मन जाति का एक नेता (फूरेर) हिटलर था। उसके मुँह से निकला हर एक शब्द कानून था। वह अपने नीचे हर काम और विभाग के लिये नेता मुकर्रर करता था। नार्वे, चेक, स्लोवाक, हालैण्ड, बेल्जियम, नार्वे आदि सभी हिटलर के अधीन देशों में हिटलर ने नेता नियुक्त किये। इस तरह नात्सीवाद में शासन शक्ति से नहीं, ऊपर से आती।

(iii) नात्सी-अर्थनीति—पूँजीवाद बीसवीं सदी के शुरू में साम्राज्यवाद—इजारादारी पूँजीवाद—में परिणत हो गया, इसे हम पहले बतला आये हैं। पिछले नात्सीवाद के रूप में हमारे सामने आया। नात्सीवाद को शासनारूढ़ करने में जिन महायुद्ध के बाद यही इजारादारी पूँजीवाद सैनिक-अधिनायकत्त्व के साथ फासिस्टवाद क्रुप, थाइसेन आदि ने अपनी थैलियाँ खोली थीं, वह स्वयं भारी उद्योग के इजारेदार पूँजीपति थे और नात्सी-शासन से सबसे ज्यादा फायदा भी उन्हीं को हुआ, यह इस बात का सबूत है कि नात्सी-शासन उनके स्वार्थ का जबर्दस्त पोषक था।

(अ) बाजार-दर-नियन्त्रण—आइये पहले नात्सी अर्थनीति पर गौर करें। तीन तरह के नियन्त्रण वह तीन पैर हैं, जिन पर जर्मनी में नात्सी शासन खड़ा हुआ। (१) पहला नियन्त्रण था कीमतों या बाजार-दर पर नियन्त्रण। कीमत पर नियन्त्रण करने के लिये लागत-खर्च पर भी नियन्त्रण करना जरूरी था, जिसका अर्थ था मजदूरों के वेतन पर नियन्त्रण—कम-से-कम मजदूरी देना।

(ब) आयात-निर्यात नियन्त्रण—दूसरा नियन्त्रण था आयात और निर्यात के परिणाम के ऊपर जर्मन पूँजीपति ज्यादा-से ज्यादा माल अपने देश से बाहर भेजना (निर्यात) चाहेंगे, और वह तथा वहाँ के व्यापारी ज्यादा-से-ज्यादा कच्चा-पक्का माल मँगाना चाहेंगे; क्योंकि इससे उन्हें ज्यादा लाभ होगा। लेकिन निर्यात से आयात का बढ़ना देश की आर्थिक अवस्था पर भारी असर डालता है, सिक्के का भाव गिरा देता, जिसमें आयात की चीजों, कच्चे माल को भी ज्यादा दाम पर खरीदना पड़ता और सिक्के की अस्थिरता से देश के आर्थिक जीवन में जो गड़बड़ी होती, वह तो होती ही। उदाहरण के लिये पिछले सालों में नेपाल के सिक्के (मुहर) के भाव के गिरने और वहाँ के शिल्प की तबाही को ले लीजिये। नेपाल में बाहरी माल जाने के लिये कुछ प्राकृतिक दिक्कतें थीं। रक्सौल के अन्तिम रेल स्टेशन से नेपाल घाटी बहुत दूर तथा पहाड़ों और जंगलों का कठिन रास्ता था। नेपाल सरकार को बाहरी माल से 'जकात'—वहि:शुल्क—की आमदनी थी। शासक सामन्त वर्ग को शौकीनी की चीजें सस्ती मिल सकती थीं, जाना-आना जल्दी और आराम से हो सकता था; यह कारण था जिसके लिये शासकों ने भीमफेरी से कांठमांडो तक माल ढोने के लिये तार-मार्ग[१] बनाया, रक्सौल में

१. Ropeway.

अमलेखगंज तक रेल तैयार की और अमलेखगंज से भीमफेरी तक मोटर की सड़क निकाली। नेपाल के लिये भारतीय बंदरों में उत्तरी चीजों पर भारत-सरकार कर नहीं लेती। यह और यातायात के आधुनिक जरिये ही कारण थे, जो कि विदेशी चीजें नेपाल में भारत से भी अकसर सस्ती बिकती थीं—सरकारी बहि:शुल्क भी कम था। चीज़ें सस्ती और ज्यादा परिमाण में तो आने लगीं; किन्तु नेपाल को वह मुफ्त तो नहीं मिल सकती थीं। यदि नेपाल उतने ही की चीजें मंगाता, जितने का माल वह बाहर भेज सकता था; तो आधुनिक यातायात के साधन अधिक समय बेकार पड़े रहते और उन पर खर्च उतना ही पड़ने पर वह घाटे का सौदा बन जाते; साथ ही शासकों की वैयक्तिक माँगों को रोकना पड़ता। इस प्रकार आयात बढ़ा, जब कि निर्यात की यह हालत हो गई कि तार-गाड़ी[१] (रोप-वे) पर चलनेवाले माल के जाले को काठमांडो से नीचे भेजते वक्त खाली पर जाने पर तार खराब होने का डर था; इसलिये भारी करने के लिये उस पर पत्थर रखे जाते थे। यह पत्थर रोप-वे को भले समभार कर सकते थे; किन्तु आयात-निर्यात के योगों को वह वैसा नहीं कर सकते थे। जब पचास लाख रुपये के सामान के बदले नेपाल पचीस लाख का ही माल बाहर भेज सके, तो पचीस लाख के लिये या तो कर्ज ले या सोना-चाँदी भेजे। यह और इस तरह की और भी सिक्के-सम्बन्धी दिक्कतें उठ खड़ी हुईं, जिससे नेपाली 'मुहर' की रुपये की भुनाई की पुश्तों से जो एक दर चली आ रही थी, वह टूटी और रुपये की दर 'ढाई मुहर' नहीं, ज्यादा हो गई। बाहरी माल के कारण काठमांडो-उपत्यका के कितने ही गृह-शिल्प नष्ट हो गये—कस्बों, शहरों में तबाही आ गई, इसका जिक्र हम कर चुके हैं।

ऐसी ही दिक्कतों से बचने के लिये नात्सी-सरकार को आयात-निर्यात के परिणाम पर पूरा नियन्त्रण करना पड़ा।

(स) पूँजी-नियन्त्रण—तीसरा नियन्त्रण था, व्यवसाय में पूँजी लगाने पर। आमतौर से पूँजीपति को सालाना जो लाभ होता है, उसमें यह कुछ को अपने राजसी जीवन में खर्च करता है, कुछ को उसी या दूसरे व्यवसाय में तुरन्त लगा देता और कुछ भाग को बैंक में बेकार इस खयाल से छोड़ रखता है कि पूँजी लगाने या सट्टे बाजी का अच्छा सुभीता जहाँ होगा, इसे उसमें लगायेंगे। नात्सी-सरकार ने पूँजीपतियों को मजबूर किया कि अपनी आमदनी का खास हिस्सा व्यवसाय में लगावें।—हथियारों के विशाल कारखानों के मालिक तथा राजनीतिक-क्षेत्र में प्रभाव रखने वाले दूसरे व्यक्ति राजसी जीवन बिताते थे और उनकी इस विलासिता पर नियंत्रण नहीं था, किन्तु अधिकांश पूँजीपति खासकर छोटे-छोटे कल-कारखानों वाले वैसा नहीं कर सकते थे, उन्हें नात्सी-फौजी सरकार की योजना—जिसमें सबसे बड़ा भाग हथियार-उत्पादन का था—के अनुसार पूँजी लगानी ही पड़ती। इसी का परिणाम देखा गया, १९३२ में जहाँ ४.२ अरब मार्क[२] पूँजी कारखानों में लगा करती थी, १९३७ में वह १६ अरब मार्क हो गई, जिससे सबसे ज्यादा वृद्धि हथियार कारखानों में हुई जहाँ साढ़े चार अरब मार्क स्थान पर ९ अरब मार्क लगा था। गोया साढ़े चार अरब मार्क पूँजी को कारखाने में लगाने के लिये नात्सी-सरकार ने जर्मन पूँजीपतियों को मजबूर किया, जिसका परिणाम हुआ, १९३२ के ७० लाख बेकार आदमी काम पर लगा दिये गये।

---

१. Ropeway.

२. युद्ध से पहले प्राय: बारह आने का मार्क होता था.

(iv) नात्सी सैनिक-व्यय—नात्सियों ने पूँजी लगाने के लिये मजबूर करके कारखानों और काम करनेवालों की संख्या को बढ़ाया, मजदूरों की मजदूरी को घटाकर २० मार्क हफ्ता के करीब करके उनकी जीविका के तल को बहुत नीचे गिरा दिया और बाहरी मुल्कों से चीजें निर्यात के अनुसार मँगानी शुरू कीं। इन तीनों बातों से जो फायदा हुआ, उसको किस तरह से इस्तेमाल किया गया, इसके लिए नात्सी-जर्मनी के सालाना बजटों को देखिये—

व्यय (अरब मार्कों में)

सन्	योग	सैनिक व्यय
१९२३-३३	६.७	१.०
१९३३-३४	९.७	३.०
१९३४-३५	१२.२	५.५
१९३५-३६	१६.७	१०.०
१९३६-३७	१८.८	१२.६
१९३७-३८	२२.०	१५.०
१९३८-३९	३१.४	२४.०

आय (अरब मार्कों में)

सन्	कर	बेकार बीमा	दीर्घकालिक कर्ज	अल्पकालिक कर्ज	दान	कुल योग
१९३३-३४	६.९	०.१	०.८	१.६	०.३	९.७
१९३४-३५	८.२	०.१	०.८	२.८	०.३	१२.२
१९३५-३६	९.७	०.२	१.७	४.७	०.४	१६.७
१९३६-३७	११.५	०.५	२.६	३.७	०.५	१८.८
१९३७-३८	१४.०	१.०	३.३	३.२	०.५	२२.०
१९३८-३९	१७.७	१.५	७.६	४.२	०.५	३१.५

युद्ध आरम्भ के पहले साल में जर्मनी अपनी साढ़े एकतीस अरब की आमदनी में २४ अरब युद्ध पर खर्च कर रहा था। हिटलर के शासनारूढ़ होते ही (१९३३) जर्मनी का सैनिक बजट १ करोड़ से ३ करोड़ हो गया और ६ साल बाद पहले से चौबीस गुना तथा नात्सी-शासन के पहले से आठ गुना बढ़ गया। यह नहीं, बल्कि वह सारे बजट का ४/५ था; जो बतलाता है कि नात्सी-सरकार किस उद्देश्य से कायम हुई थी; और सारे नियन्त्रण से हुए लाभ को कहाँ इस्तेमाल किया गया।

१९३९ वाले साढ़े तीन अरब के बजट का अधिक अंश कारखानों पर खर्च किया गया; किन्तु किन कारखानों पर? हथियार बनानेवाले कारखानों पर। यदि इतनी पूँजी जीवन की उपयोगी सामग्री पैदा करनेवाले कारखानों में लगाई गई होती तो जर्मनी की बेकारी ही दूर नहीं होती, बल्कि मजदूरों के वेतन को कम करने की जगह वह बढ़ाया जा सकता था; और मजदूरों के वेतन में वृद्धि होने पर वह कारखाने की बनी जीवनोपयोगी चीजों को अधिक मात्रा में खरीद सकते थे। किन्तु, मजदूरी को कम करके नात्सियों ने जनता के खरीदने की शक्ति पर

प्रहार किया। वह इसीलिए कि जर्मन हथियार-कारखानों के मालिकों को अधिक अतिरिक्त-मूल्य (लाभ) मिल सके और वह उसे और भी ज्यादा हथियार-कारखानों में लगा सकें। यदि मजदूरों का वेतन बढ़ाया जाता, तो पूँजीपतियों के पाकेट खाली होते—उनका भाड़ा, सूद मुनाफा कम होता। किन्तु नात्सी यह कैसे कर सकते थे? १९३२ के अन्त में यही भाड़ा-सूद मुनाफा का घटना ही तो था, जिसे हटाने के लिये जर्मन पूँजीपतियों ने हिटलर को अपना शासक बनाया।

सवाल हो सकता है, क्या जर्मन पूँजीपति जैसे राज की इच्छा से नियंत्रित व्यवसाय में पूँजी लगा स्वार्थ-त्याग का परिचय दे रहे थे, उसी तरह वह मजदूरी की वेतनवृद्धि के लिए स्वार्थ-त्याग नहीं कर सकते? आखिर इससे वह मजदूरों की खरीदने की ताकत को बढ़ाकर अपनी चीजों की बिक्री को भी बढ़ा सकते? लेकिन हम जानते हैं, कोई बनिया अपने रुपयों से खरीदार बढ़ाकर चीजों को बेचना पसन्द नहीं करेगा। हर एक व्यापारी चाहता है कि खरीदार उसकी चीज को अपने पैसे से खरीदे।

(v) नात्सीवाद समाजवाद नहीं है—एक ओर पूँजी पर इतना नियंत्रण था, दूसरी ओर कीमत निश्चित कर पूँजीपतियों की प्रतियोगिता को नात्सी-शासन ने हटा दिया। इसे देखकर कितने ही लोग भ्रम करने लगते कि नात्सीवाद पूँजीवाद नहीं, बल्कि एक तरह का समाजवाद था। लेकिन, प्रतियोगिता पूँजीवाद के लिए जरूरी चीज नहीं है। आखिर इजारादारी पूँजीवाद तो इसी प्रतियोगिता को दूर करने के लिए पैदा हुआ। कीमत-नियन्त्रण के बारे में हम यही कह सकते हैं कि वह पुराने ढंग के पूँजीवाद में एक सुधार है, जो कि खुद पूँजीपतियों के फायदे की चीज है। इस प्रकार वह उनके स्वार्थ की गारंटी करता है, पूँजीवाद—नफे के लिये व्यवसाय वही है, सिर्फ प्रतियोगिता की जगह इजारादारी कायम कर दी गई है। आत्म-रक्षा के लिए पूँजीवाद कहाँ तक जा सकता है, उसका यह एक उदाहरण है। नात्सीवाद श्रम और श्रम में प्रतियोगिता नहीं होने देता—एक पूँजीपति दूसरे की अपेक्षा मजदूरी को बढ़ा नहीं सकता। एक कारखाने की दूसरे कारखाने से प्रतियोगिता को उसने सब कारखानों को एक बड़े ट्रस्ट के रूप में बाँधकर रद्द कर दी? ट्रस्ट के जरिये कच्चे-पक्के माल की कीमत निश्चित कर दी जाती। हमारे यहाँ चीनी के कारखानों में इस नीति को अपना कर चीनी और ऊख की दर निश्चित करने की कोशिश की गई। स्वतन्त्र प्रतियोगिता पूँजीवाद नहीं है, और न आर्थिक जीवन पर सरकारी नियन्त्रण समाजवाद है। पूँजीवाद का असली रूप है, एक छोटे-से वर्ग-के हाथ में उत्पादन के साधनों—मशीनों, कच्चे-पक्के माल आदि—का होना, जिसमें कि दूसरे बहुसंख्यक व्यक्ति अपने जाँगर को उनके हाथ में बेचने के लिए मजबूर हों। वेतन और व्यक्तिगत पूँजीपतियों के कारबार को प्रतियोगिता को बन्द करने के लिये बहुत दूर तक जाया जा सकता है; किन्तु जब तक उत्पादन के साधन कुछ व्यक्तियों की मिल्कियत हैं, तब तक वह पूँजीवाद ही रहेगा। फासिस्ट जर्मनी में यही बात देखी जाती थी; इसलिये वहाँ समाजवाद का संदेह भी नहीं हो सकता। समाजवाद वहाँ होता है, जहाँ उत्पादन के साधन चन्द व्यक्तियों के हाथ में नहीं रहते, बल्कि वह सारी जनता की सामूहिक मिल्कियत होते हैं। सोवियत संघ में हम यही बात देखते हैं। १९३९ में १.९ करोड़ जर्मन मजदूरों को पहले से कम मजदूरी पर पूँजीपतियों के कारखाने में काम करते, क्रुप, थाइसेन और उनके भाई-बन्दों की तोदों को और बढ़ते, गोयरिंग, गोयबेल, हिटलर के करोड़ों मार्कों को देश-विदेश के बैकों में जमा होते देखते हैं, तो मालूम हो जाता है कि नात्सीवाद में समाजवाद का नाम सिर्फ जाँगर

चलानेवालों को धोखा देने के लिये ही था। इस तरह यह भी मालूम होगा कि जर्मन पूँजीपतियों पर जो नियन्त्रण वह था, वस्तुत: उन्हीं के स्वार्थ के लिये।

(vi) युद्धवाद—१९३८-३९ में साढ़े इक्कीस अरब की आय में २४ अरब मार्क युद्ध पर खर्च करना ही बतलाता है कि जबानी हो नहीं व्यवहार से भी नात्सीवाद युद्ध के लिये ही था; फिर विश्व-समाज के लिये, वह शान्ति, समृद्धि, स्वतन्त्रता का वाहक होगा, इसकी तो आशा ही नहीं की जा सकती। और ३ सितम्बर, १९३९ के बाद से नात्सी-जर्मनी जो कुछ कर रहा था, उसमें सन्देह की गुंजाइश नहीं—हिटलर का विश्वहित से कोई सम्बन्ध नहीं। युद्ध के समय यूरोप में सैनिकों का ही नहीं, साधारण नागरिक जनता का कत्ले-आम होता रहा—हम इस बात में फिर बर्बर और जाँगल-युग में पहुँच गये थे। चंद महीनों के अन्दर तीन लाख सर्वियन स्त्री-बच्चों तक का कत्ल हमें क्या बतलाता था? रूसी युद्ध-क्षेत्र में युद्ध-बन्दियों का नाक-हाथ काटना क्या बतलाता था? हिटलर सिर्फ जर्मन जाति को स्वतन्त्र करने की बात कर रहा था, यद्यपि जर्मनों को सारी मनुष्य-जाति का भगवान की ओर से भेजे गये शासक होने का दावा उस वक्त भी वैसा ही था। नात्सीवाद सिर्फ जर्मन-जाति की स्वतन्त्रता से सन्तुष्ट नहीं था। सिर्फ यूरोप के गुलाम बनाने से उसका पेट नहीं भर रहा था। वह सारे संसार को विजय करने चला था, और नात्सी-बन्दूकों के बल पर उसे अपना गुलाम बनाये रखना चाहता था। विजय के बाद उसके शासित गुलाम, शासकों के लिये फैक्टरियों और खेतों में काम करते और पुराने यूनानियों तथा रोमनों की भाँति स्वामी जर्मनों को काम होता बन्दूक लेकर इन गुलामों का विद्रोह से रोकना।

मनुष्यता पिछले पाँच लाख वर्षों में कहाँ गई? उसका रास्ता सीधा नहीं था। जातियों का उत्थान-पतन हमने देखा है, आगे बढ़ना और पीछे हटना हुआ है; लेकिन, मानव-जाति का हटना-बढ़ना पेंडुलम की भाँति एक ही स्थान पर नहीं होता रहा। ज्ञान और तजरबे मनुष्य को हमेशा आगे की ओर धक्का देते, यह ज्ञान और तजरबे कोई भाग्य या भवितव्य होकर ऐसा नहीं करते रहे; बल्कि मनुष्य स्वेच्छापूर्वक भूलें कर-करके उन्हें अपनाता रहा। अब भी मनुष्य उसी तरह ज्ञान और अनुभव का पक्षपाती है; इसलिये उसका पीछे की ओर हटना देर तक और दूरी तक नहीं हो सकता।

(७) धर्म और सदाचार—सामन्तवाद ने धर्म और सदाचार को अपनी सहायता के लिये जिस प्रकार दृढ़ किया था, उससे पूँजीवाद ने आरम्भ में कुछ छेड़खानी जरूर की; मगर जब धर्म ने उदीयमान सूर्य की नीति स्वीकार की, तो पूँजीवाद और धर्म दूध-चीनी बन गये।

(१) धर्म—सामन्तवादी युग में धार्मिक कला—वस्तु चित्र या मूर्ति का बहुत उत्थान हुआ। आज भी उस युग के विशाल मन्दिर, गिरजे, भव्य पर्वत गुहाएँ (एलोरा, अजन्ता-जैसी) मौजूद हैं। सदियों तक दास, कम्मी कला के इन नमूनों को किसी राजा-रानी या सरदार के नाम पर बनाते रहे, और धर्म पुरोहित उनके द्वारा सामन्त-समाज के यश, 'सतयुग' की महिमा को फैलाते रहे। आज यदि इन उच्च कला के नमूनों के बननेवाले असली हाथों का पता लगावें तो उसका पता नहीं नहीं मिलेगा; उनके पेट के लिये भोजन और तन ढाँकने के लिए जो चीथड़े दिये गये, वह उनके लिए काफी समझे गये थे।

पूँजीवादी युग के आरम्भ में पूँजीपति खुद अपने को सामन्तों द्वारा सताये या दबाये हुए समझते थे। वह जब कमकर जनता को अपनी तरफ मिला समानता, स्वतन्त्रता, भातृत्व का नारा बुलन्द कर रहे थे, तो उन्होंने देखा कि धर्म और धर्म पुरोहित—जो कि उस वक्त के

शासक-सामन्त वर्ग के उच्छिष्ट भोजी थे—उनका साथ देने के लिए तैयार नहीं हैं। इसका प्रभाव हम उस वक्त के पाश्चात्य दर्शन पर पाते हैं। लेकिन जितना ही सामन्तवाद का ज़ोर कम हो गया, उतना ही धर्म-पुरोहितों का खयाल उदीयमान शासक वर्ग के पक्ष में होने लगा। जब से वर्गयुक्त-समाज आरम्भ हुआ, तभी से नये शासक वर्ग के आगमन के साथ धर्म में परिवर्तन करना पड़ा—वह परिवर्तन चाहे सुधार के द्वारा हुआ हो या नये स्वीकार द्वारा। यही वजह है, कि सभ्यताओं के अनुशीलन में उसकी कब्रों के साथ धर्मों की कब्रें भी पाई जाती हैं। दुनिया के और भागों में नये-नये धर्मों—ईसाई, इस्लाम—को पुराने धर्मों की जगह लेते देखते हैं, किन्तु भारत में हम नये सुधार, नई व्याख्या द्वारा पुराने धर्म को गुण में नहीं, तो रूप में जाकर परिवर्तित देखते हैं। धर्मों में सफलता उन्होंने पाई, जिन्होंने कि सामाजिक समस्याओं के हल करने में सहायता पहुँचाई। ईसाई धर्म क्यों क्षुद्र-एशिया से यूरोप में फैलने में सफल हुआ? इसलिये कि उसने यूरोप में पीड़ित, अपमानित तथा बहुसंख्यक दास एवं कम्मी जनता का पक्ष लिया; विलासी निकम्मे धनियों के अत्याचार को चुपचाप सहने की जगह उसका मुकाबला करते हुए कुरबान होने का पाठ पढ़ाया। रोम और यूनान में सफलता प्राप्त करने के बाद उसने यूरोप की दूसरी जातियों के कबीलेवाले संगठन की जगह जातीय संगठन में सहायता पहुँचाई। आरम्भ में जिन यूरोपीय सरदारों ने ईसाई धर्म को स्वीकार किया, उनकी अवस्था पर विचार करने से मालूम होगा, कि उसके पीछे धर्म और परलोक का आकर्षण नहीं, बल्कि शक्ति और राज्य विस्तार की आकांक्षा भी काम कर रही थी। इस्लाम के प्रसार से भी निकम्मे अयोग्य शासक-वर्ग को हटा साधारण जनता से नेताओं को निकालकर, आगे बढ़ने का मौका पाते देखते हैं। बिना लाभ के निश्चय ही इन धर्मों को वह सफलता न मिलती, जो कि इतिहास में दीख पड़ती है।

पूँजीवादी काल में जब हम और आगे बढ़ते हैं और पूँजीपति-वर्ग का अपने शासन की नींव दृढ़ कर पाये देखते हैं तो साथ ही हम यह देखते हैं कि सामन्त-वर्ग की भाँति पूँजीपति भी धर्म का भारी पक्षपात रखता है। जो सुधारक धार्मिक सम्प्रदाय किसी समय क्रान्तिकारी समझे गये थे और राज्य के कोप के भाजन हुए थे, वही अब हर तरह के परिवर्तन के विरोधी देखे जाते हैं। खुद पूँजीवाद जब सामन्तवाद के पेट से निकला था, तो एक क्रान्तिकारी विचारधारा लेकर आया था—वह धारा विचारों के टक्कर तक ही सीमित नहीं रही; बल्कि क्रामवेल के समय उसे लोहे से लोहा टकराते देखते हैं। उन्नीसवीं सदी के उत्तरार्द्ध में पूँजीवादी शासन के लिए जद्दोजहद करनेवाला गुट्ट नहीं; बल्कि अधिकारारूढ़ वर्ग था। इसलिये इस वक्त यूरोप में एक जबर्दस्त धार्मिक पुनर्जागरण दिखाई पड़ता है। लाखों, करोड़ों रुपये लगाकर धर्म प्रचारक भेजे जाते हैं और पृथ्वी के कोने-कोने में मिशनरियों का जाल बिछ जाता है। कितने ही स्त्री-पुरुष इसके लिए उसी तरह जीवन अर्पण करते हैं, जिस तरह कभी सामन्तवादी युग में देखा गया था।

बीसवीं सदी में जितना ही आगे बढ़ते गये, हमने देखा कि जहाँ साधारण जनता अधिक से अधिक धर्म से उदास होती गई, वहाँ शासन शासक धनिक वर्ग इस अधार्मिकता से ज्यादा भयभीत होता गया। कोई समय था, जब कि धनिकवर्ग भोग-विलास के पीछे धर्म की परवाह नहीं करता था और यद्यपि भीतर से अब भी वही बात ज्यादा देखी जाती है; मगर बाहर से अब बात उलटी है—जितने ही परिमाण में साधारण जनता से गिरजे सूने होते जाते हैं, उतने ही परिमाण में धनिक-वर्ग की नीयत उन्हें आबाद करने की दीख पड़ती है।

भारत में पूँजीवाद के समुद्र में काफी 'सामन्तवादी द्वीप' थे, यह हम कह चुके हैं; और इसीलिए यहाँ सामन्तवादी तथा पूँजीवादी दोनों प्रकार की धार्मिक मनोवृत्ति देखी जाती थी। सामन्तवादी खयाल के धार्मिक युद्धों को जारी रखना चाहते हैं, जिसका परिणाम हम आये दिन के हिन्दू-मुस्लिम दंगों को देखते हैं। एशियाई समाज की प्रगति पर अभी हम कहनेवाले हैं; वहाँ बतलायेंगे कि क्यों एशिया के बहुत से हिस्से में समाज की प्रगति रुकी रही।

(२) सदाचार—पूँजीवाद का सदाचार वर्ग-हित की रक्षा है। उसने सदाचार के उन सभी नियमों को क़ायम रखा है, जो कि सामन्तवाद की भाँति उसके भी हित के विरुद्ध नहीं जाते। चोरी, हत्या, झूठ, व्यभिचार की गिनती पूँजीवाद भी दुराचारों में करता है, मगर साथ ही उसने जो अपनी व्याख्या की, वह सामन्तवादी शोषकों की व्याख्या से बहुत अन्तर नहीं रखती; हाँ, इन दुराचारों के दंड उसने नर्म जरूर कर दिये हैं। सामन्तवादी युग में व्यभिचारिणी को जान से मारने का पति को अधिकार था—चाहे यह अधिकार समाज की ओर से मिला था या उसके सामन्त शासक वर्ग की ओर से, लेकिन पूँजीवाद को अपने को ज्यादा संस्कृत, ज्यादा नर्मदिल साबित करना था; इसलिए उसने इसे विवाहित के लिये प्रतिज्ञा-भंग के दोषसमान मान लिया; और इस दोष के लिए उसने तलाक का दंड मंजूर किया। पूँजीवादी शासन वस्तुतः व्यभिचार को दंडनीय अपराध मानता ही नहीं; हाँ बलात्कार हो तो इसके लिए फौजदारी के दूसरे अपराधों की भाँति दण्डनीय समझता है। पुरुष के लिये इस विषय में और सुभीता है, क्योंकि तलाक का प्रभाव जहाँ स्त्री को आर्थिक तौर पर आश्रयहीन बनाना है, वहीं उसके पास अपनी सम्पत्ति है, ज्यादा हुआ तो अदालत निरपराध पत्नी को भरण-पोषण के लिये दिलवा सकती है। खुली और प्रकट वेश्यावृत्ति से पूँजीवाद का कोई विरोध नहीं।

झूठ बोलने में पकड़ा जाना बुरा समझा जाता है, नहीं तो पूँजीवाद दुहरी नीति, दुहरे जीवन, झूठ के लिये बहुत उपजाऊ क्षेत्र है। शायद मानव-जाति ने अपने सारे इतिहास में इतना झूठ नहीं बोला होगा, जितना कि पूँजीवाद के एक सदी के शासन में। इसके कानून-कचहरियाँ झूठ की टकसालें हैं, इसके वाणिज्य-व्यवसाय धोखेबाजी, जालसाजी के महास्त्रोत हैं।

और हत्या? इसके लिए इतना ही कहना क़ाफी है कि पिछले दो साम्राज्यवादी युद्धों में जितना नर-संहार हुआ है, उसका उदाहरण इतिहास में नहीं मिल सकता।

(८) स्त्री का स्थान (१) अपमान—एक अमेरिकन लेखिका ने स्त्रियों की पूँजीवादी समाज में कैसी हीन स्थिति है, इसे दिखलाने के लिए उन नामों की एक संक्षिप्त-सी सूची दी है, जिनसे पुरुष समय-समय पर स्त्री को याद करते हैं।[१] अंग्रेजी में वह नाम हैं—

Baggage (अमासा)
Ball and Chain (गेंद और जंजीर)
Bat, old (बुढ़िया चमगादड़)
Basttle-axe (फरसा)
Better half (बेहतर आधा)
Boss (मालिक)
Cat (बिल्ली)
Chieken (चूजा)
Cow (गाय)
Flirt (प्रेम की मतवाली)
Frail (अबला)
Frump (दकियानूस बुढ़िया)
Fury (कोप)

---

१. "In Woman's Defence" (by Mary Inman, Los Angles, California, 1940), at p. 25.

Gabbler (बकवादिनी)
Gad about (आवारा)
Gold-digger (सोना खोदनेवाली)
Gossip (गौगा)
Grass-widow (प्रोषितपतिका)
Hag (चुड़ैल)
Crone (सड़ा मांस)
Cutte (चालाक, ऐय्यार)
Dame. a (एक औरत)
Gizzie, a (चकरानेवाली)
Dumb-bell (डम्बल)
Dumb-Dora (मूर्ख डोरा)
Dumb-kluck (मूर्ख मुर्गी)
Filly (चोटी-फीता)
Flapper (दिखावेवाली)
Moll (नरम)
Nagger (चिढ़ानेवाली)
Old maid (बुढ़िया)
Pain (पीड़ा)
Pony (टट्टू)
Rib (पसली)
She-devil (शैतानिन)
Shrew (कर्कशा)
Skirt (घँघरी)
Slattern (फजूलखर्च)
Slut (गंदी स्त्री)
Snip (शिकरा)
Sod-window (पुरानी खिड़की)
Sorceress (डाइन)
Harpy (राक्षसी)
Haybag (पुआल का थैला)
Heifer (कलोर, बिनब्याई गाय)
Hell-Cat (नारकीय बिल्ली)
Hen (मुर्गी)
Hussy (व्यर्थ की, हल्की)
Gane (जेन)
Mare (घोड़ी)
Meddler (अनुचित दखल देने वाली)
Sow (सूअरी)
Spuaw (जनानी)
Storm and Strife (आँधी-संघर्ष)
Tattler (बातूनी, बोलतू मशीन)
Tomato (टोमाटो, टमाटर)
Toots (सिंगा की आवाज, भोंपू)
Twist and Twirl (बटना-फिरकना)
Vamp (Vampire blood)
Sucken (बिगाड़नेवाली, खून चूसनेवाली)
Vixen (गीदड़ी, कंकालिनी)
Weaker Sex (अबला)
Wench (विनोद-प्रिय तरुणी)
Witch (जादूगरनी)

पूँजीवाद के शिरोमणि देश में—जहाँ पर स्त्रियों की स्वतन्त्रता का बड़ा शोर है—जब यह हालत है, तो आधे पूँजीवादी आधे सामन्तवादी पिछड़े हुए भारत के लिए क्या कहना? यहाँ के नामों की तो गिनती नहीं है, और अभी भी पुरुषों की जबान पर तुलसी के वचन नाच रहे हैं—

''ढोल गँवार सूद्र पसु नारी।
ये सब ताड़न के अधिकारी॥''
''नारि-स्वभाव सत्य कवि कहहीं।
औगुन आठ सदा उर रहहीं॥''
''नारि नरक की खानि।''

(२) आर्थिक-परतन्त्रता—उक्त लेखिका—मेरी इनमैन—ने अमेरिका की स्त्रियों के बारे में लिखा है[१]—

"१९३० की जनगणना के अनुसार अमेरिका के ४,८८,२०,००० पुरुषों में ३,८०,७०,००० कोई कमाने का काम करते थे।...२,७३,२०,००० के पास कोई सीधा काम न था। एक करोड़ औरतें काम पर थीं...।

"संयुक्तराष्ट्र की दो करोड़ तीस लाख विवाहिता औरतें कोई कमाई नहीं करतीं, न उनके पास आमदनी का कोई अपना जरिया है। वह सिर्फ उसी आमदनी पर निर्भर करती हैं, जो कि उनके पति हाथ से उठाकर दे देते हैं।

अमेरिका की औरतों का छठवाँ भाग तो कुछ कमा भी लेता है, किन्तु हमारे यहाँ ऊपरी और मध्यम वर्ग में कमानेवाली स्त्रियाँ बहुत कम मिलेंगी। निचले किसान कमकर वर्ग में वह काम जरूर करती हैं, किन्तु उस काम की गिनती नहीं की जाती। दायभाग या विरासत मुसलमानों के ऊँचे तबके में थोड़ा है, किन्तु रस्म के तौर पर; क्योंकि पर्दे के भीतर मर रही बीवियाँ अपनी सम्पत्ति का क्या इस्तेमाल या इन्तजाम कर सकती हैं? हिन्दुओं में दायभाग का उन्हें कोई अधिकार नहीं।

अपने परिवार के मर्दों के ऊपर औरतों का इतना निर्भर रहना ही उनकी परतंत्रता का कारण है। जिसके हाथ में सम्पत्ति है, जिसके हाथ से देने पर औरत खाना, कपड़ा या शृंगार की चीजें पाती हैं, उसके खिलाफ अपने अधिकार का युद्ध स्त्री कैसे लड़ सकती है?

हम बतला चुके हैं कैसे एक समय था, जब समाज में स्त्री की प्रधानता थी और कैसे उत्पादन-श्रम में प्रधान भाग लेकर पुरुष ने स्त्री की प्रधानता को हटा अपनी प्रधानता स्थापित की। लीविस मोर्गन ने अपनी पुस्तक 'प्राचीन समाज'[२] (१८७७ ई०) में स्त्री-सत्ता के वैज्ञानिक प्रमाण पेश किये थे, किन्तु अतीत का अधिकार वर्तमान या भविष्य के अधिकार की गारण्टी नहीं है। पितृसत्ता-युग से स्त्री के अधिकारों पर प्रहार जरूर होने लगा था, किन्तु अभी स्त्री उतनी अबला नहीं थी। यह सामन्तवाद युग ही था, जब कि स्त्री की परतन्त्रता का सरकारी पट्टा लिखा गया। सामन्तवाद को हटाकर जब पूँजीवाद ने शासन की बागडोर अपने हाथ में ली, तो नये शासक-वर्ग ने भी स्त्रियों की उस स्थिति को कायम रखना चाहा। उसनें यदि कुछ किया तो यही, कि मध्यकालीन ईसाई पादरियों की भाँति उन्हें बिना आत्मा का जीवित यंत्र नहीं माना। आज यदि कितने ही मुल्कों में स्त्रियों को वोट देने का अधिकार मिला है, जीवन के कुछ और रास्ते उनके लिए खुले हैं तो यह उनकी अपनी जद्दोजहद का फल है। लेकिन, इतनी जद्दोजहद से प्राप्त किये स्त्रियों के अधिकार को भी किस तरह पूँजीवाद का अधिनायकत्व-फासिस्टवाद पलक मारते-मारते छीन लेता है, जर्मनी इसका अच्छा उदाहरण था। वहाँ के नात्सियों ने बेकार मर्दों को काम देने के लिये लाखों औरतों से काम छीना। उन्होंने औरतों को खाली जगह पर उतने ही, और कहीं-कहीं उससे भी कम वेतन पर काम करने के लिये मर्दों को मजबूर किया। उस वक्त कहा जाता था कि स्त्री घर की रानी है, उसका काम घर के भीतर चौका-चूल्हा देखना और बच्चे पालना है। लेकिन, जब युद्ध में तोपों

---

१. "In Woman's Defence" (by Mary Inman, Los Angles, California, 1940), पृष्ठ—३६.

२. Ancient Society.

के चारे के लिये मर्दों की माँग बढ़ी, तो औरतों को फिर कारखानों, दफ्तरों में भेजा गया और मजदूरी और भी कम करके।

(३) परतंत्रता के कारण—(क) प्रतिकूल वर्गभेद—स्त्री की परतन्त्रता सारे पुरुषवर्ग की दी हुई नहीं है, इसका मुख्य जिम्मेवार कामचोर वर्ग का शासन और वैयक्तिक सम्पत्ति है। शासक-वर्ग ने कैसे धीरे-धीरे गिराते हुए स्त्रियों को वर्तमान अवस्था में पहुँचाया, इसे दुहराने की जरूरत नहीं। सोवियत संघ—जहाँ के कामचोर वर्ग का शासन उठ गया है—की स्त्रियाँ दुनिया की सबसे स्वतन्त्र स्त्रियाँ हैं। वहाँ स्त्रियाँ उत्पादक-श्रम में बराबर भाग लेती हैं। अपने किसी खर्च के लिये मर्दों के सामने हाथ नहीं पसारना पड़ता। सारी स्वतन्त्रताओं की जननी आर्थिक स्वतन्त्रता वहाँ उनको प्राप्त है।

स्त्रियों की परतन्त्रता, उनका निम्न वर्ग में परिणित होना सिर्फ ऐतिहासिक घटना ही नहीं है। उन्हें इस हालत में रखने के लिये आज भी उनकी ऐसी शिक्षा-दीक्षा की बड़ी सूक्ष्मता के साथ प्रबन्ध है, जिससे कि वह ऊपर उठने में असमर्थ रहें। स्त्रीत्व-निर्माण का एक बाकायदा इन्तजाम है। बच्चा पैदा होते ही एक मिनट के भीतर-भीतर सबसे पहली बात जानने की कोशिश की जाती है, वह है उसके लड़का या लड़की होने की। और लड़की मालूम होते ही परिवार में कुहराम-सा मच जाता है। हिन्दुओं में तो लड़की होने का जन्म-उत्सव का गाना—सोहर—नहीं गाया जाता। मेरे एक दोस्त के भाई को फिर दुबारा लड़की पैदा हुई, तो उनकी चाची ने तार भेजा—"चिन्ता नहीं, दूसरी बार फिर किस्मत पलटा खायेगी।"

(ख) प्रतिकूल शिक्षा—जन्म के बाद जहाँ मालूम हुआ कि लड़की है, फिर क्या? वहाँ दो दुनियाएँ और उनके दो तरह के कायदे-कानून पहले से ही तैयार रखे हुए हैं—एक मर्द बच्चे के लिये एक औरत बच्ची के लिये कितनी सावधानी, कितनी फुर्ती, पैदा होने के बाद एक मिनट भी बेकार नहीं जाने दिया जाता और बच्ची को स्त्री बनाने, बच्चे को पुरुष बनाने का काम शुरू हो जाता है।

छोटेपन से ही लड़के को आत्मविश्वासी और स्वतन्त्र रहने की शिक्षा दी जाती है, लड़की को पराधीनता और सजग रहने की तालीम मिलती है। लड़के को बतलाया जाता है कि तुम अपने इरादे को पूरा कर सकते हो। बच्ची को कहा जाता है कि अपने इरादे को पूरा करने के लिये तुम्हें एक दूसरे व्यक्ति (मर्द) की आवश्यकता है, उसके द्वारा ही तुम अपने मनसूबे में सफल हो सकती हो। लड़के के लिये ऐसे खिलौने मिलते हैं, जिससे वह अपनी बुद्धि विकसित कर सके। वह काठघोड़ों से खेलता है, उसे घर और किले बनाने के लिये काठ के टुकड़े मिलते हैं, लेकिन लड़की को मिलती है गुड़िया का ब्याह रचने के लिये, तथा-कड़ाही, चक्की-चूल्हा, जिससे कि वह अपने भविष्य के स्थान को समझे और अभी से उसके लिये तैयारी करे। लड़का होश सँभालते ही सबसे पहले समझता है कि वह मर्द है। छोटे-से बच्चे को भी यदि गुड़िया दीजिये तो वह फेंक देगा—कहेगा—'मैं क्या बिटिया हूँ।' खेलों में साफ बँटवारा है। खाने में लड़की से लड़के का ज्यादा खयाल किया जाता है। माँ-बाप लड़की की परिवरिश करते वक्त बराबर खयाल रखते हैं कि वह पराई थाती है।

लड़का कुछ और सयाना होते ही साहस के खेल कबड्डी, हापड़ (देहाती हाकी), कूद फाँद—खेलता है। उसी वक्त से वह अपनी बहनों पर हुकूमत जताना सीखता है, जिसे पीछे वह अपनी स्त्री पर इस्तेमाल करता है। लड़की को कदम-कदम पर आज्ञा पालन और ताबेदारी सीखनी पड़ती है। किसी साहस के खेल में उसे भाग नहीं लेने दिया जाता। वह

बाजार के लिये तैयार किया गया कुम्हार का बर्तन है, यदि जरा भी कहीं चीरा लगा तो उससे कौन शादी करेगा, फिर वह कैसे अपनी जिन्दगी काट सकेगी।

पढ़ना-लिखना तो स्त्री के लिये भारत में अब भी वर्जित समझा जाता है। दूसरे देशों में भी जहाँ स्त्री-शिक्षा अधिक है, स्त्री के लिये वहाँ भी साधारण शिक्षा पर्याप्त समझी जाती है। फासिस्ट देशों में तो स्त्रियों के पढ़ने के विषय भी अलग थे। जापान में उनकी शिक्षा का अधिक समय चाय परोसना, सीना-पिरोना, घर-फूल सजाना आदि में लगता। भारत में तो आज भी लड़कियों के ऐसे विद्यालय नहीं, महाविद्यालय हैं, जिनमें स्त्री को स्त्री, पत्नी, माँ—बनाने की शिक्षा पर सबसे अधिक जोर दिया है।

स्त्री की शिक्षा फजूल की चीज समझी जाती है और यदि अशिक्षित कन्या को शिक्षित और धनाढ्य पति न मिलने का भय न होता, तो जो थोड़ी-बहुत शिक्षा आज भारत की स्त्रियों में देखी जाती है, वह भी न रहती।

आखिर आज स्त्रियाँ जिस स्थिति में हैं, उसका कारण उनके दिमाग की बनावट, उनका लिंग नहीं है। सारे दिमाग स्त्री के खून से ही बनकर निकलते हैं। क्यूरी माँ-बेटियों ने विज्ञान के नोबल पुरस्कारों को लेकर दिखला दिया कि दिमाग सिर्फ मर्द की बपौती नहीं है। असल कारण तो स्त्री की आर्थिक मजबूरी और बचपन से ही दी गई स्त्रैण शिक्षा। स्त्री के दिल पर बचपन से नक्श कराया जाता है कि पुरुष की स्त्री बनना—यौन सम्बन्ध—ही उसके लिये एकमात्र जीविका का रास्ता है।

(ग) प्रतिकूल सदाचार नियम—यौन-संबंध पर जोर और आर्थिक मजबूरियों ने पुरुष-शासन के कायम होते ही स्त्रियों को शरीर बेचने के लिये मजबूर किया, यह बतला चुके हैं। बीसवीं सदी स्वतंत्रता की सदी घोषित की जाती है, किन्तु आज यह शरीर बेचना पूँजीवादी सभ्यता का एक जबर्दस्त अंग है। वेश्यावृत्ति स्त्री की आर्थिक मजबूरियों का ही परिणाम है, यह सोवियत के तजरबे से मालूम हो गया है। हजारों वर्षों से लाखों सन्त-महात्मा व्यभिचार और वेश्यावृत्ति के खिलाफ गले फाड़-फाड़कर लेक्चर देते रह गये, किन्तु वेश्याओं की संख्या घटने की जगह बढ़ती ही गई। पूँजीवादी कानून-निर्माता कानून-द्वारा उसके रोकने के लिये कोशिश करते रह गये, लेकिन वेश्यावृत्ति नये-नये रूप लेकर आज भी फूल-फल रही है।

(घ) वेश्यावृत्ति क्यों?—अमेरिका जैसे पूँजीवाद के शिरोमणि देश में वेश्यावृत्ति के व्यापार को पूँजीपतियों ने अपने हाथ में लिया है। सामाजिक्र स्वास्थ्य ब्यूरो—जिसका चेयरमैन रॉकफेलर था—अमेरिका में वेश्यावृत्ति की जाँच कराई थी। जाँच करनेवालों ने ऐसे १५९१ स्थानों की जाँच करके १९१५ में अपनी रिपोर्ट छापी थी। रिपोर्ट के पहले भाग में ''न्यूयार्क नगर में व्यापारिक वेश्यावृत्ति पर प्रकाश डाला गया है। यद्यपि बेडफोर्ड-हिल की राजकीय सुधारशाला की ६२१ लड़कियों में चन्द को छोड़ सारी ही आर्थिक कारणों से वेश्यावृत्ति में फँसी थी, मगर कमेटी ने इसे छिपाने की पूरी कोशिश की। आखिर पूँजीपतियों के पैसे से खड़ी की गई कमेटी पूँजीवाद के खिलाफ प्रचार करने के लिये तो नियुक्त नहीं की गई थी। रिपोर्ट में ६२१ लड़कियों में सिर्फ १९ को 'आर्थिक कारण' के मद में रखा गया, 'व्यक्तिगत कारण' में २९१ को दर्ज किया गया, इससे यह दिखलाने की कोशिश की गई कि वह स्वभावत: बिगड़े चाल-चलन की लड़कियाँ थीं, यद्यपि जब हम 'व्यक्तिगत कारण' के भीतर घुसते हैं; तो उसमें पाते हैं—'बीमारी', 'पैसे का अभाव', 'पैसा सुलभ', 'पैसे की जरूरत' और

कितने ही सिर्फ आर्थिक कारण।

रिपोर्ट के पहले भाग में 'शेयर-बाजार' का वर्णन किया गया है, जहाँ कि बाकायदा वेश्या व्यापार के शेयर खरीदे और बेचे जाते हैं। रिपोर्ट में उन स्थानों का भी जिक्र है, जहाँ कारोबार होता है, फीस तय की जाती है और रंगरूटनियाँ भर्ती होती हैं। व्यवसायियों में आपस की कितनी प्रतियोगिता है और उसके लिये न्याय विभाग को किस तरह फँसाया जाता है, इसकी तरफ भी उसमें काफी इशारा है।

डॉक्टर बेन राइटमैन ने अपनी पुस्तक 'द्वितीय पुरातनतम व्यवसाय' (१९२९) में अमेरिका में पूँजीवादी ढंग पर चलाये जाते वेश्या-व्यवसाय का वर्णन किया है और बतलाया है कि इसके पूँजीपति भी दूसरे पूँजीपतियों की भाँति अपनी कमकरनियों पर जोर देते हैं कि वह ठीक वक्त पर 'काम' में लगे और 'काम' को अच्छे ढंग से करें। वेतन और ज्यादा नफा होने पर बोनस का तरीका भी उन्होंने स्वीकार किया है। वेश्या व्यापार पूँजीपति के लिये बड़े नफे की चीज है। उसके नफे के बारे में कुमारी इनमैन का कहना है कि वह फौलाद, तेल, कोयला, मोटर-निर्माण से भी ज्यादा है। उसका प्रबंध दूसरे बड़े औद्योगिक व्यवसाय जैसा होता है। दूसरे उद्योगों की तरह इसे सिर्फ पूँजीपति के फायदे के लिये चलाया जाता है और पूँजीवाद के दूसरे व्यवसायों की भाँति इनमें परिवर्तन, इजारादारी, शाखाओं का जाल आदि देखा जाता है। पचीस वर्ष पहले यह व्यवसाय और उसका संचालन अमेरिका में बहुत कुछ खुला-सा था, मगर इस बीच में वेश्यावृत्ति पर जो बीसियों किताबें निकलीं और हो-हल्ला मचा, उससे व्यवसायी ज्यादा होशियार हो गये हैं और वह होटल, रेस्तराँ, क्लब, नाचघर, संगीत घर आदि के पर्दे में छिपकर करते हैं। इतना होते भी आज वह ज्यादा विस्तृत और संगठित रूप में पाया जाता है।

इंग्लैण्ड, अमेरिका, लंका जैसे देशों में, जहाँ कानून खुली वेश्यावृत्ति की इजाजत नहीं देता, वहाँ भी वह व्यवसाय धड़ल्ले के साथ चलता है। जापान में पूँजीपति भी इस व्यवसाय में अमेरिका से पीछे नहीं हैं। सामन्तवादी युग से चली आती पेशा (गाने वाली) प्रथा को अब पूँजीपतियों ने सँभाला है और वह उससे खासा फायदा उठाते हैं।

पूँजीवादी शोषण के लिये यन्त्र बनी वेश्याओं की बड़ी दयनीय दशा है। जिस वक्त वह पेशे में प्रवेश करती हैं, उस वक्त भी वह पैसे की मुहताज रहती हैं और जब वह उसे छोड़ने पर मजबूर होती हैं, तो पैसे की मुहताज ही नहीं, भयानक बीमारियों की शिकार बनकर आयु और स्वास्थ्य दोनों को खोकर निकलती हैं।

रंगरूट भर्ती के तरीके आसान हैं। ज्यादातर नर्स, अध्यापिका, गृह-सेविका आदि के काम के लिये अखबारों में विज्ञापन देकर उन्हें बुलाया जाता है। पसन्द हो जाने पर लड़की का मन लेने के लिये तरह-तरह के प्रश्न किये जाते हैं—"उम्र क्या है?" "घर पर रहती हो?" "कितने और किस तरह के नजदीकी सम्बन्धियों के साथ रहती हो!" "संबंधियों की उम्र आर्थिक अवस्था...क्या है!" दूसरा तरीका है, कुछ धोखे की टट्टी-सी एजेंसियों द्वारा भर्ती करना। ये एजेंसियाँ काम दिलाने वाली कही जाती हैं। वह हर उम्मीदवार की शक्ल-सूरत और उम्र को देखकर उसकी आर्थिक तथा दूसरी कठिनाइयों की फेहरिस्त बनाकर रखती हैं। उन्हें यह जानने में दिक्कत नहीं होती कि कौन लड़की उनके मतलब की होगी। वह उसी को चुनकर 'व्यवसाय' में भेज देती हैं।

वेश्यावृत्ति की जड़ भूख है, इसमें सन्देह की गुंजाईश नहीं। इसी भूख से बचने के लिये पुराने समाज में स्त्री को अपना शरीर बेचना पड़ता था और उसी के लिये पूँजीवादी समाज आज उसकी खरीद-फरोख्त कर रहा है। जब तक पूँजीवाद है, यह क्रय-विक्रय बन्द नहीं हो सकता।

वेश्यावृत्ति को वर्ग मानव-समाज के साथ उत्पन्न पुरातनतम पेशा कहा जाता है और बतलाया जाता है कि इसका आरम्भ मेहमानों की खातिरदारी से शुरू हुआ था। इसके कहने का अभिप्राय यही हो सकता है कि प्राचीनतम पेशा होने से यह भगवान की तरफ से उतरा है। अतिथियों की सेवा के लिये प्रारम्भ होने से इसके पीछे कोई नीच भाव काम नहीं कर रहा था, लेकिन यह बात गलत है। हम जानते हैं कि वर्गरहित प्रारम्भिक साम्यवादी समाज में वेश्यावृत्ति न थी। जन-समाज भी इससे परिचित न था। वेश्यावृत्ति शुरू तब होती है, जब कि एक वर्ग के हित के लिये शासन प्रारम्भ होता है। इसलिये, यह कहना बिलकुल गलत है कि यह मानव-समाज के साथ उत्पन्न हुआ और खातिरदारी—पैसे के लिये शरीर बेचने का काम-खातिरदारी!!

■

अष्टम अध्याय

भारतीय समाज

ऊपर समाज की प्रगति का वर्णन करते हुए हमने भारत के भी सामाजिक परिवर्तन का जिक्र किया, साथ ही यह भी बतलाया कि भारत में सामाजिक प्रगति धीमी रही। इसी धीमी चाल की वजह का कुछ वर्णन हो चुका है; तो भी यहाँ इस सारी सामाजिक प्रगति के बारे में और कुछ कह देना जरूरी है; खासकर इसलिये ऐसा करने की जरूरत है, क्योंकि इसी पिछड़ेपन के दोष का गुण बनाकर कितने ही पूँजीवाद के गुप्त या प्रकट सेवक यह साबित करना चाहते हैं कि भारत के सामाजिक परिवर्तन के सिद्धान्त ही दूसरे हैं—"तीन लोक से मथुरा न्यारी है।"

१. सामाजिक गतिशून्यता

आर्य, यवन, शक, गुर्जर, जट्ट, आभीर, हूण, अरब, तुर्क आदि कितनी ही जातियाँ समय-समय पर भारत में आईं और उन्होंने पहले अपना अलग शासक या उपनिवेशवादी समाज कायम किया, जिसने राष्ट्रीयता की जगह लेनी चाही; किन्तु जब शासन हाथ से जाता रहा, तो एक अलग जाति बन कर साधारण निवासियों का भाग बन गई।

बाहरी और भीतरी लड़ाइयाँ होती रहीं, राज्य क्रान्तियाँ हुईं; जय-पराजय और अकाल पड़ते रहे। एक के बाद एक आफतें, न जाने कितनी बार भारत पर पड़ती रहीं; किन्तु उन्होंने भारतीय समाज के भीतरी ढाँचे को १९वीं सदी के शुरू तक नहीं बदल पाया। भारत का प्राचीन मानव-समाज चाहे जितना भी बदलता मालूम होता हो; किन्तु उसके मौलिक ढाँचे में अन्तर नहीं आया, हम उस समय के समाज के भीतर घुसकर आसानी से जान सकते हैं, हजारों वर्ष पहले का आविष्कार किया हुआ, वही चर्खा-करघा जब तक रहने पाया, चलता रहा और उसके चलाने के लिये काफी चतुर हाथों की कमी कभी नहीं हुई। अज्ञात काल से भारत के कपड़े तथा-दूसरे तैयार माल को फिनिशियन, यूनानी, रोमन, अरब लोगों के द्वारा यूरोप खरीदता और अपने बहुमूल्य रत्न और धातुओं को बदले में भेजता रहा। इन बहुमूल्य वस्तुओं के आभूषण का शौक भारतीयों के अज्ञात काल से चला आता है। वैदिक काल के आर्य सुवर्ण-कुंडल और सुवर्ण-कंकण के बहुत प्रेमी थे। उनके पुरोहित यज्ञ-मंडप में अपनी लाल पगड़ी और सोने के कुंडलों के लिये मशहूर थे। मद्रास में पतली लँगोटी लगाये, कान में सोने का कुंडल झुलाते मजदूर और किसान अब भी काम करते देखे जाते हैं—यद्यपि पूँजीवाद के भयंकर शोषण के कारण अब ऐसे व्यक्तियों की संख्या कम हो गई है।

(१) ग्राम प्रजातन्त्र—१९वीं सदी के शुरू में भारतीय समाज का क्या रूप था, इसे मार्क्स ने ब्रिटिश पार्लियामेंट के सामने पेश की गई एक सरकारी रिपोर्ट से इस प्रकार उद्धृत किया है—

(क) ग्राम-प्रजातन्त्र का स्वरूप—"गाँव भौगोलिक तौर से देखने पर कुछ सौ या हजार एकड़ आबाद या परती जमीन का टुकड़ा है। राजनीतिक तौर से देखने पर वह कस्बा या संगठित नगर-सा मालूम होता है। उसके निम्न प्रकार के बाकायदा नौकर और अफसर होते हैं—**पटेल** या गाँव का मुखिया, गाँवों के कामों का साधारण तत्वावधान इसके ऊपर रहता है। वह गाँव वालों के झगड़ों का फैसला करता है। पुलिस की देख-भाल करता है और गाँव के भीतर कर वसूल करने का काम करता है। यह काम ऐसा है जिसे अपने वैयक्तिक प्रभाव तथा परिस्थिति से सूक्ष्म परिचय के कारण वह बहुत अच्छी तरह से करने की **क्षमता** रखता है। **पटवारी** (कर्णम) खेतों तथा उससे सम्बन्ध रखनेवाली हर बात का लेखा रखता है। **चौकीदार**[१] गाँव के जुर्मों, अपराधों का सुराग लगाता है "और रक्षा करते हुए एक गाँव से दूसरे गाँव को जानेवाले यात्रियों को पहुँचाता है। **प्रहरी**[२] का काम ज्यादातर गाँव के भीतर से सम्बन्ध रखता है और उसके कामों में फसल की रखवाली तथा उसके तोलने में सहायता देना है। **सीमापाल**[३] गाँव की सीमा की रक्षा करता है और विवाद होने पर उसके बारे में गवाही देता है, **जलपाल** तालाब और नहरों की देख-भाल करता है और खेती के लिये पानी बाँटता है। **ब्राह्मण** गाँव के लिये पूजा करता है। **अध्यापक** गाँव के बच्चों को बालू के ऊपर लिखना-पढ़ना सिखाता है। **ज्योतिषी** साईत बतानेवाला आदि। आमतौर से ये नौकर और कर्मचारी हर गाँव के संगठन में मिलते हैं, लेकिन देश के किसी-किसी भाग में इनकी संख्या कम होती है और ऊपर बतलाये कर्तव्यों और अधिकारियों में से अधिक एक ही आदमी के ऊपर होते हैं और कहीं-कहीं उपरोक्त व्यक्तियों की संख्या और अधिक होती है। इस तरह की सीधी-सादी सरकार के अधीन देश के निवासी अज्ञात काल से रहते चले आये हैं। गाँव की सीमा शायद ही कभी बदली गई हो। यद्यपि कभी-कभी गाँवों को चोट पहुँची है; युद्ध अकाल या महामारी ने उन्हें बरबाद किया है, किन्तु वही नाम, वही सीमा, वही स्वार्थ और बल्कि वही परिवार युगों से चलते आ रहे हैं। राज्यों के टूटने या बँटने की (गाँव) निवासियों को कोई परवाह नहीं। जब तक गाँव अखंड हैं, तब तक उन्हें इसकी चिन्ता नहीं कि वह किस शासक के हाथ में हस्तान्तरित किया गया अथवा कौन उसका राजा बना—उसकी आन्तरिक अर्थनीति अछूती बनी रहती है। **पटेल** अब भी गाँववालों का मुखिया है और वह अब भी गाँव का छोटा मुंसिफ, मजिस्ट्रेट और कलेक्टर—लगान जमा करनेवाला है।"

आज से अट्ठासी वर्ष पूर्व, नगर से चार साल पहले मार्क्स ने "भारत में ब्रिटिश शासन" नामक लेख को **न्यूयार्क ट्रिब्यून** (२५ जून, १८५३) में उपरोक्त पंक्तियों को उद्धृत करते हुए लिखा था—"यह छोटा अचल सामाजिक संगठन अब बहुत अंशों में नष्ट हो चुका है या नष्ट हो रहा है; किन्तु इसका कारण ब्रिटिश कर उगाहने वाले और ब्रिटिश सिपाही उतने नहीं हैं; जितने कि ब्रिटिश भाप-इंजन और ब्रिटिश मुक्त व्यापार।"

(ख) ग्राम-प्रजातन्त्र के कारण अकर्मण्यता—उसी सन् से १४ जून के अपने एक पत्र में मार्क्स ने भारत के ग्राम-संगठन के बारे में अपने मित्र एंगेल्स को लिखा था—

---

१. Tallier.

२. Totie.

३. Boundaryaman.

"एशिया के इस भाग में जो इस तरह की गतिशून्यता—बाहरी राजनीतिक सतह पर जो लक्ष्यरहित कुछ गति-सी भले ही दिखाई पड़ती है—एक दूसरे पर अवलम्बित दो परिस्थितियों के कारण हैं; (१) सार्वजनिक काम (तालाब, नहर आदि का बनाना) केन्द्रीय सरकार के जिम्मे था; (२) इसके अतिरिक्त सारा साम्राज्य, कुछ थोड़े से शहरों को छोड़कर ऐसे गाँवों से बना है, जिनका अपना एक बिलकुल अलग संगठन है और उनकी अपनी एक खुद छोटी-सी दुनिया है।

"ये काव्यमय प्रजातन्त्र, जो पड़ोसी गाँवों से सिर्फ **अपने गाँव की सीमाओं की** ही रक्षा तत्परता से करना जानते थे, अब भी उत्तरी भारत के कितने ही भागों में—जो कि हाल में अंग्रेजों के हाथों में आये हैं—काफी सुरक्षित रूप में पाये जाते हैं। मैं नहीं समझता कि एशियाई निरंकुशता की गतिशून्यता के मजबूत कारण ढूँढ़ने के लिये किसी और चीज की जरूरत है। ...(अंग्रेजों द्वारा) उन अचल पुराने रूपों का तोड़ा जाना (भारत के) यूरोपीकरण के लिये आवश्यक बात थी उगाहने वाला अकेला इसमें सफलता नहीं प्राप्त कर संकता था। गाँवों के अपने स्वावलम्बी स्वरूप को दूर करने के लिये उनके पुराने उद्योग-धन्धे का बरबाद होना जरूरी था।"

भारतीय मानव-समाज की सहस्राब्दियों से चली आती इन तरह की निश्चलता प्रवाह-शून्यता—जो पिछली सदी तक पाई जाती थी—ही वह कारण है, जिससे भारतीय मानव ग्रामभक्ति से उठकर देशभक्ति तक नहीं पहुँच सका और न बाहरी दुश्मनों का मुकाबला सामूहिक तौर से कर सका। इस ग्राम-पंचायत ने शिल्पियों को सहस्राब्दियों पूर्व के वसूली, रूखानियों से, किसानी को हँसुओं, फालों में चिपटा रहने दिया। शासकवर्ग जानता था कि यह ग्राम-संगठन भारतीय समाज का मर्म-स्थान है, वहाँ की चोट को वह सहन नहीं कर सकता, मुकाबला किये बिना नहीं रह सकता; इसीलिये उसने उसे नहीं छेड़ा, जैसा-का-तैसा रहने दिया, जिस पर भारतीय ग्रामीण बोल उठा—

"**कोउ नृप होई हमैं का हानी**" *(तुलसीदास)*

यदि वह भारतीय ग्राम्य-प्रजातन्त्र पहले ही टूटकर विस्तृत संगठन में बद्ध हुआ होता तो निश्चित ही साधारण जनता शासकों की निरंकुशता का मुकाबला करने में ज्यादा क्षमता रखती; फिर जिस स्वेच्छाचारिता को हम भारत के पिछले दो हजार वर्षों के इतिहास में देखते हैं, क्या वह रह सकती?

२. सामाजिक परिवर्तन का आरम्भ

(१) आक्रमणों की क्रीड़ा भूमि—सहस्राब्दियों से भारतीय समाज मुक्त-प्रवाह नहीं, प्रवाह-शून्य नदी का छाड़न हो गया है। आज भी धार्मिक हिन्दू-गंगा के छाड़न में नहाना बुरा समझता है, वह उसके लिये मुर्दा के साथ स्नान, पुण्य छीननेवाला स्नान है। वैसे भी ऐसे पानी के पास गुजरने पर नाक में सड़ौद की बू आने लगती है। भारतीय मानव समाज १९वीं सदी तक ऐसा ही छाड़न था। उसे अपने पुराणपन पर अभिमान रहा। उसने बहते पानी के महत्त्व को समाज में लाने की ओर ध्यान तक नहीं दिया।

मार्क्स के शब्दों में "सारे गृहयुद्ध विदेशी आक्रमण, क्रान्तियाँ, विजय, अकाल—चाहे जितने ही तेज, नाशकारी रहे हों; मगर वह (भारत में) सतह से भीतर नहीं घुस सके!"

जिस परिवर्तन से यूरोपीय दुनिया बहुत पहले गुजर चुकी थी, भारत को उसे अपनाने के लिये मजबूर करना अंग्रेजों का काम था। अंग्रेज उन विजेताओं की भाँति भारत में नहीं आये थे, जो भारत में आकर भारतीय बन—भारत के हो गये''; वह यूनानियों, शकों, तुर्कों, मुगलों की भाँति हिन्दू नहीं बन गये। अंग्रेजों में पहले के विजेताओं से अनेक विशेषताएँ थीं। दूसरे विजेता जरूर थे; किन्तु साथ ही वह सभ्यता में उस तल पर नहीं पहुँचे हुए थे, जिस पर हिन्दू पहुँच चुके थे; इसलिये इतिहास के सनातन नियम के अनुसार राजनीतिक विजेता विजित जाति की श्रेष्ठ सभ्यता द्वारा पराजित हो गये। अंग्रेज हिन्दू सभ्यता से कहीं ऊँची सभ्यता के धनी थे; इसलिये विजित जाति इन्हें हजम नहीं कर सकती थीं। पीढ़ियों तक वह यही कोशिश कर सकती थी, कि विजेता की सभ्यता से दूर-दूर रहें; लेकिन, यह मूढ़ हठ कितने दिनों तक चल सकता था। आज हम देख रहे हैं; भारत का वह पुराणपन कितना हटता जा रहा है और किस तरह उसकी जगह नये समाज का निर्माण हो रहा है।

(३) अंग्रेजी विजेताओं की विशेषता—एक और बात थी, अंग्रेज भारत में अंग्रेज राजवंश कायम करने नहीं आये थे। जिसने विजय करके भारत के शासन को पहले-पहल अपने हाथ में लिया वह कोई राजा या उसका सेनापति नहीं था, वह था ऐसे सौदागरों का गिरोह जो अपनी पूँजी पर अधिक से अधिक सलाना मुनाफा कमाना चाहते थे। यह बिल्कुल ही नई तरह की विजय थी, जिसमें विजेता राजवंश स्थापित नहीं करना चाहता था। ईस्ट इंडिया कम्पनी चाहती थी और भारत पर शासन इसलिये कर रही थी कि वह अपने भागीदारों को अधिक से अधिक नफा बाँटे, उससे और अधिक यदि कोई उसका मतलब था, तो यही कि भारत से अधिक से अधिक अंग्रेजों का भरण-पोषण हो। यह काम मुगलों और शकों की कर उगाहने की नीति से नहीं हो सकता था। मुगलों-शकों के अपने खर्च के लिये लिया गया रुपया भी फिर भारत में ही जीवनोपयोगी चीजों के खरीदने में बँट जाता था, इसलिये वह एक तरह से देश के भीतर विनिमय के रूप में चक्कर काटता रहता था। अंग्रेजों को यह धन सात समुंदर पार खर्च करने के लिये चाहिये था। जिसने एक बार की गई सम्पत्ति फिर लौटकर यहाँ आनेवाली न थी। इसके लिये जरूरी था कि अंग्रेज स्वदेशी हो गये विजेताओं से ज्यादा धन शोषण करें। इसका भारत के लिये क्या परिणाम हुआ, यह हम बतला चुके हैं।

संक्षेप में अंग्रेजों को अपने सारे शासक-वर्ग—पूँजीपति वर्ग—के स्वार्थ के लिये भारत को दोहन करना था—पहले व्यापार से, फिर व्यापार और शासन से, फिर व्यापार, शासन और पूँजीवादी शोषण—कच्चे-पक्के माल के क्रय-विक्रय—से। इस भारी शोषण में ग्रामीण प्रजातन्त्र बचाया नहीं जा सकता था। चाहे उसका कवित्वमय रूप तत्कालीन और आधुनिक कितने ही भावुक व्यक्तियों को बहुत आकर्षक मालूम होता रहा हो, और कौन-सा अतीत है जो आकर्षक नहीं होता।

(३) अंग्रेजी शासन का परिणाम (क) सामाजिक क्रांति—हाँ, तो हजारों वर्षों के इस भारतीय छाड़न के लिये अंग्रेजों ने जो सबसे बड़ा काम किया, वह था उसका बाँध तोड़ना। उन्होंने भारतीय चर्खे को तोड़ डाला, पुराने करघे को बिदा कराया, अपने यहाँ और यूरोप से भी पुराने चर्खों-करघों के कपड़ों को निकाल कर बाहर किया, फिर गंगा को उलटी बहाया और मार्क्स के शब्दों में ''कपास की मातृभूमि में कपास के कपड़ों की बाढ़ ला दी। १८१८ से १८३६ ई० ग्रेट-ब्रिटेन से भेजा कपड़ा ५२०० गुना बढ़ गया। १८३७ ई० में भारत आया अंग्रेजी

मलमल मुश्किल से दस लाख गज से ऊपर था। लेकिन, इसके साथ ही ढाका की आबादी डेढ़ लाख से बीस हजार रह गई। अपने शिल्पों के लिए जगद्-विख्यात भारतीय नगर ही नहीं बरबाद हुए; बल्कि ब्रिटिश भाप और विज्ञान ने सारे हिन्दुस्तान में, कृषि और शिल्प उद्योग के मेल को जड़-मूल से उखाड़ फेंका।....भारत के परिवार-समुदाय का आधार था घरू उद्योग—हाथ की कताई, हाथ की बुनाई, खेती में हाथ की जोताई—जिनमें वह स्वावलम्बी बना हुआ था। अंग्रेजों का भीतर दखल देना क्या फल लाया?—कातनेवाले को लंका-शायर में ला रखा, और जुलाहे को बंगाल में या दोनों ही—हिन्दुस्तान कतकरों और जुलाहों—का सफाया कर छोटे-छोटे अर्द्ध बर्बर, अर्द्ध-सभ्य-समुदायों को, उनकी आर्थिक नींव को उड़ा कर, ध्वस्त कर दिया, और इस प्रकार सबसे बड़ी, और सच पूछिये तो एशिया में कभी भी न सुनी गई, एकमात्र सामाजिक क्रान्ति को पैदा किया।''

(ख) ध्वंसात्मक काम जरूरी—''आज, मनुष्य का हृदय खिन्न जरूर होगा, जब वह इन अनगिनत पितृसत्ताक शांतिपूर्ण सामाजिक संगठनों को इस प्रकार तितर-बितर हो अपनी बनानेवाली इकाइयों में बिखरते देखता है, उन्हें कष्टों के समुद्र में फेंके जाते और उनके अवयवों के साथ ही अपनी सभ्यता के पुराने रूप को खाते तथा पुश्तों से चले आते अपनी जीविका के जरियों को हाथ से जाते देखता है। हमें भूलना नहीं चाहिये कि यह काव्यमय ग्राम्य-संगठन, चाहे देखने में कितने ही मासूम दिखलाई पड़े, लेकिन यही सदा से पूर्वी स्वेच्छाचार की ठोस बुनियाद रहे हैं। इन्होंने मानव-मस्तिष्क को छोटे-से-छोटे दायरे में बन्द रखा और उसे मिथ्या-विश्वास को चुप-चाप मान लेनेवाला हथियार बनाया, उसे पुराने नियमों का गुलाम बनाया और उसे सभी महान् ऐतिहासिक (इतिहास की प्रगति से उत्पन्न) शक्तियों से वंचित रखा। हमें यह भी नहीं भूलना चाहिये कि एक तुच्छ छोटी-सी जमीन की टुकड़ी में केन्द्रित बार्बरिक ममता या मेरापन साम्राज्यों के ध्वंस, अकथनीय नृशंसता के नग्न-नृत्य, शहरों की हत्या का कारण हुआ है।...हमें नहीं भूलना चाहिये कि इस अपमानजनक, मुर्दा कीड़े-मकोड़े के जीवन, निर्जीव से अस्तित्व ने, दूसरी ओर इसके विरुद्ध जंगली, निरुद्देश्य, सत्यानाश की असीम शक्तियों को उत्तेजना दी और खुद मनुष्य-हत्या को हिन्दुस्तान में धार्मिक कृत्य बना दिया। हमें नहीं भूलना चाहिये कि (भारत की) यह छोटी-छोटी जमातें जाति-भेद और दासता के रोग में फँसी हुई थीं; उन्होंने मानव को ऊपर उठा परिस्थितियों पर विजयी बनने की जगह बाहरी परिस्थितियों को गुलाम बनाया; उन्होंने स्वयं विकसित होने वाली सामाजिक स्थिति को अपरिवर्तनशील प्रकृति के हाथ की कठपुतली बना दिया, इस प्रकार प्रकृति की पाशविक प्रजा को स्थापित किया और प्रकृति के राजा मानव का इतना अध:पतन कराया कि वह वानर हनुमान और कपिला गाय की पूजा में घुटने टेकने लगा।

''यह सच है कि इंग्लैण्ड जो हिन्दुस्तान में एक सामाजिक क्रान्ति ला रहा है, उसके पीछे एक बहुत ही नीच उद्देश्य छिपा हुआ है, किन्तु, सवाल यह नहीं है। सवाल यह है—क्या एशिया की सामाजिक स्थिति में क्रान्ति लाये बिना मानव-जाति अपने ध्येय को पूरा कर सकती? अगर नहीं, तो इंग्लैण्ड ने चाहे जो भी अपराध किया हो; किन्तु उस क्रान्ति को लाने में उसने इतिहास के अनजाने हथियार का काम किया।

''फिर, एक पुरातन जगत के टूट-टूटकर गिरने का दर्दनाक नजारा चाहे जितनी भी कटुता हमारे व्यक्तिगत भावों में पैदा करें; किन्तु ऐतिहासिक दृष्टि से देखने पर हमें गोयटे के

शब्द याद आते हैं।"[१]—

"इसका हमें सोच करना क्या लिप्सा का स्वभाव ही ऐसा, बढ़ती चले अयास,
और नहीं क्यों तैमूरी तलवार बनाती कोटि जनों को क्रूर काल का ग्रास।"

(ग) भारतीय समाज की निर्बलताएँ—८२ वर्ष हो गये, जब कि (२५ जून, १८५३ ई०) मार्क्स की यह पंक्तियाँ पहले पहल प्रकाशित हुईं। इनको पढ़ने से मालूम होता है कि इतनी दूर बैठकर साधनों के उतने अभाव के होते भी उसकी पैनी दृष्टि भारतीय समाज की सतह से भीतर कितनी घुस सकी थी। उसने क्रूरता के साथ हमारे उस लुटते सोने के गढ़ के लिये दो आँसू बहाना काफी नहीं समझा; बल्कि बतलाया कि हमारी उस दयनीय दशा का कारण क्या है। उसने यह भी बतलाया कि उस पुरानी सामाजिक व्यवस्था को नष्ट होने से बचाने की जरूरत नहीं है, जैसा कि नब्बे वर्ष बाद आज गाँधी और गाँधीवाद दिल से या दिखावे के लिये कह रहे हैं; बल्कि उससे जो सबसे बड़ा फायदा, एक प्रभावशील उन्मुक्त समाज के निर्माण का अवसर मिला है, उससे हमें लाभ उठाना चाहिये।

पहले लेख में डेढ़ महीने बाद ८ अगस्त १८५३ को 'न्यूयार्क ट्रिब्यून' में मार्क्स ने 'भारत में ब्रिटिश-शासन के होनेवाले परिणाम' नाम से दूसरा लेख छपवाया। उसने भारतीय समाज के भविष्य पर प्रकाश डाला, यहाँ उससे कुछ उद्धरण दिये जाते हैं—

"क्या बात थी, जो हिन्दुस्तान में अंग्रेजों का प्रभुत्व स्थापित हुआ? मुगल सूबेदारों ने मुगल शासन-केन्द्र को तोड़ा। सूबेदारों की ताकत को मराठों ने तोड़ा। मराठों की ताकत को अफगानों ने तोड़ा और, जब कि यह सभी सबके खिलाफ लड़ रहे थे, अंग्रेज दौड़ पड़े और वह सबको दबाने में सफल हुए। (हिन्दुस्तान) वह देश है, जो हिन्दू मुसलमानों में ही बँटा नहीं है; बल्कि वह कबीलों-कबीलों, जातों-जातों में बँटा हुआ है। उसके समाज का ढाँचा एक तरफ के ऐसे समतुलन पर आधारित था, जो उसके सभी व्यक्तियों के बीच साधारण बिखराव और मनमुखीपन का परिणाम था। इस तरह का देश, इस तरह का समाज, क्या पराजित होने के लिए ही नहीं बना था? चाहे हिन्दुस्तान के अतीत के इतिहास को हम न भी जानते; किन्तु क्या यह एक जबर्दस्त अविवादास्पद बात नहीं है कि इस क्षण भी भारत अंग्रेजों की गुलामी में जकड़ा हुआ है; हिन्दुस्तान के खर्च पर रखी एक हिन्दुस्तानी सेना द्वारा। फिर, भारत पराजित होने से बच नहीं सकता था और उसका सारा अतीत इतिहास अगर यह कोई चीज है तो वह लगातार पराजयों का इतिहास है, जिनसे वह गुजरा है। भारतीय इतिहास कम-से-कम-ज्ञात इतिहास, कोई इतिहास नहीं है। जिसे हम उसका इतिहास कहते हैं, वह उन्हीं लगातार आनेवाले आक्रमणकारियों का इतिहास है, जिन्होंने निष्क्रिय अपरिवर्तनशील समाज की निश्चेष्टता के आधार पर अपने साम्राज्य कायम किये...।

(घ) अंग्रेजी शासन के दो काम—"भारत में अंग्रेजों को दो काम पूरा करने हैं—ध्वंसात्मक, दूसरा पुनरुज्जीवक—पुराने एशियाई समाज का ध्वंस और एशिया में पाश्चात्य समाज का भौतिक शिलान्यास।

---

१. Sollte diese Qual uns qualen
Do sie unsere lust vermehrt
Hat nicht myriaden Seelen
Timurs Herrschaft aufgezehrt?"

"(अंग्रेजों ने) देशी (ग्राम्य) समाज को तोड़कर, देशी उद्योग धन्धे को जड़ मूल से उखाड़ कर, देशी समाज में जो कुछ महान् और उच्च था उसे जमीन के बराबर करके अपने ध्वंसात्मक कार्य को पूरा किया। ध्वंसों के ढेर में पुनरुज्जीवन का काम (आज) मुश्किल से दिखाई पड़ता है तो भी वह आरम्भ हो गया है।

"भारत की राजनीतिक एकता, जो कि (आज) महान् मुगलों के शासन से भी ज्यादा संगठित और विस्तृत है, पुनरुज्जीवन के लिये सबसे पहली आवश्यक चीज है। अंग्रेजी तलवार के द्वारा जबर्दस्ती लादी गई यह एकता अब बिजली के टेलीग्राफ द्वारा और मजबूत तथा चिरस्थायी बनाई जायेगी। परेड सिखानेवाले अंग्रेज सर्जेन्ट द्वारा संगठित और शिक्षित देशी सेना भारत की स्वत: मुक्ति के लिये तथा पहले ही आनेवाले आक्रमणकारी के शिकार बनने के लिये आवश्यक साधन हैं। स्वतंत्र प्रेस—जिससे एशियाई समाज पहले-पहल परिचित हुआ है और जिसका प्रबन्ध मुख्यत: हिंदुओं[१] और यूरोपियनों की सम्मिलित संतानों के हाथ में है—पुनर्निर्माण के वास्ते एक नया और बहुत ही शक्तिशाली हथियार है।...भारतीयों से—चाहे हिचकिचाते तथा संख्या में कम होते ही सही—कलकत्ता में अंग्रेजों की देख-रेख में शिक्षा पाकर एक नया वर्ग उत्पन्न हो रहा है, जो कि शासन-संचालन की कला में निपुण और यूरोपीय विज्ञान अभिज्ञ है। भाप ने भारत का यूरोप से यातायात नियमित और द्रुत कर दिया है, उसके प्रधान बन्दरगाहों को (इंगलैण्ड के) दक्खिन-पूर्व के बन्दरगाहों के साथ जोड़ दिया है, और उसकी उस अलग-थलगपन की स्थिति को हटा दिया है जो कि उसकी प्रवाह-शून्यता का कारण थी। वह समय दूर नहीं है, जब कि रेलवे, वाष्पपोत की सम्मिलित सहायता से इंगलैण्ड और भारत के बीच की समय में नापी जानेवाली दूरी घटकर आठ दिन रह जाये और जब कि गथाओं में सुना जानेवाला यह देश, इस प्रकार यथार्थत: पाश्चात्य जगत का एक भाग बन जायेगा।

(ङ) स्वार्थ मजबूर—"ग्रेट ब्रिटेन के शासक वर्ग का अब तक भारत की प्रगति में सिर्फ आकस्मिक-चलता-फिरता एक खासतौर का स्वार्थ था। सरदार वर्ग भारत को जीतना चाहता था, थैलीशाही उसे लूटना चाहती थी और मिलशाही सबकी गलाकट्टी कर रही थी! लेकिन अब अवस्था बदल गई। अब मिलशाही (पूँजीवाद) को पता लग गया है कि भारत को उत्पादक देश में परिणत करना उसके लिये एक आवश्यक बात है और इसके लिये यह जरूरी हो गया कि भारत के पास सींचने और भीतरी यातायात के साधन प्रस्तुत किये जाये। अब मिलशाही सारे भारत में रेलों का एक जाल बिछाना चाहती है और वह ऐसा करेगी।..."

मैं जानता हूँ कि अंग्रेज मिलशाही भारत में रेलें सिर्फ इसलिये बिछाना चाहती है कि कम खर्च में कपास और दूसरे कच्चे माल को अपने कारखानों के लिये प्राप्त कर सके। लेकिन, जब एक बार ऐसे देश में मशीनरी तुमने चला दी, जहाँ पर कि लोहा और कोयला है तो उनके निर्माण (उद्योग) से तुम उसे रोक नहीं सकते।...इसलिये रेलें भारत में आधुनिक उद्योग-धन्धे का अगुआ बनेगी।...और (भारतीयों की मानसिक योग्यता के बारे में) कैम्बेल को मानने के लिये बाध्य होना पड़ा कि भारतीयों की बड़ी संख्या एक बड़ी औद्योगिक शक्ति रखती है; वह पूँजी जमा करने की क्षमता, दिमाग में गणित-जैसी स्पष्टता, आँकड़ों और पक्के विज्ञान के योग्य विचित्र प्रतिभा रखती है।...उनकी प्रतिभा बहुत तेज है।...रेलों के कारण स्थापित

१. अमरीका में 'हिन्दू' का अर्थ भारतीय था.

होनेवाले आधुनिक ढंग के उद्योग-धंधे उस खानदानी श्रम विभाग को उठा देंगे, जिसके ऊपर भारतीय जात-पाँत आश्रित है और जो कि भारतीय प्रगति और भारतीय (राज) शक्ति में निश्चय ही जबर्दस्त बाधा है।

अंग्रेजी बुर्जुआ (पूँजीवादी), जो कुछ भी करने के लिये मजबूर होंगे, वह न जनता को मुक्त करेगा और न उसकी सामाजिक अवस्था को ही आर्थिक तौर से सुधारेगा।...क्या पूँजीवाद (बुर्जुआज) ने कभी भी ऐसी कोई प्रगति होने दी, जिसमें व्यक्तियों और जनता को खून और कूड़े-कर्कट में से, कष्ट और अध:पात में से न घसीटा गया हो?

(४) भविष्य उज्ज्वल—"अंग्रेज बुर्जुआ इनके बीच में जो समाज के नवीन तत्वों को बो रहे हैं, उसके फल का भारतीय तब तक उपभोग नहीं कर सकेंगे, जब तक खुद ग्रेट-ब्रिटेन में आज के शासक वर्ग को हटाकर कारखानों के कमकर (सर्वहारा) न आ जाय, अथवा हिन्दू खुद ही इतने मजबूत हो जायें, कि अंग्रेजी जुए को उतार फेंके। चाहे कुछ भी हो, कम या बेशी सुदूर समय में यह जरूर देखने में आयेगा, जब कि उस महान् और मनोहर देश का पुनरुज्जीवन होगा...जिसके कोमल प्रकृति वाले निवासियों की...अधीनता स्वीकृति में भी एक तरह का शान्त स्वाभिमान है, जिन्होंने अकर्मण्यता के रहते भी अपनी बहादुरी से अंग्रेज अफसरों को चकित कर दिया, जिनका देश हमारी जबानों, हमारे धर्मों का स्रोत रहा; और जो अपने जाटों में प्राचीन जर्मनों और अपने ब्राह्मणों में प्राचीन यूनानियों के प्रतिनिधि हैं।"

(५) परिवर्तन के लिये कटिबद्ध होना जरूरी—(क) पीछे लौटना असम्भव—मार्क्स का उपरोक्त कथन हमारी जाति के गम्भीर ऐतिहासिक विश्लेषण का परिणाम है। मैक्सिको के पनखिलाड़ी का हम वर्णन कर चुके हैं,[१] वह छिपकली की जातिवाला सलमन्दर होते भी हजारों वर्षों तक पानी के अन्दर मछली और सलमन्दर के बीच की ही अवस्था में पड़ रहा; और आधुनिक विज्ञान ने जब उसे वह आइडिन दिया, जिसके बिना कि उसका विकास रुका हुआ था, तो वह फिर सलमन्दर बनकर पैरों से जमीन पर दौड़ने लगा। हमारा भारतीय समाज भी मैक्सिको के उसी 'पनखिलाड़ी' की भाँति विकास में रुक गया था; क्योंकि हम लोग ग्राम्य-प्रजातन्त्र—जनयुग के अवशेष को—पकड़कर चिपटे हुए थे। हमारे लिये सत्य जीवित, प्रगतिशील प्रवाह नहीं, बल्कि अचल, एकरस सनातन स्थिरता—मृत्यु—थी। हमारे देश में भी जो अभी आदिम मानव का जीवन बिता रहे हैं, उनके जीवन पर तो हम नहीं रश्क करते, उनके संगठन, उनके रीति-रिवाज को अनुकरणीय नहीं समझते; किन्तु जनयुग का ग्राम्य-संगठन हमारे लिये बहुत प्रिय वस्तु थी। स्वावलम्बी गाँव के 'प्रजातंत्र' से हमें बड़ा प्रेम था। उसे हम 'सतयुग' की प्रिय देन कहकर पलक से ओझल नहीं करना चाहते थे। लेकिन, उसी सतयुग की देन कोल-भील लोगों का भी तो जीवन—कैसा अकृत्रिम, कैसा सरल, कैसा सच्चा और स्वच्छन्द जीवन है; किन्तु क्या वह हमारे लिये निन्दा छोड़ रश्क की चीज बना? ग्राम 'प्रजातंत्र' हमारे लिये कितना महँगा सौदा साबित हुआ, यह ऊपर के उद्धरण में बतलाया गया है। मानव-जीवन में, गहराई और विस्तार दोनों में संगठन की कितनी जरूरत है, यह हम बतला चुके हैं। जो समाज जितना ही इन दोनों बातों में आगे रहा, संसार में उनका जीवन उतना ही सफल रहा।

---

१ देखो 'विश्व की रूप रेखा' पृष्ठ—२२७.

अब हमारा वह ग्राम-'प्रजातंत्र' नहीं रहा; क्योंकि उसका आधार था आर्थिक स्वावलम्बन—बढ़ई लकड़ी का काम करता है, लुहार लोहे का, चमार चमड़े का, धोबी धोने का, तेली तेल का, भड़भूजा भूनने का, जुलाहा कपड़े बुनने का...। आज वह आर्थिक भित्ति गायब है। खाने के बाद सबसे ज्यादा खर्च कपड़ा, चमड़े का है, और उनका उत्पादन अब गाँव में नहीं होता। तो भी हमारी वह पुरानी मनोवृत्ति बिलकुल दूर नहीं हुई है। अब भी हम एक विशाल देश की एक विशाल जाति के तौर पर अपने को उतना नहीं सोचते, जितना एक क्षुद्र इकाई के व्यक्ति के तौर पर। हम अपने समाज को करोड़ों सेलों का आपा छोड़ एक बन गया शरीर नहीं मानने; बल्कि अलग-अलग जीवन बितानेवाला अमीबा[१] हमारे लिये आदर्श बना हुआ है। इस व्यक्तिवाद—इस ग्रामीण दृष्टि—के रहते हम अपने विशाल समाज को कैसे चुस्त और मजबूत कर सकते थे। पिछली शताब्दी में बाहरी आर्थिक प्रहारों द्वारा जब हमारे गाँव का भी समाज टूटने लगा, तो हमने उसकी नींवपर बृहतर समाज का निर्माण करने के बदले और रेजे-रेजे में बिखरना पसन्द किया तथा बिना नकेल के ऊँट की तरह समाज के मंगल की कुछ भी परवाह न कर जिधर मन आया, उधर चलना चाहा—हाँ, यह किया निम्न दर्जे के स्वार्थ से प्रेरित होकर ही, नहीं तो जीवन-स्रोत को सुखानेवाली पुरानी रूढ़ियों को तोड़ने की हमारे में हिम्मत कहाँ थी?

(ख) तीव्र सामाजिक पाचन की जरूरत—यह वह पुरानी मनोवृत्ति ही थी, जिसने हमें क्षण-क्षण बदलते संसार के अनुसार अपने को बदलने, नई उठी समस्याओं को हल करने नहीं दिया। हम सारी समस्याओं को कल पर टालते रहे। यदि उसने गाँव से ऊपर उठकर सारे देश, अपने से ऊपर उठकर अगली पीढ़ियों की ओर ध्यान दिया हुआ होता, तो जहरवाद (कार्बकल) की भाँति सारे समाज के जीवन-मरण की समस्याओं को अपनी निष्क्रियता द्वारा प्राणघातक रूप नहीं लेने दिया होता। हमारा राष्ट्र या समाज सजीव न था, इसका सबूत तो हमारी सामाजिक निष्क्रियता है। जीवित स्वस्थ शरीर में हम देखते हैं, बाहर से आई किसी चीज के भीतर आते ही—बल्कि उसके भीतर आने की खबर पाते ही—मुँह में लार आती है, पाचन-ग्रंथियाँ अपने-अपने को सँभाल लेती हैं। यह सब क्यों? आगन्तुक को आगन्तुक के तौर पर वह स्वीकार नहीं करना चाहतीं, उन्हें अपने जीवन के भीतर एक अलग जीवन बिताने का अधिकार देना नहीं चाहतीं। सजीव पदार्थ का नियम है, अपना बनाओ या निकाल दो। किन्तु, भारत में हम क्या देखते हैं? आगन्तुक-आगन्तुक ही रहता है या यों, कहिये उसे भी अपनी अकर्मण्यता के एक निर्जीव जीवन को बिताने का अधिकार दे दिया जाता है। इन हजारों जातियों उप-जातियों का एक स्वतन्त्र जीवन इन्हीं आगन्तुकों के न अपनाने—अपना अंग न बनाने—का परिणाम हैं। अपने में हजम करने के लिये ज्यादा चेष्टा की जरूरत होती है; इसलिये कहा गया—तुम भी हमारी तरह एक कोने में बस जाओ, तुम भी हमारी तरह अपना निर्जीव जीवन जिओ। हजम करने के लिये जितनी चेष्टा आवश्यक थी, निकालने के लिये उससे भी अधिक चेष्टा की जरूरत होती है; फिर इस ग्राम, 'प्रजातंत्र' के पास उसके लिये शक्ति कहाँ थी?

दुनिया में और देशों को भी पराजय का कटु अनुभव उठाना पड़ा, वहाँ भी नवागन्तुक बड़ी-बड़ी संख्या में आये। पृथ्वी का कोई देश शुद्ध एक जाति का नहीं है। हिटलर के जर्मनी

---

१. Amoeba.

में अपने शुद्ध आर्य-रक्त का बहुत अभिमान था। वह समझता था, हमें छोड़ दुनिया की सारी जातियाँ वर्णसंकर हैं। किन्तु, यह सिर्फ प्रोपेगंडा, जातीयता के नाम पर शासन वर्ग के लाभार्थ भोली जनता को तोप का चारा बनने के लिये रणमदिरा पिलाने का आयोजन था। कौन नहीं जानता कि पूर्वी प्रसिया कुछ ही सदियों पहले सारी स्लाव जाति थी? मानव में तभी शुद्ध रक्त रह सकता था, जब कि वह मानव नहीं, स्थावर वृक्ष होता। विजयी या पराजित, चिरनिवासी या नवागन्तुक जैसे भी मानव आपस में मिले, सजीव जातियों ने समस्याओं को बिना कल पर टाले, उन्हें अपने समाज-प्रवाह का अभिन्न अंग बनाया। यहाँ की भाँति सहस्राब्दियों से जट्ट की जाट ही, गुज्जर को गूजर ही, आभीर को अहीर ही, अरब (सैयद) को अरब ही, मुगल को मुगल ही रहने नहीं दिया। आज मजहब के झगड़े, संस्कृति के झगड़े, भाषा के झगड़े जो नरम होने की जगह और उग्र रूप धारण करते दीख पड़ते हैं, उनकी जड़ में वही समाज के बारे में हमारी पुरानी मनोवृति काम कर रही है। इसका मतलब यह नहीं कि यहाँ परिवर्तन हुए ही नहीं हैं। परिवर्तन हुए हैं, किन्तु "मानव को परिस्थितियों पर विजयी बनने की जगह बाहरी परिस्थितियों का गुलाम" बनाकर जो मानव-समाज सिर्फ प्राकृतिक परिवर्तन के भरोसे बैठा रहता है, वह मानव-समाज कहलाने का अधिकारी नहीं।

(ग) सतयुग के नारे से शोषकों को फायदा—हमारी निर्जीविता का कारण सतयुग (जन-युग) से चिपटे रहने की प्रवृत्ति रही है, इसमें संदेह नहीं। आश्चर्य तो यह है कि आज भी हमारे यहाँ कितने ही राष्ट्रीय कर्णधार उन्हीं ऐतिहासिक भूलों को दोहराने पर तुले हुए हैं? गाँधीवाद आखिर है क्या, वही जन-युग की ओर लौटने का नारा। पीछे लौटा नहीं जा सकता, यह निश्चय है; किन्तु इससे हमारे यहाँ का पूँजीवादी समाज खूब फायदा उठा रहा है। सामन्तवाद (रियासतों) ने इस नारे से उतना फायदा नहीं उठाया, यद्यपि वह उसके लिये भी उतना ही लाभदायक था। इससे यही साबित होता है कि पूँजीवाद ज्यादा क्षिप्रचेता है।

(घ) भारतीय पूँजीवाद का प्रसार—अंग्रेजी पूँजीवाद ने भारतीय पुराणपन्थी समाज पर प्रहार किया; किन्तु वह अपना काम पूरा नहीं कर सका। उसने अधिकांश ध्वंस का काम किया। ग्राम-'प्रजातंत्र' को टुकड़े-टुकड़े करके उसे व्यक्तियों के रूप में हवा में फेंक दिया। वह सूखे पत्ते की भाँति निरुद्देश्य उड़ते रहे। अपने व्यवसाय को चलाने के लिए उसने रेलें बनाईं, लाखों उड़ते पत्ते एक संगठन में आकर काम करना सीखने लगे। करोड़ों के अकाल-कवलित होने पर जब कच्चे-माल के उत्पादक और तैयार माल के ग्राहक कम होने लगे; तथा उस भारी आमदनी पर भी खतरा दिखलाई देने लगा, जो कि बिना किसी बदले के दान की तरह अंग्रेज शासकों के पेंशन के रूप में प्रति साल भारत से इंग्लैण्ड जाती थी और जो उन्नीसवीं सदी के मध्य में इतनी थी कि मार्क्स ने ६ करोड़ आदमियों की[१] साल भर की आमदनी से ज्यादा बतलाया था। पीछे शासन-व्यय कितनी तेजी से बढ़ा, यह अन्यत्र बतला चुके हैं—जिससे मालूम होगा कि यह दोहन अब उससे कहीं ज्यादा हो गया! अस्तु, अपने लिए काम करनेवालों की इतनी भारी तादाद में अकाल को भेंट चढ़ते देख, शासक चुपचाप कैसे रह

---

१. मार्क्स का डानियेल्सन के नाम १९ फरवरी, १८८१ को लिखा पत्र—
"Speaking only of the value of the commodities the Indians have gratuitously and annually to send over to England...it amounts to more than the total sum of income of the sixty millions of agricultural and industrial labourers of India!" (Selected Correspondence of Marx and Engels. pp. 385-86).

सकते थे; इसलिये खेती और किसानों की रक्षा के लिये उन्हें नहरें बनाने की ओर ध्यान देना पड़ा। इसमें भी भारतीय दिमाग को काम करने और सीखने का मौका मिला। किन्तु, उन्नीसवीं सदी में बिखरे शीकरों के एकत्रित करने का जो प्रयत्न हुआ था, वह नगण्य-सा था। काठ मार गये बिखरे समाज को फिर सचेत करने और उसका मुँह आगे की ओर करने का वास्तविक काम तो बीसवीं सदी में और उसमें भी प्रथम साम्राज्यवादी युद्ध के बाद से होने लगा, जब कि अंग्रेज पूँजीपतियों के कन्धे से कन्धा मिलाकर भारतीय पूँजीपति नये क्षेत्र में उतरे।—नये-नये कारखाने बढ़े, मजदूरों ने अपने कष्टों को दूर करने के लिए व्यक्तिगत नहीं सामूहिक हड़तालें शुरू कीं। पिछले बीस वर्षों में तो भारत का सबसे पिछला, सबसे असंगठित और सबसे अधिक संख्या वाला किसान-वर्ग भी हरकत करने लगा। जिन प्रदेशों में चीनी मिलें कायम हो गईं और जहाँ पूँजीवादी व्यवस्था के कारण होनेवाली तेजी-मन्दी का असर लाखों एकड़ तैयार ऊख के सूखने और जलाये जाने के रूप में प्रत्यक्ष दिखलाई देता, वहाँ के किसानों में हलचल ज्यादा दिखाई पड़ती।

संक्षेप में पुराने बोसीदा आर्थिक ढाँचे के टूटने से जो किंकर्तव्य-विमूढ़ता पिछली सदी में मौजूद हुई थी, वह अब दूर हो रही है; अब युगों का अचल समाज हिलने लगा है। यद्यपि पथभ्रष्ट करनेवाले झूठे पैगम्बरों की कमी नहीं है, किन्तु अब हमारा समाज फिर लौटकर पीछे नहीं जायेगा, यह तो इसी से साबित है कि बिड़लों, बजाजों, भारा-भाइयों जैसे खद्दरवादी मिल-मालिकों के गाँधी-भक्ति का राग अलापते-रहते भी खद्दरवादी तो बहुत आगे नहीं जा सका; हाँ, देशी कपड़े की मिलें जो खादी-युग से पहले भारत के १/२ कपड़े को तैयार करती थीं, अब वह पूरा ४/५ तैयार करती हैं। उत्तर-प्रदेश; बिहार के कुछ जिलों में 'हाथ' की चीनी हाल तक बनती थी, किन्तु पिछले दस सालों में चीनी की मिलों ने उन्हें मारकर दफना भी डाला। चावल, तेल, आटे की मिलें घटी नहीं दिन दूनी, रात चौगुनी बढ़ रही हैं और उनके स्वार्थ के लिये जिनके लिये कि आशीर्वाद भेजने को गाँधी जी सदा तैयार रहते थे। गाँधीवाद से पूँजीवाद के वैयक्तिक नफे के लिए कल-कारखाने के विस्तार के लिए कोई खतरा नहीं है, यह बात यदि भारतीय पूँजीपतियों को मालूम न होती, तो जहाज, हवाई जहाज, कपड़े, चीनी, सीमेंट, कागज, लोहा के राजा गाँधीजी की आरती न उतारते और उनके कामों के लिए अपनी थैलियों का मुँह खुला न रखते। गाँधीवाद-पूँजीवाद की दुतरफी ढाल रही। वह डरा-धमका कर विदेशी शासकों—विदेशी पूँजीपतियों—से उनके लिए काम का मैदान हासिल करता; वह समझा-बुझाकर मजदूरों को मिल-मालिकों का पोष्य-पुत्र, किसानों को जमींदारों का चिर-कृतज्ञ बनना चाहता। पहले काम में उसे आशातीत सफलता मिली, यद्यपि उसका श्रेय यदि वह खुद लेना चाहे तो उसकी गलती होगी। साम्राज्यवाद के विदेश में पूँजी लगाने की नीति तथा पिछले महायुद्ध के बाद की अवस्था ने सारी दुनिया के पिछड़े देशों में उद्योगीकरण—नये कल कारखाने कायम करने—की बाढ़-सी ला दी। किन्तु, किसानों-मजदूरों की प्रगति को गाँधी या उनकी मृत-प्रसूति गाँधीवाद पीछे खींचकर नहीं ले जा सकता। भारत के भविष्य की आशा तथा क्रान्ति के प्रधान नेता मजदूर तो हाथ से बेहाथ हो गये हैं। किसानों की मोह भी गाँधीवादी जमींदार-परस्त कांग्रेस नेता अपने-अपने आचरणों से दूर करते गये।

(६) पुराणपंथिता टूट रही है—सारांश यह कि आर्थिक शक्तियाँ पुराणपंथी समाज के अंडे फोड़कर बाहर निकल चुकी हैं। वह सहस्राब्दियों के रुके विकास को फिर से चालित

कर रही हैं। सवाल पीछे लौटने और रुकने का नहीं है।—सवाल है—क्या हमारी गति उतनी ही तीव्र है, जितना कि पिछड़े राष्ट्र को दूसरे प्रगतिशील राष्ट्रों की पंक्ति में आने के लिये होनी चाहिये? आर्थिक ढाँचे के टूटने पर भी हम ऊपर ढाँचे को बनाये रखना चाहते हैं—ब्राह्मण-कायस्थ; खत्री-बनिया, जाट-राजपूत, शेख-सैयद, मोमिन-अशरफ की अलग-अलग कोठरियाँ बनी रहें। जिस प्रबल शक्ति के सामने सहस्राब्दियों से पवित्र माना जाता, भीतरी ढाँचा नहीं ठहर सका, उसके प्रहार को यह ऊपरी ढाँचा बर्दाश्त कर सकेगा, यह असम्भव है। हम बाहरी ढाँचे में दरार पड़ते देख रहे हैं। मेरे नाना एक हिन्दू फौजी डाक्टर को इसलिये हिन्दू नहीं मानते थे कि वह अंग्रेजों-जैसा कपड़ा पहनता था, वह विलायत हो आया था। नाना ही क्या, डाक्टर की औरत उसे क्रिस्तान कहकर छोड़ गई थीं। उन्हीं नाना का नाती मैं हूँ, जिसकी कलम से निकली इन पंक्तियों को आप पढ़ रहे हैं। ऊपरी ढाँचा भी बदल रहा है, किन्तु इसमें शक नहीं, उसकी गति बहुत मन्द है, इसीलिए मजहब और जाति के झगड़े हम भारत में अब भी होते देख रहे हैं।

(७) **स्वतन्त्र भारत**—विश्वयुद्ध, हमारी कुर्बानियों तथा दृढ़-प्रतिज्ञा ने शक्तिक्षीण इंग्लैण्ड को भारत छोड़ने के लिये मजबूर किया। लेकिन जाते-जाते भी अंग्रेज भारत का जितना अनिष्ट कर सकते थे, कर गये। देश के बँटवारे के वे ही सबसे बड़े कारण हुए। यदि उनकी नीति यह न थी, तो जनतंत्र के मौलिक विरोधी पृथक् निर्वाचन—जिसने सम्प्रदायवादी मुसलमानों को पनपने दिया—को हटाकर संयुक्त निर्वाचन द्वारा चुने मेम्बरों की विधान-सभा बनाकर उनकी राय लेते। उनकी नियत की और परख चाहते हैं, तो रियासतों की परम स्वतन्त्रता को देख लीजिये। अंग्रेजों ने रियासती प्रजा को पूछा तक नहीं और अधिकार राजाओं को सौंप दिया। अर्थात् राजा लोग फिर उसी पार्ट को पुनः दुहरायें, जो कि भारत के विदेशियों के हाथ में जाने के वक्त उन्होंने किया, किन्तु अब बारहवीं या अठारहवीं सदी का भारत नहीं है। कितने ही दोषों के रहते भी हमारा राष्ट्र बहुत सबल है, जहाँ तक कि इन रजुल्लियों और उनके पिट्ठुओं का सम्बन्ध था।

हाँ, राष्ट्र को सुदृढ़ और जनता के जीवन को सुखी बनाने के लिये हमें बड़े-बड़े कदम उठाने हैं और बड़ी तेजी के साथ। हमें १९७५ ई० तक विश्व के तीन महाराष्ट्रों की पाँती में पहुँचना है। वह तभी हो सकता है कि देश की कृषि वैज्ञानिक बनाई जायें, भारत की भूमि की सारी प्राकृतिक सम्पत्ति को बाहर लाया जाये, यानी कल-कारखानों का पूरी तौर पर विस्तार हो। यह दोनों काम तभी हो सकते हैं, जब कि हमारा आर्थिक ढाँचा समाजवादी हो, हमारी सारी जनता शिक्षित हो।

■

नवम अध्याय

समाजवादी मानव-समाज

हजारों वर्ष हो गये, जब से वर्ग-शासन शुरू हुआ। जिस वर्ग के हाथ में आर्थिक साधन तथा सम्पत्ति थी, उसी के हाथ में शासन गया, और उसने अपनी इस शक्ति के बल पर निर्बलों का उत्पीड़न किया। इन हजारों वर्षों में समाज के तरह-तरह के विकास होते भी हमने जनता की अधिक संख्या के सारे संसार के भरण-पोषण का भार वहन करते, भूखे और दीनता की चक्की में पिसते देखा, जब कि उन्हीं के श्रम के बलपर चन्द व्यक्ति बड़े सुख और विलास का जीवन बिताते रहे। इन चन्द व्यक्तियों ने दूसरे के धन, स्त्री या स्वतन्त्रता के अपहरण के लिये युद्ध घोषित किया और बहुसंख्यक जन मृत्यु के मुँह में चले गये। इन व्यक्तियों ने बहुतों के लिये कानून बनाये—तुम्हें इस परिस्थिति में यह काम करना होगा, तुम्हारे श्रम के लिये इस तरह से वेतन मिलेगा, तुम्हें इस तरह सोचना, बोलना और चलना होगा और वह वैसा करते रहे। उन्होंने हाल तक, सिवाय असह्य होने पर चन्द छोटी-बड़ी बगावतों के चुपचाप सारे अत्याचारों को सहा।

लेकिन, इन हजारों वर्षों में बहु-संख्यकों पर होते दारुण अत्याचारों के विरुद्ध आवाज उठानेवाले, उत्पीड़न-शून्य नये समाज का स्वप्न देखनेवाले भी जरूर पैदा हुए; यद्यपि उनकी संख्या कम थी, उनकी आवाज क्षीण थी; किन्तु शोषण उत्पीड़न के बढ़ाव के साथ-साथ वह क्षीण आवाज भी ऊँची होने लगी। मगर जब तक वह आवाज शून्य अवास्तविक आकाश से आती रही, तब तक उसमें वह ताकत नहीं आई, जो कि ठोस पृथ्वी-तल से उसके घने वायु-मंडल में गूँजने पर पिछली एक शताब्दी के भीतर देखी गई।

[१]स्वप्निक समाजवाद

मानव-समाज के भीतर की विषमता और भयंकर उत्पीड़न को कुछ लोगों ने दिमागी परिवर्तन लाकर बदलाना चाहा। उन्होंने धर्म की दुहाई दी, ईश्वर की कसम खाई, मनुष्य के उच्च भावों से अपील की, उसकी बुद्धि को दूर के फायदे को सुनाकर पलटना चाहा। और चाहा कि सम्पत्ति में वैयक्तिक स्वार्थ न रहे और सारे समाज के हित के लिये समाज का संगठन हो। ऐसे समाजवादियों को हमने वहाँ स्वप्नचारी समाजवादी कहा है। वस्तुवादी समाजवाद की प्रगति में इनका भी हाथ था, इसलिये इनका भी जिक्र होना जरूरी है। हम बतला चुके हैं कि लिखित इतिहास में जनसत्ताक के समाज को मौन रहकर उपेक्षित किया गया है; फिर प्राचीन समाज के अत्याचारों से विद्रोह करने वालों का जिक्र हमें लिखित इतिहास में मिलेगा, इसकी आशा नहीं रखनी चाहिये। इसलिये, इस विषय में जो सामग्री हमें इतिहास से मिलती है, उसी से उस समाज के विद्रोह का परिणाम नहीं आँकना चाहिये।

---

१. Utopian =उटोपियन। यूटोपिया ग्रीक शब्द है, अर्थ है 'जो कहीं नहीं है.'

१. एशियाई विचारक

(१) यहूदी सन्त (८००-६०० ई०पू०)

(क) आमुस (८०० ई०पू०)—सामाजिक असमानता के खिलाफ आवाज उठानेवालों में सबसे पुराना नाम आमुस का आता है। फिलस्तीन के तेकोआ स्थान का यह एक अनपढ़ चरवाहा था। बनी-इस्राइल (यहूदियों) के दमिश्क-विजय के बाद वह फिलस्तीन के सुख और समृद्धि का जमाना था, जहाँ तक शासक जाति का सम्बन्ध था। लेकिन, चन्द व्यक्तियों के सुख से समाज सुखी नहीं कहा जा सकता। आमुस ने उन धनी सत्ताधारियों के बारे में कहा[१]—"यह हाथी दाँत के पलँग पर लेटते हैं...और रेवड़ के मेमनों को खाते हैं। वह सबसे अच्छी शराब पीते हैं और सर्वश्रेष्ठ फुलेल लगाते हैं।...इसके लिये वह रिश्वतें लेते हैं, घटिया अनाज बेचते हैं, तोल में घाटी मारते हैं।" उसने इन पापी धनियों के बारे में भविष्यद्-वाणी की कि जो जाति इस अत्याचार को होने देती है, वह अवश्य मरेगी और धर्मी बचे रहेंगे, उनका एक राज्य स्थापित होगा, जिसमें कि वह "उजड़े नगरों को फिर से आबाद करेंगे... अंगूर के बाग लगायेंगे···उसकी शराब पियेंगे...।

(ख) इसैया (७४०-७०० ई०पू०)—ईसा पूर्व सातवीं सदी में एक दूसरा यहूदी सन्त इसैया पैदा हुआ। यह बनी-इस्राइल की विषता का समय था। इसने शासक धनियों को उनके विलासमय जीवन और गरीबों पर होते अत्याचार को देखकर फटकारा था—"तुमने अंगूर-बागों को खा डाला। गरीब की लूट तुम्हारे घरों में है। तुम्हारे मन में क्या है, जो कि मेरे लोगों को पीट-पीटकर बेकार करते हो और गरीबों के चेहरे को पीस रहे हो?" पृथ्वी पर भगवान के राज्य की स्थापना की भविष्यद्वाणी यहूदियों में पहले से चली आती थीं। इसैया ने कहा—उस राज्य में सर्वव्यापी शान्ति रहेगी। जातियाँ "अपनी तलवारों को तोड़कर फाल बनायेंगी और अपने भालों से बागवान की कैंचियाँ बनायेंगी।—एक जाति दूसरे जाति के विरुद्ध तलवार नहीं उठायेगी और न फिर वह युद्ध (विद्या) सीखेगी।"[२]

जेरेमिया, एजकियेल और कुछ दूसरे यहूदी सन्तों ने 'भगवान के राज्य' का सन्देश दिया। जितनी ही बनी-इस्राइल जाति विपत और राजनीतिक परतन्त्रता की बेड़ी में ज्यादा जकड़ी जाती रही, उतना ही उसके सन्तों को इस 'भगवान के राज्य' का खयाल ज्यादा आता था। एक लेखक के शब्दों में—

"सन्तों ने एक ऐसे पार्थिव राज्य" राजनीतिक संगठन की कल्पना की, जिसके निवासी चुने हुए बनी-इस्राइल होंगे, जिसका शासक एक आदर्श दाऊदी राजा होगा, जिसमें यहोवा की आत्मा काम करती होगी।..."

(२) पूर्वी एशिया

(क) बुद्ध (५६३-४८३ ई०पू०)—इस तरह के भारतीय विचारकों के बारे में हमें यहाँ ज्यादा कहना नहीं है; क्योंकि एक तो उनकी संख्या कम है, दूसरे उनके विचारकों ने पीछे समाज को इस विषय में न प्रभावित किया और न आज के समाजवादी विचारों पर अप्रत्यक्ष रूप से कोई भी प्रभाव डाला। भारत में बुद्ध पहले आदमी मिलते हैं, जो कि

---

१. बाइबिल, आमुस ६।४।

२. The History of Utopian Thought (J.O. Herizler), p. 71.

व्यक्तिवाद और वैयक्तिक सम्पत्ति के विरोधी तथा संघवाद के पक्षपाती थे। उन्होंने अपने भिक्षु-भिक्षुणियों के संघ में आर्थिक साम्यवाद भी चलाया, इसका जिक्र हम पहले कर आये हैं। बुद्ध के यह सामाजिक विचार विकसित होकर बड़ा रूप लेते; किन्तु जिस एशियाई समाज में उनका बीज पड़ा, वह प्रगतिहीन समाज था, इसलिए कोई आश्चर्य नहीं, यदि वह बीज अंकुरित नहीं हो सका।

(ख) मुने-चन्-पो (८४६-४७ ई०)—बुद्ध के विचारों से प्रभावित हो तिब्बत के शासक मुने-चन्-पो ने अपने यहाँ दुःख दरिद्रता को हटाने के लिये सम्पत्ति में समानता लाना जरूरी समझा और ऊपर से लोगों पर साम्यवाद को लादना चाहा। मुने-चन्-पोने अपने थोड़े समय के शासन में तीन बार सम्पत्ति का समान बँटवारा किया। पुराने इतिहास मुने-चन्-पो ने के काम को सहानुभूति की दृष्टि से नहीं देखते थे। उन्होंने इसका वर्णन इसलिये किया कि वह मध्य-एशिया, तिब्बत, पश्चिमी चीन और हिमालय के शासक सम्राट् स्रोङ्-चन्-गेम्बो तथा उसके वंश के इतिहास की एक कड़ी को छोड़ न सकते थे। मुने-चन्-पो ने साम्यवाद का प्रयोग, जान पड़ता है, सिर्फ तिब्बत में किया था। प्रयोग सिर्फ सम्पत्ति के विवरण का था। इतिहासकार लिखते हैं कि हर बँटवारे के बाद आलसी आदमी पाये धन को चन्द दिनों में खो बैठे और मितव्ययियों के पास फिर धन जमा होने लगा। तीसरी बार के तजरबे के बाद भी जब मुने-चन्-पो बाज नहीं आया, तो उसकी अपनी माँ बेटे को जहर दे दिया। मुने-चन्-पो पागल था, इसे ऐतिहासिक भी नहीं लिखते, फिर जिस तरह का चित्र यहाँ दिखलाई पड़ता है, उसमें बिल्कुल तोड़-मरोड़ मालूम होती है। तिब्बती जाति को सभ्यता में आये अभी सिर्फ दो सौ वर्ष हुए थे, वह अपने देश में अकेली जाति थी; और जन-युग की स्मृतियाँ उसमें अभी भी ताजी थीं। साम्राज्य-विस्तार का वैभव बढ़ा, किन्तु उससे चन्द परिवार फायदा उठा रहे थे, दूसरी ओर अधिकांश जनता—जिसके तरुण चीन, भारत और मध्य-एशिया तक को अपने खून से रँगने के लिए मजबूर हुए थे—की हालत गिरती, असमानता बढ़ती जा रही थीं। इस परिस्थिति में मुने-चन्-पो ने यह कदम उठाया था, और कदम इतना गंभीर था कि जिससे सबसे ज्यादा नुकसान उसके अपने वंश और वर्ग को था, इसीलिये माँ ने मातृत्व छोड़ना स्वीकार किया।

(ग) मज्दक[१] (४८४ ई०)—ईसा की पाँचवीं सदी में ईरान में मज्दक नामक एक विचारक पैदा हुआ। उसने घोषित किया कि सभी मनुष्य समान पैदा हुए हैं और जीवन भर उन्हें समान ही रहना चाहिये। सम्पत्ति ही नहीं, विवाह-संबंध को भी उसने सांघिक करने पर जोर दिया। उसके भाषण और युक्तियों में इतनी शक्ति थी कि अखामनशी (दारा) पार्थी और सासानी राजवैभव का अनुभव रखनेवाले ईरानी लाखों की तादाद में मज्दक के सिद्धान्त को अपनाने लगे। मज्दक की आध्यात्मिक शिक्षा थी—संयम, श्रद्धा और जीव-दया। मज्दक के विचार झोपड़ियों तक ही नहीं पहुँचे; बल्कि शाह कवाद (४८७-९८ ई०) उसका अनुयायी बना। साम्यवाद की इस तरह सफलता से शासक और पुरोहित वर्ग का स्वार्थ खतरे में पड़ रहा था। इसलिए प्रधान पुरोहित और सामन्तों ने षड्यन्त्र कर कवाद को तख्त से उतार दिया। नये राजा जामास्प को भाई के प्राणदण्ड के लिये बहुत उकसाया गया; किन्तु उसने वह न कर कवाद को जेल में बन्द कर दिया। कुछ समय बाद कवाद जेल से निकल भागा और हूणों की

१. विशेष के लिए देखो मेरा 'मधुर स्वप्न'.

सहायता से फिर तख्त पर बैठा। यद्यपि अब भी वह मज्दकी था; लेकिन सरकारी तौर पर उसने उसका समर्थन करना छोड़ दिया। मज्दकियों की ताकत बढ़ती ही गई। अब कवाद को खुद डर होने लगा।—आखिर भावुकता से पार्थिव सुख बड़ा है। कवाद साम्यवादियों का विरोधी हो गया, मज्दक अभी भी जीवित था और उसकी शक्ति कम होने की जगह बढ़ती जा रही थी, जब कि अपने न्याय के लिए मशहूर नौशेरवाँ (५३१-७८) ईरान का शाह बना। उसने साम्यवाद के खतरे से देश को मुक्त करने के लिये मज्दक और उसके एक लाख अनुयायियों को कत्ल कराया।—वर्ग-स्वार्थ एक सीमा तक ही न्याय का चोला पहने रह सकता है। साम्यवादियों का यह कत्लेआम इतनी महत्वपूर्ण घटना समझी गई कि शाह ने खुशरो की जगह अपनी नई उपाधि नव-शिरवान (नया राजा) स्वीकार की।

(घ) मो-ती (४८०-४०० ई०पू०)—चीन में मो-ती समाजवादी विचारों के बारे में हम पाँचवें अध्याय (पृष्ठ ६१-६२) में कह आये हैं।

२. यूनानी और रोमन विचारक

(क) अफलातून (४२७-३४७ ई०पू०)—अफलातून के साम्यवादी विचारों के बारे में हम कह आये हैं। अफलातून ने जिस साम्यवादी समाज की कल्पना की थी, वह 'भूतल पर भगवान का राज्य' जैसी धार्मिक कल्पना न थी, तो भी उसमें मानसिक उड़ान ही ज्यादा थी। अफलातून ऐसा उच्च वर्गीय साम्यवादी शासन चाहता था जिसका संचालन साधारण जनता की राय से नहीं, बल्कि दार्शनिक साम्यवादियों के एकाधिपत्य से होना चाहिये। शिल्पकार किसान को राजशासन में अधिकार नहीं होना चाहिये, क्योंकि उसमें उसकी योग्यता नहीं। अफलातून की साम्यवादी कल्पना निरी कल्पना पर आश्रित थी, इसलिये उसमें दोष होना जरूरी है, किन्तु अफलातून के 'प्रजातन्त्र' ग्रन्थ ने पीछे की समाजवादी धारा पर बहुत असर डाला, इससे इनकार नहीं किया जा सकता।

(ख) सेनेका (३ ई०पू०-६५ ई०)—रोम के उत्कर्ष के जमाने में जहाँ एक ओर वैभव की अट्टालिकाएँ और उनमें बसनेवाले नर-नारियों का विलासपूर्ण जीवन था, वहाँ गरीबों और दासों की अवस्था उतने ही परिमाण में दुःखमय और दयनीय थी। सेनेका रोम में ऐसे ही समय में पैदा हुआ था। सेनेका को गरीबों के रक्त को चूसकर होता यह विलास पसंद न था, वह प्राकृतिक अवस्था के साम्यवाद का प्रशंसक था, जैसा कि उसने एक पत्र में लिखा था—

"सामाजिक धर्म तभी पवित्र और अबोध रहे, जब तक कि लोभ ने समाज को अपने जाल में नहीं फँसाया और दरिद्रता आ मौजूद नहीं हुई, क्योंकि मनुष्य ने जैसे ही किसी चीज को 'मेरा' कहना आरम्भ किया तभी से वह सभी चीजों का स्वामी नहीं रह गया। प्रारम्भिक मानव और उसकी नजदीकी सन्तानें प्रकृति का अनुसरण करती रहीं, वह पवित्र-और निर्मल रहीं। जब पार भीतर घुसे, तो राजा अपनी शक्ति दिलाने के लिये मजबूर हुए और उन्होंने दंड-विधान बनाये। वह प्रारम्भिक युग कितना सुन्दर था, जब कि प्रकृति की देन सबकी सम्मिलित सम्पत्ति थी और सभी सम्मिलित ही उसका उपभोग करते थे। उस समय लोभ तथा विलास ने मानवों में फूट डाली नहीं थी और न उन्हें एक दूसरे का दुश्मन बनाया था। वे

मिलकर सारी प्रकृति का उपयोग करते थे, जिससे सार्वजनिक सम्पत्ति पर उनका सुशिक्षित अधिकार था; जिनमें एक भी दरिद्र नहीं पाया जाता था। उनके बारे में मैं क्यों न खयाल करूँ कि सभी मानवों में धनाढ्यतम मानव थे।"

३. मध्यकालीन यूरोप में समाजवादी धारा

बाइबिल के 'भगवान के राज्य' की गूँज ईसाइयत में मौजूद थी, इसलिये कभी-कभी उसकी ओर भी किसी-किसी का ध्यान चला जाता था। बर्बर जर्मनों के हाथ से रोम-साम्राज्य अभी-अभी नष्ट हुआ था, जब कि ईसाई सन्त अगस्तिन (३४५-४३०) अपने दार्शनिक और धार्मिक विचारों का प्रचार कर रहा था। रोम जर्मनों के हाथों में जाकर जब उजड़ चुका था, उसी वक्त अगस्तिन ने अपनी पुस्तक 'भगवान की नगरी' लिखी थी। इसमें उसने स्वर्ग और पृथ्वी पर भविष्य में कायम होनेवाली एक नगरी का चित्र खींचा था, जिसमें कि सारे प्राणी अपने कर्ता के साथ शान्ति से रहेंगे और सभी एक-दूसरे की भलाई करेंगे। अगस्तिन की, 'भगवान की नगरी' में मनुष्य को ज्यादा करना न था, क्योंकि वह भगवान के प्रसाद के रूप में मिलने वाली थी।

जिस वक्त इटली-में अगस्तिन यह खयाल फैला रहा था, उस वक्त के आस-पास भारत में भी एक धर्म-नगर सम्भल की कल्पना चली थी। बौद्धों की परम्परा के अनुसार उत्तर दिशा में सम्भल देश है; वह बोधि-सत्वों का देश है। वहाँ सभी समान, 'असम', 'अपरिग्रह' हैं, सभी सुखी हैं, इत्यादि। यह कल्पना और पुराने समय तक जाती है, तिब्बतीय और महायान साहित्य में जो वर्णन सम्भल का आया है, वह बुद्ध को अपने वचनों में आये उत्तर-कुरु से मिलता-जुलता है। बुद्ध ने उत्तर-कुरु देश में फल-संचय काल के साम्यवाद का चित्रण किया है। उसी कल्पना को, मालूम होता है, सम्भल के रूप में बदल दिया गया। यही सम्भल फिर हिन्दुओं के पुराणों में भविष्य के अवतार कल्कि का जन्म-नगर बना दिया गया और आज हिन्दू पुराण-विश्वासी आशा लगाये हैं कि पृथ्वी को अधर्म से मुक्त करने के लिये ब्राह्मण-कुमारी कन्या से कल्कि पैदा हो, घोड़े पर सवार हो अपनी तलवार से संसार के विधर्मों-अधर्मों का सर्वनाश करेंगे, और फिर ब्राह्मणों के धर्म का राज्य स्थापित करेंगे। सम्भल की बौद्ध-कल्पना में जो एक तरह की साम्यवादी की गन्ध थी, उसका यहाँ कोई पता नहीं। यह निराश ब्राह्मण धर्म की तलवार के बल पर अपने प्रभुत्व स्थापित करने की कल्पना है। तिब्बत में अब भी सम्भल की कल्पना का बहुत जोर है, यद्यपि वह उस अवस्था को अपने यहाँ लाने के लिये नहीं है, बल्कि जी या मरकर वहाँ जाने के लिये। सम्भल पृथ्वी पर है, इसीलिये कुछ तिब्बती धर्म-गुरुओं ने उसके रास्ते और यात्रा के बारे में पुस्तकें भी लिखी हैं। सोवियत-शासन के स्थापित होने पर तो साम्यवाद से सहानुभूति रखनेवाले कुछ मंगोल और तिब्बती लामों ने रूस की भूमि को ही चङ-सम्भल (उस्वर सम्भल कहकर मशहूर करना शुरू किया)। प्रसिद्ध चित्रकार निकोलाई रोयरिक ने सम्भल की इस कथा को लेकर एक पुस्तक लिखी है।

(१) सवोनरोला (१४५२-९८ ई०)—अरबों की प्रधानता के जमाने में यूनानी दर्शन और साहित्य का पठन-पाठन फिर शुरू हुआ, यह हम अन्यत्र[1] बतला चुके हैं। इस पठन-

---

१. देखो मेरा 'दर्शन-दिग्दर्शन' पृष्ठ—२६५-७५.

पाठन का असर यूरोप और बौद्धिक स्वतन्त्रता लाभ करने में बहुत हुआ, खास कर अफलातून के प्रजातन्त्र ने सामाजिक विचारों की प्रगति में शुरू-शुरू में बहुत मदद दी।

अफलातून से डेढ़ हजार वर्ष बाद फ्लोरेन्स के शासक-वंश से लोग ऊब गये थे। उन्होंने उसे हटा दिया और अपने यहाँ प्रजातन्त्र कायम करना चाहा। किन्तु, उनके पास न कोई योजना थी और न कोई योग्य नेता। उधर प्रतिगामी शक्तियाँ फिर शासन-सूत्र को अपने हाथ में लेना चाहती थीं। ऐसे वक्त में अपने उपदेशों के लिये मशहूर फ्लोरेन्स नगर के प्रभावशाली साधु सवोनरोला ने नेतृत्व अपने हाथ में लिया। उसने वेनिस के प्रजातन्त्र के विधान के आधार पर फ्लोरेन्स के लिये एक संविधान बनाया और लोगों के सामने रखते हुए कहा कि हमें बुराइयाँ दूर करनी होंगी, भगवान के नियमों के अनुसार शासन करना होगा। एकत्रित जनता ने बड़े उत्साह से नये संविधान का स्वागत किया। नगर के सारे जीवन में कायापलट हो गई। स्त्रियों ने अपने आभूषणों और शौकीनी के वस्त्रों को त्याग दिया। व्यापारियों ने पाप से अर्जित धन को लौटा दिया। गिरजे नागरिकों की अत्यन्त जनप्रिय संस्था बन गये। परमार्थ का स्रोत फूट निकला—'नगर में पवित्रता, गम्भीरता और न्याय का राज्य था, और सन मार्कों के संन्यासी (सवोनरोला) का सभी जगह महान् उपकारी के तौर पर स्वागत हो रहा था।''

लेकिन, इस जीवन को स्वार्थी-वर्ग कैसे बर्दाश्त कर सकता था? प्रतिगामी राजनीतिज्ञ पहले से खार खाये बैठे थे। रोम का पोप—रोमन कैथलिक ईसाई-धर्म का राजा—स्वयं एक वैभवशाली महन्त और धनिक वर्ग का आदमी था। वह सवोनरोला के इस काम को कैसे सह सकता था? आखिर धर्म भी तो चिर-स्थापित अधिकारों की रक्षा के लिये है। ईसा का 'साम्यवाद' आध्यात्मिक चीज थी। उसका किसी तरह का प्रयोग संसार में किया जाना धर्म के विरुद्ध ठहरा। इन दोनों विरोधियों ने सवोनरोला के खिलाफ लोगों को धर्म और स्वच्छन्दता के नाम पर भड़काना चाहा। फ्लोरेन्स के कुछ लोग भी जाल में आ गये। सबने मिलकर फ्लोरेन्स के तरुण प्रजातन्त्र पर हमला कर उसे नष्ट कर दिया। सवोनरोला कुछ समय बाद पकड़ा गया और धनियों ने यूरोप के इस साम्यवादी के खून से अपने हाथों को रँगा। सवोनरोला की मृत्यु के साथ धार्मिक समाजवादियों की प्रधानता का अन्त होता है।

(२) इंग्लैण्ड में समाजवाद की पहली लहर—(क) किसानों का विद्रोह (१३८१ ई० १४४९ ई०)—समानता प्रकृति का नियम है। हवा-पानी की भाँति देशों में प्रकृति का सारे पुत्रों का समान अधिकार है, यह खयाल अकसर मनुष्य के दिल में उठता है, खासकर जब कि धनियों का उत्पीड़न उग्र हो उठता है। १३८१ ई० में इंग्लैण्ड में किसानों का विद्रोह ऐसी ही अवस्था में इसी सब को लेकर हुआ था। इंग्लैण्ड अब तक किसानों के गाँवों का देश था। तेरहवीं सदी के शुरू में—जिस वक्त कि भारत में तुर्क-शासन कायम हो रहा था—इंग्लैण्ड में व्यापार और विलास के शिल्प की वृद्धि होने लगी और उस सदी के मध्य में पहुँचने तक इंग्लैण्ड में एक दर्जन के करीब शहर बस गये। ये नगर गाँव के किसानों की पैदावार पर जीते थे; इसलिये किसानों की चीजों की माँग बढ़ चली, जिससे कृषि की उपज का दाम ही नहीं बढ़ा, बल्कि खेतों का मूल्य बढ़ा। अब अमीर जमींदार किसानों की जमीन पर लोभ-भरी निगाहों से देखने लगे। परती, गैर-आबाद जमीन को—जो कि सारे गाँव से चारागाह और दूसरे काम के लिये होती थी—उन्होंने घेरकर कब्जा करना शुरू किया। उस समय 'किसान' बिना संपत्ति के कमकर (कम्मी) नहीं थे; बल्कि ग्रामीण सहयोगी संगठनों के साझीदार थे। उनमें परम्परा से चले आते स्वतंत्रता के भाव भी मौजूद थे।'' अभी सांघिक

जीवन उनके जीवन से बिलकुल लुप्त नहीं हुआ था। सार्वजनिक जमीन के इस प्रकार लार्डों द्वारा घेरे जाने को उन्होंने वैयक्तिक लूट समझा और लार्ड (जमींदार) उनकी दृष्टि में वैसा करके पाप कर रहे थे। विद्रोह करके माँग की गई—स्वतन्त्रता के पुराने अधिकारों को फिर से पाना और सार्वजनिक भूमि को लौटा देना।

(i) जान वाइक्लिफ (मृत्यु १३८४ ई०)—किसानों के इस विद्रोह में नेताओं की कमी नहीं थी। ऑक्सफोर्ड उस वक्त एक मठ का विद्यालय था, वहाँ के साधु-विद्यार्थियों ने—जिन्होंने कि अफलातून और सेनेका को पढ़ा था—विद्रोही खयालात के फैलाने में काफी भाग लिया था। किसानों के शिक्षित नेताओं में जान वाइक्लिफ एक था। वह प्राकृतिक न्याय का प्रचार करता था—समाज के आरम्भ में न वैयक्तिक संपत्ति थी, न दीवानी कानून, मनुष्य पवित्रता और साम्यवाद के युग में रह रहे थे। मनुष्य पतन के बाद, मनुष्य का आचार-बल निर्बल हो गया और उसे कृत्रिम सहायता की जरूरत पड़ी। इसलिये भगवान ने नागरिक सरकार कायम की, जिसमें कि मनुष्य आपस में प्रेम करें। सबसे अच्छी सरकार न्यायाधीशों की होती है, इसके बाद राजाओं की।

(ii) जान बाल (१३८४ ई०)—वाइक्लिफ के अनुयायियों में जान बाल भी था, जो कड़ी धातु का बना एक विद्रोही साम्यवादी था। उसका कहना था, जनता को चाहिये कि अत्याचारियों को खत्म कर दें; लार्डों और जो भी संघ-समाज को चोट पहुँचाते हैं, उन्हें जड़-मूल से नष्ट कर दें। जब ये खत्म हो जायेंगे, तो सभी स्वतंत्रता का उपयोग करेंगे। उसके भाषणों का नमूना परम्परा हमें इस प्रकार देती है—

''मेरे भले लोगो! इंग्लैण्ड के लिये तब तक अच्छा नहीं है, न होगा, जब तक कि सभी वस्तु साझे की न हो और जब तक कि भद्रजन और कम्मी से भेद-भाव को हटाकर हम सभी समान न हो जायें। जिनको हम लार्ड कहते हैं, उनका क्या हक है कि वे हमारी सबसे अच्छी चीजों के मालिक हों? उनमें कौन-सी ऐसी योग्यता है? वह क्यों हमें गुलामी में रख रहे हैं? यदि हम सभी एक माँ और एक बाप—आदम और हौवा से पैदा हुए हैं तो यह कैसे सिद्ध कर सकते हैं कि वह हमसे अधिक—स्वामी हैं—सिवाय इसके कि वह अपने इस्तेमाल के लिये हमसे काम कराकर चीजों को उत्पादित कराते हैं। वह मखमल की पोशाक और कीमती पोस्तीन का कोट पहनते हैं और हम मोटा खद्दर। उनके पास पीने-खाने के लिये शराब, मसाले और अच्छी रोटियाँ हैं, जब कि हमारे लिये राई (कंदन्न) की रोटी, सड़ा मांस, पुआल और पानी है। उनके पास निवास के लिये सुन्दर गढ़ है; और हमारे लिये चिन्ता और काम है, हमें खेतों में हवा और वर्षा बर्दाश्त करनी होती है। यह हम तथा हमारा श्रम ही है जिससे कि गुलछर्रे उड़ाने के लिये उन्हें सामग्री मिलती है, तो भी हमें कम्मी कहा जाता है और उनके हुकुम के बजा लेने में असमर्थ होने पर हमारी डंडे से खोज ली जाती है।''

बाल ने किसान विद्रोह में क्रियात्मक रूप से भाग लिया और विद्रोह के असफल होने पर उसे फाँसी पर लटका दिया गया।

(iii) जैक केड (१४४९ ई०)—१४४९ में केन्ट के किसानों के विद्रोह में भाग लेनेवाले जैक केड और उसके अनुयायियों की भी बाल जैसी ही शिक्षा थी। शेक्सपियर ने अपने नाटक 'षष्ट हेनरी' में केड के मुँह से कहलाया है—

''मैंने इस पर सोच लिया, ऐसा ही करना होगा। जाओ, राज्य के सारे दफ्तरों को जला डालो। मेरा मुँह इंग्लैण्ड की पार्लियामेंट होगा।...और अब से सारी चीजें साझी होंगी।''

इस तरह के विद्रोहों के होते रहने पर भी लार्ड लोग सार्वजनिक कब्जा जमाते ही गये। बे-दखल किसान भागकर शहरों में जमा होने लगे। बेकारों की अधिकता के कारण श्रम की प्रतियोगिता बढ़ी और पहले से चले आते शिल्पियों के संगठन—श्रेणी—छिन्न-भिन्न हो गये।

(ख) सर टामस मोर (१४७८-१५३५ ई०) की उट्रोपिया—तलवार के संगठित बल पर किसानों के विद्रोहों को दबाया जा सकता था, किन्तु समाज की आर्थिक विषमता से आँखें मूँदी जा सकती थीं। किसानों के पथ के भिखारी या जमींदारों के कम्मी बनने पर कुछ व्यक्तियों के धन के साथ भीषण दरिद्रता जिस तरह बढ़ी थी, उसे देखकर शासन-वर्ग के भी किसी व्यक्ति का हृदय दहल उठना कोई अचरज की बात नहीं। सातवें हेनरी के लार्ड चान्सलर[1] सर टामस मोर ने उस वेदना का अनुभव किया। वह राजा का मन्त्री था, इसलिये समाज को उस अवस्था में रहने के लिये मजबूर करने वाले शासक-वर्ग की सीधी आलोचना नहीं कर सकता था। उसने इसे एक कल्पित कथा के रूप में पेश किया। इस कथा-पुस्तक का नाम '**उटोपिया**'[2] ('कहीं नहीं') था। मोर के कुछ ही समय बाद कुछ कल्पित कथाएँ हिन्दी में भी जायसी के **पद्मावत** और धरणीदास (जहाँगीर-औरंगजेब के सम-सामयिक) के **प्रेमप्रकाश** के रूप में लिखी गई थीं। किन्तु हमारे काठ-मारे समाज में वह चेतना कहाँ थी कि लेखक सामाजिक अन्याय के खिलाफ कलम उठाते। यहाँ तो प्रेम और सूफीवाद के परदे में या तो यौन-अतिचार का प्रचार किया जाता था या अपने लिये महन्ताई तैयार की जाती थी। व्यापारिक झगड़ों को पंच तथा इंग्लैण्ड के एक प्रभावशाली मन्त्री की हैसियत से मोर ने इंग्लैण्ड के तत्कालीन समाज की भीतरी अवस्था को भली प्रकार देखा था। वह अपने समय के सर्वश्रेष्ठ विद्वानों में गिना जाता था। उसके समय तक अमेरिका का आविष्कार हो चुका था, और वहाँ के बारे में तरह-तरह की कथाएँ प्रचलित थीं। इन कहानियों का एक-एक नमूना वह कथा है, जिसमें एक लेखक ने कनारी द्वीप से बड़े अन्तरीप तक की समुद्र यात्रा का वर्णन किया है—

"लोग प्राकृतिक अवस्था में रहते हैं, उन्हें संयमवादी नहीं भोगवादी कहा जा सकता है। ...(वैयक्तिक) सम्पत्ति उनके पास बिलकुल नहीं है। सभी चीजें साझी हैं। वहाँ कोई राजा नहीं, कोई अधिपति नहीं। हर एक व्यक्ति अपना स्वामी है।...सोना, मोती, जवाहर और ऐसी दूसरी चीजें, जिन्हें हमारा यूरोप विभव समझता है, उन्हें वे लोग खयाल में भी नहीं लाते, यही नहीं बल्कि उनसे घृणा करते हैं।"

मोर ने अफलातून और सेनेका को पढ़ा था। उसने नई दुनिया की इन कथाओं को सुना था; साथ ही वह अपने आस-पास मांस-रक्तहीन अस्थि-कंकाल और उनके करुणपूर्ण जीवन को देख रहा था। इनसे उसकी कल्पनाओं को उत्तेजना मिली और उसने अपने समय के इंग्लैण्ड और उस काल्पनिक साम्यवादी जगत—**उटोपिया**—के मानव-जीवन का तुलनात्मक चित्रण किया और अप्रत्यक्ष-रूपेण चाहा कि उसके समय के वर्ग-शासन और शोषण को हटाकर साम्यवादी समाज कायम किया जाये।

उटोपिया में एक विद्वान् पुर्तगाली नाविक राफेल हेथलोडे के मुँह से **उटोपिया** द्वीप का वर्णन कराया गया है। हेथलोड उटोपिया की अवस्था का वर्णन करते बतलाता है कि वहाँ के

---

१. प्रधानमंत्री से नीचे का एक प्रमुख मंत्री.

२. J.H, Lupton के Utopia के संस्करण की भूमिका, p. XXXVIII.

लोग इंग्लैण्ड से कितने आगे बढ़े हुए हैं। हेथलोडे इंग्लैण्ड के निकम्मे राजा, राजकुमारों और सरदारों पर प्रहार करता है, वैयक्तिक सम्पत्ति की बुराइयाँ बतलाता है। इसके विरुद्ध उटोपिया-द्वीप के सामाजिक संगठन को चित्रित करता है। यहाँ कृषि और शिल्प दोनों व्यवसाय हैं; किन्तु कृषि की प्रधानता है। सभी व्यक्तियों को एक न एक काम करना होता है। काम सभी बराबर समझे जाते हैं। चार घंटे काम और आठ घंटे विश्राम के होते हैं—बाकी समय व्यक्ति की इच्छा पर है। उत्पादित वस्तुओं—भागों—में सबका समान अधिकार है। लोग अपनी आवश्यकता के अनुसार चीजें पाते हैं। ''यद्यपि किसी की निजी कोई चीज नहीं है, तो भी हर एक आदमी धनी है। इससे बढ़कर धनी होना क्या हो सकता है, कि आदमी सुख और प्रसन्नता का जीवन जीये। न शोक है, न भय है, न अपनी जीविका की चिन्ता है, न स्त्री की अप्रिय शिकायतों की फिक्र, न बच्चे के दरिद्र होने या लड़की के दहेज का तरद्दुद।'' वहाँ पैसे, सोना-चाँदी, हीरा-मोती की इज्जत नहीं है। लोगों के घर स्वच्छ सुन्दर होते हैं और उनमें ताला-कुंडी लगाने की जरूरत नहीं है। भोजनालय साझे हैं, जिनमें खाने के वक्त बच्चों को सँभालने के लिये दाइयाँ हैं। सरकार में प्रत्येक नागरिक को भाग लेने का अधिकार है। उटोपिया का उद्देश्य है—''अधिकतम संख्या को वह अपने नागरिकों को न उनके धन के लिये सम्मानित करती है, न उनकी लूट या अधिकतम आनन्द।'' वंश-अभिमान के लिये, बल्कि वह उनका सम्मान करती है समाज की सेवा के लिये।[१]

---

१. शायद भारतीय भाषाओं में भी—हिन्दी में तो जरूर—पहली उटोपिया मेरी 'बाईसवीं सदी' है। उटोपिया लिखने की मुझे क्यों इच्छा हुई? उससे इन आदिम उटोपिया लेखकों के मनोभाव को भी समझा जा सकता है। 'बाईसवीं सदी' यद्यपि १९२३-२४ में लिखी गई, लेकिन उसका आरम्भ १९१८ में हुआ, जब कि महायुद्ध के अन्तिम वर्ष में भारत में इन्फ्यूयेंजा का भारी प्रकोप हुआ था और चन्द सप्ताहों में लाखों आदमी मर गये थे। काल्पी में रहते वक्त मुझ पर भी उसका हल्का-सा प्रहार हुआ था। साल भर पहले रूस की साम्यवादी क्रांति की खबरों के साथ ही मैंने पहले-पहल साम्यवाद का नाम सुना था। साम्यवाद के बारे में मैंने कोई पुस्तक नहीं पढ़ी थी, उसके विषय में मेरा सारा ज्ञान अवलंबित था, साप्ताहिक प्रताप (कानपुर) में जब तक निकले लेख या टिप्पणियाँ और जहाँ तक मुझे स्मरण है, उसमें साम्यवाद के सिद्धांत के विषय में उतना नहीं छपा था, जितना साम्यवादी क्रान्तिकारियों के जीवन पर। बीमार मैं दो-तीन दिन ही रहा हूँगा। उस वक्त पढ़ना-पढ़ाना बन्द था और इधर रूसी क्रान्ति की जब तब निकलती खबरें मन को बराबर कल्पना के संसार में विचरण की प्रेरणा दे रही थीं। जिज्ञासा होने पर भी बाहर से इतनी सामग्री सुलभ नहीं थी, खासकर हिन्दी उर्दू में, जिन्हीं दो भाषाओं को उस वक्त मैं अच्छी तरह समझ सकता था; इसलिये चित्र की दो रेखाओं को पाकर मैंने उसे पूर्ण करना चाहा, यह ध्यान रखते हुए कि भारत में उससे क्या परिवर्तन होगा। 'बाईसवीं सदी' का पहला ढाँचा इसी मानसिक स्थिति में बना था। चार वर्ष बाद (१९२२) में जब लिखने का अवसर आया तो एक उटोपियावादी की मनोवृत्ति के अनुसार मैंने उसे संस्कृत काव्य में लिखना चाहा—कुछ सर्ग लिखे भी; किन्तु इसी बीच जेल से छूट गया और वह काम वहीं रहा। चंद महीने बाहर रहने के बाद फिर दो वर्ष (१९२३ से २५ ई०) के लिये जेल जाना पड़ा। इस वक्त तक उटोपिया (कल्पना) के जगत् कुछ नीचे उतरा जरूर था; इसीलिये मैंने संस्कृत श्लोकों में लिखने की जगह अपनी पुस्तकें हिन्दी में लिखीं। उस वक्त तक मैंने शायद ही कोई साम्यवादी पुस्तक पढ़ी हो;

(ग) सोलहवीं सदी के किसान-विद्रोह—मोर के मरने के बाद भी कई सालों तक किसानों और मालिकों का संघर्ष चलता रहा। सम-सामयिक लेखक पादरी राबर्ट क्रौली के शब्दों में किसान कहते थे—

"बड़े गृहस्थ, धनी कसाई, वकील, व्यापारी, भद्र लोग, लार्ड हमारी आँखों के सामने, हमारे घरों को ले लेते हैं, हमारी मालगुजारी को बढ़ा देते हैं, भारी (और अनुचित) जुर्माने लगाते हैं, हमारी साझेवाली जमीन को घेर लेते हैं...और यदि शहर में चले जायें, तो वहाँ भी कोई आशा नहीं। क्योंकि, हम सुनते हैं कि इन लोभी पशुओं ने वहाँ की सारी चीजें मुट्ठी में कर ली हैं।"

इसके जवाब में लार्ड लोग क्या कहते थे, इसे भी क्रौली के शब्दों में सुनिये—

"ये मर्दूद किसान...नहीं चाहते कि भद्र लोग रहें। वह सभी आदमियों को अपने-जैसा बनाना चाहते हैं। वह सभी चीजों को साझी देखना चाहते हैं। वह हुकुम चाहते हैं कि हम अपनी भूमि का कितना लगान लें। वह हमारे बागों को उजाड़ देना चाहते हैं और हमारे चरागाहों को सबके लिये खोल देना चाहते हैं। हम उन्हें सिखलायेंगे, जिसमें कि वह और ज्यादा जानें। चूँकि, वह सबको साझी बनाना चाहते हैं, इसलिये हम उसके लिये कुछ भी नहीं छोड़ेंगे।"[१]

मौर की मृत्यु के १४ साल बाद किसानों ने फिर बगावत की। यही उनकी अन्तिम और जबर्दस्त बगावत थी।

अब तक इन किसानों के साम्यवाद को धर्म-द्वारा निन्दित नहीं किया जाता था। किन्तु, खतरा बढ़ने के साथ धर्म को सम्पत्तिवालों के स्वार्थ के लिये नंगा होकर मैदान में आना पड़ा। पुरानी ईसाइयत ने सुधारवादी ईसाई-धर्म—प्रोटेस्टेंट धर्म—का रूप धारण किया था, जिसने परम्परा से आते अन्य मिथ्या-विश्वासों की भाँति ईसाईयत की पुरानी साम्यवादी परम्परा को भी एक मिथ्या-विश्वास समझा। पुरानी ईसाइयत में मठ और साधु थे, जो थोड़ा-बहुत सांघिक जीवन मानते और बिताते भी थे। किन्तु, नये सम्प्रदाय ने साधु आश्रम को हटा दिया। गृहस्थ पादरियों को अपने लड़के-बच्चों के भविष्य के लिये चिन्ता रहती थी; इसलिये वह वैयक्तिक सम्पत्ति के जबर्दस्त हामी थे। चारों ओर वैयक्तिक स्वार्थ और सम्पत्ति का दौरं-दौरा था; इसलिये साम्यवाद की बात उस वक्त के शासक वर्ग को बुरी मालूम होती थी। उस जमाने की वाणी थे शेक्सपियर और स्पेन्सर जो कि दोनों साम्यवाद और जनवाद के विरोधी थे।

(घ) बेकन (१५६१-१६२६ ई०) की उटोपिया—अब अकबर-जहाँगीर के समय एलिजाबेथ का जमाना आया। स्पेन की शक्ति को इंग्लैण्ड ने खर्च किया। सुधारवादी ईसाई-धर्म विजयी हुआ। आदमियों के दिमाग में कुछ स्वतंत्रता की हवा लगने लगी। लोग आविष्कार, भौगोलिक अनुसन्धान की ओर आकर्षित होने लगे थे। ऐसे ही समय में वैज्ञानिक और

और दुनिया में उसी तरह की उटोपिया दूसरों ने भी लिखी है, इसका मुझे बिलकुल पता तक न था। मार्क्सवाद के और ज्ञान के साथ यदि मुझे उटोपियों के बारे में पता होता, तो शायद मैं 'बाईसवीं सदी' के लिखने ही को स्थगित कर देता। दिगामी दुनिया में विचरण करने वाले अक्सर दिमाग की कल्पना को जरूरत से ज्यादा महत्त्व दे देता है, और उनका ध्यान इधर नहीं जाता कि परिवर्तन एक ठोस वास्तविक आधार चाहता है।

१. Robert Crowley, Select Work (1550), pp. 133-43.

दार्शनिक फ्रांसिस बेकन पैदा हुआ। उसकी नवीन एटलान्टिस दूसरी मशहूर उटोपिया है। इस उटोपिया में साम्यवादी अर्थनीति पर उतना जोर नहीं है, जितना कि विज्ञान के प्रचार पर। बेकन के सुलेमान घर में वैज्ञानिक निरन्तर नये वैज्ञानिक सत्यों की गवेषणा में लगे रहते हैं। बेकन सम्पत्तिक साम्यवाद को नहीं मानता था। वह विज्ञान में साम्यवाद मानता था। उसके राज्य का शासक राजा था, जो बहुत ही योग्य होता था।

(३) आन्द्रेयाए की 'क्रिस्तानपुरी' (जर्मनी)—सोलहवीं सदी में आन्द्रेयाए (जर्मन) 'क्रिस्तानपुरी' में और कम्पानेला (इताली) की 'सूर्यनगरी' दो उटोपियाएँ लिखी गईं। 'क्रिस्तानपुरी' में हरेक कमकर अपनी बनाई चीज को एक सार्वजनिक अड्डे पर ले जाता था और वहाँ अपने लिये आवश्यक चीज को पाता है। उत्पादक का संगठन पक्का है और जो उसके जिम्मेदार हैं, वह पहले से जानते हैं कि कौन-सी चीज कैसी और कितनी पैदा करनी होगी, वह इसकी सूचना मिस्त्री को दे देते हैं।...वहाँ किसी के पास पैसा नहीं है...।''

(४) कम्पानेला की सूर्यपुरी—कम्पानेला की सूर्यपुरी का साम्यवाद पहले से सभी उटोपियाकारों से ज्यादा पक्का है। हर एक व्यक्ति जिस किसी चीज की जरूरत रखता है, ''वह उसे संघ की ओर से मिलती है। मजिस्ट्रेट इस बात का खयाल रखता है कि हक से ज्यादा कोई चीज किसी को न मिले; तो भी आवश्यकता की किसी चीज से कोई महरूम नहीं रहता।'' सूर्यपुरी में न गरीबी है, न अमीरी। वहाँ लोग जानते हैं कि ''चूर-चूर करनेवाली गरीबी आदमी को तुच्छ, ऐय्यार, चोर, चुगलखोर, आवारा, मिथ्याभाषी, झूठा, गँवार इत्यादि बनाती है और अमीरी उन्हें आलसी; अभिमानी, विश्वासघाती, पंडितममानी, धोखेबाज, गाल बजानेवाला, स्नेह-शून्य आदि बनाती है।''

साम्यवाद उनकी कर्मण्यता को कम नहीं करता। सूर्यपुरी के वासी ''अपनी पितृभूमि के प्रति इतना अधिक प्रेम रखते हैं, जिसका (अन्यत्र) संभव होना मुश्किल से हम विश्वास कर सकते हैं।''

३. सत्रहवीं सदी में समाजवाद

इंग्लैण्ड—पहले की सदियों में इंग्लैण्ड में जो संघर्ष हुए, उनकी वजह से शासक वर्ग के अधिकारों को लोग अन्यायोपार्जित समझने लगे। इसके लिये कुछ करना जरूरी था। जब साधारणजन अपनी साधारण बुद्धि से सचाई के पास पहुँच रहे हों और इसे खतरनाक समझा जाता हो तो सबसे अच्छा तरीका है बुद्धि के चमत्कार द्वारा बुद्धि को भूलभूलैया में डाल देना। यह काम सत्रहवीं सदी के अंग्रेज दार्शनिकों—ह्यूगो ग्रोशियस (१५८३-१६४५) और टामस हाब्स (१५८८-१६७९) ने किया।

वर्गस्वार्थ का समर्थक टामस हाब्स (१५८८-१६७९ ई०)—हाब्स अकबर— जहाँगीर-शाहजहाँ का समकालीन था। सामाजिक चेतना उस वक्त हमारे यहाँ चिरसुप्त थी; किन्तु उसी वक्त जनता के एक खतरनाक खयाल से शासक वर्ग को बचाने के लिये वहाँ दार्शनिक मैदान में उतर रहे थे। शासकवर्ग के स्वार्थ का खतरा या मेंहदी जौनपुरी के साम्यवादी विचारों का हम जिक्र कर चुके हैं। मेंहदी सोलहवीं सदी में पैदा हुआ था। किन्तु, उसके विचारों पर ईरान के उन मज्दकियों का प्रभाव पड़ा मालूम होता है, जिसने कि इस्लाम के फैलने पर भी कई बार जोड़ पकड़ा था और उसे नौशेरवाँ तथा बगदाद के खलीफों की तलवार खत्म न कर सकी। इस प्रकार मेंहदी का असर साधारण जनता पर नहीं, मुसलमानों के

कुछ भाग ही पर पड़ सकता था। हाब्स ने वर्ग-शासन को न्याय साबित करने के लिये ग्रोशियस की तरह 'सामाजिक कबूलियत'[१] के सिद्धान्त पर जोर दिया। हाब्स की वकालत का सार यह है—यह सच है कि प्राकृतिक अवस्था में साम्यवाद था, लेकिन मनुष्य में जल्दी ही बुराइयाँ बढ़ने लगीं, उसमें शक्ति का लोभ उत्पन्न हो गया। इसके कारण निरन्तर मार-काट होने लगी, जिसमें सबसे अधिक बलवान और चालाक ही बच सकते थे। न्याय, दया, संकोच के कानून—जो कि प्रकृति के कानून हैं—इस प्रकार बेकार हो गये। मानव-जाति के सामने अब दो ही रास्ते थे—या तो प्राकृतिक स्वतंत्रता को रखे, जिसका परिणाम था मार-काट के लिये लगातार तैयार रहना, दूसरा रास्ता था, किसी के आधिपत्य को स्वीकार करें और उसके जरिये शक्ति और सुरक्षा पायें। इन दोनों रास्तों में मानव-जाति ने दूसरे रास्ते और उसके साथ शान्ति को स्वीकार किया; क्योंकि जीवन और आत्म-रक्षा की इच्छा मनुष्य में जन्मजात है।

इस निर्णय के बाद लोगों ने शपथपूर्वक कबूलियत करके बिना किसी शर्त के साथ अपने अधिकार को एक आदमी (राजा) या कई आदमियों की सभा (प्रजातन्त्र) के हाथ में सौंप दिया और प्रतिज्ञा की कि वह अपने राजा के कानून को मानेंगे। हाब्स के मतानुसार यह प्रतिज्ञा इतनी कड़ी है कि "चाहे एक राजा या अधिनायक आग्रहपूर्वक भी प्रकृति के कानूनों के विरुद्ध जायें, तो भी प्रजा को अधिकार नहीं है कि उससे लड़ाई करे।"[२]

शक्ति के इस प्रकार के हस्तान्तरित होने के साथ प्राकृतिक अवस्था का अन्त हुआ और कृत्रिम अवस्था आरम्भ हुई; जिनमें सम्पत्ति, धर्म तथा देश की सारी बातों के ऊपर की शक्ति है। 'असमानता और मेरा-तेरा का कानून' भी पैदा हुआ; अर्थात् "एक व्यक्ति का यह अधिकार है कि अपनी चीजों को दूसरों को इस्तेमाल न करने दें।"

इस तरह हाब्स ने एक ही डले से दो चिड़ियाँ मारीं—उसने वैयक्तिक संपत्ति का भी समर्थन किया और निरंकुश राजतंत्र का भी। लेकिन, इंगलैण्ड का यह दार्शनिक अपने देश के विचारों को कितना प्रकट करता था, कम-से-कम दूसरी बात में; यह तो हाब्स ने खुद ३० जनवरी, १६४९ को देखा होगा, जब कि चार्ल्स प्रथम का मुकुटशोभित सिर कटकर धूल में लोट रहा था। यह शाहजहाँ के शासन का मध्य काल था—आज से पन्द्रह पीढ़ी पहले की बात है।

हाब्स की तरह जान लॉक (१६३२-१७०४)—औरंगजेब के सम-सामयिक—ने भी निरंकुश-राजतंत्र का समर्थन किया, साथ ही प्राकृतिक अवस्था के साम्यवाद को भी नहीं कबूल किया। वैयक्तिक सम्पत्ति लॉक के खयाल में उस वक्त भी मौजूद थी। इसका समर्थन करते हुए उसने कहा—"(अमेरिकन) इंडियन ने (खाने के लिये जंगल से एकत्रित की गई चीजों में) अपना श्रम मिश्रित किया। इस तरह उसने उसमें एक ऐसी चीज (श्रम) मिलाई, जो कि उसकी अपनी थी।" प्राकृतिक अवस्था में चीजों का मूल्य नहीं-सा होता है। श्रम के द्वारा उनमें नौगुना मूल्य डाल दिया जाता है। श्रम द्वारा सम्पत्ति का अधिकार मिलता है। इस तरह लॉक ने सिद्ध किया कि जितनी भूमि और दूसरी सम्पत्ति पर मनुष्य काम कर सकता है और उसे उपयोगी बना सकता है, वह उसकी होती है। आदिम प्राकृतिक अवस्था में भी यह बात स्वीकार की गई थी; किन्तु श्रम-द्वारा मूल्य के उत्पादन का सिद्धान्त जो लॉक ने पेश किया,

---

१. Social Contract.

२. Elements of Law (Thomas Hobbes).

वह समाजवाद का भारी सहायक साबित हुआ। इसी से लोग कहने लगे—जो वस्तु में श्रम नहीं मिलाता, वह उस वस्तु का अधिकारी नहीं।

(ख) 'खनक-साम्यवाद' (१६४९-५० ई०)—ऑलिवर क्रामवेल (१५९९-१६५८) की सफलता के समय खनक नाम से प्रसिद्ध एक छोटी सी साम्यवादी जमात ने क्रामवेल पर जोर दिया था कि राजा के अन्त के साथ वर्ग-शासन का भी अन्त कर दिया जाए। खनकों के नेता गरार्ड विन्स्टन्ले ने अपने 'स्वतन्त्रता के कानून' (१६५२ ई०) में लिखा कि क्रामवेल को चाहिये "विजेताओं को भी खत्म कर दे और हमारी भूमि तथा स्वतन्त्रता को फिर से प्राप्त करे।...क्योंकि जब नार्मन लोगों ने हमारे पूर्वजों को पराजित किया तो उन्होंने हमारी इंगलिश भूमि को मनमाना छीन लिया और हमें अपना चाकर बनाया।" विन्स्टन्ले ने एक समाज की कल्पना की, जिसमें "न जमीन का क्रय-विक्रय होगा, न उसके फलों का...यदि कोई आदमी या परिवार अनाज या खाद्य-सामग्री चाहता है तो वह भंडार से जाकर बिना पैसे के ला सकता है।...

अपने नाम के अनुसार उन्होंने खनन (खोदने) को अपने सिद्धान्त का बाह्य प्रतीक बनाया था। उन्होंने सारे प्रान्त के एक पहाड़ को खोदकर खाद डाल उपजाऊ बनाया। उसका कहना था—वर्तमान परिस्थिति से निकलने का उपाय खनन है, गैरमजरुआ-आम, बाग या दूसरी परती भूमि को खोद डालो, जब दूसरे इस तरीके के फायदे को देखेंगे, तो वह तुम्हारे समाज में चले आयेंगे।

(ग) पीटर चेम्बरलेन (१६४९) का 'गरीबों का वकील'—यह उटोपियन लेखक था। उसने अपने 'गरीबों का वकील'[१] (१६९४ ई०) में लिखा था—"किसी को नहीं कहना चाहिये कि आदमी नालायक होने की वजह से गरीब है।...गरीब, गरीब न होते यदि अमीर ईमानदार होते, और गरीबों को अपनी चीज का स्वामी रहने देते। अमीरों का वैभव अकसर उनकी बेईमानी की विजय-भेंट है, जिसे कि उन्होंने गरीबों को लूटकर या सार्वजनिक सम्पत्ति को चुराकर प्राप्त किया है।"

४. अठारहवीं सदी में समाजवाद

(१) फ्रांस में—औरंगजेब के समकालीन फ्रांस के राजा लुई चौदहवें (१६४३-१७१५) का दीर्घ शासनकाल फ्रांस के राज-विस्तार तथा लगातार लड़ाई का काल था। उस वक्त कर बहुत बढ़ गये थे, कोष खाली हो गया, व्यापारी दिवालिया होते जाते थे और किसान भिखमंगे बन रहे थे। इसके कारण लोगों में राजतंत्र के खिलाफ भाव जगने लगे थे।

(क-ख) वोल्तेयर (१६९४-१७७८ ई०) और रूसो (१७१२-७८ ई०)—भारत के तत्कालीन शासक औरंगजेब का भी शासन लुई जैसे ही था। यहाँ भी दिग्विजय, मराठों के साथ निरन्तर लड़ाइयों में जनता की आर्थिक स्थिति को उसी तरह चौपट किया था। किन्तु, जहाँ असन्तुष्ट फ्रांस ने लुई चौदहवें के बाद ही, लुई पंद्रहवें (१७१०-१७७४) के काल में, वोल्तेयर और रूसो जैसे जिन्दा-कलम के धनियों को पैदाकर एक अपूर्व जन-जागरण पैदा किया; वहाँ हिन्दुस्तान ने सिर्फ औरंगजेब के वंश को कमजोर किया और समाज को नवचेतन दिये बिना कुछ सरदारों को अपनी महत्वाकांक्षा को आंशिक रूप से करने का अवसर दिया। वोल्तेयर ने अपने ग्रन्थों में गरीबों के साथ सहानुभूति प्रकट की; लेकिन सामाजिक स्वतन्त्रता

---

१. Poor Man's Advocate, पृष्ठ—१२.

के लिए उसने मानसिक स्वतन्त्रता और हर एक व्यक्ति के स्वत: अपने को अधिक संस्कृत करने पर जोर दिया—जनता की संगठित क्रान्ति की शक्ति को वह अभी देख न सकता था।

जॉन जाक् रूसो ने अपने समय के शिक्षित संस्कृत वर्ग की खूब आलोचना की और तत्कालीन शासन-प्रथा को उठा देने पर जोर दिया। वैयक्तिक सम्पत्ति, उसके मतानुसार, लूट के सिवा और कुछ नहीं है। सुवर्ण युग तभी आ सकता है, जब कि उसे हटाकर फिर प्रकृति की गोद में लौटा जाए। स्मरण रहे, यह उस काल के महान् लेखक हैं, जब कि प्लासी-विजय के बाद से वारेन हेस्टिंग्स के समय तक अंग्रेज कम्पनी भारत पर अपने क्रूर शोषणपूर्ण शासन का विस्तार और मजबूत कर रही थी। हमारे साहित्य में यह नख-शिख या रीति काव्यों का समय है; ज्यादा हुआ तो भक्तमाल के कुछ सन्तों ने दुनिया की सत्ता—गरीबों की पीढ़ियों की गरीबी भी उसी के साथ—को भुलवाकर लोगों को निर्गुण का राग सिखाया। इसका कारण हमारे समाज का वही गतिशून्य होना था।

(ग) प्रथम फ्रांसीसी क्रांति (१७८९ ई०)—कलम तलवारों से ज्यादा शक्ति रखती है, यदि उसी समय नहीं तो दीर्घकाल में तो जरूर। वोल्तेयर और रूसो की कृतियों से जनता हृदय-मंथन और तदनुसार आगे कदम बढ़ाये बिना नहीं रह सकती थी। ये दोनों अमर लेखक १७७८ ई० में मरे और उनकी मृत्यु के ग्यारह ही वर्ष बाद (१७७९ ई०) हम फ्रांस की प्रथम क्रांति होते देखते हैं जिसके कारण सामन्तों का राज उठ गया और समानता, स्वतन्त्रता, भ्रातृता के जोर के साथ शहर के व्यापारियों और मध्यमवर्ग का बोलबाला हुआ। कानून की दृष्टि में सभी आदमी बराबर मान लिये गये। किन्तु, सम्पत्ति के सम्बन्ध—वैयक्तिक सम्पत्ति—को नहीं छुआ गया और इस प्रकार सामाजिक असमानता मुख्य कारण बना ही रहा। कारखाने बढ़े, व्यापार बढ़ा; किन्तु इससे लाभ नये शासक वर्ग को हुआ। जाँगर चलानेवाली जनता में मशीन के अधिक इस्तेमाल से बेकारी ज्यादा बढ़ी—काम के घंटे लंबे तथा मजदूरी कम हो गई। लोगों ने उत्साह से उटोपियन—स्वप्न-विचरण को छोड़ यहाँ जन—संगठन, संघर्ष और क्रांति के ठोस हथियारों को अपनाया था; किन्तु क्रांति को एक अल्पसंख्यक वर्ग की जगह दूसरे अल्पसंख्यक वर्ग के उल्लू सीधा करने में सहायक बनते देख लोगों में निरुत्साह, निराशा का आना जरूरी था।

(घ) बाबूफ् (१७६४-९७)—(i) जीवनी—प्रथम फ्रेंच क्रांति की रोशनी को आगे ले जानेवाला फ्रांसिस नोयल बाबूफ् पूर्ण समानतावाले साम्यवादी विचार को मानता था, अवसरवादी समाजवाद के विचारों का पोषक नहीं था। जिस समय फ्रेंच क्रांति हुई, उस वक्त वह २५ वर्ष का तरुण था। कुछ दिनों सरकारी छोटी नौकरियाँ करने के बाद क्रान्तिकारी आन्दोलनों में भाग लेने लगा और उसने 'जनता का मंच' नाम से एक पत्र निकाला, जो शायद पहला साम्यवादी पत्र था। उसने सभ्य कहे जानेवाले समाज के ऊपर जबर्दस्त प्रहार शुरू किये। इसके लिये उसे जेल में डाला गया। जेल से निकलने पर उसने पूँजीवादी सरकार को समाप्त कर साम्यवादी सरकार स्थापित करने के लिये एक गुप्त दल संगठित किया। इसमें उसे काफी सफलता मिली और १७९६ ई० तक १७,००० आदमी विद्रोह में शामिल होने के लिये तैयार हो गये। किन्तु, वक्त से पहले ही किसी अपने भीतर के भेदिये ने सरकार को खबर दे दी। बाबूफ् फिर पकड़ा गया और तैंतीस साल की उम्र में उसे फाँसी पर लटका दिया गया।

(ii) विचार—बाबूफ् के विचार थे—"समाज का उद्देश्य है, सबको सुखी करना और सुख निर्भर है समानता पर। बाबूफ् के साथी अपने को **समान** कहते थे।" समानों की गुप्त

समिति ने जो घोषणा निकाली थी, उसमें कहा गया था—"प्रकृति ने हरेक आदमी को सभी भोगों को भोगने के लिए समान अधिकार दिया है।"[1] सभी बुराइयाँ, अत्याचार और लड़ाइयाँ इसलिए होती हैं कि आदमी प्रकृति के नियम पर नहीं चलता। बाबूफ़ के प्रोग्राम में संपत्ति का क्रमशः राष्ट्रीयकरण शामिल था—पहले मंडलों और संस्थाओं की सम्पत्ति को राष्ट्रीय बनाया जाए, उसके बाद व्यक्तियों की सम्पत्ति को; मरने के बाद हर व्यक्ति की सम्पत्ति सरकारी बनाई जाए और किसी व्यक्ति की पहली पीढ़ी की सम्पत्ति की विरासत न मिले। इस तरह पचास साल में सारी सम्पत्ति राष्ट्र के हाथ में आ जावेगी : तब जनता द्वारा चुने गये प्रबंधकों की देख-रेख में सारे उत्पादन किये जायेंगे, व्यक्ति की आवश्यकता को देखकर चीजों का वितरण किया जायेगा। प्रबंधक और साधारण कमकर एक दूसरे की जगह परिवर्तित होते रहेंगे, इससे शक्ति के लोभ का डर नहीं रहेगा। वोट वही दे सकेंगे, जो कि समाज के लिए उपयोगी क़ाम करते हैं। बच्चों को अलग करके बचपन से ही उन्हें साम्यवादी जीवन की क्रियात्मक शिक्षा देनी चाहिये। सिवाय आयु और स्त्री-पुरुष-भेद के भोग-वितरण में कोई फर्क नहीं होना चाहिये।

(२) इंग्लैण्ड में पूँजीवादी शासन की स्थापना—इंग्लैण्ड ने जिस क्रान्ति को चार्ल्स प्रथम की हत्या के साथ १६४९ ई० में पूरा किया था, उसे फ्रांस ने १७९३ में प्रायः डेढ़ सौ वर्ष बाद किया। क्रॉमवेल की क्रांति के लिये पहले से इसी जबर्दस्त मानसिक तैयारी नहीं की गई थी, जब कि फ्रांस की क्रान्ति में उस तैयारी का खास हाथ था। आर्थिक कारण तो हर परिवर्तन के प्रधान कारण होते ही हैं। क्रामवेल की क्रान्ति में खनकों की क्षीण-सी साम्यवादी आवाज उठी थी; किन्तु फ्रेंच-क्रान्ति के समय वोल्तेयर और रूसो की गगनचुम्बी आवाज देश में चारों ओर गूँज रही थी, तो भी वास्तविक स्वतन्त्रता, समानता, भ्रातृता स्थापित नहीं हो पाई। इतना होने पर भी फ्रेंच-क्रान्ति ने आस-पास के रूढ़िवादी राष्ट्रों में तहलका मचा दिया, इसमें शक नहीं।

समानता का खयाल क्रामवेल के वणिक-राज्य की स्थापना के साथ इंग्लैण्ड में दब नहीं गया। अब बड़ी तोपें नहीं गरज रही थीं; किन्तु भीतर ही भीतर खिचड़ी-सी कुछ पक जरूर रही थी, इसलिए तो कवि पोप (१६८८-१७४४ ई०) ने लिखा था—

"व्यवस्था है भगवान का प्रथम कानून...
कुछ है और रहेंगे औरों से बड़े,
अधिक धनी, अधिक समझदार।"

पोप ने अपने पद्य से ही सन्तोष नहीं किया, बल्कि वैयक्तिक सम्पत्ति और राजतन्त्र की हिमायत में गद्य लिखने के लिए उसने अपनी कलम उठाई।

इंग्लैण्ड का जबर्दस्त वाग्मी, वारेन हेस्टिंग्स के मुकदमे में हिन्दुस्तान के लुटे अमीरों को हृदयद्रावक कहानी का चित्रकार एडमंड बर्क समझ रहा था कि वह समानता, यह फ्रांसीसी क्रान्ति, उसके वर्ग के लिए कितनी खतरनाक चीज है। इसीलिये वह उसका मुखालिफ था। ब्लेकस्टोन (१७२३-१७८०) कानून का महान् पंडित और एडम स्मिथ (१७२३-९० ई०) महान् अर्थशास्त्री वारेन हेस्टिंग्स फ्रेंच क्रान्ति के समकालीन थे। उन्होंने अपनी प्रतिभाओं को साम्यवाद के भूत को मार भगाने में लगाया। श्रम से सम्पत्ति पैदा होती है, इसमें एडम स्मिथ ने

---

१. Utopia.

संशोधन किया—वैयक्तिक सम्पत्तिवाला अपने धन द्वारा उपज में अधिक सुधार और वृद्धि करता है; इसलिये वह भी उसका उसी तरह मालिक है, जिस तरह कि दूसरे काम करनेवाले। इस सम्पत्ति के संरक्षण के लिये हमें नागरिक सरकार की भी जरूरत है।

(क) पादरी रार्बट वालेस इसी सदी में हुआ था, जिसने वैयक्तिक सम्पत्ति के खिलाफ आवाज उठायी थी। साथ ही पादरी माल्थस से भी पहले उसने कहा था कि बढ़ती जनसंख्या पर नियंत्रण रखने की जरूरत है। वालेस ने इस सिद्धान्त द्वारा साम्यवादी समाज को शारीरिक और आर्थिक तौर से पुष्ट करना चाहा, जब कि माल्थस ने उसे बेकारी का कारण बताकर पूँजीवाद को इस दोष से मुक्त करना तथा निकम्मी शिक्षित शासक जाति की अपेक्षा कमकरों को अयोग्य कहकर उन्हें सन्तान-निरोध की शिक्षा दे कामचोरों की औलाद को बढ़ाना चाहा।

(ख) टामस स्पेन्स (१७५०-१८१४ ई०)—अठारहवीं सदी में आवाज कुछ क्षीण-सी जरूर रही; किन्तु यह वह शताब्दी थी जब की भारत को सोने की चिड़िया इंग्लैण्ड के हाथ में आई थी, उसके अपार धन-दोहन से इंग्लैण्ड के व्यापारी मालामाल थे और १७६० के बाद जब नये आविष्कार होने लगे, तो औद्योगिक क्रांति के साथ नये दौर की नींव पड़ने लगी। १८०६ ई० तक मजदूरों की मजदूरी अच्छी थी, काम की कमी न थी—बेकारी और मजदूरों की बुरी अवस्था उन्नीसवीं सदी से शुरू हुई तो भी सामने देखी जाती आर्थिक असमानता बिसराई नहीं जा सकती थी। टामस स्पेन्स स्काटलैंड के एक स्कूल का अध्यापक था। उसने १७७५ ई० में (जब कि रूसो, वोल्तेयर जीवित तथा वारेन हेस्टिंग्स शासनारूढ़ था) न्यूकासल की दर्शन-सभा में एक लेख पढ़ा। स्पेन्स ने हाब्स के सामाजिक कबूलियत के सिद्धान्त को स्वीकार करते हुए कहा कि वैयक्तिक सम्पत्ति कबूलियत द्वारा स्थापित हुई, यह ठीक है; मगर कबूलियत तभी मंजूर की जा सकती है, जब कि प्रत्येक पीढ़ी में उसे नया कराया जाए। किसी एक व्यक्ति या समाज को अधिकार नहीं कि अपनी अगली सारी पीढ़ियों के सारे भविष्य को पहले से ही बंधक रख दे। स्पेन्स ने पूछा—क्या कबूलियत को हर पीढ़ी में इस तरह नया कराया गया? यदि नहीं, तो कबूलियत मन्सूख। लॉक के तर्क—श्रम से सम्पत्ति का स्वामित्व—को स्वीकार करते हुए उसने कहा—पूँजीपतियों के बारे में श्रम की बात कुछ मानी जा सकती है, लेकिन बैठे-बैठे मालगुजारी वसूलकर मौज उड़ानेवाले जमींदार उत्पादन (जौ, गेहूँ) में अपना कितना श्रम मिलाते हैं? स्पेन्स एक करवादी था। उसने कहा जमीन छीनकर पैरिश (इलाका या तप्पे) को दे दी जाए और पैरिश मामूली मालगुजारी पर उसे किसानों को दे दे। इस एक करके सिवाय दूसरा कोई कर नहीं लगाना चाहिये। कुछ साल बाद (१८०१ में) स्पेन्स ने कहा था—लोगों के वास्तविक संघर्ष एक खास तरह की सरकार कायम करने के लिये नहीं है, बल्कि एक ऐसे समाज के लिये हैं, जो कि धन के महान् राशिकरण की उस मार की चोट से हमें बचाये, जिसकी वजह से कि चन्द हृदयहीन नर-पिशाच धनी सारी जाति को भूखा मारते हैं।[१]

स्पेन्स छोटे-छोटे ट्रेक्ट लिखकर सड़कों पर बेचता था, जो कि उसके सहयोगी दार्शनिकों के लिये भारी शर्म की बात थी और जिसकी वजह से उसके विद्यार्थी भी उसे छोड़ जाते थे। सरकार पर आक्षेप करने के लिये कितनी ही बार उसे जेलखाने की हवा खानी पड़ी; लेकिन अपनी यातनाओं की परवाह न कर मरते दम तक उसने अपना प्रचार जारी रखा। उसको पूरा

---

१. Thomas Spence, Restorer of Society to its Natural, state (1801).

विश्वास था कि समय जल्द आयेगा, जबकि मानव-जाति सुखी, समझदार और सुकर्मी होगी।

(ग) विलियम ओगिल्वी (१७३६-१८१३ ई०)—इसी सदी में अबरडीन का प्रोफेसर विलियम ओगिल्वी पैदा हुआ, जो कि जमींदारी प्रथा का जबर्दस्त दुश्मन था—"युगों से मानव जाति के सुख का अपहरण और सीमित करना जितना इस (जमींदारी) प्रथा ने किया, वह उससे कहीं ज्यादा हैं, जितना कि राजाओं के स्वेच्छाचार, पुरोहितों की धोखेबाजी और वकीलों की ऐयारी ने मिलकर किया।"[१]

लेकिन ओगिल्वी शीघ्रता के साथ किये परिवर्तन का विरोधी था।

(घ) टामस-पेन (१७३७-१८०९ ई०) ने भी 'मनुष्य के अधिकार' में जमींदारी प्रथा पर हमला किया। जमीन समाज की है, इसलिये उसे अपनी जमीन के लिये दस सैकड़ा दायभाग कर के तौर पर मिलना चाहिये और इसे समाज उन व्यक्तियों में बाँट दे, जो कि जमीन को समाज के हाथ में लौटाने के कारण अपने 'प्राकृतिक अधिकार' से वंचित होंगे। पेन की इस बात का स्पेन्स ने खंडन करते हुए कहा कि वह एक टुकड़े के लिये जनता के जन्मजात अधिकार को बेच डालता है।

(ङ) विलियम गॉडविन (१७५६-१८३६ ई०)—लेकिन इन सुधारवादियों के अतिरिक्त कुछ क्रान्तिकारी विचारवाले भी इस सदी में पैदा हुए थे। विलियम गाडविन उनमें से एक था। उसने अपनी पुस्तक 'राजनीतिक न्याय'—जिसके कारण, १७९३ ई० में फ्रेंच-क्रांति के साथ इंग्लैण्ड में उसकी जबर्दस्त प्रसिद्धि हो गई—में सरकार पर हमले किये; सरकार बल और हिंसा से उत्पन्न हुई और अन्याय पर आश्रित संस्थाओं की रक्षा करके वह बुराइयों को मजबूत करती है। वह असमानता को दृढ़ करती है और शासन की जंजीर से मनुष्य को जकड़ती है। सरकार बुरी है, समाज स्वाभाविक है। सरकार हमारे दुर्गुणों की उपज है, समाज हमारी आवश्यकताओं के लिये हैं। वैयक्तिक सम्पत्ति को उठाना होगा।" प्रत्येक को अपनी आवश्यकता के अनुसार जीवन-सामग्री मिलनी चाहिये।

■

---

१. Ogilvie, Essay on the Right of Property in Land (1781).

दशम अध्याय

उन्नीसवीं सदी का प्राग् मार्क्सीय समाजवाद

(१८००-४० ई०)

पहली फ्रेंच क्रांति (१७९३) ने यद्यपि सामन्तवाद को हटाकर पूँजीवाद का आधिपत्य कायम किया; किन्तु उसको प्रेरणा मिली थी साम्यवादी विचारों से; यह हम लिख चुके हैं। इन क्रांतिकारियों ने दिमाग-परिवर्तन या हृदय-परिवर्तन का रास्ता नहीं पकड़ा था। उन्होंने बल पर अवलम्बित वर्ग-शासन को दूसरे वर्ग द्वारा हटाना चाहा था। वह सफल भी हुए; किन्तु बहुसंख्यक के हित के नाम पर अल्पसंख्यक व्यापारियों और पूँजीपतियों के साथ में शासन-यंत्र चला गया। इस असफलता पर समाजवादी विचारधारा एक बार फिर दिमागी परिवर्तन—उटोपियावाद की ओर चल पड़ी और यह अवस्था तब तक जारी रही, जब तक उन्नीसवीं सदी के मध्य में मार्क्स और एन्गेल्स ने कर्मकर-वर्ग के संगठन और शक्ति के ऊपर सफलता की आशा रखनेवाले वैज्ञानिक साम्यवाद का सन्देश दुनिया को नहीं दिया।

फ्रान्स में

वोल्टेयर-रूसो और क्रांति ने जो विचारधारा बहाई, उससे प्रभावित हो जिन फ्रेंच विचारकों ने साम्यवादी विचारों को आगे बढ़ाया, उनमें सेंट-साइमन और फूरिये मुख्य हैं।

सेंटसाइमन (१७६०-१८२५) (क) जीवनी—कौंट हेनरी सेंट-साइमन फ्रांस के ड्यूक-वंश में पैदा हुआ था; किन्तु बाप से झगड़ा कर बैठने से **पाँच लाख फ्रांक आमदनी** की जायदाद से हाथ धोना पड़ा, जिसके लिये सेंट-साइमन ने लिखा था—"मुझे धन से और सेंट-साइमन के ड्यूक[१] की उपाधि से हाथ धोना पड़ा; किन्तु मैं उसके यश-आकांक्षा का उत्तराधिकारी हूँ।" कहीं अपना भव्य भविष्य बिसर न जाए, इसके लिये उसने अपने खवास को हुकुम दे रखा था वह रोज सबेरे आवाज लगाता था—"उठिये कौंट महाशय, आपको महान् काम करना है।"

संयुक्तराष्ट्र अमेरिका ने इंग्लैण्ड के साथ स्वतन्त्रता का युद्ध छेड़ा था। सेंट-साइमन की उम्र उस वक्त १६ साल की थी। उसने स्वतंत्रतावादियों की ओर से युद्ध में भाग लिया। यार्कटौन के मुसाहिरे में उसने बड़ी बहादुरी और चातुरी दिखलाई थी। तेईस साल की उम्र में फ्रांस लौटने पर उसे कर्नल का दर्जा देकर फौज में नौकरी मिली, लेकिन उनमें उसकी दिलचस्पी न थी और उसने फौज की नौकरी छोड़ राजनीति में भाग लेना शुरू किया।

फ्रेंच-क्रांति में उसने भाग लिया था, और एक स्थायी **कम्यून** का उसे प्रधान चुन लिया गया था। उसने अपनी कौंट की उपाधि का त्याग करते हुए घोषित किया था कि 'नागरिक' की

---

१. Comte.

पदवी मेरे लिये उससे ऊँची है। लेकिन, कौंट[१] के नाम की वजह से लोगों का सन्देह दूर नहीं हुआ और खतरनाक समझकर उसे ग्यारह महीने जेल में रखा गया।

जेल से निकलने पर उसने जमीन की खरीद-फरोख्त का काम करके कुछ पैसे जमा किये, फिर गम्भीर अध्ययन में लग गया और १८०३ में ४३ वर्ष की उम्र में एक लेखक और सामाजिक सुधारक के तौर पर उसने काम शुरू किया जिसे कि मृत्यु तक उसने जारी रखा। उसका धन खत्म हो गया, स्वास्थ्य बिगड़ गया, लेकिन उसका विश्वास था—"मानवता का स्वर्ण-युग पीछे नहीं है, वह आनेवाला है और सामाजिक व्यवस्था को पूर्ण करने पर आयेगा। हमारे पूर्वजों ने उसे नहीं देखा; किन्तु हमारे बच्चे एक दिन उसे देखेंगे।" एक बार उसके सामने आर्थिक कठिनाइयाँ इतनी जबर्दस्त आईं कि उसने कुछ प्रमुख आदमियों को, अपने लिये नहीं बल्कि अपने ग्रंथों के प्रकाशन के लिये लिखा था—"मैं भूख से मर रहा हूँ। पन्द्रह दिनों से मैंने एक रोटी और पानी पर गुजारा किया। मैं (जाड़ों में) बिना आग के काम करता हूँ। सिवाय कपड़ों के मैं सब कुछ बेच चुका हूँ और उन्हें भी मैंने कापी के खर्च के लिये बचा रखा है। मैं मदद चाहता हूँ, जिसमें अपने काम को जारी रख सकूँ।

(ख) सेंट-साइमन के विचार—ज्ञान और उद्योग, शिक्षित और मजदूर का सहयोग नये समाज के निर्माण के लिये आवश्यक है। शिक्षित के नेतृत्व पर उसका बहुत जोर था; इसके लिये वह शान्ति और सहयोग पर जोर देता था। क्रान्ति और दबाव की जरूरत नहीं, समझाकर लोगों को समाजवाद की ओर लाया जा सकता है। सेंट-साइमन ने अपने 'नवीन ईसाइयत' में लिखा है, कि खर्च (ईसाई-सम्प्रदाय) को भगवान ने स्थापित किया है, चर्च के पितरों का सम्मान करना चाहिये।

उसका समाजवादी प्रोग्राम था—उद्योग-धन्धों को व्यक्ति से समाज के अधिकार में देना चाहिये; भोग की चीजों को वैयक्तिक सम्पत्ति रहने देना चाहिये। हरेक को अपनी क्षमता के अनुसार काम करना चाहिये और उसकी सेवाओं के अनुसार उसे पारितोषिक मिलना चाहिये। उत्पादन का प्रबन्ध फौज की भाँति छोटे-बड़े अफसरों के मातहत होना चाहिये। समाज की कौन कितनी सेवा करता है और उसे कितना पारितोषिक मिलना चाहिये, यह ऊपर के अधिकारी तय करेंगे। इन अफसरों का चुनाव कैसे होगा, इसके बारे में सेंट-साइमन चुप हैं। मुमकिन है, क्रान्ति के वक्त के तल्ख तजरबे के कारण जन-नियन्त्रण से वह डरता हो। प्रतिभाशाली और भले मनुष्य स्वयं ऊपर पहुँच जायेंगे, इसी तरह का कुछ उसका खयाल था। वह दायभाग को उठा देना चाहता था।

(२) फूरिये (१७७२-१८३७ ई०)—(क) जीवनी—चार्ल्स फूरिये सेंट-साइमन की भाँति सामन्त-वंश में नहीं, बल्कि एक बिलकुल साधारण परिवार में पैदा हुआ था। फूरिये का जोर सेंट-साइमन की भाँति सदिच्छा, सहानुभूति और भावुकता पर उतना न था, जितना कि विज्ञान और तर्क पर। उसका बाप एक साधारण दुकानदार था। स्कूल में वह तेज लड़का था। पढ़ाई के बाद व्यापार में लगा, जहाँ वह सफल नहीं रहा। जब वह पाँच वर्ष का बच्चा था, तभी एक ग्राहक को सच्ची कीमत बतला देने के लिये उसे झाड़खानी पड़ी थी। उन्नीस साल की उम्र में जब वह एक सौदागर के यहाँ नौकर था, तो एक बार मालिक के हुक्म से उसे चावल की बोरियाँ इसलिये पानी में फेंकनी पड़ी थीं कि जिससे चावल की कमी

---

१ Comte.

के कारण दाम बढ़ जाए और मालिक को ज्यादा नफा हो। पूँजीवाद को इन दो बुराइयों— झूठ और अपव्यय—ने फूरिये के मन पर बहुत गहरा असर छोड़ा और उसे पूँजीवाद के विरोधी कैम्प में ढकेल दिया।

(ख) विचार—साधारण जनता पर उसका उतना विश्वास न था। वह समझता था कि उसके गम्भीर सूक्ष्म-विचारों को सुनकर यदि कुछ धनी उधर आकर्षित हों, तो प्रयोग द्वारा वह अपने समाजवाद की सत्यता-दिखला कर लोगों को उधर खींच सकता है। एक बार उसने घोषित किया था कि मैं प्रतिदिन अमुक समय अपने घर पर ऐसे उदाराशय दानी से मिलने के लिये तैयार रहूँगा, जो कि मेरे सिद्धान्त के अनुसार चलाई जानेवाली बस्ती की स्थापना के लिये दस लाख फ्रांक दान दे। इसके बाद बारह वर्ष तक फूरिये उस समय प्रतिदिन अपने घर पर रहा, मगर शोक! कोई उदाराशय दानी उधर झाँकने भी नहीं आया। अधिकांश सेंट-साइमनीय उसके विचारों को नीची निगाह से देखते थे।

अपने जीवन में उसे एक बार अपने विचारों के प्रयोग का मौका मिला। फ्रेंच पार्लियामेंट के एक सदस्य ने वेर्साई में अपनी जमींदारी को उसे प्रदान किया। फूरिये के अनुयायियों ने वहाँ उपनिवेश बनाकर समाजवादी ढंग से उसे चलाने की कोशिश की; किन्तु असफल रहे।

फूरिये के सामाजिक विचार जिस तरह के व्यवहार-विरोधी थे; उसी तरह और भी उसके कितने ही खयाल अजीब से थे। 'सार्वदेशिक एकता सिद्धान्त' में उसने लिखा है कि पृथ्वी अभी अपने बाल्य से गुजर रही है और जब वह मेरी सम्मिलन-योजना को स्वीकार कर लेगी, तो वह सत्तर हजार वर्ष के एक भव्य युग में प्रवेश करेगी; जब कि शेर आदमी के चाकर बन जाएँगे और एक दिन में मनुष्य की गाड़ी को एक छोर से दूसरे छोर तक खींच ले जायेंगे, ह्वेल जहाजों को खींच कर समुद्र पार करेंगी और समुद्र का जल सुस्वादु पेय बन जायेगा। फिर पतन का समय आयेगा। लेकिन, यह बातें आज से साल सौ वर्ष पहले लिखी गई थीं।

आकर्षण के नियम पर फूरिये का बहुत जोर था; यह आकर्षण सर्वव्यापी है। संसार में एक नित्य उपस्थित शक्ति है और वह सम्मिलित क्रिया के लिये मनुष्यों को खींचती है। इस आकर्षण नियम के पथ में बहुत-सी बाधाएँ पड़ती रही हैं, जिससे आदमी समाज-विरोधी-मग से भटकते रहे हैं। जब यह बाधाएँ हटा दी जायेंगी तो सारे विश्व में समानता-एकता-का प्रसार होगा और मानव-जाति की सम्पत्ति कई गुनी बढ़ जायेगी; क्योंकि उस वक्त आदमी मेहनत से प्रेम करेगा और आज के समाज का अपव्यय हट जायेगा। इसके लिये बारह प्रकार की लगनों की जरूरत है।—(१-५) पाँच इंद्रियों की लगन; (६-७) मित्रता, प्रेम, परिवार, सहानुभूति और मनस्विता की सामूहिक लगन, और (१०-१२) तीन वितरण-संबंधी लगन—योजन, परिवर्तन और एकता-सम्बन्धी लगन। बारहों लगन समाज में मिलकर पर-प्रेम की महान् लगन बनाती हैं।

फूरिये के उटोपियन समाज में ४०० से २००० व्यक्तियों का फ्लांक्स (टोली) होगा। हर एक फ्लांक्स का अपना एक बड़ा निवास-गृह होगा। व्यवसाय ज्यादातर खेती होगी। नागरिक अपनी रुचि के अनुसार काम चुनेंगे। फ्लांक्स के नीचे ग्रुप और उसके नीचे पाँती या सीरीज होगा। इच्छानुसार इन जत्थों में आदमी दाखिल होंगे। समाज में सेना, पुलिस, वकीलों और अपराधियों की जरूरत नहीं रहेगी। अलग घरों और अलग रसोईघरों की जरूरत नहीं होगी। खाना एक जगह बनेगा और सभी एक भोजनशाला में खायेंगे। सभी चीजों के भंडार साझे होंगे। फूरिये का कहना था कि ऐसी व्यवस्था से श्रम की शक्ति चार से पाँच गुना तक बढ़ जायेगी।

लोग अठारह से अट्ठाईस वर्ष की उम्र तक इतना उत्पादन कर सकेंगे कि बाकी जीवन में वह बैठे-बैठे आनन्द की जिन्दगी बिता सकेंगे।

उपज के बँटवारे में फूरिये आज के नरम समाजवादियों और सेंट-साइमन से भी पीछे था। सारी उपज १५/११२ श्रमिक को मिलना चाहिये, ४/१२ पूँजी वालों को और बाकी ३/१२ प्रतिभावालों को। उसका सूत्र था—प्रत्येक से उसकी योग्यता के अनुसार (काम लेना) और प्रत्येक को उसके श्रम, प्रतिभा और पूँजी के अनुसार (भोग प्रदान करना)।

श्रम को उसने तीन श्रेणियों में बाँटा था—आवश्यक श्रम, उपयोगी श्रम और अनुकूल श्रम। पहले का पारितोषिक सबसे ज्यादा और अंतिम का सबसे कम रखा था।

फूरिये की व्यवस्था में सरकार की उतनी आवश्यकता नहीं। अफसर चुनाव से बनेंगे। एक फ्लांक्स का अफसर एक-राज और सारी पृथ्वी की फ्लांक्सों का सर्वराज होगा। सर्वराज का निवास-स्थान कुस्तुन्तुनिया में होगा।

समाज में ऊँची-नीची श्रेणियाँ रहेंगी; किन्तु धनी और शक्तिशाली व्यक्ति सहयोग के भाव से इतने उत्प्राणित होंगे कि उनके अस्तित्व से समाज में गड़बड़ी नहीं पैदा होगी। परिवार और ब्याह धीरे-धीरे लुप्त हो जायेंगे।

फूरिये शांति का पक्षपाती और हिंसा का विरोधी था। उसका विश्वास था कि ईमानदारी से किया गया एक प्रयोग संसार में मेरे विचारों की सत्यता को मंजूर करा देगा; और दस साल के भीतर महान् युग शुरू हो जायेगा। उस क्रांति की जरूरत नहीं, जिसमें खून-खराबी हो। फूरिये को इस युग के जल्द आने पर इतना विश्वास था कि उसने अपने अनुयायियों पर जोर दिया कि वे भूमि पर रुपया न लगायें। फूरिये के सिद्धान्तों का प्रयोग उसके अनुयायियों ने किया; यद्यपि इन प्रयोगों में फूरिये की कितनी ही लचर बातों को छोड़ दिया गया था; तो भी फ्रांस में खेती पर किये तजरबे असफल रहे। हाँ, उद्योग में उन्हें उतनी असफलता का मुँह नहीं देखना पड़ा। १८४० ई० में फूरिये की शिक्षा अमेरिका पहुँची। वहाँ भी चौंतीस जगहों पर प्रयोग किये गये, किन्तु सबके सब असफल रहे और साबित हो गया कि स्वप्न-विचरण केवल खयाली उड़ान—प्रयोग में बेकार साबित होता है।

(३) लुई ब्लॉक (१८११-८२) (क) जीवनी—सवोनरोला के बाद ब्लॉक पहला उटोपियन समाजवादी था, जिसे शासन-यन्त्र में प्रयोग करने का मौका मिला। ब्लॉक इस बात में भी पहला आदमी था कि उसने उच्च वर्ग की सहृदयता और बुद्धि की अपील करने की जगह कमकरों को अपील की। एक तरह वह उटोपियन समाजवाद को वैज्ञानिक समाजवाद से मिलानेवाली शृंखला थी।

ब्लॉक लुई बोनापार्ट के एक बड़े अफसर (अर्थ-इन्सपेक्टर-जनरल) का लड़का था, उसका जन्म मैद्रिद में (१९११ ई० में) हुआ था, जब कि उसका बाप वहाँ सरकारी काम से गया हुआ था। प्रारम्भिक जीवन उसने अपनी माँ के घर पर कोर्सिका में बिताया। पढ़ाई समाप्त करने के लिये वह पेरिस में आ गया, जहाँ पुस्तकों को लिखाई तथा ट्यूशन से अपने खर्च का कितना ही भाग कमा लेता था। फिर कुछ वर्ष उसने पत्र संपादन के काम में लगाये और तब २६ वर्ष की उम्र में उसने 'प्रगति-आलोचन'[१],पत्र निकाला, जो धीरे-धीरे उसके समय के

---

१. Revue be progress.

जनतन्त्रवादियों में सर्वप्रिय हो गया। ब्लॉक का महत्वपूर्ण ग्रंथ 'श्रम का संगठन'[१] क्रमश: इसी पत्र में १८४० ई० में निकला था। १८३०-४० में उसने प्रथम फ्रेंच-क्रांति का एक बहुत अच्छा इतिहास लिखा। १८४० ई० की दूसरी फ्रेंच-क्रांति के वक्त, जो अस्थायी सरकार बनी, उसका वह एक प्रमुख मेंबर था। उसने गवर्नमेंट के सामने प्रस्ताव रखा कि 'श्रम और प्रगति' का एक मंत्रिविभाग कायम किया जाए और जिस आदमी को और जगह काम न मिले, उसे काम देने की जिम्मेदारी सरकार अपने ऊपर ले। पीछे सशस्त्र षड्यन्त्र आरोप के कारण उसे फ्रांस छोड़ इंग्लैण्ड चला जाना पड़ा जहाँ वह १८७० ई० तक रहा और तृतीय नेपोलियन के सिंहासन-च्युत किये जाने पर ही स्वदेश लौट सका। १८७१ ई० में फ्रांस लौटने पर वह उग्र वामपक्षी के तौर पर राष्ट्रीय एसेम्बली का मेंबर चुना गया। १८७१ ई० में फ्रांस की तृतीय क्रांति—कमकर-क्रांति या पेरिस-कम्यून— की स्थापना के लिये क्रांतिकारी सशस्त्र विद्रोह कर रहे थें, तो उसने उसका विरोध किया, जिससे उसकी जन-प्रियता जाती रही और फिर वह इतना गिरावट की ओर गया कि १८७२ ई० में 'अन्तर्राष्ट्रीय कमकर' सभा[२] के खिलाफ जब कानून बनाया जाता था, तो उसने उसका समर्थन किया। मरते वक्त (१८८२) तक वह शासन शोषक वर्ग का इतना श्रद्धाभाजन हो गया था डिपुटी-भवन (पार्लियामेंट) ने उसके राजकीय अन्त्येष्टि-क्रिया का प्रस्ताव पास किया।

(ख) विचार—मान-सुख और मान-विकास ब्लॉक के अनुसार सामाजिक प्रयत्न का उद्देश्य होना चाहिये जिसके लिये हर व्यक्ति को उच्चतम कायिक, मानसिक, आचारिक विकास के साधन सुलभ होने चाहिये, जिसमें कि हर एक आदमी अपनी व्यक्तित्व को चारों तरफ से उत्पन्न कर सके। समाज का संगठन भ्रातृ-भावन पूर्ण होना चाहिये और उसके लिये भगवान का बनाया शरीर एक अच्छा नमूना है। सभी व्यक्ति एक बड़े परिवार के सदस्य की तरह रहें और सरकार अपने काम में लोगों की इच्छा का अनुसरण करे। सबको काम देने के लिये कारखाने सरकार की ओर से खुलें और धीरे-धीरे वैयक्तिक कारखाने भी सरकारी बना दिये जायें। इन कारखानों को बड़े संघ के रूप में संगठन होना चाहिये, और इसे बीमा कम्पनी की तरह घाटा उठानेवाले कारखानों को मदद देनी चाहिये, इस मदद के लिये उसके उत्पादन का एक भाग अलग किया जाए। इन सरकारी कारखानों में यदि पूँजीपति आना चाहें, तो उनका स्वागत करना चाहिये। लेकिन वैयक्तिक कारखानों को संघ में शामिल करने के लिये मजबूर नहीं करना चाहिये; प्रतियोगिता में असफल हो वह धीरे-धीरे खुद संघ में शामिल हो जायेंगे। इन वैयक्तिक उद्योगों के खतम हो जाने पर समाजवादी राज्य स्वत: कायम हो जायेगा।

हर आदमी को उनकी योग्यता के अनुसार काम देना चाहिये। इससे यदि असमानता रहे तो उसे भी ब्लॉक पसन्द करता था। 'हाँ वह चाहता था, ऐसे लोग भगवान के वचन (बाइबल) का खयाल रखें—"तुममें जो भी मुखिया है, उसे अपने को तुम्हारा सेवक समझना चाहिये।" श्रम का पारितोषिक आवश्यकता के अनुसार मिलना चाहिये। उसने इस सूत्र का प्रचार किया—"प्रत्येक से उसकी योग्यता के अनुसार प्रत्येक को उसकी आवश्यकता के अनुसार।"[३]

---

१. Organisation du Travail.

२. International Working Men's Association.

३. Historic de la Revolution de 1848 जिल्द १, पृष्ठ—१४७-४८.

(१) प्रूधों (१८०९-६५ ई०) अराजकवादी (क) जीवनी—पियेर जोसेफ प्रूधों अन्तिम फ्रेंच उटोपियन लेखक था। प्रूधों भी फूरिये के जन्म-स्थान बेसांशों में उसके जन्म से ३७ वर्ष बाद पैदा हुआ था। उसके माँ-बाप बड़े गरीब थे; इसलिए वह चरवाही और होटल की मजदूरी करके गुजारा करता और पढ़ता रहा। पढ़ने में वह बहुत तीव्र लड़का था, इसलिये स्कूल में उसे बहुत इनाम मिलते रहे। लेकिन घर लौटने पर उसे खाना नहीं मिलता था। उन्नीस साल की उम्र में उसने कालेज छोड़ा और एक छापाखाने में शामिल हो गया; लेकिन, पढ़ाई अब भी उसने जारी रखी। बेसाँशों की एकेडमी ने उसे १५०० फ्रांक की छात्रवृत्ति दी थी।

१८४० ई० में प्रूधों ने 'सम्पत्ति क्या है'[१] नामक मशहूर पुस्तक लिखी। इसमें उसने श्रम के समय को मूल्य का नाप साबित किया। छः साल बाद उसने 'दरिद्रता दर्शन'[२] प्रकाशित किया, जिसमें उसने समाजवादी और साम्यवादी सिद्धांतों का खंडन किया; लेकिन स्वतः कोई रचनात्मक सिद्धान्त नहीं पेश कर सका। मार्क्स ने इसका खंडन अपने ग्रंथ 'दर्शन की दरिद्रता' में दिया।

प्रूधों अराजकतावादी था, इसलिये सभी तरह के राज्य-शासन का विरोधी था; यही वजह थी, जो कि उसने १८४८ ई० की क्रांति में भाग नहीं लिया। क्रांति के असफल होने के बाद वह विधान-निर्मातृ सभा[३] का सदस्य चुना गया, जिसमें उसने प्रस्ताव पेश किया था— सरकार को चाहिये कि वह हर एक व्यक्ति को उत्पादन के साधन एकत्रित करने के लिये कर्ज दे। सभा में उसके पक्ष में 2 वोट और विरोध में ६९१ आये। इसके लिये उसने एक प्राइवेट बैंक खोलना चाहा; किन्तु पचास लाख की जगह सिर्फ सत्रह हजार फ्रांक जमा कर सका, और बैंक फेल रहा। पीछे सेन्सर का कानून तोड़ने के लिये उसे तीन साल की सजा हुई। छूटने के बाद उसने चर्च (धर्म) पर आक्षेप किया, जिसके लिये उसे फिर सजा हुई। वह बेल्जियम भाग गया और मरने के (१८६०) पाँच वर्ष पहले फ्रांस लौटा।

(ख) विचार—स्वतन्त्रता, समानता, भ्रातृत्ववाला समाज प्रूधों का आदर्श था। इस तरह का पूर्ण समाज एक दिन में नहीं बनाया जा सकता। व्यवस्था और अराजकता के सम्मिलन में समाज को पूर्ण बनाया जा सकता है। मनुष्य पर मनुष्य का नियन्त्रण अत्याचार है। "**अराजकता**—स्वामी या शासन का अभाव जिसमें हो, उस शासन-व्यवस्था—के नजदीक हम दिन पर दिन जा रहे हैं।" "कोई राजा नहीं आन्तरिक राजनीति के प्रत्येक प्रश्न को आँकड़े जमा करनेवाले विभाग के आँकड़ों के अनुसार हल करना चाहिये, अन्तर्राष्ट्रीय राजनीति-संबंधी प्रश्न अन्तर्राष्ट्रीय आँकड़ों से संबंध रखता है, जिसका कि एक स्थायी सेक्रेटरी होगा, जो जरूरत पड़ने पर प्रधानमन्त्री बनेगा और चूँकि हर एक नागरिक परिषद् के पास स्मरण-पत्र भेज सकता है, इसलिये हर एक नागरिक विधान-निर्माता है; लेकिन चूँकि सत्य-सम्मत राय ही स्वीकार की जायेगी, इसलिये किसी की राय बुद्धि का स्थान नहीं ग्रहण कर सकती—कोई राजा नहीं (चाहिये)।"

---

१. Qu'estce que Ia Propriety?

२. La Philosophie de la Miscre.

३. Constituent Assembly.

प्रूधों 'सम्पत्ति को चोरी' कहता था। उसके आदर्श-समाज में वैयक्तिक सम्पत्ति के लिये गुंजाइश नहीं। बे-मालिक की चीज पर कब्जा करने से वह उसकी सम्पत्ति हो जाती है इस मत के खिलाफ प्रूधों का कहना है, जहाँ एक के बाद एक जातियाँ आती रहीं, युद्ध चलते रहे, वहाँ बे-मालिक की सम्पत्ति किसे कहेंगे? ऐसा मान लेने पर पीछे आनेवाली सभी जातियाँ सम्पत्ति की अधिकारी नहीं हैं। फिर सम्पत्ति पहले सारे समाज की थी, व्यक्ति ने जब उसे ले लिया, तो वह बे-मालिक की न थी। श्रम द्वारा वैयक्तिक सम्पत्ति के उत्पादन के बारे में प्रूधों का कहना था : श्रम के लिये उसके पास उपयोगी हथियार चाहिये, जिसे व्यक्ति समाज से ही पा सकता है, फिर कोई उत्पादित वस्तु उसके अकेले श्रम की कैसी हो सकती है?

मूल्य श्रम पर निर्भर है, इस सिद्धान्त पर प्रूधों ने बहुत जोर दिया। चीज का मूल्य वही होता है, जितना कि समय और श्रम उसके बनाने में लगा है। यदि व्यापारी या मिल-मालिक कीमत को १० सैकड़ा बढ़ा देते हैं, तो यह चीज के मूल्य को बिना बढ़ाये ज्यादा दाम वसूल करना चोरी है। अपने श्रम के उत्पादित सम्पत्ति को आदमी वैयक्तिक तौर पर भी रख सकता है, सम्पत्ति ही नहीं बल्कि व्यक्तित्व या इच्छा का भी स्वामी होना चाहिये।' प्रूधों पारितोषिक की समानता नहीं; बल्कि सम्पत्ति-उत्पादन के साधनों की समानता चाहता था। श्रेष्ठ प्रतिभावालों को ज्यादा पारिश्रमिक दिया जाए, यह इसका विरोधी था; हाँ, उन्हें काम करने का अधिक सुभीता जरूर मिलना चाहिये, इसे वह मानता था।

बिना सरकार, बिना वैयक्तिक सम्पत्ति और बिना असमानता का सामाजिक संगठन प्रूधों का आदर्श था; किन्तु ये सभी अभावात्मक हैं। भावात्मक बातें उसके दर्शन में बहुत कम हैं। वह अनियन्त्रिक स्वतन्त्रता और समानता का पुजारी था, किंतु उसके साथ समाज कैसे चल सकता है, इसका कोई हल उसने नहीं पेश किया।

२. इंगलैण्ड में

(१) चार्ल्स हाल (१८०५ ई०)—अठारहवीं सदी में इंगलैण्ड में समाजवादी विचारों की प्रगति के बारे में हम कह चुके हैं। अठारहवीं सदी के अन्त (१७८९) की फ्रेंच-क्रांति का असर इंगलैण्ड पर भी हुआ था, यह हम कह आये हैं। इंगलैण्ड में जहाँ क्रांति-विरोधी विचारधारा तीव्र थी, वहीं क्रांतिकारी विचार बिल्कुल बन्द नहीं हो गये थे। चार्ल्स-हाल ने अपने ग्रन्थ 'सभ्यता की करतूतें' (१८०५ ई०) में उस सभ्यता का खंडन किया है, जिसमें समाज धनी और निर्धन दो वर्गों में विभक्त हो; "धनियों और निर्धनों की अवस्था बीजगणित से धन और ऋण की भाँति एक दूसरे की विरोधी और एक दूसरे की नाशक हैं। जनता का ८/१० भाग सम्पत्ति के १/८ का अधिकारी है, जब कि कुछ भी पैदा नहीं करनेवाला २/१० ७/८ का मालिक है। इसका अर्थ यह है कि कमकर सात दिन इन धनियों के लिये काम करता है और एक दिन अपने तथा परिवार के लिये।"[१] कवि शेली के शब्दों में—

> **"तू बोता, दूसरा काटता;**
> **तू सम्पत्ति उपजाता, दूसरा उसका स्वामी;**
> **जिस पोशाक को तू सीता, दूसरा उसे पहनता,**
> **जिन हथियारों को तू गढ़ता, दूसरा उसे चलाता।"**

---

१. Effects of Civilization, PP. 53-54.

इस भाव की हाल की एक लैटिन कविता थी—

तुम शहद बनाती, पर नहीं अपने लिये : मक्खियो!

तुम भूमि फलद बनाते, पर नहीं अपने लिये बैलो!''

हाल की सूक्ष्म दृष्टि ने समाज में वर्ग-संघर्ष को ही नहीं देखा, बल्कि उसने यह भी कहा कि सारे अन्तर्राष्ट्रीय युद्धों का कारण सम्पत्ति है। सम्पत्ति के लिये ही व्यापार और राज्य का विस्तार किया जाता है। और देश के भीतरी क्रांतिकारी आन्दोलनों को दबाने के लिये धनियों को राज शक्ति का लोभ होता है। धनी गरीबों में युद्ध की गौरव-गाथा का प्रचार करते हैं और उसकी पीड़ा तथा मृत्यु को छिपाते हैं।

हाल समाज की बुराइयों का यह हाल पेश करता था—भूमि को राष्ट्र की सम्पत्ति बना दो, और छोटे-छोटे किसानों में बाँटकर कृषि को जीविका प्रधान साधन बनाओ। अपनी योजना में हॉल उतना दूर नहीं जा सका, जितना कि समाज की बीमारी के निदान में वह पहुँचा था।

(रिकार्डो पूँजीवादी)—रिकार्डो वैयक्तिक सम्पत्ति तथा तत्कालीन समाज कें जबर्दस्त पक्षपाती थे। लेकिन ब्लॉक के श्रम-सिद्धान्त की भाँति इसने भी अनजाने कुछ हथियार अपने शत्रुओं—समाजवादियों—के हाथ में दे दिये। अर्थशास्त्री रिकार्डो ने सिद्ध किया कि किसे सौदे का विनिमय (बदलने-बेचने) का मूल्य उस श्रम पर निर्भर है, जो कि उस सौदे के पैदा करने में जितने परिमाण में जरूरी है—अथवा अत्यन्त अन्-अनुकूल परिस्थिति में भी जितने परिमाण में श्रम की उसको जरूरत है। इस श्रम के सिद्धांत को मार्क्स ने बड़ी सफलता के साथ पूँजीपतियों के खिलाफ इस्तेमाल किया, यह हम आगे देखेंगे। दूसरी बात रिकार्डो ने बतलाई कि मजदूरी मजदूर की पैदा की हुई चीज से नहीं निश्चित होती, बल्कि उस मात्रा से निश्चित होती है जो कि मजदूर के लिये अपने खाने, कपड़े, घर, जीवन के लिये कुछ अन्य उपयोगी वस्तुएँ और बिना बेशी-कमी के अपने वंश को कायम रखने पर खर्च करनी जरूरी है—पूँजीवाद मजदूरी देते समय यही खयाल रखता है। रिकार्डो ने इसे साफ कह दिया और पूँजीवाद को इस मनोवृत्ति पर साफ निशाना लगाने के लिये समाजवादियों को मौका दिया।

(२) लन्दन कारेस्पांडिंग सोसाइटी (१७९२)—प्रथम फ्रेंचक्रांति के एक साल पहले इस सभा का संगठन स्काटलैण्ड के एक चमार टामस हार्डी (१७५२-१८३२) और कवि तथा वक्ता जान थेर्लवाल के नेतृत्व में हुआ था। सभा ने जन्मते ही जनमन को जागृत करने के लिये जोर का आन्दोलन शुरू किया। शासक-वर्ग ने इसे विद्रोह समझा और जल्दी ही सभा के प्रमुख व्यक्तियों को पकड़ कर देश के साथ विश्वासघात का अपराध लगा उन पर मुकदमा चलाया, किन्तु सबूत न मिल सकने से सजा न हो सकी। थेर्लवाल ने मुकदमे में देने के लिए जो अपना वक्तव्य तैयार किया था, उसकी कुछ पंक्तियाँ इस प्रकार हैं—

''यद्यपि प्रतिवर्ष एक बार गरीब का वोट उतना ही महत्व रखता है, जितना कि मालिकों का, तो भी गरीबों को भूलना नहीं चाहिये कि कहा जाता है, सम्पत्ति का प्रतिनिधि (पार्लियामेंट में) जाना चाहिये, क्योंकि सरकार का आधार सम्पत्ति है। क्या सम्पत्तिवाले आदमी नौसेना या (स्थल) सेना की पंक्तियों को पूरा करते हैं?...सम्पत्ति मनुष्य के श्रम के अतिरिक्त कुछ नहीं है। गरीब का चोटी का पसीना सभी सम्पत्तियों से अपरिमेय (मूल्य की सम्पत्ति) है। यह वह सम्पत्ति है, जिसमें दूसरी सारी सम्पत्तियाँ तैयार होती हैं।...जहाँ सबका

संबंध है, वहाँ सबकी राय लेनी चाहिए, क्योंकि सबके भाग्य का निबटारा सब (की राय) के बिना नहीं होनी चाहिये।...बहु-संख्यकों के जीवन, स्वतंत्रता और उसके स्वामी...चन्द (इने गिने व्यक्ति) हैं।'

वोट का सबको अधिकार हो, यह सोसाइटी का प्रधान माँगों में से एक था। कुछ सालों तक सोसाइटी काम करती रही, फ्रेंच-क्रांति से डरा हुआ ब्रिटेन का शासक वर्ग उसके कार्यों को और बर्दाश्त नहीं कर सकता था, इसलिए ब्रिटिश पार्लियामेंट ने १६९९ ई० में एक कानून (कारेस्पांडिंग एक्ट) बनाकर सोसाइटी को बन्द कर दिया।

(३) मजदूर-विद्रोह (१८१३ ई०)—अठारहवीं सदी के अन्त तक मजदूरों का वेतन भी अच्छा रहा और काम भी सुलभ था। किन्तु उन्नीसवीं सदी के शुरू होते ही मजदूरी घटने और बेकारी बढ़ने लगी। मज़दूरों ने समझा, यदि मशीन दस आदमियों का काम दो आदमियों से लेती, तो आदमी क्यों बेकार होते? मजदूरों ने अपना संगठन करके पहले सारी मशीनों की तोड़-फोड़ शुरू की। उन्होंने समझा, मशीन के नष्ट हो जाने पर वह पुराना मधुर जमाना लौट आयेगा। पूँजीवादियों ने इसके खिलाफ कड़े कानून बनाये और १८१३ ई० में दर्जनों मजदूरों को फाँसी पर चढ़ाया।

विलियम कोवेट जैसे कुछ सुधारवादियों ने इस प्रवृत्ति की निन्दा की और बतलाया कि इस खराबी को हम पार्लियामेंट के चुनाव को ज्यादा जनतांत्रिक बनाकर कर सकते हैं। हमें चाहिये कि सार्वजनिक 'वोटाधिकार' की माँग पेश करें। यह आन्दोलन कुछ समय तक चलने दिया गया, किन्तु अगस्त १९१९ में मानचेस्टर में जो बलवा हुआ; उसका बहाना लेकर उसके दबाने के लिये सख्त कानून बनाये गये। सर वाल्टर स्काट ने उस वक्त की अवस्था के बारे में लिखा था—"ग्लासगो में वालन्टियर तो दिन को परेड करते हैं और उग्रपंथी रात को। यह सिर्फ सैनिक शक्ति है, जिसने कि जनता पर नियंत्रण कर रखा है।"

१८२० ई० में आन्दोलन-कारियों ने स्काटलैण्ड के बहुत से घरों पर अपनी घोषणा चिपका दी थी कि लोगों को तब तक काम छोड़ देना चाहिये; जब तक सार्वजनिक वोटाधिकार नहीं मिल जाए। बहुत से मजदूरों ने हड़ताल की। कुछ ने हथियार उठाया और पकड़े गये या सेना के साथ की भिड़न्त में घायल हुए। एन्ड्रू हार्डी और दो और नेता फाँसी पर चढ़ाये गये। इसी समय स्पेन्स के पाँच अनुयायियों को भी राजद्रोह के अभियोग से मृत्यु-दंड दिया गया।

(४) राबर्ट ओवेन-(१७७१-१८५८ ई०) (क) जीवनी—१८२० ई० तक इंग्लैण्ड की यह अवस्था थी, जब कि राबर्ट ओवेन कार्य-क्षेत्र में आया। ओवेन का जन्म १४ मई, १७७१ ई० को उत्तरी वेल्स में हुआ था। उसका बाप जीम और लोहार का काम करता था। यद्यपि वह एक विद्या-प्रेमी विद्यार्थी था, मगर उसे पढ़ने का बहुत कम अवसर मिला। दस साल की उम्र में उसे एक कपड़ेवाले के यहाँ नौकरी करनी पड़ी। मालिक के पास पुस्तकों का एक अच्छा संग्रह था, तरुण ओवेन ने उससे खूब फायदा उठाया। काम सीखने के बाद उसने व्यापार में हाथ लगाया, जिसमें उसे सफलता होती गई। उन्तीस साल की छोटी आयु में वह मानचेस्टर की एक बड़ी कपड़ेवाली मिल का सुपरिंटेंडेंट नियुक्त हुआ। उसके प्रबन्ध में मिल ने बहुत तरक्की की और कुछ समय बाद ओवेन साझीदार बना लिया गया। सफर के मौके पर ओवेन की मुलाकात भविष्य में होनेवाली अपनी पत्नी मिस डेल के साथ हुई, जिसने उससे अपने बाप की कपड़े की मिल (न्यू-लानार्क) को देखने के लिये निमंत्रण दिया। कुछ समय बाद उसने और उसके साझीदारों ने उस मिल को खरीद लिया।

मिस डेल के साथ ब्याह और इस मिल के खरीदने के बाद उन्नीसवीं सदी के पहले दिन (१ जनवरी, १८००) से उसने नयी मिल के सुपरिंटेंडेंट के तौर पर न्यू-लानार्क में काम शुरू किया। न्यू-लानार्क कस्बे में तेरह-चौदह सौ परिवार और कितने ही सौ भिखमंगे लड़के थे। चोरी, शराबखोरी, मारपीट तथा दूसरी बुराइयाँ मिल मजदूरों में आम थीं। अधिकांश परिवार एक कोठरीवाले घरों में बड़ी ही अस्वास्थ्यकर अवस्था में रहते थे। लड़कों को बहुत ज्यादा घंटे काम करने पड़ते थे, और उनके पढ़ने-लिखने का कोई सुभीता था न।

ओवेन ने मानचेस्टर में मिल के सुप्रबन्ध में अपनी योग्यता का साबूत दिया था। यहाँ उसने मिल के प्रबन्ध के साथ अपने मजदूरों की ओर भी ध्यान दिया। स्वास्थ्य के नियमों के लिये उसने कड़ाई की। मजदूरों की चीजों को खरीदने के लिये भंडार कायम किया, जहाँ २० सैकड़ा कम दाम में चीजें मिलती थीं। मजदूरों के लिये उसने अच्छे घर बनवाये। तरक्की देने के लिये उसने हर एक मजदूर के कारनामे का रजिस्टर रखा। शराब पीने में रुकावट डाली। लड़कों के पढ़ने के लिये पाठशालाएँ खोलीं। १८०६ ई० में जब अमेरिका ने कपास भेजने पर रुकावट डाली और मिल को बन्द करना पड़ा, तो भी ओवेन पूरी मजदूरी देता रहा। इन बातों की वजह से **न्यू-लानार्क** के कमकरों में एक विशेष तरह का परिवर्तन दिखलाई देने लगा। स्वास्थ्य, सफाई, समझदारी, शराबीपन की कमी वहाँ के मजदूरों में साफ दिखाई देने लगी।

साथ ही इन प्रयोगों से मिल-मालिकों को नुकसान नहीं, और अधिक नफा हुआ। तो भी ओवेन की योजनाओं के लिये और रुपयों की आवश्यकता थी, जिससे भागीदार सन्तुष्ट न थे; इसलिये पुराने भागीदार बदलने पड़े; तो भी खटपट बनी रही और १८१३ ई० में वह वहाँ तक बढ़ी, कि नीलाम में प्राय: दस लाख रुपये में खरीदी मिल को चौबीस लाख में अपने कुछ आदर्शवादी साथियों के साथ मिलाकर ओवेन ने खरीद लिया। १८१६ ई० में ओवेन ने अपनी शिक्षा-योजना का पूरा प्रयोग किया। १२ साल (१८२८) ई० तक और ओवेन ने वहाँ काम किया। धर्म के संबंध में ओवेन के आजाद विचार थे, जिसके कारण उसका सहभागियों के साथ बिगाड़ हो गया और अट्ठाईस साल—एक पीढ़ी—के प्रयोग के बाद ओवेन को मिल छोड़ देना पड़ा। इस प्रयोग के बारे में समसामयिक अमेरिकन यात्रा ने लिखा है—

"संसार के किसी भाग में कारखानेवाली जनता में इतनी व्यवस्था, इतना अच्छा शासन, इतनी शान्ति और इतना बुद्धि-संगत सुख नहीं है।

(ख) विचार—सन् १८२३ ई० के बाद ओवेन ने अपने विचारों को विस्तृत क्षेत्र में व्यक्त करना शुरू किया। उसने लिखा है[१]—"सभी अस्तित्वों का मुख्य और आवश्यक उद्देश्य सुख है। लेकिन, सुख सिर्फ एक व्यक्ति के लिये नहीं प्राप्त किया जा सकता।" "(आगें) सुख पैदा करना मनुष्य का एकमात्र धर्म होगा। उपयोगी उद्योगों का करना भगवान की पूजा होगी।" "आदमी का व्यक्तित्व उस परिस्थिति द्वारा निर्मित होता है, जिसमें वह पैदा हुआ, जहाँ रहता और काम करता है। बुरी परिस्थितियाँ बुरे व्यक्तित्व को पैदा करती हैं और अच्छी अच्छे को।" परिस्थिति को अच्छा बनाने के लिये ओवेन इन बातों पर जोर देता था—(१) शिक्षा सार्वजनिक और अनिवार्य तथा समाज एवं व्यक्ति के लिये लाभदायक होनी चाहिये; (२) संपत्ति भरपूर होनी चाहिये; (३) बेकारी का डर नहीं रहना चाहिये।

---

१. स्व-लिखित Life of Robert Owen 1857.

१८१५-१८ ई० तक ओवेन ने मजदूरों की दयनीय दशा को सुधारने के लिये कानून बनाने के आन्दोलन में धन और शक्ति खर्च की। उसने एक भाषण में कहा था—"(कपड़े का व्यापार) उन लोगों के लिये उसने भी हानिकारक है, जितनी कि वेस्ट-इंडीज के गरीब नीग्रो की दासता। नष्ट हो जाने दो कपास के व्यापार को; हमारे देश की राजनीतिक प्रभुता को भी नष्ट हो जाने दो, यदि वह कपास के व्यापार पर निर्भर करती है; (और जो) जीवन की हर एक मूल्यवान वस्तु को बरबाद कर रही है।"

अगले चन्द वर्षों तक ओवेन ने लिखित आन्दोलन को और जोर से चलाया तथा पार्लियामेंट पर जोर दिया कि कारखानों में काम के घंटे १२ कर दिये जायें, जिनमें डेढ़ घंटे खाने के भी हों; दस वर्ष से कम के बच्चों का काम बन्द कर दिया जाए और बारह वर्ष तक के बच्चों के काम घंटे छः से ज्यादा न होने चाहिये। पाठशालाओं का इन्तजाम किया जाए। १८१९ में ओवेन की कुछ बातों को लेते हुए कानून पास किया गया।

मशीन के उपयोग और बढ़ती दरिद्रता के बारे में ओवेन ने अपने भाषणों और लेखों में कहा था—'मशीन के उपयोग से पृथ्वी धन से मालामाल हो रही है, किन्तु मजदूरी-खाता छोटा होता जा रहा है और हाथ में पैसे की कमी से कमकर उस धन में से अधिकांश को नहीं खरीद सकते, जिसे कि वे स्वयं पैदा करते हैं इसलिये सौदा गोलों (गोदाम) में पड़ा रहता है। जब वितरण उसी परिमाण में होता रहता है, जिस परिमाण में चीजें पैदा की जाती हैं, तभी काम सबको मिल सकता है; और मंदी तथा बेकारी से पिंड छूट सकता है। किन्तु जब तक वैयक्तिक लाभ के लिये चीजें पैदा की जाती हैं, तब तक चीजों के खरीदने के लिये मजदूर का उत्पादित सारा धन उसके पास नहीं जा सकता। यदि इस बारे में कुछ नहीं किया गया, तो मजदूर आशा छोड़कर कुछ करने पर मजबूर होंगे। हम एक भयंकर खड्ड के किनारे पर खड़े हैं। यदि अब नहीं सँभले, तो परिणाम भयंकर होगा। कैसी अजीब और हृदय-द्रावक बातें हैं? कमकर इसलिये भूखे मर रहे हैं, क्योंकि उन्होंने बहुत ज्यादा धन पैदा करने का अपराध किया। ओवेन ने ये बातें उस वक्त कही थीं जब कि १८१७ के आस-पास कारखानों के अधिक उत्पादन से एक जबर्दस्त मंदी आई हुई थी।

सारी आफतों से बचने के लिये ओवेन ने साम्यवाद को एकमात्र दवा बतलाई, लेकिन साथ ही उसका कहना था कि साम्यवाद को क्रमशः लाना होगा। आरम्भ में इसे गाँवों में बेकारों के सहयोग और एकता से करना चाहिये। इन गाँवों में हजार से १५ सौ एकड़ जमीन तथा पाँच सौ हजार व्यक्ति होने चाहिये। उन्हें खेती और कारखानों दोनों तरह के व्यवसाय करने चाहिये। सम्मिलित भोजनशाला, शयन-कोठरियाँ, पुस्तकालय स्कूल होने चाहिये। इसी तरह उसने उटोपियन-समाज का चित्र खींचा था। किन्तु, दूसरे उटोपियाकारों से वह व्यवहार के अधिक समीप था। ओवेन की साम्यवादी योजना की जिस तरह उपेक्षा की गई और धर्म के ठेकेदारों ने उस पर जैसे संदेह प्रकट किये, उससे ओवेन को विश्वास हो गया कि साम्यवाद के दुश्मन सिर्फ पूँजीवादी राजनीतिज्ञ ही नहीं है, बल्कि धर्म भी उसके षड्यंत्र में शामिल है। १८१७ के अगस्त में एक सार्वजनिक भाषण में ओवेन ने धर्म की निन्दा करते हुए कहा कि सारे धर्म धोखे हैं। "वह मानव जाति को वास्तविक सुख क्या है, इसे जानने से रोकते हैं।" इस आक्षेप के कारण ओवेन को अपने बहुत से मध्यवर्गीय सहानुभूति कारकों से हाथ धोना पड़ा।

साम्यवादी आदर्श और उनके दुश्मनों की शक्ति का काफी ज्ञान रखते हुए भी ओवेन उटोपियन (खयाली) जगत में कितना घूम रहा था, यह इसी से मालूम होता है कि १८१९ में

'कमकरों का संबोधन'[१] में उसने मजदूरों को गरीबी और अज्ञान से मुक्त करने के लिये, अपने को सहायता देने के लिये तैयार जाहिर करते हुए शर्त पेश की थी कि वह शासक वर्ग के प्रति सारे घृणा और हिंसा के भाव बिलकुल छोड़ दे। मालूम होता है, यहाँ गाँधी की रूह सवा सौ वर्ष पीछे जाकर बोल रही है। जान पड़ता है, ओवेन समझ रहा था कि घृणा और हिंसा सिर्फ दिमाग से निकलती हैं और उनका कोई भौतिक आधार नहीं होता! उसने अत्याचार सहते-सहते ऊब गये कमकर-वर्ग की उत्तेजना पर ठंडा पानी फेंकते हुए कहा कि गरीब और अमीर, शासक और शासित सबका हित समान हैं। उच्च-वर्ग की मंशा नहीं है कि कमकरों को अधीन बनाकर रखें। श्रम के बारे में ओवेन का कहना था कि मानव-श्रम मूल्य की माप है।

१८२१ में ओवेन ने अपनी 'सामाजिक व्यवस्था'[२] लिखी। उसमें उसने हर तरह की वैयक्तिक सम्पत्ति को हटाकर पूर्ण साम्यवाद पर जोर दिया। पूँजीवादी अर्थशास्त्रियों पर आक्षेप करते हुए उसने कहा था--इसके लिये समाज का उद्देश्य है सिर्फ धन जमा करना। मनुष्य उसके लिये निर्जीव मशीन है। व्यक्तिवाद और प्रतियोगिता की तारीफ के पुल जो इन्होंने बाँधे हैं, उसने श्रम को अकिंचन बना दिया है। वितरण की समस्या समाज की जबर्दस्त समस्या है, जिसे वह हल करने में असमर्थ है।

ओवेन के विचार उटोपियन हो चले थे, इसका जिक्र हम पहले कर चुके हैं। अपच उटोपियन विचारों के प्रयोग करने की उसे बड़ी लालसा थी। १८२४ ई० में उसने ३०,००० पौंड (प्राय: ४ लाख रुपये) में संयुक्तराष्ट्र अमरीका (हार्मनी, इंडियाना) में ३०,००० एकड़ जमीन खरीदी और न्यू-हार्मनी[३] के नाम से वहाँ एक साम्यवादी उपनिवेश बसाया। उपनिवेश का उद्घाटन करते हुए ओवेन ने कहा था—

"मैं एक बिलकुल नई सामाजिक अवस्था आरम्भ करने के लिये इस देश में आया हूँ। मैं चाहता हूँ कि अज्ञान और स्वार्थपूर्ण व्यवस्था हटे, उसकी जगह ज्ञान-पूर्ण सामाजिक व्यवस्था कायम हो और वह धीरे-धीरे सभी स्वार्थों को एक बना दे तथा व्यक्तियों की पारस्परिक प्रतिद्वन्द्विता को दूर कर दे।"

लेकिन, तीन साल के भारी प्रयत्न के बाद प्रयोग असफल हो गया और ओवेन का बहुत-सा रुपया बरबाद हुआ। ओवेन के एक अनुयायी १८२५ ई० में ग्लासगो के पास ओबिस्टन में भी इस तरह एक तजरबा किया और वह भी असफल रहा। इन तजरबों की असफलता को देखकर भी उटोपियन समाजवादी नये तजरबों से बाज आने के लिये तैयार न हुए। फूरिये और उसके अनुयायियों ने १०४० के बाद इसके कितने ही असफल तजरबे किये, यह हम बतला चुके हैं। आज भी पूँजीवादी मशीन के अन्दर इस तरह के प्रयोग हो रहे हैं; किन्तु यह संभव नहीं, इसे पिछले तजरबों ने बतला दिया है। साम्यवाद को काल-संबंधी उतावलेपन और जल्दी के रास्ते से नहीं स्थापित किया जा सकता।

सहयोग समितियाँ और मजदूर-सभाएँ उस वक्त तक कहीं-कहीं स्थापित हो गई थीं। ओवेन को ख्याल आया कि मजदूर सभाओं और सहयोग-समितियों से कामों को जोड़ क्यों न

---

१. Address to the Workman.

२. Social System.

३. New Harmony नव-शान्ति.

दिया जाये। अक्टूबर, १८३३ ई० में लन्दन में मजदूर-सभाओं और सहयोग-समितियों की सम्मिलित कान्फ्रेंस की गई। ओवेन ने घोषित किया कि कमकर सहयोग के महत्व को छः महीने के भीतर समझ जायेंगे।

ओवेन ने मजदूरों के संगठन पर काफी समय और शक्ति लगाई। इंग्लैण्ड का सुधार-कानून पास हो गया था और शासन में सामन्ती की सत्ता खर्च होकर पूँजीवादियों का हाथ मजबूत हुआ था। इस सुधार के कराने में पूँजीवादी सफल न होते, यदि मजदूरों ने उनका साथ न दिया होता। इससे मजदूरों को लाभ बस इतना ही समझें कि उन्होंने अपनी शक्ति का कुछ हलका-सा अन्दाज पाया और सिर्फ वेतन बढ़ाना, घंटा कम करना, तथा दूसरी रोज-ब-रोज की दिक्कतों तक ही माँगों को सीमित न रखकर अब उन्होंने शासन-अधिकार तक हाथ बढ़ाया। ५ अक्टूबर १८३३ ई० के 'पायोनियर, नामक मजदूर-सभा के पत्र में संपादक ने लिखा था—"अब हमने समृद्धि की रेल-सड़क बिछा दी है।...हमारे संकट नजदीक आ रहे हैं,...संघर्ष का प्रभाव सब पर एक सा पड़नेवाला है। धिक्कार है, उस आदमी को, जो अपना स्थान छोड़े। फैसला इस सवाल का करना है—प्रेम ऊपर होगा या पूँजी?"

मजदूरों ने अपने संगठन को विस्तृत और दृढ़ किया। १८३३-३४ में ८,००,००० व्यक्ति मजदूर सभा के मेंबर बन गयें। साधारण हड़ताल का नारा बुलंद किया और मजदूर बड़े उत्साह से शामिल होने लगे; यद्यपि उनका विश्वास ओवेन की कितनी ही व्यवहार-शून्य योजनाओं पर न था। हड़ताल से वह क्या समझते थे, यह उनके ग्लासगो में ५ अक्टूबर, १८३३ की सभा में साधारण हड़ताल का प्रस्ताव करते-वक्त निकले इन उद्‌गारों से मालूम होता है—

"कोई विद्रोह नहीं होगा; यह सिर्फ निष्क्रिय प्रतिरोध होगा। आदमी खाली रहेंगे। ऐसा कोई कानून न है, न हो सकता है, जो कि आदमियों की उनकी इच्छा के विरुद्ध काम करने के लिए मजबूर करे। वह हाथ-बाँधे खेतों-सड़कों पर टहलते रह सकते हैं, वह न तलवार रखेंगे न बन्दूक। वह बलवे के कानून को इस्तेमाल करने के लिये भीड़ जमा नहीं करेंगे। जब तक उनके पास पैसे हैं, उनको सिर्फ यही करना है कि हफ्ते या महीने के लिए काम छोड़ दे और इसका परिणाम क्या होगा? हुंडियाँ इनकारी जायेंगी, गजेट में दिवालों को भरमार होगी, पूँजी नाश होगी, मालगुजारी वसूल नहीं होगी। सरकारी व्यवस्था अस्त-व्यस्त हो जायेगी और धनियों के विरुद्ध गरीबों के इस निष्क्रिय षड्यन्त्र द्वारा एक क्षण में वह सारी जंजीरें टूट जायेंगी, जिन्होंने समाज को एक दूसरे से बाँधा है।"[१]

ओवेन को यह रुख पसन्द नहीं आया। उसका खयाल था कि देश की मुक्ति पूँजीपति और मजदूर दोनों वर्गों के सहयोग पर निर्भर है। वह जोर दे रहा था, पूँजीपति भी उत्पादक हैं; इसलिये मित्रतापूर्ण भाव से उसको अपनी ओर लाने की कोशिश करनी चाहिये। इस अभिप्राय से २५ नवम्बर, १८३३ को ओवेन ने 'राष्ट्रीय पुनरुज्जीवन सभा' स्थापित की, जिसमें उसने मजदूर और पूँजीपति दोनों को मिलना चाहा। लेकिन ओवेन समय से पीछे जा रहा था। दोनों वर्गों के स्वार्थ और सम्बन्ध इतने दूर हो चुके थे, कि उनकी गंगा-जमुनी चल नहीं सकती थी। ओवेन और कोई भी नेता एक ही वर्ग के स्वार्थ का पक्षपाती हो सकता था। ओवेन के विरुद्ध दूसरे दल उठ खड़े हुए। उन्होंने वर्गयुद्ध को अनिवार्य बतलाया और साधारण हड़ताल पर

---

१. Glasgow Liberator (Trades Union Gazette.)

जोर दिया। ओवेन और उसके अनुयायी अपनी समदर्शित पर डटे रहे। इस झगड़े से मजदूर-संगठन में शिथिलता आई, साधारण हड़ताल नहीं हो सकी। ओवेन की प्रसिद्धि का तारा भी अस्त हो चला। ओवेन, जो किसी समय व्यक्ति को समाज की उपज बतलाता था, अब नवीन परिस्थिति से कुछ सीखना नहीं चाहता था। एक पन्थ के तौर पर कुछ लोगों को लेकर वर्ग-शक्ति, वर्ग-सहयोग, हृदय-परिवर्तन आदि पुरानी पड़ गई बातों के दुहराने में वह अपने को व्यस्त किए हुए था। इंग्लैंड में चार्टिस आन्दोलन हुआ। फ्रांस में १८८४ की क्रांति हुई। भारत में १८५७ में स्वतन्त्रता का जबर्दस्त युद्ध छिड़ा। मार्क्स ने वैज्ञानिक 'साम्यवादी घोषणा' ही नहीं की, बल्कि उसे काम में लाने के लिये प्रयत्न होने लगे। किन्तु, ओवेन का मानसिक विकास तीस वर्ष पहले ही रुक चुका था। ८६ वर्ष की उम्र में (१८६३ ई०) ओवेन ने ग्रेट-ब्रिटेन के बैठे-ठालों की **सामाजिक विज्ञान सभा**[१] के सामने 'बिना दंड के शासित मानव-जाति' पर एक लेख पढ़ा। दूसरे साल (१८६४) भी उसी सभा के सामने लिवरपूल में दूसरा लेख जा रहा था, तो वह गिर गया और अपने जन्म स्थान न्यूटन में पहुँच कर मर गया।

(५) चार्टिस्ट आन्दोलन (१८३७-५४)—(क) बेकारी और विद्रोह—राबर्ट ओवेन की जीवनी से हमें मालूम है कि इंग्लैंड मजदूर वर्ग अब चिकनी-चुपड़ी बातें सुनने और आशा-दिलासा पर सन्तोष नहीं कर सकता था। सुधार-कानून पास होने के दो साल पहले (१८३०) एक जबर्दस्त मन्दी हुई। मजदूरों के साथ किसानों की हालत भी बहुत बुरी हो गई थी। उसके साथ ही भेड़ों में भयंकर महामारी फैली, जिससे १० लाख भेड़ें मर गईं। इसी वक्त दवाई की मशीन इस्तेमाल की जाने लगी। जिससे खेतिहर मजदूरों में बेकारी और बढ़ी। उन्होंने अगस्त में केन्ट में इन मशीनों को नष्ट करना शुरू किया और बलवा उठ खड़ा हुआ। वह आन्दोलन सिर्फ ध्वंसात्मक ही नहीं था; बल्कि बलवाइयों के सामने एक सामाजिक प्रोग्राम भी था, जैसा कि उस समय के बहु-प्रचारित एक पत्र से मालूम होता है—

"हम अनाज के गंजों और दवाई की मशीन को इस साल नष्ट कर डालेंगे। अगले साल हम व्यक्तियों की खबर लेंगे, और तीसरे साल हम राजनीतिज्ञों से युद्ध छेड़ेंगे।"

यह वह समय था, जब कि इंगलैण्ड में रेलों का निर्माण बड़े जोर से हो रहा था और हफ्तों की मंजिलें घर-आँगन बन रही थीं। १८२३ में स्टाक्टन-डार्लिंटन लाइन खुली थी। १८२९ में मानचेस्टर को लिवरपूल के बन्दरगाह से मिला दिया गया। पहले समझा जाता था कि रेलें सिर्फ माल ढोने के काम आयेंगी और सवारी के लिये घोड़े की बग्घियों के आराम और तेजी का मुकाबला नहीं कर सकेंगी, लेकिन यह बात गलत निकली। दूरी नष्ट करने के इस नये आविष्कार ने खयालों को भी तेजी से एक जगह से दूसरी जगह पहुँचाना शुरू किया। आन्दोलकों का एक जगह से दूसरी जगह जाने में वक्त और पैसा दोनों कम खर्च होने लगा। १८३४-३६ में रेलों के बनाने के लिये ७ करोड़ पौंड या प्राय: एक अरब रुपये जमा किये गये थे, इसी से रेलों के विस्तार का पता लग सकता है।

उस वक्त के अंग्रेज मजदूरों की क्या हालत थी, इसे २२ मार्च, १८३९ से चार्टिस्ट कन्वेन्शन (सम्मेलन) के लिये लिखी गई एक रिपोर्ट में सुनिये—

"जिन कस्बों में गया हूँ, उनकी अवस्था के बारे में मैं इतना ही कह सकता हूँ कि गरीबी भुखमरी...चारो ओर दिखलाई देती है।...लोक में मैंने मजदूरों की गरीबी को मनुष्य

---

१. Social Science Association of Great Britain.

के बर्दाश्त की निम्नतम अवस्था तक पहुँच गई देखा। कितने ही आदमी खुलेआम कहते थे कि हम रोज के पन्द्रह घंटे काम करने पर ७ या ८ शिलिंग प्रति सप्ताह कमा सकते हैं। मुझे आश्चर्य नहीं है यदि वह कड़े शब्दों को इस्तेमाल करते हैं। मुझे आश्चर्य इस पर है कि कैसे वह सीमा के भीतर हैं; किन्तु यह मैं कहने से रुक नहीं सकता कि जल्दी ही यदि कुछ किया नहीं गया और कमकारों को ज्यादा नहीं दिया गया तो कोई भयंकर बात हो के रहेगी। यह संभव नहीं होगा—चाहे अपनी सारी शक्ति को ही क्यों न लगाएँ—कि इंग्लैण्ड के कमकर शान्त रखे जा सकें, यद्यपि इसके लिये मेरी बड़ी ख्वाहिश है।...क्या मैं उन जगहों में जाऊँ या आपके पास जाऊँ? क्या उन्हें शान्ति व्यवस्था का उपदेश सुनाऊँ? लेकिन मुझे डर है, यह सब बेकार जायेगा। इस जगहों के लोगों के शब्द हैं—भूख से मरने की जगह तलवार से मरना बेहतर है।"

१८३१ में मजदूरों ने अपना एक राजनीतिक संगठन—"मजदूर-वर्ग का राष्ट्रीय संघ" कायम किया। यह मजदूर-सभाओं के आधार पर बना था। इस संघ और 'गरीब-संरक्षक'[१] ने जन-जागरण में बहुत मदद की। आन्दोलन के आगे बढ़ने पर वर्ग-संघर्ष और साधारण-हड़ताल की बातों को देखकर ओवेन कैसे घबराया, इसका हम जिक्र कर चुके हैं। चार्टिस्ट आन्दोलन में कितने ही प्रधान मुखिया ओवेन के शार्गिद थे; किन्तु जनता के सामूहिक संग्राम—आर्थिक और राजनीतिक दोनों क्षेत्रों में ओवेन के न मानने पर भी वह जोर देते रहे। मजदूर गर्म और नये विचारों को सुनने और पढ़ने के लिये बहुत उत्सुक थे। वह अपनी समस्याओं पर बहस करते थे। सरकार ने यह रवैया देख अखबारों और कागजों पर टैक्स लगा पुस्तकों और पत्रों को कई गुना महँगा कर दिया; किन्तु इनसे वेग कहाँ रुक सकता था। इस पर मजदूरों ने गैर-कानूनी तौर से छपाई-वितरण आदि का प्रबन्ध किया। इसके लिये जो जेल या जुर्माने की सजा पाते, उनके लिये 'पीड़ित फंड' खोला गया। समाचार, चिट्ठियाँ ही नहीं रूमालों तक पर छाप कर क्रान्तिकारी बातें फैलायी जाती थीं। १८३६ में अखबार विरोधी कानून उठा दिया। तब तक ५०० कार्यकर्ता उसका विरोध करने के लिये जेल भेजे जा चुके थे।

(ख) चार्टर (अधिकार-पत्र)—जून, १८३६ में लंदन-मजदूर-संघ[२] कायम हुआ। आरम्भ तो इसका ओवेन के नरम विचारों को लेकर हुआ था; मगर परिस्थिति ने आगे बढ़ने के लिये मजबूर किया। १८३७ में फिर मंदी शुरू हुई, बेंकारी जारी हुई, जिससे पार्लियामेंट में सुधार की माँग फिर पेश हुई। फरवरी, १८३७ ई० में संघ ने छः माँगों का एक आवेदन-पत्र तैयार किया, यही माँगें पीछे चार्टर कही गईं और उनके नाम पर आन्दोलन का नाम चार्टिस्ट पड़ा। माँगें यह थीं—

(१) सब वयस्कों को वोट का अधिकार;
(२) वार्षिक पार्लियामेंट;
(३) गुप्त पुर्जी के द्वारा वोट;
(४) पार्लियामेंट के मेंबरों को वेतन;
(५) वोट के लिये सम्पत्ति की शर्त को हटा देना;
(६) एक समान चुनाव-क्षेत्र।

---

१. The Poor man's Guardian.

२. The London Working Men's Association.

(ग) चार्टिस्ट नेता

(i) विलियम लोवेट (१८००-७७)—चार्टर का मसौदा विलियम लोवेट एक बढ़ई ने बनाया था। लोवेट दस साल से मजदूर-आन्दोलन में भाग ले रहा था। इस आन्दोलन ने सारे इंग्लैण्ड में कितना जोर पकड़ा था, यह चार्टिस्टों की रीडिंग की एक सभा (मई, १८३७) से मालूम हो जायेगा, जिसमें ढाई लाख लोग जमा हुए थे। चार्टिस्ट-आन्दोलन के पीछे क्या भाव काम कर रहे थे, उनके नमूने लीजिये। पादरी जोजफ रेनर स्टीफेंस (१८०५-७९) ने अपने भाषण में कहा था—"मिल-मालिकों का अत्याचार फैक्टरी के हर एक पत्थर; हर एक ईंट पर (मजदूरों के) खून के अक्षरों से लिखा हुआ है।"

"इस राजनीतिक गुलामी से हम अपने को कैसे मुक्त कर सकते हैं?...नामधारी गरम नेताओं...उदारदलियों...जालिम टोरियों के ऊपर भरोसा करके नहीं, बल्कि सिर्फ अपनी ताकत और अपनी माँगों की न्यायता पर भरोसा करके ही हम अपनी स्वतन्त्रता प्राप्त कर सकते हैं।"

(ii) हेथ्नरी हैरिंथटन (१७९२-१८४९)—एक कम्पोजीटर और प्रेस स्वतन्त्रता का ज़बर्दस्त हामी, कई बार जेल की सजा काटनेवाला एक जबर्दस्त योद्धा, अत्यन्त सहृदय और उदार मनुष्य था। उसने कहा था—

"मैं शान्ति और दृढ़ता के साथ घोषित करता हूँ कि लोग जैसा विश्वास करते हैं, उस सर्वशक्तिमान्, शुभकारी ईश्वर के अस्तित्व को मैं नहीं मानता।...मेरा विश्वास है कि मृत्यु अनन्त निद्रा है। मैं समझता हूँ कि पुरोहित वर्ग और मिथ्या-विश्वास मानव-प्राणी के रास्ते में जबर्दस्त रुकावटें हैं।...(यह) स्वार्थपूर्ण व्यवस्था है जो वस्तुतः सभी आदमियों के गुलाम, पाखंडी या अपराधी बनने की शिक्षा देती है।...जब तक उपज की भूमि, मशीन, औजार-हथियार, मनुष्य के जाँगर की सारी उपज केवल कामचोरों के हाथ में है और सम्पत्ति पैदा करनेवालों के हाथ में सिर्फ श्रम है,...तब तक न अन्त होनेवाला यह दुःख अनिवार्य है।"

(घ) चार्टर-संघ की घोषणा—चार्टर के साथ चार्टर-संघ ने निम्न घोषण प्रकाशित की थी—

'लन्दन ८ मई, १८३८'

"देश-भाइयो! हम इसे राजनीति का स्वयंसिद्ध मानते हैं कि सिर्फ जनप्रतिनिधियों का स्वायत्त-शासन ही राजशक्ति का न्यायपूर्ण आधार—वैधानिक अधिकारों का एकमात्र सच्चा आधार—अच्छे कानून की एकमात्र न्याययुक्त जननी है। हम इसे ध्रुव सत्य मानते हैं कि वह सभी सरकारें, जो किसी दूसरे आधार पर स्थित हैं वह सदा अराजकता या स्वेच्छाचारिता की तरफ जाना चाहती हैं अथवा एक तरफ वर्ग और सम्पत्ति की पूजा पैदा करती हैं दूसरी ओर गरीबी और पीड़ा को। हमें उम्मीद है कि निर्वाचक और अ-निर्वाचक इसे अपने उम्मीदवारों की प्रतिज्ञाओं में शामिल कराते रहेंगे, इसके प्रचार को और बढ़ायेंगे, इसके सिद्धान्तों पर वार्तालाप करेंगे और तय करेंगे कि जैसा उदारों का सुधार मसौदा-कानून बना, उसी तरह यह मसौदा भी इंग्लैण्ड का कानून बन जाए।"

जेम्स ओब्रायन (१८०५-६४ ई०)—चार्टिस्ट नेता चेम्स ब्रोन्टेरे ओब्रायन ने अपने बारे में लिखा था—"मेरे मित्रों ने मुझे कानून पढ़ने के लिये भेजा था; किन्तु मैं अपनी खुशी से उग्रवादी सुधारों के लिये आन्दोलन स्वीकार किया। चन्द दिनों तक मैं दोनों पढ़ता रहा, किन्तु मैंने देखा कि कानून सिर्फ कल्पना और बदमाशी है; और उग्रवादी सुधार पूर्ण सत्य और

अत्यन्त जरूरी है।'' ओब्रायन ने 'उत्तरीयतारा'[१] में लिखा था—

''सार्वजनिक वोटाधिकार से तुम्हारा उस जमीन के बन्दोबस्त पर अधिकार होगा, जो कि परती रखी गई है—यह देश के रुपये-पैसे के ऊपर अधिकार है—यह अधिकार है, जिससे राष्ट्रीय बैंक स्थापित कर सकते हो...यह अधिकार है; तीन करोड़ एकड़ परती जमीन पर जिसमें आधी खेती लायक है।''

(ङ) चार्टिस्ट सभाएँ और सम्मेलन—चार्टिस्ट-आन्दोलन २१ मई, १८२९ की ग्लासगो की ढाई लाख से भरी सभा से आरम्भ हुआ, यह बतला चुके हैं। उसका वह जुलूस स्मरणीय था। छः पाँतियों में लोग जल्दी-जल्दी चल रहे थे, तो भी किसी जगह से गुजरने में लोगों को डेढ़ घण्टे लगते थे। मजदूरी के हर एक पेशे और जमात के आदमी अपनी ध्वजाओं के साथ उसमें शामिल थे। न्यूकासल (८०,०००), बर्मिंघम (२,००,०००), मानचेस्टर (३,००,०००), ब्रेडफोड (१,००,०००) और दूसरी जगहों से धूमधाम से सभाएँ हुईं। कमकरों के नारे थे—'पेटरलू [२] के खूनी कारनामों को याद रखना', 'बीबी-बच्चों के लिये हम यह छूरी लिये लड़ते हैं।', 'तलवार से मरनेवाले बेहतर हैं, भूख से मरनेवालों से', 'सूअर अधिक आदमी कम।' अक्टूबर (१९३९) से आगे मशाल के जुलूस और सभाएँ होने लगी थीं। चार्टिस्ट आन्दोलन ने कितने ही जोशीले गीत पैदा किये थे—

''उठो बेटा, लड़ो दुश्मन से,
सत्य बुद्धि तुम्हारा हथियार।
इन टीरियों उदारदलियों को
जतलायें कि मेल नहीं है विश्वासघात।''
''क्या है यह मूल्य स्वतन्त्रता का?
फल पाने के लिये शहीदों का गिरना
तो हो ऐसा ही; हम या तो होंगे आजाद;
या सभी होंगे बलिदान।''

१८३९ की सभाएँ और खतरनाक होती गईं। एक वक्ता ने कहा था—

''एक समय था जब हर एक अंग्रेज के झोपड़े में एक बन्दूक और उसके साथ लटकता सूअर-मांस खंड होता था। अब वह मांस का टुकड़ा नहीं, क्योंकि बंदूक नहीं है। आने दो बंदूक को, और मांस का टुकड़ा उसके पीछे-पीछे आयेगा।'' (हार्नी)

४ फरवरी, १८३९ को लंदन में चार्टिस्ट-कन्वेन्शन (सम्मेलन) हुआ। सारे देश के कोने-कोने से प्रतिनिधि जमा हुए। ४० प्रतिनिधियों में २५ मध्यवर्ग के थे और २४ मजदूर वर्ग के। मध्यवर्गीय लोग डगमगाने लगे। उधर श्रमिक जनता कुछ करने के लिये बेकरार हो रही थी। आखिर बर्मिंघम के मध्यवर्गीय उग्रवादियों ने स्वयं जगह खाली की। लोग बेकरार क्यों न होते, जब कि अकाल फैल रहा था, मजदूरी कम की जा रही थी और बेकारी बड़ी तेजी से बढ़कर भयंकर रूप धारण कर रही थी। लंकाशायर और दक्षिणी-वेल्स के मजदूरों की हालत सबसे बुरी थी और वह विद्रोह के लिये उतावले थे। वह सर्वस्व बेच-बेचकर हथियार

---

१. The Northern Star (१३ अक्टूबर, १८३८).

२. Peterloo.

खरीद रहे थे। बाइबल का उद्धरण देकर कहते थे—"जिसके पास तलवार नहीं, उसे चाहिये कि वह अपना कपड़ा बेचकर तलवार खरीदे।" उन्होंने गुप्त संगठन किये और कवायद-परेड करना शुरू किया। सरकार सभाओं के बन्द करने, खुफियों, भेदियों और भड़काने वालों को भेजने में व्यस्त थी। ९ अप्रैल की बैठक में कन्वेन्शन ने स्वीकार किया—"(हमें) पूरा विश्वास है और सभी विधानवेत्ता सहमत हैं कि जनता को हथियारबन्द होने का अधिकार है।" कन्वेन्शन का सबसे बड़ा प्रस्ताव था—७ मई को पार्लियामेंट के पास आवेदन-पत्र पेश करना।

आवेदन के बाद सर्वत्र विद्रोह उठनेवाला था। उसके लिये सरकार तैयारी करने लगी। दक्षिणी-वेल्स, मानचेस्टर तथा दूसरे अशांत-वातावरणवाले स्थानों में फौजें भेजी गईं। सिपाहियों को जनता से अलग कर बैरकों में रखा जाने लगा। ३ मई को सरकार ने हर तरह के हथियार लेकर चलने और कवायद-परेड को गैर-कानूनी घोषित किया और धन तथा जीवन की रक्षा के लिये नागरिकों को हथियार बंद होने का हुक्म दिया। धनी व्यापारी तुरन्त हथियारबंद हो खास-कान्स्टेबल बनने लगे। वर्ग-स्वार्थ नंगा नाचने लगा। सरकार "धनियों को गरीबों के खिलाफ हथियारबन्द कर रही थी।"

(च) आवेदनपत्र पार्लियामेंट के पास—७ मई, १८३९ को साढ़े बारह लाख आदमियों के हस्ताक्षर के साथ आवेदन-पत्र पार्लियामेंट में पेश करने के लिये मेंबर एटवूड को दिया। आवेदन-पत्र का वजन ६ हन्ड्रेडवेड (सवा आठ मन) और कागज की लंबाई दो मील थी। १४ जून को आवेदन-पत्र पार्लियामेंट में पेश हुआ और १२ जुलाई को उस पर बहस हुई। सरकार ने जान-बूझकर देरी की, जिससे कि मजदूर उत्तेजित हो कुछ कर बैठें और उसे फौज इस्तेमाल करने का मौका मिले। कन्वेन्शन ने संघर्ष के जो तरीके स्वीकार किये थे, उनमें थे—किराया, कर और लगान देने से इन्कार, चार्टिस्ट उम्मीदवारों की मदद, कानून और वैधानिक हकों की रक्षा के लिये हथियार का इस्तेमाल कन्वेन्शन की तरफ से दिया गया वक्तव्य था—

"देश-भाइयो! हमारे बहादुर पूर्वज अपने अधिकारों का अभिमान किया करते थे। इन अधिकारों को उनके संक्षिप्त कानून साफ-सरल बनाते थे। किन्तु, हम उनकी पतित सन्तानों ने उनमें से एक के बाद एक को हाथ से जाने दिया और चूँ नहीं किया। अब उन अधिकारों का बचा-खुचा भाग भी कानून-निर्माण के रहस्यवाद या भूल-भुलैया में लोप हो गया।...ब्रिटेन के स्त्री-पुरुषो! क्या तुम इसे मानने के लिये तैयार हो कि जन्म से मृत्यु तक लगातार मर-मर के काम करो, जिससे कि...तुम्हारे निठल्ले अभिमानी उत्पीड़क पलें और बढ़ें? क्या तुम बहुत काल तक चुपचाप इसे मानते जाओगे कि मशीन-कला के सबसे बड़ी आशीर्वाद को सामाजिक जीवन के भारी शाप में बदल दिया जाए? तुम कब तक देखते रहोगे कि बच्चे अपने माँ-बाप से, पत्नियाँ पतियों में प्रतियोगिता करने के लिये मजबूर हों, सारा समाज शारीरिक और मानसिक तौर से पतित हो, धन और उपाधियों के राजा-बाबुओं के सेवक बने?"

(छ) विद्रोह (i) बर्मिंघम—४ जुलाई की शाम को बर्मिंघम में मजदूरों की एक शांतिपूर्ण सभा हो रही थी। एक कमकर किसी समाचार-पत्र के लेख को जोर से पढ़ रहा था। इसी समय एक-ब-एक लंदन से लाई गई पुलिस ने बिना सूचना के आँख मूँद कर दायें-बायें पीटना शुरू किया, लड़कों और बच्चों तक को भी उन्होंने नहीं छोड़ा। पहले तो लोगों में भगदड़ मच गई, किन्तु चन्द मिनटों में वह फिर लौट आये। लड़ाई शुरू हुई और कितने ही

पुलिसवाले घायल हुए। बहुत-सी गिरफ्तारियाँ हुईं। दूसरे दिन मार्शल-ला (फौजी कानून) घोषित हुआ। सड़कों पर फौज और पुलिस का पहरा पड़ गया। दुकानें बन्द कर दी गईं। धनिक परिवार शहर छोड़ भागने लगे। मजदूरों ने अपनी खुली सभाएँ जारी रखीं और सैनिक बराबर उन्हें बलपूर्वक तोड़ते रहे। १२ जुलाई को ४६ के विरुद्ध २३५ वोटों से जब पार्लियामेंट ने आवेदन-पत्र को खारिज कर दिया तो लोगों के असंतोष का ठिकाना न रहा। १५ जुलाई को बर्मिंघम वाले कमकर फिर मैदान में जमा हुए। यकायक सड़क की सारी लालटेनें बुझ गईं और जनता के कितने ही प्रमुख दुश्मनों के घरों में आग लगा दी गई। चाँदी-सोना सड़कों पर बिखरा हुआ था किन्तु सरकार तक ने कबूल किया था—किसी कमकर ने उसे छुआ तक नहीं। पुलिस और सेना नियन्त्रण न कर सकी। धनी शहर छोड़कर भाग गये और मजदूरों का पाँच दिनों तक शहर पर अधिकार रहा, उनकी सभाएँ लगातार होती रहीं।

ऐस्टन में चिपकाये इश्तिहार में यह शब्द थे—

"ऐस्टन के लोगो! सबके लिये रोटी या सबका खून। तैयार करो अपने छुरे, मशाल और बन्दूकों को।...सभी कूच करो, रोटी या खून के लिये, जीवन या मृत्यु के लिये। याद रखो—१२,८०,००० की रोटियों की पुकार को उपहास की चीज बतलाया गया। ओ अत्याचारियो! सोचो, तुम्हारी मिलें निश्चल रहेंगी।"

१८३८ में चार्टर के प्रकाशित होने पर (बर्टट्रंड रसल के पूर्वज) गृह-सचिव लार्ड जान रसल ने कहा था—"खुली बहस लोकमत की अनियंत्रित घोषणा से सरकार को डर नहीं। लेकिन डर इससे है, यदि आदमी गुप्त संगठन करने के लिये मजबूर किये गये। वहाँ खतरा है, खुली बहस में (डर) नहीं।"

किन्तु, सरकार इस नीति पर कायम नहीं रह सकी। उनकी सख्तियों के कारण लोगों को गुप्त संगठन के लिये मजबूर होना पड़ा।

(ii) दक्षिणी-वेल्स में—दक्षिणी-वेल्स में विद्रोह की तैयारियाँ बड़े जोर से हुई थीं। हथियारबन्द बगावत से हम अपने हाथों को लौटा सकते हैं, इसका उन्हें पूरा विश्वास था। वह इसके लिये तैयारी और निश्चय कर चुके थे; किन्तु देश के दूसरे भाग अच्छी तरह संगठित नहीं थे, और न उनका निश्चय उतना दृढ़ था। सभी जगहों से सम्बन्ध जोड़ना भी मुश्किल था। अकेले रहते भी ३ नवम्बर (१८३९) को दक्षिण वेल्स ने विद्रोह शुरू कर दिया। यह तय कर लिया गया था कि उस दिन रात को १० हजार जवानों की तीन टुकड़ियाँ भिन्न-भिन्न दिशाओं से चलकर न्यूपोर्ट के एक खास स्थान पर २ बजे रात को मिल जाए। फ्रोस्ट अपनी टुकड़ी के साथ ठीक समय पर पहुँच गया; किन्तु दूसरे लोग अंधड़ के कारण ठीक समय पर न पहुँच सके। दिन की रोशनी में ९ बजे दस हजार आदमी लकड़ी, डंडे, भाले और कुछ बन्दूकों के साथ वहाँ जमा हुए। सरकारी अफसरों को खबर न मिले, इसकी कोशिश की गई थी; किन्तु किसी तरह उन्हें पता लग गया। हथियारबन्द नागरिकों की फौज वेस्टगेट होटल में जमा थी। कमकरों को उम्मीद थी कि होटल में मजिस्ट्रेट होंगे; किन्तु यहाँ धनिक सैनिकों की गोलियों ने उसका स्वागत किया। चार्चिस्टों ने मुकाबला किया; किन्तु उनके हथियार कमजोर थे। उन्होंने जीवन की परवाह न कर बलपूर्वक दरवाजा तोड़ना चाहा; किन्तु उसमें वह सफल न हुए। १५ मिनट तक गोलियाँ चलती रहीं, १५ आदमी मारे गये और ५० से ऊपर घायल हुए, जिनमें भी कितने ही अस्पताल में जाकर मारे गये। १२५ आदमी गिरफ्तार किये गये जिनमें उनके नेता फ्रोस्ट और आर्नस्ट जोन्स भी थे।

(ज) चार्टिस्टों का दमन—१ जनवरी, १८४० ई० को फ्रोस्ट और दूसरे न्यूपोर्ट के बन्दियों का मुकदमा शुरू हुआ। लोगों को वहाँ जाने की इजाजत न थी। सड़कों पर पल्टनों का पहरा था। हथकड़ियों-बेड़ियों में जकड़े कैदी अदालत में लाये गये। जान फ्रोस्ट, जेफानिया विलियम्स और आर्नस्ट जोन्स को फाँसी की सजा हुई, जिसे पीछे आजन्म कारावास में परिणत कर दिया गया। कैदियों ने शान्तिपूर्वक फैसले को सुना। अदालत छोड़ते वक्त जोन्स ने चिल्लाकर जज की ओर मुँह करके कहा—"तीन तालियाँ चार्टरवाद के लिये।"

जून, १८४० तक ५०० चार्टिस्ट गिरफ्तार किये जा चुके थे। अधिकांश चार्टिस्टों ने स्वयं अपने मुकदमों की पैरवी की और अदालत के कटघरे को अपने विचारों के प्रचार के लिये भाषण-मंच के तौर पर इस्तेमाल किया। जिस वक्त कैदी अपनी सीधी-सादी भाषा में लोगों की दयनीय दशा का वर्णन करते थे, तो उपस्थित श्रोताओं की आँखों से आँसू निकलने लगते थे।

गर्वनमेंट ने चार्टिस्ट-पत्रों को बन्द कर दिया था। कमकर-संघ का काम बंद हो गया था। सरकार के जुल्म ने कुछ समय के लिये विजय पाई।

चार्टिस्ट आन्दोलन ने अब तो गुप्त रूप से काम शुरू किया या वह कमकर-वर्ग के आन्दोलन का हिस्सा बन गया।

(ग) तीन और हस्ताक्षर-पत्र—२४ जुलाई, १८४० ई० को बचे हुए चार्टिस्टों ने मानचेस्टर में एकत्रित हो राष्ट्रीय चार्टर-सभा के नाम से अपना एक संगठन कायम किया, जिसका उद्देश्य था—"जनता के चार्टर के सिद्धान्त के अनुसार कामन्स सभा में सारी जनता का विश्वासपूर्ण प्रतिनिधित्व स्थापित करना।"

एक और राष्ट्रीय आवेदन-पत्र तैयार किया गया, उस पर २० लाख आदमियों के हस्ताक्षर कराये गये और मई, १८४१ ई० में उसे पार्लियामेंट के सामने पेश किया गया। अब की बार आवेदन-पत्र के पक्ष और विपक्ष में बराबर वोट आये थे और स्पीकर (सभापति) के वोट से ही उसे खारिज किया जा सका।

१ मई, १८४२ ई० को दूसरा राष्ट्रीय आवेदन-पत्र ३३,१७,७०२ हस्ताक्षर के साथ कामन्स-सभा में बीस आदमियों के कंधे पर लाया गया। उसके सामने की ओर चार्टर लिखा हुआ था; ऊपर ३३,१७,७०२, और पीछे स्वतन्त्रता लिखा हुआ था। आवेदन-पत्र छः मील लम्बा था। कामन्स सभा में बहस के वक्त मैकाले ने कहा था—

"मैं, सार्वजनीन वोटाधिकार के विरुद्ध हूँ। मेरा विश्वास है कि सार्वजनीन वोटाधिकार उन सभी प्रयोजनों के लिये खतरनाक है, जिनके लिये कि सरकार कायम है और जिसके लिए रईसों और दूसरी चीजों का अस्तित्व है, और यह खुद सभ्यता के अस्तित्व के सख्त खिलाफ है।"

४९ के खिलाफ २८७ वोटों से आवेदन खारिज कर दिया गया। १८४४ तक [१] चार्टिस्ट आन्दोलन दब गया; किन्तु १८४६ में वह फिर धीरे-धीरे उठने लगा। चार्टिस्ट नेता ओकोनर १८९३ के विरुद्ध १८५७ वोटों से लिबरल मंत्री सर जान हाबहौस को हराया। ५० लाख के

---

१. तो भी अंग्रेज पूँजीपति अब भी कितने घबराये हुए थे, यह उनके पत्र 'टाइम्स', (जून १८८४) के इन वाक्यों से मालूम होता है—"महलों से युद्ध झोपड़ों से शान्ति—यह इस आतंक का जंगी नारा है, जो लौटकर फिर देश को गुँजाने लगा है। धनियों को सजग हो जाना चाहिए!"

हस्ताक्षर से एक आवेदन-पत्र पेश करना तय हुआ और उसको पार्लियामेंट भवन में ले जाते वक्त सरकार ने ढाई लाख खास कान्स्टेबल भर्ती किये और बड़ी तोपों के साथ १२,००० फौज लंदन में तैनात की। १० बजे सबेरे जुलूस शुरू होने वाला था; किन्तु ९ बजे ओकोनर डगमगाने लगा। आखिर जुलूस नहीं निकला और उसकी जगह एक सभा हुई। ५७ लाख के हस्ताक्षर से दूसरा आवेदन-पत्र पेश किया गया; लेकिन एक जाँच कमेटी ने इन हस्ताक्षरों में १९,७५,४९६ को सही स्वीकार किया।

(ङ) चार्टिस्ट आन्दोलन की अन्तिम साँस—देश में आन्दोलन बढ़ता गया। फिर विद्रोह की तैयारी और कवायद-परेड शुरू हुई। सरकार ने १८३९ और १८४२ की तरह फिर तैयारी की। जहाँ-तहाँ जनता और सेना में भिड़न्त हुई। बड़ी भारी संख्या में लोगों की गिरफ्तारियाँ हुईं। इसी वक्त ओकोनर और दूसरे नरम-दली चार्टिस्टों ने अपनी नीति से संगठन में फूट डाल दी।

भीतरी कमजोरियों को समझने और दूर करने की कोशिश की गई। १८५१ ई० में हार्नी और जोन्स के प्रयत्न से राष्ट्रीय-चार्टर-सभा ने एक विस्तृत कमकरवर्गी प्रोग्राम स्वीकार किया; और समाजवाद पर उसमें जोर दिया गया। किन्तु, चार्टिस्ट समय के पीछे जागे, और क्रमशः निर्बल होते-होते १८५४ तक राष्ट्रीय-चार्टर-सभा बन्द हो गई।

(ट) चार्टरवाद—चार्टरवाद संसार का सबसे पहला मजदूर-वर्गीय राजनीतिक आन्दोलन था। वह अपने उद्देश्य में भले ही नहीं सफल हुआ, किन्तु उसके प्रयत्न निष्फल नहीं गये। दस लाख चार्टिस्ट, जनता से चुपचाप मिट नहीं गये। चार्टरवाद ने अपने उदाहरण, अपने अनुभवों, अपनी निर्बलताओं द्वारा आधुनिक समाजवाद के शिलारोपण में बहुत बड़ी सहायता की। मार्क्स तथा एन्गेल्स ने चार्टिस्ट आन्दोलन से अप्रत्यक्षरुपेण बहुत शिक्षा ली और हम कह सकते हैं कि चार्टरवाद के प्रयोग ने मार्क्सवादी के सिद्धान्तों का रूप लिया।

हार्नी ने १८४८ में चार्टरवाद के बारे में कहा था—

"जो जमीन जोतते हैं, वह उसके मालिक होंगे, और जो अनाज पैदा करते हैं, वह उसके पहले खानेवाले होंगे, हो महल बनाते हैं, वह उसमें बसेंगे।...निकम्मों के सिवा दूसरा भूखा नहीं मरने पायेगा।"

१८५४ में चार्टिस्ट-आन्दोलन का अंत हुआ। इंग्लैण्ड का शासन-वर्ग चिंता की काली रातों से निकलकर निश्चिन्त हुआ। उसके तीन वर्ष बाद १८५७ ई० में परतंत्र भारत ने १०० वर्ष तक अंग्रेजों की गुलामी ढोने के बाद आजाद होने की कोशिश की; किन्तु सन् ५७ का विद्रोह सोलहो आना राष्ट्रीय था और किसान का भी था। हाल ही में परतंत्र बनाये गये अवध में ही इस विद्रोह ने जनता के विद्रोह का रूप धारण किया था और बनारस के आस-पास कितने ही प्रदेशों में यह जमींदारी के विरुद्ध किसानों का विद्रोह भी बना था। इतना बड़ा विद्रोह इतनी जल्दी इसलिए दबाया जा सका; क्योंकि उसकी पीठ पर पीड़ित जनता का हाथ न था। मार्क्स-एन्गेल्स ने १८५७ को भारत की पहली आजादी की लड़ाई माना था। उन्होंने और उसके चार्टरवादी मित्र जोन्स ने तहेदिल से इसका स्वागत किया था।

■

एकादश अध्याय

वैज्ञानिक समाजवाद या मार्क्सवाद

इंग्लैण्ड के चार्टरवाद पर अभी हम लिख चुके हैं। वह मजदूरों का आन्दोलन था और उसमें सिद्धांत की प्रधानता नहीं, प्रयोग की प्रधानता थी—जनता आखिर होती ही है प्रयोग-प्रधान। उससे पहले उटोपियावादियों ने अपने स्वाप्निक समाजवाद का प्रचार और प्रयोग किया था।

उटोपियावादी की विशेषता थी—उसके विचारक दर्शन और सन्तों की शिक्षा से प्रेरित हुए थे। उनका विश्वास था कि ज्ञान-प्रसार से समाज में परिवर्तन लाया जा सकता है और वह इसके लिये कार्य नहीं प्रोपोगंडा का सहारा लेते थे। उटोपियन समाजवाद और उटोपिया-वादियों का अब भी अभाव नहीं है। सामाजिक विषमता को देखकर जब हम सिर्फ दिमागी तर्क-वितर्क से ही उसका हल निकालना चाहते हैं, तो परिणाम उटोपियन समाजवाद ही होता है। एच०जी० वेल्स जैसे लेखक उसी श्रेणी के हैं।

उधर चार्टरवाद का सजीव जन-आन्दोलन सिद्धान्त की सहायता के बिना धीरे-धीरे अग्रसर हो रहा था, दूसरी ओर फूरिये, ओवेन-जैसे उटोपियन समाजवादियों के स्वप्न प्रयोग पर असफल साबित हुए थे, या यों कहिये उटोपियावाद के आसमानी उड़ान पर प्रतिषेध चार्टरवाद के केवल प्रत्यक्ष प्रयोगवाद द्वारा हो गया, जब कि उटोपियावादी चार्टिस्टों के शिष्यों ने उसे जन-संघर्ष के प्रयोग पर कसा। उटोपिया एकवाद[१] था, जिसका प्रतिवाद[२] चार्टरवाद था; इस वाद और प्रतिवाद का संवाद[३] वैज्ञानिक समाजवाद निकला, जो कि विज्ञान के आधार पर और विज्ञान की तरह सिद्धान्त तथा वाद को जरूरी समझता है—वह सिद्धान्त, सिद्धान्त नहीं जो प्रयोग पर नहीं खरा उतरता। उस प्रयोग को पूरा सफल नहीं बनाया जा सकता, जिसको दुनिया के आधार पर स्थापित सिद्धान्तों का सहारा नहीं। इस वैज्ञानिक समाजवाद को दुनिया के सामने लानेवाला जर्मन विचारक कार्ल मार्क्स था।

१. कार्ल मार्क्स (१८१८-८३)

(१) जीवनी—कार्ल मार्क्स का जन्म ५ मई, १८१८ को राइनलैंड (जर्मनी) के ट्रेवेज नगर में हुआ था। उसके पिता एक जर्मन कानून-पेशा और दादा एक यहूदी रब्बी (पुरोहित) थे। मार्क्स की माँ हालैण्ड की एक रब्बी की लड़की थी। जिस वक्त बालक कार्ल छः साल का था, उसी वक्त परिवार ने यहूदी धर्म छोड़ ईसाई धर्म स्वीकार किया। कार्ल की प्रारम्भिक शिक्षा स्थानीय स्कूल और फानवेस्टाफालेन्—एक रईस, कार्ल के भावी ससुर तथा सरकारी

---

१. Thesis.

२. Antithesis.

३. Synthesis.

प्रीवी कौंसिलर—के घर पर हुई। वेस्टाफालेन् बड़ा साहित्य-प्रेमी था और उसकी संगत से मार्क्स इतना कृतज्ञ हुआ था कि उसने अपने डॉक्टर होने के लिए निबन्ध को इन शब्दों के साथ उसे अर्पित किया था—"जो प्रत्येक प्रगतिशील धारा तथा सत्य-गम्भीर निर्णय का उत्साह के साथ स्वागत करता है; और जो इसका सजीव सबूत है कि आदर्शवाद कल्पना नहीं, बल्कि सचाई है।"

७ वर्ष की उम्र में बोन विश्वविद्यालय से मैट्रिक पास कर कार्ल ने अपने पिता की इच्छा के विरुद्ध कानून पढ़ना शुरू किया। दूसरे साल १८३६ ई० में विश्वविद्यालय बदलकर मार्क्स बर्लिन में पढ़ने लगा और दर्शन, इतिहास, साहित्य कला के अध्ययन में डूब गया था।

मिलना-जुलना वह सब कुछ छोड़ वह रात-दिन पढ़ने में लगा रहता था। अपने पढ़े विषय का संक्षेप ग्रीक, लातिन के अनुवाद, दार्शनिक वादों पर विचार, खुद अपने विचारों का क्रम-बन्धन, दर्शन की रूप-रेखा का मसौदा और तीन जिल्द कविताएँ—यह उस समय के मार्क्स के काम थे। १८३७ में अभी वह १९ ही साल का था, तभी वह इस परिणाम पर पहुँच गया, कि कान्ट और फिखटे के कल्पनापूर्ण दर्शन बिल्कुल फजूल हैं। हेगेल का दर्शन तरुण मार्क्स को कुछ आकर्षक मालूम हुआ। उसी समय उसने अपने बाप को लिखा था—"जिस जिस विज्ञानवाद[1] को मैं अब तक इतना प्रिय समझता था, उसे छोड़कर मैं अब वास्तविकता में ही आदर्श ढूँढ़ने लगा हूँ।...मैंने हेगेल के दर्शन को अभी जहाँ-तहाँ से पढ़ा है; लेकिन उसका विचित्र रूखा-सा राग पसन्द नहीं आया। एक बार और मैं इस समुद्र में पक्के निश्चय के साथ डूबना चाहता हूँ।...

अन्त में मार्क्स हीगेल के दर्शन का अनुयायी हो गया और उसने अपनी कविताओं तथा कहानियों के हस्तलेखों को जला दिया। यूनिवर्सिटी क्लब का मार्क्स एक उत्साही सदस्य था। वहाँ वह दार्शनिक वाद-विवादों में बहुत भाग लेता था। उसके मित्र ब्रूनो बावर को बोन विश्वविद्यालय की प्रोफेसरी मिलने जा रही थी, कार्ल को भी फिलासफी की धुन थी और वह भी वहाँ का लेक्चरर बनना चाहता था। उसने कानून छोड़ फिलासफी पढ़नी शुरू की और २३ वर्ष की उम्र में येना विश्वविद्यालय से पी-एच०डी० (दर्शनाचार्य) की उपाधि ली। उसके निबन्ध का विषय था—**देमोक्रित** और **एपी-कुरु के प्राकृतिक दर्शन।** उसने अध्यापक पद के लिये आवेदन-पत्र भेजा; किन्तु प्रसिया की सरकार स्वतन्त्र विचारों को कब पसन्द करने लगी? बाबर और मार्क्स दोनों को वहाँ जगह नहीं मिली।

मार्क्स ने पत्रकार-कला को अपनाया और अपनी लेखनी द्वारा पुरानी रूढ़ियों मिथ्या विश्वासों पर प्रहार करना शुरू किया। इस समय कुछ उदार विचार के लोगों ने 'राइनिशेत्जाइतुङ' नाम से एक पत्र निकाला। मार्क्स के लेख उसके संचालकों को इतने पसंद आये कि पहले के संपादक के हटने पर २४ साल की उम्र में ही उसे सम्पादक बना दिया। १८४२ में मार्क्स ने इस पत्र का संपादन बड़ी योग्यता से किया।

मार्क्स और अध्ययन करना चाहता था; इसलिये उसने सम्पादकीय छोड़ दी। इस समय उसने अपने मित्र रईस फान्वेस्टफालेन् की रूप-गुण-सम्पन्ना लड़की येनी से शादी की। १८४३-४४ को मार्क्स ने अर्थशास्त्र और दूसरे विषयों के गम्भीर अध्ययन और चिन्तन में अपने

---

१. Idealism—विज्ञान अर्थात् मानसिक जगत ही सत्य है। दृश्य जगत मिथ्या है.

समय को लगाया। इस प्रकार १८४४ में २६ वर्ष की आयु में मार्क्स पक्का समाजवादी बन गया। कोलोन से लिखे मई, १८४३ के एक पत्र में मार्क्स ने लिखा था—

"संचय और व्यापार की व्यवस्था, मानव-जाति को अधिकृत और शोषित करने की व्यवस्था वर्तमान समाज को भीतर से बड़ी तेजी के साथ कुतर रही है; और उससे भी ज्यादा तेजी से, जितनी तेजी से कि जनसंख्या बढ़ रही है। इस घाव को पुरानी व्यवस्था भर नहीं सकती; क्योंकि वस्तुतः उसके पास मरने या उत्पादन करने की शक्ति नहीं है। यह (व्यापारी व्यवस्था) तो सिर्फ भोग करना और जीना जानती है।"

फूरिये, प्रूधों की उटोपिया को ख्याल में रखते हुए मार्क्स ने लिखा था कि मेरा काम उटोपिया बनाना नहीं; बल्कि मेरा काम है वर्तमान सामाजिक, राजनीतिक परिस्थितियों की आलोचना करना और युग के संघर्षों और आकांक्षाओं का सार निकालना।

अक्टूबर, १८४३ में मार्क्स अपनी तरुणी स्त्री के साथ पेरिस गया। वहाँ उसे फ्रांस-प्रुसिया-वर्ष के सम्पादन के लिये बुलाया गया था। १८४४ ई० में एनगेल्स का एक लेख मार्क्स सम्पादित उक्त वर्ष-पुस्तक के एक अंक में निकला, तभी ये दोनों की दोस्ती आरम्भ हुई और वह मृत्यु तक गहरी होती गई।

१८४४ ई० में मार्क्स ने अपना **पवित्र-परिवार** प्रकाशित किया, इसमें उसने तरुण हेगलानुयायियों को सामाजिक समालोचना के मैदान में उतरने के लिये कहा। मार्क्स के मौलिक सिद्धान्तों से इतिहास की भौतिकवादी व्याख्या और वर्ग-संघर्ष बीज रूप से उस समय भी मौजूद थे। उसने लिखा था..."तत्कालीन उद्योग-धन्धे का अध्ययन किये बिना।" इतिहास के किसी काल का समझना असम्भव है। विचार समाज के विकास करने में समर्थ हैं, किन्तु तभी जब कि वह जनता के हित के प्रतिनिधि हों; "नहीं तो विचार जोश भले ही दिला दें, किन्तु उनका कोई परिणाम नहीं निकल सकता। विचार वहीं तक कार्य करने में सफल होते हैं, जहाँ तक कि वह जनहित के अनुसार होते हैं। विचार जिन उत्साह को जन्म देते हैं, उसी से भ्रम होने लगता है कि ये आमतौर से मानव-जाति के मुक्तिदाता हैं।

मार्क्स को अपने राजनीतिक विचारों के लिये जर्मनी छोड़ १८४३ में पेरिस आना पड़ा था। अब प्रुसियन सरकार ने फ्रेंच गवर्नमेंट पर जोर डाला और १८४५ में मार्क्स को पेरिस छोड़ ब्रुसेल्स चला जाना पड़ा। फ्रांस की दूसरी क्रान्ति (फरवरी, १८४८) तक वह वहीं रहकर अध्ययन करता रहा और प्रूधों के **दरिद्रता-दर्शन** के उत्तर में अपने ग्रन्थ **दर्शन-दरिद्रता** लिखा, जो १८४७ में प्रकाशित हुआ। विदेश में रहने वाले जर्मन मजदूरों ने १८३६ में 'न्यायिकों की लीग' कायम की थी। १८४० से इसका केन्द्र लन्दन में था। मार्क्स की तारीफ सुनकर उन्होंने उसके बारे में जाने के लिये अपने आदमी जनवरी, १८४७ में ब्रुसेल्स भेजे। लीग का नाम अब कम्युनिस्ट-लीग हो गया। इसकी प्रथम कांग्रेस १८४७ की गर्मियों में लंदन में हुई, जिसमें एन्गेल्स भी शामिल था। दिसम्बर की दूसरी कांग्रेस में मार्क्स भी उपस्थित था। लीग की प्रेरणा पर सामाजिक, राजनीतिक, आर्थिक समस्याओं पर मार्क्स ने जो गम्भीर अध्ययन और चिंतन किया था, उसी को उसने कम्युनिस्ट लीग की ओर से सर्वसाधारण के समझने लायक भाषा में साम्यवादी घोषणा के रूप में तैयार किया।

फरवरी, १८४८ के विद्रोह का सारे यूरोप में तहलका मचा था। फ्रांस से निर्वासित होने के बाद मार्क्स अभी तक बेल्जियम में रहता था। बेलजियम सरकार को अपने यहाँ की क्रांति का डर होने लगा और उसने भी उसे अपने यहाँ से निकल जाने का हुक्म दिया। नई क्रांति की

स्थायी सरकार के एक प्रमुख सदस्य फ्लोकों ने १ मार्च के पत्र में मार्क्स को लिखा था ''बहादुर और विश्वसनीय मार्स! फ्रेंच प्रजातंत्र की भूमि सभी स्वतंत्रता के मित्रों के लिये शरण-स्थान है। अत्याचार ने तुम्हें निर्वासित किया; स्वतंत्र फ्रांस तुम्हारे लिये अपना दरवाजा खोलता है—तुम्हारे लिये और उन सभी के लिये जो कि सभी जातियों के भ्रातृ-भावपूर्ण पवित्र उद्देश्य के लिये लड़ते रहे हैं। फ्रेंच सरकार का हर एक अफसर इस अभिप्राय में अपने कर्त्तव्य को समझेगा।''

पेरिस में पहुँचकर मार्क्स ने कम्युनिस्ट लीग के कितने ही सदस्यों को जमा किया, और कुछ को क्रांति में भाग लेने के लिये जर्मनी भेजा। स्वयं एंगेल्स के साथ राइनलैण्ड में पहुँचा; और जून, १८४८ में 'नोये राइनिशेत्जाइतुङ (नवीन राइन काल) नाम से एक पत्र निकाला, जिसका सम्पादक मार्क्स खुद बना। अपने लेखों में मार्क्स ने बुर्जुआजी (पूँजीवादी वर्ग) को निशस्त्र करने तथा समाज की मरणान्तक भीषण पीड़ा को खत्म करने के लिये सशस्त्र क्रांति सेना पर जोर दिया। यंत्र डेढ़ वर्ष तक मुश्किल से चलकर बंद हो गया। मार्क्स ने अपनी जेब से—और, और भी जो कुछ उसके पास था—उसे बेचकर—७ हजार थेलर पत्र में लगा डाले। मार्क्स फिर पेरिस लौट आया। पेरिस में क्रांति विरोधियों का जोर था।

१८४९ में मार्क्स को पेरिस से निकल जाने का हुक्म हुआ और वह लंदन चला गया। तब से प्राय: अपना सारा जीवन उसने वहीं बिताया। लंदन-वास के पहले कुछ महीनों में उसने 'लुई बोनापार्ट का अठारहवाँ ब्रूमिये' पुस्तक लिखी और 'क्रांति तथा प्रतिक्रांति' के नाम से पीछे छापे गये लेखों को **न्यूयार्क ट्रिब्यून** के लिये लिखा। मार्क्स ने विश्लेषण करके बतलाया कि फरवरी-मार्च (१८४८) की क्रांति का वास्तविक कारण व्यापारिक मंदी थी और प्रतिक्रिया व्यापार की वही समृद्धि थी, जो धीरे-धीरे १८४८ की गर्मियों में बढ़ने लगी और १८४९-५० में बढ़कर खूब फूलने-फलने लगी, क्रांति या किसी ऐसे महान् सामाजिक कार्य की असफलता किसी एक व्यक्ति से विश्वासघात से नहीं होती, इस बात को मार्क्स ने अपने लेखों में स्पष्ट किया। ''ऐसे राजनीतिक दल से क्या उम्मीद की जा सकती है, जिसका सर्वस्व सिर्फ यह ज्ञान है कि अमुक और अमुक पर विश्वास नहीं करना चाहिये।''

लन्दन के जीवन (१८४१-८३ ई०) से ३४ वर्षों में प्राय: प्रतिदिन मार्क्स ब्रिटिश म्यूजियम जाता रहा और दरवाजा खुलने से जब तक कर्मचारी पाठकों को घर नहीं भेजते थे, वह वहीं एक मेज पर बैठा अर्थशास्त्र, इतिहास, राजनीति, सामाजिक विज्ञान की पुस्तकों को पढ़ता और उनसे नोट करता रहता। इन्हीं नोटों से उसने पीछे अपने महान् ग्रन्थ **कापिटल** (पूँजी) को लिखा।

इन दिनों मार्क्स के परिवार की दशा बड़ी दयनीय थी। डीन-स्ट्रीट के एक मामूली मकान की दो कोठरियों में उसका परिवार रहता था। कहावत मशहूर है कि १८५२ में उसने अपना अन्तिम कोट बन्धक रखकर कोलोन के कम्युनिस्ट मुकदमे के लिये पुस्तिका लिखने के वास्ते कागज खरीदा। १८५१-६० तक मार्क्स की स्थायी आमदनी का एकमात्र जरिया **न्यूयार्क ट्रिब्यून** में लिखे लेख का पारिश्रमिक था, जो कि प्रतिलेख १ पौंड (१३ रुपये) के हिसाब से मिलता था। १८६० के बाद अवस्था कुछ सुधरी, जिसमें कारण एक मित्रा विलहेल्म उल्फ की ८०० पौंड की वसीयत तथा इंगेल्स के वार्षिक ३५० पौंड (४३५० रुपये, मासिक ३७२ रुपये) थे।

१८६०-७० वाले साल मार्क्स के जीवन का सबसे सुखमय समय था। उसके प्रत्येक रविवार की संध्या मित्रों और परिवार में आमोद-प्रमोद के साथ बीतती थी। येनी बड़ी सहृदया पत्नी थीं। बचपन में बड़े लाड़-प्यार से पली एक जर्मन रईस की लड़की होते हुए भी वह मार्क्स के कठिन और कटु-जीवन की दृढ़ साझीदार बनी रही। मार्क्स के साथ वह भी दर-बदर मारी-मारी फिरती रही। इन सभी हालतों में मार्क्स की संगिनी होने के लिये उसने कभी अफसोस नहीं किया। मार्क्स को अपनी पत्नी की तीक्ष्ण-विश्लेषणापटु प्रतिभा पर इतना विश्वास था कि यह अपने सभी किताबी मसौदों को उसे देखने के लिये देता था और उन पर उसकी राय मार्क्स की दृष्टि में बड़ी कीमत रखती थी।

मार्क्स की ६ सन्तानें हुईं, जिसमें दो लड़के और एक लड़की बचपन ही में मर गये। तीन लड़कियाँ जेनी (चार्ल्स लंगेट की पत्नी) लौरा (पाल लाफार्ग की पत्नी), एलेनोर (डॉक्टर एडवर्ड एवेलिङ् की पत्नी)—बच रही थीं।

१८६७ में मार्क्स ने ८०० पृष्ठों में **कापिटल** (पूँजी) के प्रथम खंड का जर्मन संस्करण प्रकाशित किया। इसमें मार्क्स ने पूँजीवादी उत्पादन का सूक्ष्म विवेचन किया है।

कापिटल के प्रकाशन के बाद मार्क्स का ध्यान संसार के मजदूरों में अन्तर्राष्ट्रीय संगठन की ओर गया और १८६४ में प्रथम इन्टरनेशनल स्थापित हुई; जिसमें प्रूधों के अराजकवादी अनुयायी बड़ी संख्या में शामिल हुए। १८६५-६७ ई० तक इन्टरनेशनल पर अराजकवादियों का जोर रहा; १८६८-७० ई० तक मार्क्स का, और फिर मृतप्राय इन्टरनेशनल पर १८७१ ई० से १८७२ ई० तक प्रूधों के शागिर्द बाकुनिन और उसके अनुयायियों का।

१८७० में जब प्रुसिया (जर्मनी) ने फ्रांस के विरुद्ध युद्ध छेड़ा। मार्क्स ने जर्मन कमकरों को जोर देकर इस आक्रमणात्मक युद्ध को रोकने के लिये कहा।

सेदान में फ्रांस की पराजय (अगस्त, १८७०) के बाद फ्रांस के धनियों की जो रवैया रही, उससे फ्रेंच कामगरों को निरंकुशता और स्वच्छाचार की आवृत्ति होने का भय लगने लगा। इसलिये १८ मार्च, १८७१ को पेरिस के कमकरों ने कम्यून की घोषणा की, जिसने दस सप्ताह तक बड़ी बहादुरी के साथ अपना अस्तित्व कायम रखा। कम्यून का आतंक फ्रेंच धनियों पर जितना था, उससे कम जर्मन विजेताओं पर नहीं था। इसलिये जर्मनों ने फ्रेंच धनियों की प्रार्थना पर युद्ध-बन्दी सिपाहियों की भारी संख्या को छोड़ दिया और धनियों ने बड़ी निष्ठुरता और मजदूरों के कत्लेआम के साथ कम्यून को नष्ट कर दिया। मार्क्स ने कम्यून के कायम होने से पहले यद्यपि उसे समायोचित नहीं कहा था, किन्तु कायम हो जाने पर उसने अपनी सारी शक्ति लगाकर उसका समर्थन किया।

कम्यून का पतन हुआ। इन्टरनेशनल के जनरल सेक्रेटरी के तौर पर मार्क्स को जितना समय उसके लिए देना पड़ा था, उससे उसका कलम का काम रुक-सा गया था और उधर इन्टरनेशनल मुमूर्ष अवस्था में पहुँच गई थी, इसलिये १८७२ की हेग की बैठक में मार्क्स का पदत्याग स्वीकार हुआ और उसके परामर्श के अनुसार इन्टरनेशनल का केन्द्र न्यूयार्क चला गया, जहाँ १८७४ ई० में उसने अन्तिम साँस तोड़ी।

१८७५ ई० में जर्मन सोशलिस्ट लासेल की ऊल-जलूल बातों—**गोटा प्रोग्राम** की मार्क्स ने कड़ी आलोचना की और कहा—"आन्दोलन का वास्तविक में आगे बढ़ा हरेक कदम दर्जनों प्लेटफार्मों (वादों) से बढ़कर है। इसी अवसर पर प्रलेतारीय अधिनायकत्व—जाँगर चलानेवालों का समाज पर एकाधिपत्य—की बात मार्क्स ने कही थी।

"समाज की पूँजीवादी व्यवस्था और साम्यवादी व्यवस्था के बीच एक अवस्था से दूसरी अवस्था में क्रान्तिकारी परिवर्तन का एक समय है; वह एक राजनीतिक सन्धिकाल है। इस समय का राज (शासन) क्रान्तिकारी प्रोलेतारीय अधिनायकत्व के सिवा और कुछ भी नहीं हो सकता।"[१]

१८७५ से १८८३ ई० में अपनी मृत्यु तक मार्क्स बराबर शारीरिक व्याधियों से पीड़ित रहा। इस अवस्था में भी वह बेकार नहीं बैठा रहा और अमेरिकन तथा रूसी किसानों का विशेष तौर से अध्ययन करता रहा। स्वास्थ्य-सुधार के लिये वह १८७४ व ७७ में कार्ल्सवाद गया, वहीं उसने कापिटल से दूसरे खंड की सामग्री को क्रमबद्ध किया। कार्ल्सवाद और दूसरे स्वास्थ्यकर स्थानों के प्रवास ने मार्क्स के स्वास्थ्य में कोई सुधार नहीं किया और ४१ साल (१८४२-८१) तक निरन्तर संघर्ष के बाद १४ मार्च, १८८३ को लन्दन में मार्क्स ने अपनी देह यात्रा समाप्त की। इसी वक्त एंगेल्स ने अपने एक अमेरिकन मित्र को लिखा था—

"मानव-जाति के एक मस्तिष्क से, आज जितने मस्तिष्क उसके पास हैं उनमें सबसे अत्यन्त महत्वशाली मस्तिष्क से वह वंचित हो गई। मजदूर-वर्ग का आन्दोलन अपने रास्ते चलता रहेगा, लेकिन उसका वह केन्द्र बिन्दु चल बसा, जिसकी ओर फ्रेंच, रूसी, अमेरिकन तथा जर्मन अपनी इच्छा से गाढ़ के समय मुँह करते थे और सदा ऐसी स्पष्ट, दो टूक सलाह पाते थे, जिसे प्रतिभा और (तत्संबंधी ज्ञान पर) पूर्ण अधिकार (रखनेवाला) व्यक्ति ही दे सकता था।"

१७ मार्च (१८८३ ई० में) लंदन के हाईगेट कब्रिस्तान में मार्क्स के शव को दफनाया गया। एंगेल्स और जर्मनी से दौड़ कर आये विलियम लीब्क्नेख्ट ने समाधि पर भाषण दिये। चालीस साल के अभिन्न मित्र एंगेल्स ने वहाँ कहा था—

"जिस तरह डारविन ने प्राणि-जगत के विकास के सिद्धान्त का आविष्कार किया था, उसी तरह मार्क्स ने मानव-इतिहास के विकास के सिद्धान्त का आविष्कार किया।...अर्थात् राजनीतिक विज्ञान, कला, धर्म या किसी भी दूसरे विषय की ओर ध्यान देने से पहले मनुष्य को खान-पान, कपड़ा और वास-घर चाहिये। इसलिये, जीवन की मौलिक आवश्यकताओं का उत्पादन और आर्थिक विकास की तत्कालीन अवस्था वह नींव है, जिस पर राष्ट्रीय संस्थाएँ, कानूनी व्यवस्थाएँ, कला और बल्कि लोगों के धार्मिक विचार बनाये गये हैं; और इसलिये उनकी व्याख्या को उन्हीं पर आधारित करना होगा।"

लीब्क्नेख्ट ने कहा था—"उसने सामाजिक जन-स्वतंत्रता को एक सम्प्रदाय, एक पन्थ से ऊपर उठाकर एक पार्टी का रूप दिया, जो पार्टी कि आज अपराजित हुई लड़ रही है और अन्त में विजय प्राप्त करके रहेगी।"

एंगेल्स की (१८२०-९५) जीवनी—वैज्ञानिक समाजवाद और मार्क्स के काम में एंगेल्स की सेवाएँ और आत्म-त्याग का स्थान बहुत ऊँचा है। एंगेल्स ने कितने ही विषयों पर खुद प्रकाश डाला, यह अन्यत्र हम देख चुके हैं।

एंगेल्स का जन्म २८ नवम्बर, १८२० ई० को मार्क्स के ढाई वर्ष पीछे बारमेन (जर्मनी) में हुआ था। उसका बाप एक धनी मिल-मालिक था। एंगेल्स की परवरिश अत्यन्त पुराने संकीर्ण

---

१. Karl Marx, The Gotha program न्यूयार्क सोशलिस्ट लिस्ट-लेबर पार्टी प्रकाशन, १९२२—पृष्ठ—८.

विचार वाले परिवार में हुई थी। अन्तिम शिक्षा प्राप्त करने से एक साल पहले उसे पढ़ाई छोड़ बाप के कारबार में योग देना पड़ा। १८४१ ई० में बर्लिन के तोपखाना-गारद में भर्ती होकर उसने युद्ध की शिक्षा प्राप्त की। सैनिक विज्ञान पर उसका विशेष अधिकार था, जो कि इसी शिक्षा का परिणाम था। कुछ समय बाद एंगेल्स को अपने बाप की मिल की देखभाल के लिये मानचेस्टर चला जाना पड़ा। एंगेल्स की प्रवृत्ति पहले ही से दर्शन और सामाजिक समस्याओं पर सोच-विचार करने की ओर थी। इंग्लैण्ड से लौटते वक्त **राइनिशेत्जाइतुंग** के कार्यालय में पहले-पहल एंगेल्स ने मार्क्स से मुलाकात की; किन्तु उस वक्त दोनों में कोई समीपता नहीं हो पाई। इसके बाद कितने ही समय तक एंगेल्स चार्टिस्टों, उटोपियन-समाजवादियों और मजदूर-संघों के आन्दोलनों के साथ सम्बन्ध रखता रहा। इसी समय उसने अपनी पुस्तक '१८४४ ई० में इंग्लैण्ड के श्रमिकवर्ग की अवस्था' के लिये सामग्री जमा की। अब वह मार्क्स के बहुत नजदीक आ गया था और यूरोप लौटने पर **पवित्र-परिवार** लिखने में उसने मार्क्स को सहयोग दिया। १८४५ ई० में व्यापार छोड़ वह मार्क्स के पास ब्रुसेल्स चला गया। दो सालों तक दोनों अनुसन्धान, लेखन और संगठन के काम में व्यस्त रहे। १८४७ की गर्मियों में पेरिस की जमात का प्रतिनिधि बनकर मार्क्स कम्युनिस्ट लीग के वास्ते एक नया प्रोग्राम बनाने के लिये लंदन गया। साम्यवादी घोषणा लिखने में भी एंगेल्स ने मार्क्स की मदद की।

मार्क्स-फ्रेंच-प्रुसिया वर्ष-पुस्तक का सम्पादक बनकर पेरिस गया था, यह हम बतला चुके हैं। इसी वर्ष-पुस्तक के १८४४ के अंक में एंगेल्स का भी एक लेख छपा था और एक तरह एंगेल्स-मार्क्स-मित्रता इस समय से शुरू होती है। इसकी अभिन्नता १८४५ से ब्रुसेल्स में शुरू होती हैं। १८४८-५० में यूरोप के क्रान्तिकारी आन्दोलनों के संचालन में एंगेल्स मार्क्स का दाहिना हाथ रहा। १८५० के बाद वह फिर व्यापार में लौट गया; किन्तु रुपया कमाने के लिये नहीं, बल्कि अपने मित्र के महान् काम में आर्थिक सहायता का जरिया पैदा करने के लिये। एक प्रतिभाशाली मस्तिष्क की इस प्रकार की आत्मविस्मृत, इतना बड़ा त्याग एंगेल्स के महान् व्यक्तित्व को बतलाता है। मार्क्स ने अपने एक पत्र में एंगेल्स को लिखा था—"तुम्हारे बिना मैं कभी इस काम (**कापिटल**) को पूरा न कर सकता होता—सिर्फ मेरे लिये तुमने अपनी अद्‌भुत प्रतिभा को बरबाद होने दिया, और व्यापार के गला-घोंटू वातावरण में बन्द होना पसन्द किया।" १८६० में एंगेल्स का बाप मर गया और कारबार का भार उसके ऊपर आ गया। इस वक्त एंगेल्स ने मार्क्स को लिखा था—"मैं और किसी चीज की उतनी चाह नहीं रखता, जितना कि इस निष्ठुर सौदागरी से मुक्ति की जो कि समय की बरबादी के साथ-मुझे पस्त कर रही है। जब तक मैं इसके अन्दर हूँ, मैं और किसी काम के काबिल नहीं हो सकता, खासकर जब से कि मैं भागीदार हो गया हूँ, तब से अवस्था और खराब है, क्योंकि जवाबदेही ज्यादा बढ़ गई है। यदि ज्यादा आमदनी का प्रश्न न होता तो मैं एक क्लर्क रहना अधिक पसन्द करता।"

तो भी एंगेल्स नौ वर्ष तक और अपनी इच्छा के विरुद्ध अपने कारबार को करता रहा। १८६९ में एंगेल्स ने अपने व्यापार को बेच डाला और अब उसके पास नकद रुपया इतना था, जिससे वह मार्क्स को ३५० पौंड सालाना दे सकता था। १८७० में एंगेल्स भी लंदन चला आया और तब से मरने के समय तक दोनों मित्र वहीं रहें। मानचेस्टर में रहते वक्त भी मार्क्स एंगेल्स का पत्र-व्यवहार रोज हुआ करता था।

अब एंगेल्स स्वतन्त्र था। मार्क्स जहाँ आर्थिक सामाजिक सिद्धान्तों पर चिन्तन करता और लिखता था, वहाँ एंगेल्स सामाजिक प्रश्नों पर उन सिद्धान्तों के अनुसार प्रकाश डालता था। मार्क्स की मृत्यु के बाद एंगेल्स ने उसके बहुत ग्रन्थों का सम्पादन और प्रकाशन कराया।

एंगेल्स बहुत हाजिर-जवाब, सुचतुर वक्ता और असाधारण प्रतिभा का आदमी था। उसने स्वयं प्रकाश में आने की कोशिश कभी नहीं की, और अपने मित्र की कृतियों के सामने वह अपने को तुच्छ कहने की कोशिश करता रहा। एंगेल्स के ग्रन्थों में मुख्य है—'समाजवाद उटोपियन और वैज्ञानिक।' वैज्ञानिक साम्यवाद पर लिखे गये दो-तीन महत्त्वशाली ग्रन्थों में हैं। '१८४४ में इंग्लैण्ड के मजदूर वर्ग की अवस्था', 'परिवार, व्यक्तिगत सम्पत्ति और राष्ट्र की उत्पत्ति', 'फ्वारबाख—समाजवादी दर्शन के मूल।'

७५ वर्ष की अवस्था में ६ अगस्त, १८९५ में एंगेल्स का देहान्त हुआ।

२. मार्क्स के मुख्य सिद्धान्त

विज्ञान की भाँति सिद्धान्त और प्रयोग के सम्मिश्रण पर आश्रित मार्क्सवाद **का समाजवाद वैज्ञानिक** समाजवाद कहा जाता है। इसके सिद्धान्तों में तीन मुख्य हैं—इतिहास की भौतिकवादी व्याख्या; वर्ग-संघर्ष का सिद्धान्त और अतिरिक्त (फाजिल) मूल्य का विचार।

(क) इतिहास की भौतिकवादी व्याख्या—इससे अत्यन्त संक्षेप में और सुन्दर तरीके से एंगेल्स ने मार्क्स की समाधि पर दिये अपने व्याख्यान में बतलाया है जिसे कि हम पीछे (पृष्ठ १६६) दे आये हैं। लेकिन इस पर कुछ और लिखने की जरूरत है।

खाना, कपड़ा, मकान आदि जीवन की आवश्यक चीजें हैं, जिनकी उपयोगिता आरम्भिक मानव से आज तक एक-सी है। इनका उत्पादन मनुष्य के लिये हमेशा से जरूरी रहा है। उत्पादन की इन शक्तियों का मनुष्य के सामाजिक परिवर्तन में हमेशा सबसे बड़ा हाथ रहा। उत्पादन-शक्तियाँ एक ओर बढ़ती गईं—शिकार से खेती, खेती से शिल्प, शिल्प से वाणिज्य, वाणिज्य से कारखाने; जिसका कारण समाज की जमात बँधी भी बदलती गई और हर सीढ़ी पर समाज की पहले से चली आई व्यक्तियों का नया संगठन जरूरी है—पुरानी व्यवस्था लगातार नहीं चल सकती। व्यक्तियों की नई जमातबन्दी पहले उत्पादन या आर्थिक क्षेत्र में होती है, उसी से समाज के सामाजिक-राजनीतिक ढाँचे में परिवर्तन लाजिमी है; जिनका अर्थ है कानून, आचार आदि सभी के मानो तथा समाज के मानसिक भावों में परिवर्तन; यह इसलिये कि इसके बिना नई उत्पन्न सामाजिक समस्यांओं को हल नहीं किया जा सकता। यह बातें हम समाज की प्रारम्भिक अवस्थाओं में साफ देख चुके हैं।

मार्क्स ने अपने 'राजनीतिक अर्थशास्त्र की आलोचना' में लिखा है—

"अपने विकास की एक खास अवस्था में समाज के भीतर उत्पादन की मौलिक शक्तियों की, उत्पादन की मिल्कियत के उन सम्बन्धों में टक्कर हो उठती है, जिनके अन्दर रहकर उत्पादन-शक्तियाँ अब तक काम कर रही थीं। जहाँ पहले ये सम्बन्ध उत्पादन-शक्तियों के विकास का रूप थीं, वहाँ वही अब उनके लिये बेड़ियाँ बन जाती हैं। तब क्रान्ति का समय आ उपस्थित होता है। (और) आर्थिक नींव के परिवर्तन के साथ-साथ कम या बेशी सारा ऊपरी ढाँचा तेजी के साथ बदल जाता है।"

मार्क्स के अनुसार क्रान्ति का कारण सिर्फ अर्थनीति और कानूनों की एक दूसरें के साथ टक्कर नहीं, बल्कि उसका कारण है उत्पादक-शक्तियों और अर्थनीति (पुराने आर्थिक ढाँचे) की टक्कर। इसलिये, "भौतिक जीवन में उत्पादन का ढंग निश्चय करता है कि जीवन के सामाजिक, राजनीतिक और आध्यात्मिक प्रवाह का साधारण रूप क्या होना चाहिये।"[१]

हमारा भारतीय समाज संसार में एक अत्यन्त प्रगति-शून्य समाज है तो भी पिछले पचास वर्षों के भीतर ही जितने परिवर्तन हुए हैं, वहीं इस बात के सबूत हैं।

दर्शन की दरिद्रता में मार्क्स ने लिखा है कि उत्पादन के ढंग को बदलकर मानव जाति अपने सारे सामाजिक सम्बन्धों को बदल देती है। हाथ का कारखाना सामंत पैदा करता है; भाप और बिजली का कारखाना मिल-मालिक, पूँजीपति वाले समाज को।

लेकिन, साथ ही मार्क्सवाद भौतिक या आर्थिक कारणों का ही एकमात्र कारण नहीं रहता। इसे एंगेल्स ने १८०० ई० में लिखे एक पत्र में साफ किया है—"मार्क्स और मैं (हम दोनों ही) कुछ हद तक इसके जिम्मेवार हैं, जो कि नई पीढ़ी कभी-कभी आर्थिक पहलू पर जरूरत से ज्यादा जोर देती है। अपने विरोधियों का जवाब देने के लिये हमारे लिये यह जरूरी था कि उस मुख्य तत्व पर जोर देते, जिन्हें कि विरोधी इनकार करते थे।" दूसरे पत्र में एंगेल्स ने और साफ करते हुए लिखा है—"इतिहास के लिये अन्तिम निश्चयात्मक कारण वास्तविक जीवन वस्तुओं का उत्पादन और प्रजनन है। इससे अधिक पर न मैंने जोर दिया है और न मार्क्स ने। लेकिन, जब कोई इस कथन की तोड़-मरोड़ करता है और कहता है कि सिर्फ आर्थिक बातें ही एकमात्र तत्त्व हैं, तो वह अर्थ का अनर्थ करता है। आर्थिक परिस्थिति आधार है, किन्तु ऊपरी ढाँचे की कितने ही बातें—वर्ग प्रतियोगिता के राजनीतिक रूप और उनके परिणाम, विधान-कानूनी रूप और इन वास्तविक प्रतियोगिताओं में भाग लेने-वाले के दिमाग में होती प्रतिक्रियाएँ—राजनीतिक, वैधानिक, दार्शनिक सिद्धान्त, धार्मिक विचार...यह सभी ऐतिहासिक संघर्ष पर प्रभाव डालती है और कितनी बातों में उनके रूप में निर्णायक होती हैं।"

(ख) वर्ग-संघर्ष—प्रारम्भिक साम्यवादी समाज के नष्ट होने के बाद जब से समाज स्वामियों और कामकरों में बँटा, तब से हर एक सामाजिक परिवर्तन में इन दोनों वर्गों के संघर्ष का खास हाथ रहा है। ढाई हजार वर्ष पहले बुद्ध के समकालीन हेराक्लितु (५३५-४२५ ई०पू०) ने कहा था—"संघर्ष सभी घटनाओं की माँ है।" और हेगेल् (१७७०-१८३१ ई०) ने इसी तरह को दूसरे शब्दों में कहा—"विरोध वह शक्ति है, जो कि चीजों को हरकत देती है।" मार्क्स ने इस सिद्धान्त का प्रयोग बहुत गहन तथा विस्तृत क्षेत्र—**मानव समाज** के आर्थिक और राजनीतिक क्षेत्र—में किया। पुराने वर्गयुक्त समाजों की भाँति ही आज पूँजीपति अपने पूँजीवाद को कायम रखना चाहते हैं और उसे स्थायी अविनाशी मानते हैं; लेकिन कामगर वर्ग पुराने के स्थायित्व को पसन्द नहीं करता।

पुराने यूनान में, जब कि हेराक्लितु और अफलातून अपने दर्शन का निर्माण कर रहे थे, जीवन की सारी वस्तुएँ दासों के श्रम से पैदा होती थीं। ये दास दूसरी चीजों की भाँति खुद भी अपने स्वामियों की मिल्कियत थे। इसलिये, हेराक्लितु वर्ग संघर्ष के महत्व को समझ सकता था। तो भी मार्क्स-संघर्ष को वर्ग के साथ उत्पन्न और वर्ग के नाश के साथ नष्ट होनेवाला

१. Marx, Critique of Political Economy P.—11.

मानता है। आरम्भ में वर्ग-हीन समाज था, उसी तरह साम्यवादी समाज के कायम हो जाने पर फिर वर्गहीन समाज आ मौजूद होगा; फिर वर्ग-संघर्ष नहीं रह जाएगा—प्रकृति के साथ संघर्ष भले ही जारी रहे और उससे मानव-समाज की प्रगति भी होती रहेगी।

यह वर्ग-संघर्ष क्यों है? इसलिये कि प्रभुताशाली वर्ग अपने स्वार्थों को अक्षुण्ण रखना चाहता है। वर्ग-स्वार्थ का सबसे पुराना और सबसे भद्दा रूप है, उपज का ज्यादा से ज्यादा भाग अपने काबू में रखना। पूँजीवादी समाज में उत्पादन का ढंग शोषण का भी ढंग है। मिल का मजदूर काम करके कपड़े पैदा करता है और साथ ही मिल मालिक उसके कितने ही घंटों की उपज को चुराकर अपने लाभ के रूप में रखता है। लाभ पूँजीपतियों का देवता है और बनियों का भी।—शायद इसलिये हमारे यहाँ के बनिये सिंदूर के मोटे अक्षरों में 'लाभ-शुभ' अपने दरवाजे पर लिख कर रखते हैं।

वैसे पूँजीपति साधु, कोमल हृदय मालूम होते हैं, अनाथालय और धर्मशालाएँ कायम करते हैं, लँगड़ी-लूली गायों के लिये पिंजरापोल खोलते हैं। भारत में उनकी बहुत बड़ी संख्या मांस-मछली छूती तक नहीं, और सिर्फ-घास-पात पर गुजारा करती है। लेकिन, जरा इस सिंदूर से लिखे 'लाभ' पर हल्की-सी चोट भी पहुँचने दीजिये; फिर देखिंये उनकी सारी अहिंसा, जीव-दया और उनका गाँधी-रस्किन-दर्शन कहाँ चला जाता है।

पूँजीपति अपना लाभ बढ़ाना चाहते हैं; लेकिन वह लाभ आखिर मजदूर के ही मत्थे किया जाता है। पूँजीवाद ने मनुष्यों की एक बड़ी तादाद को घर-धरती सबसे नाता तुड़वा कर एक जगह जमा कर दिया। अब उनकी जीविका का एकमात्र सहारा खोज जाँगर चलाना और उसके लिये पूँजीपति जो दे दे; वह मजदूरी है। लेकिन, इतनी बड़ी जमात के एक जगह जमा हो जाने पर मजदूर में संघ-शक्ति भी आ जाती है। वह उसी वक्त प्रकट होने लगी, जब मालिक ने मजदूरी घटानी या अन्याय में किसी को निकालना चाहा। मजदूरों की संघ-शक्ति को तोड़ने के लिये कड़े-से-कड़े कानून पूँजीपतियों की सरकारों ने बना रखे हैं; किन्तु पूँजीपति उतने से ही संतोष नहीं करते। पूँजीपतियों ने अपनी मिल-मालिक सभाओं का ही मजबूत संगठन कर रखा है, बल्कि उन्होंने दूसरी तरह के संगठन भी बना रखे हैं। अमेरिकन पूँजीपतियों ने चुनाव लड़ने और उसमें बेईमानी करने के लिये टमनी-हाल जैसी संस्थाएँ कायम कर रखी हैं, हड़ताल तोड़ने के लिये रंगरूट भर्ती करने का संगठन कर रखा है, पता लगाने के लिये अपना अलग मजबूत भेदिया-विभाग बना रखा है। पीछे रहकर सरकार को यंत्रवत् चलाने के लिए प्रमुख व्यक्तियों का उनका ग्रुप है। मजदूरों और उनके कार्यकर्ताओं को हलचल से रोकने और भयभीत करने के लिए उन्होंने अपने पास गुंडों के दल रख छोड़े हैं। जमशेदपुर, कानपुर, कलकत्ता कहीं के कारखानों को देख लीजिये—अमेरिकन पूँजीपतियों के इन तरीकों को अपनी परिस्थिति के अनुसार वहाँ बर्त्ता जा रहा है। मार-पीट ही नहीं, पूँजीपतियों के गुण्डों द्वारा जितनी ही क्रूर हत्याएँ की गई हैं, यदि उनका इतिहास लिखा जाये, तो उसे पढ़कर आपका दिल दहल जायेगा। पूँजीपतियों और उनके क्रीतदासों के अखबार जो गला फाड़-फाड़ कर हर वक्त मजदूरों की ज्यादतियों से कालम से कालम भरते हैं, वह सिर्फ 'हमला, हिफाजत का अच्छा जरिया' की कहावत को सच करने के लिये।

मजदूर ही क्रान्ति के अगुआ—सर्वहारा जाँगरी (जाँगर चलाकर जीनेवाला) वर्ग ऐसी परिस्थिति में है कि वह संघर्ष से अलग नहीं कर सकता। अलग रहने का मतलब है, मजदूरी में कमी, काम से निकाला जाना और परिवार-सहित भखों मरना। इसलिये पँजीवाद समाज

का उलटना सबसे अधिक इसी वर्ग के प्रयत्न पर निर्भर है। किसान भी क्रांति चाहते हैं। मजदूर की श्रेणी में गिरती जाती मध्यम वर्ग की अर्द्ध-जाँगरी सन्तानें भी क्रान्ति के उद्‌गार निकालती हैं। किन्तु क्रान्ति का आधार जाँगरी वर्ग ही हो सकता है। इसका पता हमें तब लगता है, जब हम उनके आर्थिक या मिल्कियत के संबंध पर नजर डालते हैं और देखते हैं कि किसका कितना आर्थिक शोषण हो रहा है, किसका कितना राजनीतिक उत्पीड़न हो रहा है, किसमें कितनी गरीबी है, वस्तुओं के उत्पादन में किसका कितना हाथ है, वैयक्तिक सम्पत्ति के हाथ से निकल जाने के भय से कौन कितना मुक्त है, उत्पादन और साथ मिलकर काम करने से संघबद्ध होने में किसको ज्यादा सुभीता है। इसके लिये नीचे का चित्र देखिये—

	वर्ग-सम्पत्ति	किसान	अर्द्ध-जाँगरी	जाँगरी
१.	आर्थिक शोषण	+	—	+
२.	राजनीतिक उत्पीड़न	+	+	+
३.	दरिद्रता	+	+	+
४.	उत्पादन करनेवाले	+	—	+
५.	वैयक्तिक सम्पत्ति के बन्धन से मुक्त	—	+	+
६.	काम करने में संघ-बद्धता	—	—	+

छओं कसौटियों पर कसने से मालूम होता है कि जाँगरी ही उन पर पूरे उतरते हैं।

वर्ग-संघर्ष का अर्थ है—एक वर्ग का दूसरे वर्ग के खिलाफ लड़ने के लिये मैदान में उतरना और यही संघर्ष उस परिवर्तन का मुख्य साधन है, जिससे समाज में परिवर्तन लाया जा सकता है। संघर्ष दुनिया में है ही नहीं, या वह बहुत बुरा है, ऐसा कह कर आँख मूँद लेने से काम नहीं चलेगा। जब तक अलग-अलग विरोधी स्वार्थवाले वर्ग मौजूद हैं, तब तक उत्पीड़ितों को संघर्ष से अलग रहने की सलाह देना मेमने को भेड़िये के मुँह में फेंकना है।

(ग) मूल्य का सिद्धान्त—अतिरिक्त मूल्य (लाभ) का सिद्धान्त मार्क्स के आर्थिक विज्ञान के गम्भीर चिन्तन का एक महत्त्वपूर्ण फल है। भौतिक व्याख्या और वर्ग-संघर्ष वैज्ञानिक समाजवाद—मार्क्सवाद—के सामाजिक आधार हैं और मूल्य संबंधी सिद्धान्त उसका आर्थिक आधार है। मार्क्स ने मूल्य के बारे में कहा है—

"सभी उपयोग की वस्तुओं (सौदों)[१] में वह श्रम पदार्थ मिला है, जो कि सबका साझा, सामाजिक है।" कोई चीज एक आदमी के श्रम से नहीं बनी है, उसमें सारे समाज का हाथ है। कुम्हार घड़े बनाता है, वह उसमें मौजूदा बढ़ई, लुहार; संगतराश आदि के श्रम की ही सहायता नहीं लेता, बल्कि पीढ़ियों के इस विषय के विकसित होते अनुभव का भी उपयोग करता है। इस प्रकार सभी उपयोगी वस्तुएँ साझे, सामाजिक श्रम से बनती है। मार्क्स ने आगे कहा..."वस्तु का बड़प्पन या उसका सापेक्ष मूल्य उसमें मिश्रित उसी सामाजिक पदार्थ (श्रम) के बड़े या कम परिमाण पर निर्भर है; अर्थात् (वस्तु के) उत्पादन में जितनी मात्रा में श्रम की आवश्यकता है। अतएव, वस्तुओं का साक्षेप मूल्य निर्भर करता है, श्रम की इस मात्रा या परिमाण पर, जिसे कि उन वस्तुओं में अनुभव करके भर दिया गया है।"[२] वस्तु के

१. Commodity.
२. Marx, Value, Price and Profit.

उत्पादन में वही श्रम सम्मिलित नहीं है, जो कि सीधे उसमें डाला गया है; बल्कि जिन हथियारों और दूसरे सामान की अनिवार्य मदद से वह वस्तु बनी है, वे सभी सामाजिक तौर पर अनिवार्य श्रम उसमें शामिल हैं। कीमत मूल्य नहीं है बल्कि मूल्य का रुपये-पैसे आदि में कहा गया रूप है। कीमत स्वाभाविक और बाजारी दोनों है, जिसका अन्तर हमें उस वक्त मालूम होता है, जब कि कल चार आना ग़ज में जिस थान से हमने कपड़ा कटवाया था, आज उसी थान से कटे कपड़े का बनिया छः आना हमसे लेता है। यह बाजारी कीमत उपज और खपत पर निर्भर करती है। यदि बाज़ार में चीज कम है, और माँग ज्यादा, तो कीमत बढ़ जायेगी; माँग ज्यादा और कीमत कम है, तो सस्ती हो जायेगी। यदि उपज और माँग बराबर हो, तो स्वाभाविक और बाजारी दोनों कीमतें एक-सी रहेंगी। यहाँ यह भी स्मरण होना चाहिये कि पूँजीवादी सट्टेबाजी से भी माँग को कृत्रिम रीति से बढ़ा दोनों प्रकारों की कीमतों में अन्तर डालकर नफा कमाते हैं।

श्रम की शक्ति की व्याख्या करते हुए मार्क्स ने कहा—"श्रम-शक्ति का मूल्य उन आवश्यकताओं के मूल्य पर निर्भर करता है जो उसके पैदा करने, विकसित करने, कायम और जारी रखने के लिए जरूरी हैं।" इस व्याख्या के अनुसार मजदूर का अपना शारीरिक खर्च ही उसमें शामिल नहीं है, बल्कि मन को स्वस्थ रखने तथा उसका स्थान खाली न होने पाये, इसके लिये आवश्यक सन्तानों की उचित संख्या का खर्च भी उसमें शामिल है।

अतिरिक्त मूल्य—मान लो एक मजदूर को रोजाना की आवश्यक चीजों के उत्पादन के लिये छः घंटे के श्रम की जरूरत है और मान लो कि इस छः घंटे के श्रम की उपज तीन रुपये के बराबर है, तो मनुष्य की श्रमशक्ति की एक दिन की कीमत तीन रुपये होगी। काम करनेवाला मजदूर है। उसे अपना श्रम किसी पूँजीवाले के हाथ में बेचना है। यदि वह तीन रुपये में बेचता है, तो वह अपनी असली कीमत पर बेचता है। यदि वह चीनी की मिल में काम करता है, तो वह ऊख में तीन रुपये का श्रम मिलाकर चार आना मनवाली सौ मन ऊख से १२) मनवाली चीनी बना रहा है। यदि ३) का श्रम उसने चीनी में मिलाया, वह उसे मजदूरी के रूप में मिल गया तो पूँजीपति को अतिरिक्त या फाजिल मूल्य (लाभ) नहीं होगा। हाँ, यदि मजदूर बारह घंटे काम करे और उसे तीन ही रुपये मिले, तो इसका अर्थ है मजदूर ने छः घंटे अतिरिक्त काम किये और वह पूँजीपति की जेब में अतिरिक्त मूल्य या लाभ बन कर चला गया। सारा पूँजीवाद इसी अतिरिक्त मूल्य के लिये है।

३. साम्यवादी (कम्युनिस्ट) घोषणा पत्र

यह हम पहले कह आये हैं कि कैसे विदेश में रहने वाले जर्मन कर्मकारों की १८३६ में स्थापित **न्यायी लीग,** मार्क्स के प्रभाव में आकर कम्युनिस्ट (साम्यवादी) लीग बन गई। १८४० में लीग की पहली कांग्रेस (सम्मेलन) लन्दन में हुई, दूसरी कांग्रेस दिसम्बर, १८४७ में। मार्क्स वहाँ मौजूद था और उसी समय वहीं मार्क्स तथा एंगेल्स को एक नया प्रोग्राम बनाने का काम सुपुर्द हुआ, जिसे एंगेल्स की सहायता से मार्क्स ने लिखा। इसे ही **कम्युनिस्ट (साम्यवादी) घोषणा पत्र** कहते हैं। इस प्रकार घोषणा पत्र मार्क्स की प्रथम क़ृतियों में है, तो भी उसका महत्व आखिर तक और अब भी एक-सा है।

(१८४८ ई० के आरंभ में घोषणा पत्र का जर्मन मूल और फ्रांसीसी अनुवाद प्रकाशित हुआ। प्रकाशित होते-होते फ्रांस में फरवरी, १८४८ ई० की क्रान्ति शुरू हो गई। यही नहीं, मार्च

में बर्लिन और कुछ समय बाद वियना (आस्ट्रिया) में भी विद्रोह खड़े हो गये। १८५० ई० में घोषणा का अंग्रेजी अनुवाद छपा। पिछले महायुद्ध के समय जब तुर्की भाषा में घोषणा प्रकाशित हुई, तो सुल्तान की पुलिस ने 'कार्ल मार्क्स और फ्रेडरिक एंगेल्स' नामवाले राजद्रोहियों की गिरफ्तारी के लिये वारंट निकाला था। मैं और नरेन्द्रदेव ने मिलकर घोषणा पत्र का अनुवाद, १९३१ ई० में शुरू किया था और प्रेमचन्द जी के 'सरस्वती प्रेस' में उनके तीन फर्मे छपे भी; किन्तु पीछे आडनेंसों के राज्य में उसे वही छोड़ देना पड़ा। आज तक घोषणा के एक से अधिक हिन्दी अनुवाद छप चुके हैं।)

घोषणा पत्र मार्क्सवाद का मूल ग्रंथ है। उन्तीस वर्ष की उम्र में मार्क्स ने इसे लिखा था, उसके बाद उसने कितने ही ग्रन्थ और लेख लिखे; किन्तु वह इसी की व्याख्यामात्र थे। मानव-इतिहास के सारे राजनीतिक निबंधों में कम्युनिस्ट घोषणा पत्र सबसे महान्, सबसे स्पष्ट, सबसे व्यापक अर्थ और प्रेरणावाली कृति है।

(i) घोषणा के चार भाग हैं। पहले भाग में पूँजीपति और जाँगर चलानेवाले (प्रोलेतारी) दोनों वर्गों के उत्थान और विकास का संक्षिप्त विवरण है। पूँजीपति सामाजिक, सामूहिक रूप से होते उत्पादन के साधनों—कल-कारखानों—का स्वामी है। जाँगर चलानेवाले के पास उत्पादन के अपने साधन नहीं हैं। काम करके जीने के लिये उसके वास्ते मजदूरी पर अपना श्रम बेचने के सिवाय कोई चारा नहीं है।

दुनिया का लिखित इतिहास वर्ग-संघर्षों का इतिहास है। दासता सामन्तशाही युग में उत्पीड़क और उत्पीड़ित के बीच में संघर्ष, कभी छिपे, कभी प्रकट चलते रहे और इनका अन्त "या तो समाज के क्रांतिकारी पुनर्निर्माण के रूप में हुआ या दोनों प्रतिद्वन्द्वी वर्गों के नाश के साथ।"

अमेरिका के आविष्कार, एशिया के द्वार के खुलने और इनके साथ संसार के बाजार के विस्तार से पूँजीवाद का प्रादुर्भाव हुआ। इसके बाद बाजार की माँगों को पूरा करने के लिये अधिक से अधिक लाभ के लिए भाप से चलनेवाले कल-कारखानों, यातायात के लिये भाप की रेलों और जहाजों का प्रचार हुआ।

पूँजीवाद के बढ़ने के साथ सामन्तशाही से उसकी टक्कर हुई और अन्त में उसने सामन्तशाही को परास्त कर अपनी प्रधानता स्थापित की। उत्पादन की शक्तियों को उसने इतना बढ़ाया कि उससे पहले कोई उसको खयाल में भी नहीं ला सकता था। पूँजीवाद ने एक और काम किया—कच्चे और तैयार माल के दान-आदान द्वारा उसने संसार को एक दूसरे के आश्रित कर दिया। पहले उत्पादन बिखरे हुए थे, उन्हें इसने केन्द्रित करना शुरू किया। पूँजीवादियों की शक्ति बढ़ती ही गई (भारत में भी) और शासन-तंत्र पर उनका अधिकार हो गया।

सामन्तशाही समाज ने उत्पादन की वह शक्तियाँ पैदा कीं, जिन पर उनका नियन्त्रण नहीं हो सकता था। व्यापार को बढ़ा, कल-कारखानों को प्रारम्भ कर उसने पूँजीवाद को इसी तरह जन्म दिया। पूँजी ने उत्पादन के जबर्दस्त साधन तैयार किये। उसमें वितरण और विनिमय के तरीके भी कम आश्चर्यकारी नहीं हैं। लेकिन, उत्पादन और वितरण का सामंजस्य नहीं हो सका। उत्पादन ज्यादा, किन्तु उसे खरीदने के लिये जो पैसा चाहिये, उसमें अतिरिक्त मूल्य के बहाने कटौती की गई, जिससे सभी पण्यों के खरीदने के लिये पैसा नहीं। इसका ही परिणाम है, समय-समय पर होती रहनेवाली मंदियाँ, उत्पादित धन का जान-बूझकर संहार। इस

प्रकार जिस हथियार से पूँजीवाद ने सामन्तशाही को खत्म किया, वही अयोग्यता का हथियार अब उसके अपने नाश के लिये आ मौजूद हुआ।

पूँजीवाद ने अपने मारने के लिये हथियार ही नहीं तैयार किया; बल्कि वह आदमी भी तैयार किये, जो उस हथियार को इस्तेमाल कर सकते हैं—यह हैं उनके अपने कारखानों के मजदूर।

मध्यम वर्ग—व्यापारी, शिल्पकार, किसान धीरे-धीरे नीचे गिरते जा रहे हैं। इन्हीं से जाँगरी फौज के रंगरूट भर्ती हो रहे हैं। आत्मरक्षा—जीविका रक्षा के लिये मजदूर संगठित हो रहे हैं और उनके हितों का पथ-प्रदर्शन करने के लिये उनकी राजनीतिक पार्टी बन रही है। दूसरी श्रेणियों में भी सर्वहारापन बढ़ रहा है; किन्तु मजदूर ही वह श्रेणी है जो क्रान्ति लाने की क्षमता रखती है। दूसरे पीड़ित-वर्ग अपने वर्तमान नहीं, भविष्य में मिलने वाले स्वत्व के लिये लड़ना चाहते हैं, किन्तु जाँगरी वर्तमान के लिये लड़ रहे हैं। मजदूर-आन्दोलन अल्पमतों का नहीं, इतिहास में पहले-पहल एक भारी बहुसंख्या का आन्दोलन है। मजदूरों की हालत दिन पर दिन गिरती जा रही है, मजदूरी में कमी और बेकारी बढ़ती जा रही है।

पूँजीवादी खुद अपनी कब्र खोदनेवाले इन मजदूरों को तैयार कर चुके हैं।

(ii) घोषणा के दूसरे भाग के एक अधिकरण में दूसरे मजदूरों का कम्युनिस्टों के साथ क्या सम्बन्ध है, इसे बतलाया गया है। कम्युनिस्ट मजदूर वर्ग के अंग हैं; इसलिये उससे अलग-थलग का ख्याल बुरा है। (१) मजदूर-वर्ग की दूसरी पार्टियों के खिलाफ कम्युनिस्टों की कोई अलग पार्टी नहीं है। (२) प्रोलेतारी वर्ग के सारे स्वार्थों से अलग उनका अपना कोई स्वार्थ नहीं है। (३) प्रोलेतारी (जाँगीरी) आंदोलन को खास रूप में ढालने के लिये वह अपना कोई पन्थाई सिद्धान्त नहीं इस्तेमाल करना चाहते।"

"(कम्युनिस्ट) प्रत्येक देश के मजदूर वर्ग का बहुत ही आगामी और दृढ़मनस्क भाग है। यह भाग है, जो दूसरों को आगे की ओर ढकेलता ले जाता है, दूसरी ओर सिद्धान्त समझने में, प्रोलेतारी[१] के भारी जन-समूह से वह इस बात में विशेषता रखता है कि वह कूच के रास्ते, प्रोलेतारी-आन्दोलन के अन्तिम साधारण फल और स्थितियों को साफ तौर पर समझता है। ...कम्युनिस्टों का नजदीक का उद्देश्य क्या है—प्रोलेतारी को एक वर्ग में बद्ध करना; पूँजीवादी प्रधानता को उलटना, और प्रोलेतारी द्वारा (शासन) शक्ति पर अधिकार जमाना।"

कम्युनिस्टों का (सिद्धान्त) निष्कर्ष किसी विश्वसुधार के आविष्कृत विचारों पर नहीं, बल्कि हमारी आँखों के सामने चलते ऐतिहासिक आन्दोलन पर आधारित है।

दूसरे भाग के बाकी अंश में कम्युनिस्टों के ऊपर किये गये आक्षेपों का उत्तर दिया गया है। साम्यवाद किसी आदमी को समाज द्वारा उत्पादित पदार्थों के उपभोग करने के अधिकार से वंचित नहीं करना चाहता, वह सिर्फ इतना ही चाहता है कि इस तरह के उपभोग द्वारा दूसरे श्रम पर काबू पाने की कोशिश न की जाये। पूँजीवादी हायतोबा मचाते हैं कि मजदूरों के राज से संस्कृति का खात्मा हो जायेगा, किन्तु पूँजीवादियों की संस्कृति आदमी को मशीन की तरह काम करने की शिक्षा के अतिरिक्त है ही क्या? कम्युनिस्ट स्त्रियों पर साझा अधिकार नहीं चाहते, वह सिर्फ इतना ही कहते हैं कि स्त्रियों की अर्द्ध-दासता बंद होने चाहिये, गुप्त और

---

१. Proletariat.

प्रकट सब तरह की वेश्यावृत्ति बंद होनी चाहिये और स्त्री को समाज में हर तरह से समान स्थान मिलना चाहिये।

कम्युनिस्ट स्वदेश और राष्ट्रीयता के भाव को मिटाना चाहते हैं, इस आक्षेप का उत्तर यह है कि "मजदूर का अपना कोई देश नहीं। जो उनके पास है ही नहीं, उसे हम उनसे छीनेंगे कैसे? प्रोलेतारी को राजनीतिक प्रधानता प्राप्त करनी है, राष्ट्र का मुख्य वर्ग बनना है, यह खुद राष्ट्रीय काम है।" लेकिन जिस बुर्जुआ राष्ट्रीयता का मतलब है, एक राष्ट्र को दूसरे राष्ट्र के ऊपर झपट पड़ना, लगातार लड़ने की तैयारी करते रहना, वैसी राष्ट्रीयता जरूर कम्युनिस्ट नहीं चाहते। "वर्गों के आपस के विरोध जितनी ही मात्रा में खत्म होंगे, एक जाति का दूसरी जाति से वैमनस्य भी उतनी ही मात्रा में लुप्त होगा।"

कम्युनिस्ट-प्रोग्राम के बारे में कहा गया है, 'क्रान्ति में पहला काम जो मजदूर वर्ग को करना है, वह है अपने को शासक वर्ग के रूप में परिणत करना, जनतंत्रता के युद्ध को जीतना। प्रोलेतारी अपनी प्रभुता को इस्तेमाल करेंगे।...बुर्जुआ वर्ग सभी पूँजी को अपने हाथ में लेने के लिये, उत्पादन के सभी साधनों को केन्द्रित करते, राज्य—शासकवर्ग के तौर पर संगठित प्रोलेतारी—को हाथ में लेने के लिये और सम्पूर्ण उत्पादन-शक्तियों को जितनी शीघ्रता से हो सके, उतनी शीघ्रता से बढ़ाने के लिये।

नजदीक के प्रोग्राम हैं, जमीन की मिल्कियत को उठा देना तथा सभी तरह की जमीन से लिये जाने वाले करों को सार्वजनिक काम के लिये व्यय करना। एक भारी आमदनी के अनुसार बढ़ते हुए इन्कमटैक्स द्वारा वरासत के सभी अधिकारों का बन्द करना। भगोड़े और विद्रोहियों की सम्पत्ति को जब्त करना। राज की पूँजी लाकर राष्ट्रीय बैंक कामकर उसके द्वारा सारे लेन-देन के कामों को केन्द्रित करना। यातायात के साधनों को राज्य के हाथ में केन्द्रित करना। राज्य के द्वारा उत्पादन के साधनों और फैक्टरियों को बढ़ाना। परती जमीनों को जोत में लाना और सम्मिलित योजना के अनुसार जमीन के साधारण उपजाऊपन को बढ़ाना। श्रम के लिये सबको जिम्मेवार बनाना, औद्योगिक सेना को स्थापित करना—खेती के लिये खासकर। खेती की कल-कारखानों के उद्योग से घनिष्ठता स्थापित करना। देश में अधिकाधिक समान वितरण करके देहात और शहर के अन्तर को उठा देना। सार्वजनिक पाठशालाओं में सभी बच्चों को निःशुल्क शिक्षा देना, आज के—जैसे लड़कों को फैक्टरी में काम करने को बन्द करना, शिक्षा और औद्योगिक उत्पादन को मिलना, आदि।

मजदूर वर्ग खुद अपनी प्रधानता को अन्त में उठा लेगा। जब विकास के पथ पर चलते-चलते "वर्ग-भेद मिट जायेगा, और सारा उत्पादन सारे राष्ट्र के विशाल संगठन के हाथ में एकत्रित हो जायेगा, तो राजनीतिक शक्ति (राज्य) अपने राजनीतिक रूप को खो देगी। राजनीतिक शक्ति वस्तुतः एक वर्ग की दूसरे वर्ग के उत्पीड़ित के लिये संगठित की हुई शक्ति मात्र है।" प्रोलेतारी राज-शक्ति के द्वारा सारे उत्पादन को अपने हाथ में ले शोषकवर्ग का अन्त कर देगा और वर्ग-विद्वेष के भावों को हटा एक वर्ग बना, एक वर्ग के तौर पर प्राप्त की गई अपनी प्रधानता को छोड़ देगा। अब "पुराने बुर्जुआसमाज, उसके वर्गों और वर्ग-विरोधों की जगह एक ऐसा संगठन होगा, जिसमें सबके विकास के साथ-साथ प्रत्येक का स्वतन्त्र विकास होगा।"

(iii) तीसरे भाग में दूसरे प्रकार के समाजवादों का खंडन है। "वर्तमान समाज के प्रत्येक कायदे-कानूनों पर उटोपियन समाजवादियों का प्रहार मजदूर वर्ग की आँख खोलने के लिये

अत्यन्त मूल्यवान चीज थी।'' लेकिन सभी वर्गों को और शासक वर्ग को खासतौर से हृदय-परिवर्तन की उनकी अपील गलत चीज थी। जब लोगों ने वर्ग-स्वार्थ पर संगठित समाज की बुराइयों को देख लिया तो वह उस वर्ग-युक्त समाज को वांछनीय समझ सकते हैं? समझाने-बुझाने से शासक वर्ग के हृदय-परिवर्तन का यह विश्वास ही था, जिसे उटोपियनों को सभी तरह की राजनीतिक जद्दोजहद-खासकर क्रान्तिकारी कार्यों—के खिलाफ बनाया। वह उद्देश्य को शान्तिमय तरीके से पूरा करने की चाह रखते थे और अवश्य असफल होनेवाले छोटे-छोटे प्रयोगों द्वारा नये सामाजिक सिद्धान्त की सचाई साबित करना चाहते थे।

(iv) कम्युनिस्ट सभी जगह वर्तमान सामाजिक और राजनीतिक व्यवस्थाओं के विरुद्ध होनेवाले प्रत्येक क्रान्तिकारी आन्दोलन की सहायता करते हैं। ''सभी जगह वह सभी देशों की जनतांत्रिक पार्टियों की एकता और समझौते के लिये कोशिश करते हैं।''

''कम्युनिस्ट अपने विचारों और उद्देश्यों के छिपाने को बुरा समझते हैं। वह साफ तौर से घोषित करते हैं कि हमारा उद्देश्य सभी वर्तमान सामाजिक व्यवस्थाओं को बलपूर्वक उठा फेंकने से ही पूरा हो सकता है। शासक-वर्ग को साम्यवादी क्रान्ति से काँपते रहने दो। ''सिवाय अपनी बेड़ियों के, जाँगरियों के पास खाने के लिये है ही क्या? और उनके पाने के लिये पूरा संसार है।''

''सभी देशों के मजदूरों एक हो जाओ।''

मार्क्स के अर्थशास्त्र-सम्बन्धी ग्रन्थ थे—

(१) 'मजदूरीवाला (बनिहारी)—'श्रम और पूँजी' १८४५ ई० में ब्रुसेल्स में दिये व्याख्यान।

(२) 'दर्शन-दरिद्रता', प्रूधों के 'दरिद्रता-दर्शन' का खंडन, १८४७ ई० में प्रकाशित।

(३) 'मूल्य, कीमत और लाभ', १८६५ में दिया गया एक व्याख्यान, जिसे मार्क्स ने स्वयं अंग्रेजी में लिखा था।

(४) 'राजनीतिक अर्थशास्त्र की आलोचना', १८५९ ई० में प्रकाशित; इसी का विस्तार मार्क्स ने अपने महान् ग्रन्थ कापिटल (पूँजी) में किया।

(५) कापिटल (पूँजी)—

जिल्द १—पूँजीवादी उत्पादन (१८६७ ई० में प्रकाशित)

जिल्द २—पूँजीवादी वितरण; और

जिल्द ३—पूँजीवादी उत्पादन सम्पूर्ण रूप में—दो जिल्दों की मार्क्स की मृत्यु के बाद एंगेल्स ने सम्पादित और प्रकाशित किया।

(६) 'अतिरिक्त मूल्य के सिद्धान्त' कापिटल की चौथी जिल्द के लिये मार्क्स द्वारा जमा की गई सामग्री, जो उसकी मृत्यु के बाद काउत्स्की के हाथ लगी और उसने इस नाम से उसे तीन खण्डों में प्रकाशित कराया।

४. वैज्ञानिक समाजवाद की विजय

मार्क्स और एंगेल्स ने जिस वैज्ञानिक समाजवाद के विचारों के विकास और प्रचार में अपना जीवन खर्च किया, वह अब सिर्फ आन्दोलन और बहस की चीज नहीं है। वह ३० साल से दुनिया के १/६ भाग पर विजय प्राप्त कर समाज की कायापलट करने में सफल हुआ

है। रूस में सोवियत ने क्रान्ति के समय जितनी सफलता से घर और बाहर की विरोधी शक्तियों का मुकाबला करके क्रान्ति को विजयी बनाया, उसने वैज्ञानिक समाजवाद—मार्क्सवाद—की वैज्ञानिकता (सिद्धांत और प्रयोग के सामंजस्य) को सिद्ध किया। उसने शान्ति के समय कृषि-प्रधान एक पिछले राष्ट्र के आर्थिक नव-निर्माण को जितनी तीव्रता और सफलता से किया, वह किसी से छिपा नहीं है। पूँजीवादियों के जबर्दस्त झूठे प्रचार के बाद भी आज पंचवार्षिक योजना का नाम पृथ्वी के कोने-कोने में पहुँचा हुआ है, और हर देश किसी न किसी रूप में उसका अनुसरण करना चाहता है।

(१) सोवियत संघ—(क) द्वितीय विश्व युद्ध—जर्मन शासक-वर्ग ईसवी चौथी सदी से ही लड़ाकू जाति माना जाता है, जब कि उसने रोमन-साम्राज्य का ध्वंस किया। सैनिक-शिक्षा और सैनिक-प्रवृत्ति उसमें कभी कम नहीं हुई। जिस वक्त जर्मनों ने रोम की विशाल शक्ति को तोड़ा, उस वक्त जर्मन जन-अवस्था से बहुत आगे नहीं बढ़े हुए थे; इसलिये रोमन-साम्राज्य की जगह जर्मन-साम्राज्य नहीं कायम किया जा सका। जर्मनी के सामंतवादी बन जाने पर भी वहाँ कबीलोंवाली मनोवृत्ति उन्नीसवीं सदी तक जारी रही, जिसकी वजह से समय के साथ ज्ञान-विज्ञान में आगे बढ़ते हुए भी सारे जर्मनी के सामन्तों के एक होने में बहुत देर लगी। किन्तु, जैसे ही एक बार विशाल जर्मन-राष्ट्र का सारा शासक-वर्ग एक हो गया कि पास-पड़ोस के सामने वही रोमन-साम्राज्यवाला खतरा आ मौजूद हुआ। उस वक्त तक जर्मन-जाति विज्ञान क्षेत्र में दुनिया का नेतृत्व कर रही थी। संयुक्त जर्मनी से फायदा उठाकर उसके सैनिक-वर्ग ने १८७०-७१ ई० में फ्रांस को हराकर अपनी सैनिक-शक्ति का परिचय दिया। उसके बाद जर्मन शासक-वर्ग बराबर विश्व-विजय का सपना ही नहीं देखने लगा, बल्कि उसकी जबर्दस्त तैयारी करने लगा। १९१७-१८ ई० का युद्ध हम देख चुके हैं। इस तरह जर्मन शासक-वर्ग ने जिस सैनिक-यन्त्र को तैयार किया है, वह हिटलर के अधिकारारूढ़ होने के समय से बनना शुरू नहीं हुआ। सदियों की शिक्षा-दीक्षा से सज्जित इस सैनिक-शक्ति ने सारे यूरोप के जन-धन-अस्त्र को साथ ले अकेली लाल-सेना पर अपनी सारी शक्ति लगाकर प्रहार किया। आरम्भिक सफलताओं को देखकर मानवता के शत्रु प्रसन्न हो रहे थे; किन्तु उनकी प्रसन्नता देर तक नहीं रही। १९४२ के जाड़ों में स्तालिनग्राद के युद्ध में जर्मन-फासिस्टों की करारी हार हुई, और फिर लाल सेना ने हिटलरियों को हटाना शुरू किया। चर्चिल, अमेरिकन साम्राज्यवादी अब तक कोशिश करते रहे कि पश्चिम से हिटलर प्रहार न करें, जिसमें अकेले लड़ते-लड़ते सोवियत राष्ट्र की शक्ति निर्बल हो जाये और युद्धोत्तर काल में मनमाना करने को मौका मिले। लेकिन जब उन्होंने देखा कि अकेली ही लाल सेना जर्मनी को परास्त कर सारे यूरोप को मुक्त कर देगी और फिर भविष्य में के विश्व में उनको कोई नहीं पूछेगा, फिर उन्होंने दूसरा मोर्चा खोला। लाल सेना ने यूरोप के युद्ध और हिटलरी जर्मनी पर विजय प्राप्त करने में सबसे अधिक भाग लिया, सबसे अधिक बलि दी। उसने अपने को विश्व की सर्वश्रेष्ठ सेना साबित किया, इसमें किसे संदेह हो सकता है?

(ख) सोवियत-संघ का शासन—सोवियत पार्लियामेंट द्वारा होता है, जिसे कि महा-सोवियत कहते हैं। इसके दो भवन जातीय-सोवियत (६५७) और संघ-सोवियत (६८२) के (१३८९) सदस्य सारे सोवियत-संघ के बालिग और पुरुषों द्वारा चार वर्ष के लिये चुने जाते हैं। संघ-सोवियत के लिये प्रति तीन लाख जनसंख्या पर एक सदस्य (देपुतां) चुना जाता है। जातीय सोवियत का चुनाव भी उन्हीं वोटों से होता है; किन्तु इसमें सोवियत-संघ

की भिन्न-भिन्न जातियों का समान प्रतिनिधित्व है। सोवियत-संघ के छोटे या बड़े सभी १६ संघ-प्रजातन्त्र इसमें पचीस-पचीस सदस्य भेजते हैं। जिन जातियों की संख्या बहुत कम है, उनके सदस्यों की संख्या भी निश्चित है। महा-सोवियत के चुनाव के लिये कोई भी व्यक्ति उम्मीदवार खड़ा हो सकता है, यदि उसे दस आदमी जमा होकर नामजद कर दें। सोवियत-संघ में सम्पत्ति के वैयक्तिक न होने से किसी व्यक्ति को अपने मन से उम्मीदवार खड़ा होना बेकार है; क्योंकि वोटरों तक पहुँचने और प्रचार के लिये पूँजीपतियों की भाँति उसके पास रुपया, वेतनभोगी एजेंट और प्रेस नहीं है। उत्पादन-साधन में वैयक्तिक सम्पत्ति के कारण वहाँ फासिस्ट और नात्सी राष्ट्रों की भाँति रुपये देकर कोई प्रभावशाली सदस्य बनकर निर्विरोध पार्लियामेंट में नहीं जा सकता, न पूँजीवादी देशों की भाँति रुपये से वोट खरीदा जा सकता है। उम्मीदवार के निर्वाचित होने के लिये एक यह भी शर्त है कि यदि उसे सारे वोटरों से ५०% से कम वोट मिलेंगे, तो उसे निर्वाचित नहीं समझा जायेगा। निर्वाचित हो जाने पर भी जिस वक्त किसी सदस्य से उसके वोटर असन्तुष्ट हों, तो बहुमत वोट से उसे बर्खास्त कर सकते हैं।

महा-सोवियत अपना एक प्रेसीडेंट चुनती है, आजकल साथी श्वेर्निक इस पद पर हैं; फिर मंत्रि-मण्डल और उसके प्रधान (प्रधानमंत्री) को चुनती है। आजकल साथी स्तालिन सोवियत-संघ के प्रधानमंत्री हैं।[१]

(२) चीन—रूस में समाजवादी विजय को कितने ही लोगों ने आकस्मिक घटना कहा था। जब पूर्वी यूरोप के देशों—पोलैण्ड, चेकोस्लोवाकिया, हंगरी, रोमानिया, बुल्गारिया और अल्बानिया में समाजवाद प्रतिष्ठित हुआ, तो उसे महायुद्ध के अवसर से लाभ उठाना बतलाया गया; किन्तु चीन, क्यूबा और वियतनाम में समाजवाद की विजय के लिये ऐसा बहाना ढूँढ़ा नहीं जा सकता। वहाँ अमेरिका के सब कुछ करने पर भी समाजवाद की विजय हुई, और अब वह तिब्बत में आकर हमारा पड़ोसी बन गया। ४७ करोड़ के चीन ने डेढ़ वर्षों के भीतर हमारे ही तरह के अन्न संकट को अपने यहाँ से दूर करने में सफलता ही नहीं पाई, बल्कि लाखों टन अनाज हमें भी देकर मार्ग निर्देश किया है। इस प्रकार एक तिहाई दुनिया में समाजवाद कायम हो गया है।

■

१. विशेष जानने के लिए मेरी 'सोवियतभूमि' (द्वितीय संस्करण) और 'सोवियत मध्य-एशिया' देखें.

परिशिष्ट

१. मानव प्रगति का कालक्रम

आदिम साम्यवाद	५ लाख—१०,००० वर्ष
जन-युग	७००० ईसा पूर्व
पितृसत्ता	५५०० ईसा पूर्व
नव-पाषाण	५०००-३००० ईसा पूर्व
दासता	४५०० ईसा पूर्व
सामन्तवाद	३५०० ईसा पूर्व
पूँजीवाद	१७६० ईसवी
साम्राज्यवाद	१९०० ईसवी
साम्यवाद	१९१७ ईसवी

वानर से नर	२० लाख वर्ष
हथियार फेंकनेवाला नर	१० लाख वर्ष
नर	५ लाख वर्ष
नेअन्डर्थल मानव	३ लाख वर्ष
धनुष बाण (पहली बार)	१०,००० वर्ष
आविष्कारों का महायुग[१]	५०००-३०००
कृषि	५००० ईसा पूर्व
पहिया गाड़ी	३५०० ईसा पूर्व
मोरी का पाइप (सुमेरिया)	३००० ईसा पूर्व
मस्तिष्क और हृदय के काम का ज्ञान (मिस्त्र)	३०००-२८०० ईसा पूर्व
बहुत कम आविष्कार	२६००-६०० ईसा पूर्व
प्रथम साम्राज्य (सरगोन, मेसोपोटामिया)	२५०० ईसा पूर्व
दशमलव (प्रथम)	२००० ईसा पूर्व
लोहा	१००० ईसा पूर्व
पन-चक्की	१००० ईसा पूर्व
भारतीय अंक	७०० ईसवी
पेंडुलम घड़ी	१०००—ईसवी
भारतीय अंक यूरोप में	१२०० ईसवी

---

१. खेती, नहर, बाँध, ईंट, ताँबा, मेहराब, मुहर, लिपि और सौर वर्ष, धनुष-बाण के आविष्कार.

चश्मा (स्पिना)	१२८५ ईसवी
बारूद (यूरोप में)	१३०० ईसवी
कोयला (यूरोप में)	१३०० ईसवी
कागज (यूरोप में)	१३०० ईसवी
कागज (भारत में)	१४वीं सदी
चुम्बक (भारत में)	१४वीं सदी
प्रथम छापाखाना (कोस्लर)	१४३८
प्रथम छापाखाना (इंग्लैण्ड में)	१४७५
प्रथम छापाखाना (भारत में)	१६वीं सदी
अमेरिका की खोज	१४९२
भारत में रूसी परिव्राजक निकितिन	१४६६-७२
भारत में वास्को डि-गामा	१४९८
सर्बेटस (विज्ञान का शहीद)	१५३३
ब्रूनो (विज्ञान का शहीद)	१६००
बुद्धि-स्वातंत्र्य-प्रचार	१६००
दूरबीन (गेलेलियो)	१६१२
(न्यूटन का गुरुत्वाकर्षण)	१६५७
हवाई पम्प	१६४० (?)
चुकन्दर की चीनी (मारग्राफ)	१७४०
आविष्कारों का नया महायुग	१७६०-...
गुब्बारा (सवारी)	१७८२
दियासलाई	१८०८
रेलवे (स्टाक्टन)	१८२५
पैसेंजर रेल (लिवरपूल-मानचेस्टर)	१८३०
मार	१८३३
फोटोग्राफी	१८३९
स्वेज नहर	१८६९
पेरिस-कम्यून	१८७१
बिजली-रोशनी	१८७८
ग्रामोफोन	१८७८ (?)
समाजवादी शासन (रूस में)	१९१७
समाजवादी शासन (चीन में)	१९४९

■

२. समाज की प्रगति की अवस्थाएँ

अवस्था	प्रधानता	विवाह	जीविका	शोषित रूप	मिल्कियत	उत्पादन	वितरण	हथियार	धर्म	समाज	वर्ग
जांगल	स्त्री (समानता)	यूथ मिथुन अगोत्र	फल संचयन शिकार	नहीं	सांघिक	सांघिक	सांघिक	पुरान-पाषाण	धर्म नहीं प्रकृति भूत-पूजा	आदिम-साम्यवादी जन	वर्गहीन
बर्बर	पुरुष	एक+दासी	पशुपालन	दास	वैयक्तिक	वैयक्तिक	वैयक्तिक	पुरान-पाषाण नवपाषाण	बहुदेव-वाद	पितृसत्ता दासता	वर्गभेद
सभ्य	पुरुष	एक या अनेक + वेश्या	कृषि विनिमय दस्तकारी व्यापार सिक्का सूद हस्त-चालित उद्योग शक्ति-चालित उद्योग	कम्मी मजदूर	वैयक्तिक वैयक्तिक	वैयक्तिक सांघिक	वैयक्तिक वैयक्तिक (-शक्ति) मशीन +शक्ति	ताँबा मशीन	+ एक देववाद	सामंतवाद पूँजीवाद	वर्गभेद वर्गभेद
मानवता	समानता	एक विवाह	"	नहीं	सांघिक	सांघिक	सांघिक	मशीन	धर्म नहीं	साम्यवाद	वर्गहीन

३. पारिभाषिक शब्द

अकर्मण्य—Stagnant
अतिरिक्त मूल्य—Surplus Value
अधिकार-पत्र—Charter
अधिकार वंचित किसान—Serf
अधिनायक—Dictator
अधिनायकत्व—Dictatorship
अन्तर्व्यापन—Interpenetration
अभौतिकवाद—Idealism
अराजकवाद—Anarchism
अराजकवादी—Anarchist
अवस्था—Stage
आर्थिक संकट—Crisis
उटोपिया—Utopia
आयात—Import
आवेदन-पत्र—Memorandum
इजारादारी—Monopoly
इम्पीरियलिज्म—Imperialism
ईसाई धर्मसंघ—Church
उच्चतम न्यायालय—Supreme Court
उत्पादन—Production
उत्पादन-साधन—Means of Production
उत्पीड़क—Oppressor
उत्पीड़न—Oppression
उदारवाद—Liberalism
उद्योग-धन्धा—Industry
उपनिवेश—Colony
उपज—Produce
उपयोग-मूल्य—Use-Value
औद्योगिक शक्ति—Industrial Power

कच्चा माल—Raw Material
कबीला—Tribe
कमीन—Serf
कम्मी—Serf
कम्मी प्रथा—Serfdom
कमूनिज्म—Communism
कम्यून—Commune
कल्पना-विहारी—Utopian
कल्पना विहारी समाजवाद—Utopian Socialism
कल्पना विहारवाद—Utopianism
कामचोर—Parasite
कालोनी—Colony
काल्पनिक दुनिया—Upopia
काल्पनिक—Utopian
कीमत—Price
केन्द्रीयकरण—Centralisation
गण—Republic
गणवाद—Republicanism
गणवादी—Republican
गतिशून्य—Stagnant
गतिशून्यता—Stagnancy Quality
गुणात्मक परिवर्तन—Qualitative Change
गुलाम—Slave
गुलामी—Slavery
ग्रुप—Group
घोषणापत्र—Manifesto
चार्टर—Charter

चार्टरवाद—Chartism
चार्टरवादी—Chartist
जन—Gene
जनत—Gents
जनसत्ता—Democracy
जनसत्ताक—Democratic
जर्मन पार्लियामेंट—Reichstag
जंगली—Savage
जाति-परिवर्तन—Mutation
जाँगर चलानेवाला—Proletariat
जाँगरी—Proletariat
जाँगल अवस्था—Savagery
जाँगल-युग—Uavagery
जीविका-साधन—Occupation
जोंक—Parasite
तानाशाह—Dictator
तानाशाही—Dictatorship
तारगाड़ी—Ropeline, Ropeway
तारमार्ग—Ropeline, Ropeway
तृतीय काल—Tertiary Period
दास—Slave
दास-प्रथा—Slavery
दासता—Slavery
डेपुटी भवन—House of Deputies
देश में आमदनी—Import
'न कही'—Utopia
नात्सीज्म—Nazism
नात्सीवाद—Nazism
नायक—Fuehrer
निबन्ध—Thesis
नियन्त्रण—Control
निर्यात—Export
नीति—Policy
नेता—Fuehrer
पत्ती—Share
परतन्त्र देश—Colony
परिमाण—Quantity
परिवार-समूह—Commune
पितर—Patriarchy
पितृसत्ता—Patriarchy
पुनर्जागरण काल—Renaissance
पूँजी—Capital
पूँजी देशान्तरित करना—Exportation of Capital
पूँजीपति—Capitalist
पूँजीवाद—Capitalism
पूँजीवादी—Capitalist
पैदावार—Produce
प्रकृति—Nature
प्रजातन्त्र—Republic
प्रजातन्त्रवाद—Republicanism
प्रजातन्त्रवादी—Republican
प्रजातन्त्री—Republican
प्रतिनिधि—Representative
प्रतिनिधि भवन—House of Representative
प्रतिवाद—Antithesis
प्रवाह-शून्य (छाड़न)—Stagnant
प्रवास-शून्यता—Stagnancy
प्राइवेट—Private
प्रोलेतारी—Proletariat
फासिज्म—Fascism
फासिस्ट—Fascist
फासिस्टवाद—Fascism
फूरेर—Fuehrer
बैंक स्वामी—Banker
बर्बर अवस्था—Barbarism
बाजारदार—Price

बिरादरी—Phratry
भाग—Share
भागीदार—Partner
भौतिकवाद—Materialism
भौतिकवादी—Materialist
भौतिकवादी व्याख्या—Materialist interpretation
भ्रातृता—Fraternity
मजदूर—Proletariat
मध्यकालीन—Mediaeval
मन्दी—Crisis
ममी—Mummie
मशीन—machine
मस्तिष्क—Brain
महागज—Mammoth
महापितर—Patriarch
मानव—Homo
सोचने वाला मानव—Homo Sapien
मिथुन-विवाह—Pairing marriage
मिस्त्री—Mechanic
मुक्त व्यापार—Free trade
मूल्य—Value
मृतशव—Mummie
यंत्र—Machine
यंत्रवत्—Mechanical
यातायात—Communication
यांत्रिक—Mechanical
युद्धवाद—Militarism
यूथ—Group
यूथ-विवाह—Group marrige
यौन-दुराचार—Sexual misbehaviour
रक्षित कोष—Reserve fund
रक्षित निधि—Reserve fund
राइख्-स्टाग्—Reichstag
राजनीति—Politics
राज्य—State
लार्ड भवन—House of Lords
लोक भवन—House of Commons
वनमानुष—Ape
वर्ग—class
वर्ग-भेद—Class Division
वर्ग-शासन—Class rule
वर्ग-संघर्ष—Class Struggle
वर्गहीन—Classless
वस्तु बदलैन—Barter
वस्तु-विनिमय—Barter
वाद—Theory, thesis
विज्ञान—Science
विज्ञानवाद—Idealism
विनिमय—Exchange
वाइरस—Virus
विरोधी-समागम—Union of opposites
विशेष शेयर—preference share
वेश्यावृत्ति—Prostitution
वैज्ञानिक समाजवाद—Scientific socialism
वैयक्तिक—Private
वैयक्तिक सम्पत्ति—Private Property
व्याख्या—Interpretation
व्यापारवाद—Mercantilism
शब्द-बक्स—Sound box
शासन—Government
शिल्पी संघ श्रेणी—Guild
शेअर—Share
शोषक—Exploiter
शोषण—Exploitation
श्रम—Labour
श्रम-सिद्धान्त—Labour theory

संक्रान्ति—Transition
संक्रान्ति काल—Transition period
संघ—Union
संघवाद—Communism
संड़ाद—Stagnancy
सभ्यता—Civilisation
समागम—Union
समाजवाद—Socialism
समान—Equal
समानता—Equality
सम्मोहन—Hypnotisation
संविधान—Constitution
सर्वहारा—Proletariat
सर्वेसर्वा—Dictator
साइंस—Science
सांघिक—Communal
सांघिक भोज—Social consumption
सांघिक वितरण—Social distribution
सांघिक काम—Social labour
साधन—Means
सामन्तवाद—Feudalism
सामाजिक—Social
सामाजिक उत्पादन—Social Production
सामाजिक कबूलियत—Social contract
सामाजिक वितरण—Social Consumption
सामाजिक (सांघिक) श्रम—Social labour
सामाजिक भोग—Social consumptions
सामाजिक स्वीकृति—Social contract
साम्यवाद—Communism
साम्यवादी—Communist
साम्राज्य—Empire
साम्राज्यवाद—Imperialism
साम्राज्यवादी—Imperialist
सार्वजनिक—Communal
सिक्का विनिमय—Exchange
सिद्धान्त—Theory
सिनेट (अमेरिकन पार्लियामेंट का भवन)—Senate
सुप्रीम कोर्ट (अमेरिका)—Supreme Court
सैद्धान्तिक—Theoretical
सोशलिज्म—Socialism
स्मरण-पत्र—Memorandum
स्वतन्त्रता—Liberty
'स्वप्न'—Utopia
स्वप्नचारिता—Utopianism
स्वप्नचारी—Utopian
स्वप्नचारी समाजवाद—Utopian socialism
स्वर-यंत्र—Sound box
स्वाप्निक—Utopian
हस्तशिल्प—Handicraft
हिन्दी यूरोपियन—Indo-European

४. ग्रंथ सूची

Marx (Karl)	Capital
	Communist Manifesto
	Critique of Political Economy
	Gotha Programme
	Value, Price and Profit
Marx and Engels	Selected Correspondence
Morton, A.L.	A People's History of England (1938)
Strachy, John	A Programme for Progress (1940)
Bogardus, E.S,	Development of Social Thought (1940)
Lindsay, Jack	Short History of Culture (1939)
Moon, Parry T.	Imperialism and World Politics (1933)
Inman, Mary	In Women's Defence (1941)
Cole, G.D. H. & M.I.	Guide to Modern Politics (1934)
Laidler, Harry W.	History of Socialist Thought (1933)
Hobbes. Thomas	Elements of laws
Morgan, Lewis	Ancient Society
Letourneau	Evolution of Marriage
Hammurabi	Code of Hammurabi (F.R. Harper)
Hertzler, J.O.	History of Utopian Thought
कृष्ण	भगवद्गीता
धर्मकीर्ति	वादन्याय
बुद्ध	दीर्घनिकाय (हिन्दी)
	मज्झिम निकाय (हिन्दी)
	विनयपिटक (हिन्दी)

	अंगुत्तर निकाय (हिन्दी)
	सुत्तनिपात
	धम्मपद-अट्ठकथा
	जातक
राहुल सांकृत्यायन	विश्व की रूपरेखा
	वैज्ञानिक भौतिकवाद
	दर्शन-दिग्दर्शन
	बुद्धचर्या
	ईरान
व्यास	महाभारत

■